STEPHEN HEATH

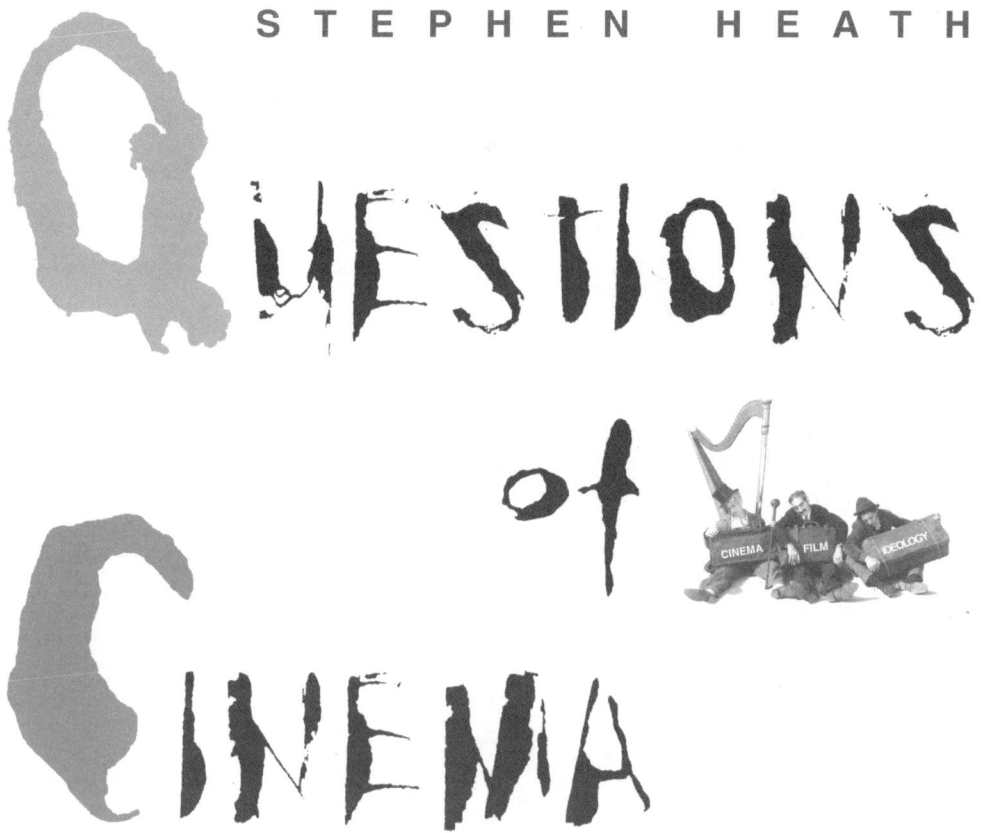

QUESTIONS OF CINEMA

영화에 관한 질문들

스티븐 히스 지음 | 김소연 옮김

울력

이 책은 영화진흥위원회가 시행한 2002년도 '영화관련 연구성과 출판지원'
사업의 지원대상으로 선정되어 연구비를 지원받아 제작되었습니다.

영화에 관한 질문들

지은이 | 스티븐 히스

옮긴이 | 김소연

펴낸이 | 강동호

펴낸곳 | 도서출판 울력

1판 1쇄 | 2003년 6월 25일

1판 2쇄 | 2010년 10월 1일

등록번호 | 제10-1949호 (2000. 4. 10)

주소 | 152-889 서울시 구로구 오류1동 11-30

전화 | (02) 2614-4054

FAX | (02) 2614-4055

E-mail | ulyuck@hanmail.net

값 | 16,000원

ISBN | 89-89485-23-1 03680

· 잘못된 책은 바꾸어 드립니다.

· 옮긴이와 협의하여 인지는 생략합니다

한국어판 서문

거의 25년 전에 출간된 이 책은 70년대에 내가 긴밀한 연관을 맺고 있었던 『스크린』지에 발표했던 글들을 엮은 것이다. 일반적으로는 문화정치학에 포함되겠지만, 『스크린』은 기존의 시네마의 이데올로기를 분석하고 대안적인 영화 실천들을 발전시키는 일에 아주 특별한 관심을 갖고 있었다.

그러한 관심의 근본적인 목표는 의미를 생산하기 위해 영화와 시네마가 어떠한 기능을 했는지를 이해하고 여러 층위에서 이러한 의미의 생산을 파악하는 것이었다. 『스크린』 그룹은, 만일 우리가 영화와 시네마를 문화적으로, 이데올로기적으로 이해하려 한다면 '내용'을 — 또한 사실상 '구조'를 — 넘어서야 한다는 느낌을 공유하고 있었다. 따라서 우리는 우리가 '시네마'의 제도라고 기술했던 것을 고찰해야 했다. 물론 시네마 제도란 단순히 경제적, 테크놀로지적인 요인들의 문제일 뿐만 아니라, 재현의 특수한 형식들에, 이러한 시네마 제도 속에서 실현된 주체-의미의 특수한 형식들에 묶여 있는 특수한 '시네마 장치' 속에다가 그러한 요인들을 문화적으로 배치하는 문제이기도 했다. 단순히 이런저런 영화의 '내용'에 관해 말하는 것은 부적절할 뿐더러 사실상 기존의 재현들을 고수하는 것이고, 그 '내용'이 생산되는 방식들을, 그 방식들이 내용을 결정하는 방식들을 무시하는 일이다. 따라서 우리는 예컨대 내러티브 극영화의 주어진 형식들이 어떻게 재현의 특수한 조건들을 포괄했는지, 어떻게 그 조건들과 아울러 특수한 의미들을 초래했는지를 살펴보았다. 또한 우리는 어떻게 이미지와 사운드의 이런저런 구성 및 접합이 강력한 효과들을 가진 의미를 만들어내거나 그 의미를 제한하는 방식을 초래했는지 등을 살펴보았다. '그 시네마'로 가는 데 있어서 관건이 되는 것은 무엇이며, 거기에서 우리는 어떤 장소를 차지하고 있는 것인가? 이에 답하려면 무엇보다도 활용되고 주장된 심리학적 메커니즘과 위치설정에 관해, 구성되고 호소되는 주체성의 성격에 관해 탐구할 필요가 있다. 바로 여기에서 정신분석학이 도입되는데, 정신분석학은 『스크린』지에서 주체성에 관한 사유의 도구로 채택되고 사용되었으며 이데올로기 비판이라는 목적을 위해 전유되었다.

그렇기 때문에 『영화에 관한 질문들』은 질문들을 제기하고 (이 책의 제목이 말해 주듯이) 그런 가운데 영화와 시네마에 대한 새로운 접근법들을 발전시키고자 노력하였다(『스크린』은 필연적으로 텔레비전에 관해서도 관심을 기울였으며 필자 또한 시네마에 관해 제기되는 동일한 쟁점들 중 일부를 더 철저하게 규명하는 차원에서 텔레비전에 관한 글을 쓴 적이 있다). 『스크린』이라는 잡지 자체와 그 잡지가 해낸 작업은 영미권 및 유럽의 다른 나라들에 광범위한 영향을 끼쳤으며 이후의 이론작업과 논쟁들의 의제들을 내놓았다. 그 후로 25년 동안, 전자매체의 시대가 도래하고 전자매체들과 시네마의 상호작용이 이루어지는 영역이 꾸준히 발전해 오는 가운데 많은 것들이 근본적으로 변했다. 하지만 이 책에서 제기된 '영화에 관한 질문들'의 다수는 여전히 타당성이 있다. 한국의 독자들 역시 그렇게 받아들여주기를, 아울러 이 책이 영화이론의 특정한 시기에 유의미한 것이었을 뿐만 아니라 오늘날에도 그 중요성을 잃지 않고 있는 것으로서 읽히기를 바란다.

스티븐 히스
2003년 4월

QUESTIONS of CINEMA

영화에 관한 질문들 ·

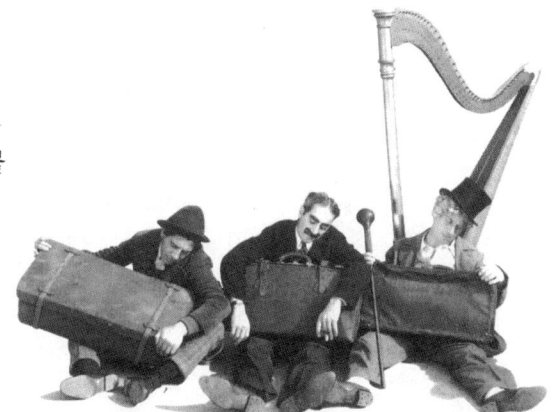

일러두기

1. 이 책은 Stephen Heath의 Questions of Cinema(Macmillan, 1981)를 번역하였다.
   그리고 원서에 실린 글들 중 "Language, Sight and Sound"는 내용의 일관성을
   위해 편집에서 제외되었다.

2. 이 책은 원서의 편집 체제를 그대로 따랐다. 원서에서 이탤릭체로 강조된 부분
   은 중고딕체로 표시하였고, 원어를 병기할 경우 이탤릭체로 표시하였다.

3. 책에서 사용된 약물 기호 중 책과 신문, 잡지는 『 』, 논문은 「 」로 표시하였다.
   원어만을 표기할 경우 책과 잡지 등은 이탤릭체로, 논문은 " "로 표시하였다.
   그리고 영화와 그림, 노래 등은 〈 〉로 표시하였는데, 영화 제목의 경우 원어를
   병기할 때는 이탤릭체로 표시하였다.

4. 본문 중에 [ ]로 표시된 부분은 설명과 가독성을 위해 옮긴이가 추가한 것이
   다.

서문

1973년에 나는 『스크린』지와 연관을 맺기 시작했는데, 나는 이 잡지의 인도에 따라 다른 무엇보다도, 문화적이고 정치적인 쟁점들을 끌어들일 수 있는, 시네마와 영화에 관한 비평적, 이론적 발전을 위해 수많은 글을 씀으로써 그 잡지의 작업에 참여할 수 있었다. 이 책은 그러한 글쓰기의 결과로서, 내가 『스크린』지를 위해 쓴 글들에서, 그리고 같은 목적으로 지난 6, 7년간 같은 시기에 다른 잡지 등에 쓴 글들에서 선별한 논문들을 엮은 것이다.

선별은 곧 누락을 의미한다. 따라서 그중 몇몇 ― 크리스티앙 메츠가 정교화한 기호학에 관한 초기의 글들, 브레히트와 시네마에 관한 논의들, 오슨 웰스의 〈악의 손길 *Touch of Evil*〉에 관한 긴 분석 ― 은 다른 기회에 출판되어야 할 것이다. 사실상 이 책은 원래 『스크린』에 실렸던 글 중에서는 단 두 편만을 싣고 있으며 나머지 대부분은 다른 잡지에 실렸던 것이거나 이 책에서 처음 소개하는 것들이다(각각의 글에 달린 '주'의 맨 윗부분에 자세한 내용을 달아놓았다). 사소한 문체상의 변화들이나 세부의 정정 외에는, 그리고 특별히 언급하지 않는 한, 이전에 출판된 원래의 글

그대로를 실었다. 일반적으로 어쩔 수 없는 반복들이 있을 것이다. 하나의 글에서 그 다음 글로 이어지면서, 동일한 착상이나 주제가 채택되어 새로운 맥락, 상이한 논의 속에서 펼쳐지고 있는데, 이 방식은 바라건대 아마도 설명을 축적해 나가는 효과를 가지고 있을 것이다. 각각의 글은 분리된 실체이지만 시네마에 관한 일련의 질문들 — 이 책의 통일성을 위해 의도된 — 속에서 결합하기도 할 것이다. 그 질문들 중 일부는 특정 영화들을 고찰함으로써 제기되며 또 다른 일부는 영화이론에서 중요해진 특정한 쟁점들이나 이론적 개념들을 고찰함으로써 제기되고 있다. 그 모두는 시네마라는 협소하게 규정된 영역에서 나온 것으로서, 위에서 언급된 비평적, 이론적 설명의 상이한 방식 속에서, 그리고 그러한 설명의 발전과 관련하여 마르크스주의, 정신분석학, 기호학을 포괄하고 있다. 흩어져 있는 글들에서 더 많이 골라내고 싶은, 아울러 그 글들 중 일부를 포함시키고 싶은 욕망을 한 켠에 둔 채, 이 책에 실린 글들을 선별하는 작업은 그러한 발전 — 시네마에 관한 질문들, 그리고 그 질문들을 둘러싼 논쟁의 조건들이 이루는 작은 역사 — 에 관한 관점을 제공한다는 관심 아래 이루어졌다.

이 글들을 쓰면서 받았던 온갖 종류의 도움에 대하여 이 자리를 빌어 감사드려야 할 많은 분들이 계신다. 너무 많은 그분들 중 일부만을 거명하여 인정하고 감사드리는 것은 부적절한 것 같다. 따라서 나는 마틴 월시를 알았으며 그를 그리워하는 이들에게 이 책이 그를 추모하는 것이기를 바랄 뿐이다.

1980년 1월
스티븐 히스

주

참고문헌의 세부사항들은 각 논문의 '주' 부분에 전부 밝혀놓았다. 영어 외의 언어로 된 참고문헌의 경우 영역본이 있고 그것을 내가 알고 있으며 쉽게 구해 볼 수 있는 경우에는 영역본의 서지사항들 또한 밝혀놓았다. 하지만 이 책에서 제시하는 영역된 인용문은 종종 필자가 직접 영역한 것이거나 출판되어 있는 기존의 영역을 필자가 수정한 것으로서 반드시 영역본과 일치하지는 않음을 밝혀둔다.

스크린 위, 프레임 안

영화와 이데올로기

1895년 3월 22일과 12월 28일 사이에 어떤 변화가 있었다. 과학적이고 산업적인 공개(Société d'encouragement à l'industrie nationale을 위해 뤼미에르가 최초로 시네마토그라프를 소개한 것)와 상업적 이용의 출발(그랑 카페에서의 최초의 공개 상영회) 사이에서 스크린은 지금과 같은 상영 형식으로 굳어졌다. 관객들은 반투명의 스크린 앞뒤 어디에든 앉을 수 있는 것이 아니라 자신들 앞에서 풀려나가는 이미지 앞쪽에 위치를 할당받게 되었다. 이제 시네마[필름이 영화작업과 영화매체 자체를 가리킨다면 시네마는 산업체계로서의 영화를 가리킨다]가 시작된 것이다.

이러한 맥락에서 의미가 있는 여러 일화들이 있다. 이를테면 일본에서는 영화를 보여주기 전에 영사가 어떻게 이루어지는지를 반드시 설명해 주게 되어 있었으며, 특정 문화권에서 상연된 그림자 연극의 경우 스크린이 남녀 관객 사이에 설치되고, 오직 남성 관객만이 스크린 너머 양쪽을 자유롭게 오갈 수 있었다(이런 예들의 중요성은 그것이 대부분 비서구에서의 상영방식이라는 데 있다). 그러나 여기서 좀더 직접적으로 중요한 것은 마르크스와 프로이트가 영화와 [관객의] 위치에 대해 어떻게 생각했는가, 그리고 영화와 이데올로기의 관계를 고찰하는 데 있어 그들이 제공해주는 시사점이 무엇인가 하는 것이다.

　　마르크스에게서 그러한 조건이 되는 것은 물론『독일 이데올로기 *The German Ideology*』의 유명한 구절에 나오는 이데올로기에 대한 기술이다. "의식은 결코 의식적 존재가 아닌 어떤 것일 수 없다. 그리고 인간의 존재는 그들의 실제 삶의 과정이다. 만일 모든 이데올로기 속에서 인간과 인간의 환경이 마치 카메라 옵스큐라에서처럼 위아래가 뒤집혀 보인다면 이러한 현상은 인간의 역사적인 삶의 과정으로부터 일어나는 것이다. 망막의 도치가 인간의 물리적인 삶의 과정에서 일어나듯이 말이다…. 우리는 실제 인간, 활동하는 인간에서 시작하며 그들의 실제 삶의 과정으로부터 이러한 삶의 과정들의 이데올로기적 반영들과 되울림들을 보여줄 것이다. 인간 두뇌의 환영들phantoms 또한 인간의 물질적 삶의 과정의 필수적인 승화물들로서, 경험적으로 확립될 수 있고 물질적 전제조건들에 묶여 있다. 그러므로 도덕, 종교, 형이상학과 기타 이데올로기들은 더 이상 그 자율적인 존재의 외양을 유지할 수 없다. 그것들은 역사를 갖고 있지 않으며 발전해 나가지도 않는다…."[1] 인간과 인간의 환경은 카메라 옵스큐라에서처럼 위아래가 뒤집혀 나타난다. 모든 것은 어두운 방안에서 뒤집힌 채로 투사된다. 카메라 옵스큐라와 비교할 때 그러한 발상은 분명하지만 어려운 것이다. 문제는 말하자면 이데아와 모델의 일치이며, 그것을 일치시키는 것이 바로 해야 할 일이기도 하다. 개인은 이데올로기의 스크린 — 기계의 일부라고도 할 수 있는, 이미지가 투사되는 벽면 — 위에서 하나의 진짜 이미지를 보는데, 그 이미지는 그/그녀 앞에 배열되고 — 그/그녀 또한 그 이미지와 함께 위치지어진다 — 상영되고 제시되고presented 재현된 것이다. 빛의 직접적 원천을 향하듯이 현실을 향해 몸을 돌리는 일은 없으며 그 바깥 세계를 보기 위해 또 다른 벽의 구멍을 향해 눈을 들이미는 일도 없다. 이데올로기는 그 [이데올로기] 속에서 받아들여진 역사적인 삶의 과정들로부터 나타나며 투쟁은 그 현실의 실제 구성요소, 역사적, 사회적, 주관적인 구성요소로서의 이데올로기를 포함하는 현실 속에 존재한다. 카메라 옵스큐라 모델은 스크린 상에서는 정지하며, 그 모델이 주체와 현실 생산의 관계들, 즉 이데올로기 속에서 주체와 현실을 가로지르는 과정을 강조하려는 바로 그 순간, 카메라 옵스큐라 모델은 [위아래의] 전도라는 단순한 형상화 방법으로 주체와 현실의 본질을 드러낸다.

정신분석학을 정교하게 다듬으면서 프로이트를 사로잡았던 것은 주체의 과정, 주체 구성의 과정이며, 스크린과 위치라는 조건들을 도입하도록 이끈 것은 의식의 단순한 통합성coherence으로부터의 주체의 전치이다. 정신적 과정들은 우선은 무의식적 단계에 존재하며, 그 단계를 거쳐야만 의식적 단계로 넘어갈 수 있다. "마치 사진이 음화로 시작하여 양화로 바뀐 뒤에야 한 장의 사진이 되듯이" 말이다. 『정신분석강의Introductory Lectures on Psycho-Analysis』에서 일단 이 사진적인 비유가 확립되자 프로이트는 의식적인 '이미지들'을 또 다른 이미지인 공간적인 그림과 함께 선별하는 문제에 직면한다. "무의식의 입구에 있는 충동들 impulses은 의식이 보지 못하는데, 이는 의식이 다른 방에 있기 때문이다. 우선 충동은 무의식적인 것으로 남아 있어야 한다. 만일 그 충동들이 이미 문지방 쪽으로 떠밀려 갔다가 경비원에 의해 되돌려보내졌다면 그 충동들은 의식에 들어와도 좋다는 승인을 받을 수 없는 것이다. 따라서 우리는 그 충동들이 억압되었다고 말한다. 그러나 경비원이 문지방을 넘어 의식 쪽으로 넘어올 수 있게 해주었던 충동들이라고 해서 반드시 의식적인 것은 아니다. 그 충동들은 의식의 눈에 띄는 데 성공해야만 의식적인 것이 될 수 있기 때문이다. 그러므로 우리는 정당하게 이 두 번째 방을 전의식의 체계라고 부른다."[2] 주체는 더 이상 이데올로기의 스크린 앞에 주어져 있는 것이 아니며 오히려 그러한 [스크린과의] 대면을 위해 스스로를 구성하는 과정 속에서 분열되어divided 있다. 카메라 옵스큐라는 음화와 양화, 운동과 퇴행이 이루어지는, 의식의 눈을 위한, 그리고 의식의 눈이 지켜보는 상영screening이 이루어지는 일련의 방들이 된다. 아이러니는, 프로이트에게서 영화화될 수 있는 것, 골드윈Goldwyn에서부터 파브스트Pabst에 이르는 감독들과 제작자들의 주목을 끌었던 것이 바로 이러한 종류의 이미지 ─『정신분석학에 관한 다섯 강의Five Lectures on Psycho-Analysis』[3]에서 이보다 몇 년 전에 유사한 이미지가 사용되었는데 이는 더욱 대중화된 설명이었다 ─ 라는 사실이다. 프로이트에 대한 골드윈의 접근에는 절대적으로 옳거나 그른 어떤 것이(트로츠키Trotsky가 그를 위해 대본을 급조할 수 있을지 여부를 물음으로써 에이젠슈테인S. Eisenstein을 환대하는 램믈Laemmle의 어떤 악독함이) 존재한다. 영화와 정신분석학은 이미지, 주체, 이미지와 주체의 위치의 리얼리티 위에서 결합하고 분리되기 때문이다.

　따라서 이미 시네마는 어떤 힘power을 갖고 있다. 마르크스 직후에, 프로이트 직전에(혹은 프로이트와 동시대에), 시네마는 또 하나의 이미지, 그 이미지 — 움직이는, 그리고 스크린 상에 고정되어 있는 — 를 제공한다("보편적인 언어의 발견!"이라고 그랑 카페에 있던 한 관객이 옆 사람에게 외친다). 마르크스와 프로이트가 사용하는 비유들 — 카메라 옵스큐라, 사진 프린팅, 의식의 눈에 띄도록 소재를 여과하는 어두운 방들 — 은 정확히 이미지와 관련이 있으며 환영들phantoms, 즉 의식의 환영과는 관계가 없다. 그렇기 때문이 이 — 그 고유의 — 이미지들은 필요한 동시에 위험하며(자신이 제안한 은유들의 영화화를 거부하는 프로이트의 반응을 보라) 명시적인 동시에 공모적complicit이다. 우리를 안내할 수 있는 것은 이미지들의 이러한 조우, 공모성의 이러한 위기이다. 시네마는 영화와 이데올로기에 대한 고찰이 시작되는, 또 우리를 영화와 이데올로기의 접합 쪽으로 부단히 되돌려놓는, 시네마와 영화 모두에 대한 분석에 입각하여 우리가 더욱 일반적인 범위의 이론적 쟁점들을, 이데올로기 제도들과 이데올로기적 실천들에 대한 유물론적 분석을 위해 결정적인 쟁점들과 교전할 수 있는 그러한 방식 속에서 역사유물론과 정신분석학을 연결시킨다.

고전적인 — 순진한 — 테제(종종 그 거부자들에게 '내용 분석'의 한 버전으로 받아들여진)로 시작해 보자. 영화, 한 편의 영화는 확실히 이미지, 즉 (현실의) 이미지의 이미지이자 기존의 표상들의 재생산이다. 요컨대 하나의 반영이다. 우리가 어차피 [영화의] 시작을 둘러싼 문제들에 몰두해 온 만큼 이러한 개념이 루이 뤼미에르의 것이라고 말하기보다는 한 단계 더 내려가는 것이 좋을 듯하다[플라톤의 이미지론으로까지 파고들어가겠다는 뜻임]. 영화는 삶의 재생산이라기보다는(뤼미에르는 몇 년이 지난 후에도 그러한 주장을 굽히지 않았다. "내가 선택했던 영화 주제들은 내가 삶을 재생산하고자 했을 뿐이라는 것의 증거이다"[4]) 삶의 이미지의 재생산이다. 뤼미에르와 관련하여 우리는 어디에서 이 '삶'이 나오는가를 알게 해달라고 요구할 권리가 있다. 그리고 그 대답은 분명 삶 자체로부터 나오는 것이 아니다. 삶은 스크린 상에서 일, 가족, 여가, 〈공장의 출구 *La Sortie des usines*〉, 〈아기의 식사 *Le Repas de bébé*〉, 그리고 〈물 뿌리는 사람 *L'Arroseur arrosé*〉 — 정말로 선별된 주제들인 — 으로 구성되어 있기 때문이다. 재생산 테제와 관련하여 우리는 어디에서 그 이미지가 나오는지, 그리고 그 이미지가 영화 속에서 무엇을 하는지를 알고자 할 권리가 있다.

이 마지막 질문은 중요하다. 무엇보다도 그것이 우리로 하여금 이미지에서, 이미지의 이데아idea에서 멈추는 것이 아니라 영화 내에서의 이데올로기의 작용을, 이데올로기 내에서의 영화의 작용을, 이데올로기의 생산 및 그 다중적 결정들(이데올로기를 결정하고 또 이데올로기가 결정하는 것)을 구체적으로 설명하게 한다는 점에서 그러하다. 바이오그래프 사의 1902년도 영화 〈활동 사진 쇼에서의 조시 아저씨 *Uncle Josh at the Moving Picture Show*〉(이 영화는 고다르의 〈기병대 *Les Carabiniers*〉의 한 장면을 떠올리게 한다)가 있는데, 이는 '난생 처음 영화를 보고 너무도 감격하고 열중한 나머지 그 영화들 중 한 편에 나오는 여주인공을 돕겠다는 생각으로 스크린을 찢어버린 한 시골뜨기'에 관한 영화이다. 조시 아저씨는 문제가 되는 것이 스크린이라는 사실을 너무도 잘 볼 수 있지만 그러나 그는 (자신이 사랑하는) 그 이미지만을 보고 그 이미지를 너무도 동경하여 아예 통과해 버린다. 이미지는 계속 진행된다(의심할 여지없이 그것이 바로 [이미지의] 실연demonstration의 자기확증적 힘force이자 이미지가 영화 속에서, 이 영화와 다른 영화들 속에서 그림으로 형상화되는 이유이다). 조시 아저씨가 스크린으로부터 끌어당겨져나온 바로 그 순간에도, 혹은 그 관념론자ideologist가 그 환영illusion이 비실제적인 것임을 알고 떨어져나오는 그 순간에도 말이다. 조시 아저씨는, 우리가 그래야 하는 것처럼, 다른 쪽으로 방향을 틀었어야 했다. 필요한 것은 스크린을 이해하고 이미지 속을 비우며 그것이 지탱하는 (생산되고 생산하는) 관계들 — 실제 관계들 — 을, 그것이 짜맞추는 것을, 표상, 위치, 운동들로 이루어진 복합체를, 영화의 기제machinery를(그리고 시네마로서의 영화의 기제를) 검토하는 일이다. 맨 처음의 질문은 '현실reality이 어디에 있는가'가 아니라 '이것이 어떻게 기능하는가?' '그 안에서 현실은 어디에 있는가?'이다.

　여기서 두 번째 테제에 주목할 필요가 있다. 이데올로기 속에서 개인들이 자신이 살고 있는 실제 관계들과 맺는 상상적 관계가 재현된다고들 이야기한다. 하지만 이데올로기 속에서의 이 상상적 관계 — 이는 개인이 그것을 그러한 것(환영의 양식, 뒤집힌 이미지)으로서 영위한다는 것뿐만 아니라 그것이 결국 현실적으로는 주어진 사회 질서 속에서 개인들의 구체적 존재의 현실이며 그들의 주체 위치의 조건이고 그들의 행동의 기초이기도 함을 의미한다 — 자체가 실재적real이라는 사실 또한 강조되어야 한다. 상상적인 것은 이데올로기 속에만 존재하는 것이 아니며(그것은 관계들 속에 있다) 이데올로기는 단순히 상상적인 것으로 환원되는 것이 아니다(상상적인 것이 현실화되는 것은 저 실재적 심급 속에서이다). 이데올로기 속에서 견지되는 것, 이데올로기가 형성하는 것은 남성과 여성 간의 실재적 관계와 상상적 관계의 통일성이며 그들의 존재의 실제 조건들이다. 그 모든 것은 경제적 심급을 잊어서는 안되며 현실을 불가능한 신화의 지위로 이데올로기화시켜서도 안된다. 그 모든 것은 이데올로기를 그 현실 속에서 끄집어내어야 하며 현실 — 이데올로기에 반대하는 것으로서, 이데올로기의 진실로서 — 이 오직 특수한 사회-역사적 순간의 특정한 모순들 속에 있는 과정 속에만 배치된다는 것을 지적해야 한다.

따라서 이데올로기는 그 자체가 생산양식 내에서 생산적인 것으로 보여야만 하는데, 이때 생산양식 — 마르크스의 생산양식 Produktionsweise — 이란 역사유물론 내에서 경제적, 정치적, 이데올로기적 심급들의 절합을 지시하기 위해 채택된 용어이다. 이데올로기적 심급은 생산양식을 위한, 생산양식이 개인에게 할당하는 위치들 속에 있는 행위자agent/주체로서의 개인의 정의, 재생산을 결정한다. 이것을 인정하는 것은 이데올로기의 물질성을 인식하는 것이며 그것에 따라 분석하는 것이다. 이데올로기는 경제적인 하부구조 위에 걸려 있는 일종의 구름이 아니다. 분석을 통해서 그 구름을 '흩어버린' 다고 해서 단순한 진실의 통합적 이미지가 드러나는 것도 아니다. 오히려 이데올로기는 특정한 일련의 제도들(혹은 '이데올로기적 국가기구들') 속에 주어진 특정한 사회적 현실이다. 이데올로기 분석은 생산양식의 동학 내에 있는 이 존재와 그 분석을 연관시킨다. 이데올로기들은 '역사를 갖지 않는다'는 마르크스의 언급이 의미한 것은 이데올로기의 역사가 바로 그 동학을 분석하는 가운데 이해되어야지(역사유물론의 과제), 어떤 순수한 자율성을 갖는 것으로 이해되어서는 안된다는 것이다. 하지만 동시에 물질적 존재 및 이데올로기의 기능에 대한 인식은 주체-의미들(그 의미들의 의도의 장소로서 포함된 주체를 위한 의미들)의 생산 과정들과 관련하여 이데올로기적 형성 및 메커니즘의 어떤 역사성에 대한 이해 또한 요구한다 — 그리고 이것이 영화에 관한 사유에서 중요할 것이다. 다시 말해 이데올로기적인 것과 상호교차하지만 단순히 그것으로 환원할 수는 없는 하나의 질서로서의 **상징적인 것**에 대한 이해를 요구한다(이데올로기는 상상적인 것을 위해 주체에게 상징적인 것을 넘어서 작용한다). 시네마의 역사는 이데올로기적 표상들의 직접적인 straight 반영의 역사도, 형식들의 관념성ideality의 단순한 자율성의 역사도 아니고, 말하자면 영화가 주체성에 대한 개인의 특정한 관계 속에서 취하고 확립한 의미의 생산들의 역사라는 이러한 관점에서 구상될 수 있을 것이다.

　이러한 최초의 강조들에 바로 이어서 한두 가지를 언급할 수 있겠다. 첫째, 이데올로기 분석에 그처럼 장애가 되는 것으로 판명난 — 혹은 그렇게 판명나도록 만들어진 — 결정 개념은 그 대답에 있어서 원인과 결과 속에 있는 문제로서, 기원의 절대적 지점에 입각한 해명이라고 이해될 수는 없다(비록 역사유물론이 엥

겔스의 말대로 "첫 번째 단계[원시공산제]와의 단순한 등가화라는 해답보다 더 쉬운"[5] 것이어야 하더라도). 분석이란 이러한 기계론적인 의미에서의 결정들이 아니라 모순들을 관심거리로 삼을 것이다. 분석이란 파악 가능한 이러한 모순들의 움직임 속에서, 특수한 사회적 사실, 제도 혹은 작업에 의해 강조되는 일련의 결정들 — '구조적 인과성' — 이기 때문이다. 둘째, 필연적으로, 예술이, 시네마 실천이 어떤 비판적 역할을 할 수 있는가에 대해 광범위한 개념화가 이루어지고 있는데, 이러한 부상은 구조화 작업을 포함하고 있으면서도 마치 그것이 자연스러운 평정상태인 양 위장하는 허구들에 반대하여 모순들을 생산해 내는 방식으로, 즉 브레히트가 설명하듯이 "사물들, 사람들, 과정들 안에는 그것들이 그것일 수 있게 만들어주는 어떤 것이, 동시에 그것들이 다른 것일 수 있게 만들어주는 어떤 것이 존재한다"[6]는 것을 보여줄 수 있도록 재현의 환영vision을 균열시키는 방식으로 이루어지고 있다. 이 마지막 언급 — 이것이 이 글의 가장 중요한 핵심이자 이 글 전체를 지배하는 지평이기도 한데 — 은 이데올로기에 관한 다소 일반적인 논의를 넘어서 영화의 환영, 영화적 개입의 성격 및 영역에 관한 구체적인 논의를 하지 않을 수 없게 한다. 자본주의 사회에서 투자의 지점이자 재현과 의미 생산의 형식인 시네마의 역할은 무엇인가? 시네마는 무엇에 근거하여 팔리는가? 분석은 어떤 층위들에서 — 어떻게 — 작용해야 하는가?

산업, 기계, 텍스트를 서로 구분해야 한다. 산업은 영화의 직접적인 경제적 체계, 즉 생산, 분배, 소비 구조의 조직을 가리킨다. 연구들은 그러한 조직이 적어도 영국과 미국에서는 자본주의적 행동의 전형적인 패턴에 순응해 왔음을 보여주었다. **텍스트**, 즉 영화는 그 산업의 특수한 산물이다. 영화산업이 '원형들' 중의 하나("모든 영화는 새로운 영화이다")라는 사고가 널리 통용되고 있으나 상당량의 자본을 독점 사용하는 생산 기구apparatus의 최고의 활용은 창조적인 작업을 기존의 틀frameworks 내에 봉쇄할 것을 요구하며, 여기서 장르, 영화 유형, 심지어는 소위 '스튜디오 스타일'이 핵심적인 요소들이라는 것은 분명한 사실이다. 기계에 관해 말하자면, 이것은 강제와 규정들 ― 그에 따라 영화가 **특수한 의미작용 실천으로서 구분될 수 있다** ― 의 근간으로서의 산물과 생산 사이에 붙들린 시네마 자체이다. 그 공식은 반대로 약간은 개방될 필요가 있다. 의미작용은 영화를 의미의 체계 혹은 일련의 체계들로, 영화를 절합으로 인식한다는 것을 가리키고 있다. 실천은 이 절합의 과정을 강조하는데, 그럼으로써 영화를 '재현'이나 '표현' 같은 개념들 아래 묶어두는 것을 거부한다. 실천은 영화가 의미들을 생산하는 작업이라고 보며 그러는 가운데 그 작업 내에서의 주체의 위치설정이라는 문제를 분석에 끌어들인다. 특수하다는 것은 분석이 영화를 그 영화의 작업의 특수성을 고려하여, 여타 의미작용 실천들과 결부되어 있는 것의 차이를 고려하여 이해할 필요가 있다는 것이다. 이 마지막 용어가 특수한 의미작용 실천으로서의 영화를 순수한 시네마성cinematicity이라는 어떤 미학적 사고(러시아 형식주의의 문학비평에서 도출된, 그리고 종종 테크닉에 치중하는 '구조주의 시학'에 호소하면서 이데올로기라는 쟁점을 회피하는 수단이 되는 '문학성literarity'이라는 사고와 동일선상에 있는) 쪽으로 끌어당기는 것은 아니다. 여기서 특수성이란 기호학적인 것이며 기호학적 영화 — 의미작용 실천으로서의 영화 — 분석이란 영화-텍스트 내에서 작동하는 이질성, 약호들과 체계들의 범위에 대한 분석이다. 즉 특수성이란 시네마에 특수한 약호들(음향과 이미지의 절합의 약호, 쇼트 크기의 약호, 내러티브 배열의 약호 등)과 그 약호들의 특수한 효과들에서의, 그 약호들이 주체와 이데올로기를 각인시키는 것, 주체가 이데올로기 속에 각인되는 것에서의 이질성을을 의미한다.

이러한 각인의 효과들은 근본적인 것이며, 주체의 제도로서, 이미지와 주체, 그리고 주체의 형상에 대한 그 이미지와 위치의 변화하는 통제의 제도로서의 산업과 기계에 의해 이데올로기 내에서의 영화의 교차가 이루어지는 영역이다. 요컨대 자본주의 생산양식 내에서의 이데올로기적 체계들 중 중요한 — 결정적인 — 부분이 상상적인 것의 영원한 재총체화 속에서 개인을 주체 — 변화하고 자리잡는 욕망, 모순의 에너지 — 로서 움직이는 — 무비*movie*인 — 수많은 기계들(제도들)의 성취라는 것이 [필자의] 가설이다. 개인은 언제나 이데올로기의 주체이지만 항상 그러한 재현의 형상 이상의 것이다(사회적인 것이 이데올로기적인 것으로 환원될 수 없듯이 — 그럼에도 불구하고 이데올로기적인 것은 사회로서의 그 재현의 형식이다). 기계가 의미하는 것은 그러한 과잉 — 욕망, 모순, 부정성 — 의 재배치이다. 분석에 관한 한, 그 가설은 일종의 귀환의 움직임을 시사하는 경향이 있는데, 그럼으로써 산업은 ('영화와 이데올로기'와 관련하여) 제도-기계의 이데올로기적 결정이라는 관점에서, 그리고 후자[제도-기계의 이데올로기적 결정]는 그 결정의 텍스트적 효과라는 관점에서 파악될 수 있다. 사실, 물론, 이 복합성, 이 복합체*complex*는 분석에 의해 모순

고유의 층위들로 분해될broken 수도 있다. 각각의 영화는 그 텍스트의 이데올로기적 작용에 있어, 그리고 영화의 이데올로기적 특수성의 작용에 있어 특수하다. 이제 목적은 비판적 — 창조적 — 저항을 위해 필요한 초점으로서 이 한계들의 어떤 것을 스케치하는 것이어야 한다.

다시 말해 한계들에 초점을 맞춘다는 것은 영화를 본성상 반동적인 것이라고 선언하는 것이 아니라 시네마 제도의 이데올로기적 효과들 속에서 이루어지는 그 제도의 실연-변형에 관심을 가지는 가운데 변증법적으로 이해하려고 노력하는 것이다. 하지만 여기에는 난점들이 있음을 기억해야 할 것인데, 그 난점들은 잠시 브레히트Bertolt Brecht의 사례를 고찰해 보면 드러난다. 시네마에 관한 사유에서 브레히트를 사로잡은 것은 한계의 문제이다. [시네마에 대한] 그의 평가의 조건들은 변하지만 할리우드에서 그는 시네마가 관객을 생산으로부터, 수행으로부터 떨어져나오게 하는 한 시네마는 불가피하게 퇴행적인(동일시적인) 것이라고 간주하게 된다. "대중은 더 이상 배우의 연기를 교정할 기회를 갖지 못한다. 대중은 생산과 대면하는 것이 아니라 대중의 부재 속에서 생산된, 생산의 결과와 대면하는 것이다."[7] 브레히트가 그의 연극적 실천에서 "미래 연극을 위한 모델"인 교훈극Lehrstück에 — 그리고 서사극에 — 부여했던 근본적인 중요성에 비추어보면 이러한 '근본적인' 질책은 강도를 더한다. 교훈극learning-play(브레히트 자신이 선호했던 번역)은 "정치적으로 그른 행동양식을 보여주고 그럼으로써 올바른 행동양식을 가르치는 것"이며 그러한 목표의 실현은 "그것이 행동화된다는 사실에 있는 것이지 그것이 보여진다는 사실에 있는 것이 아니다." "그것은 연기의 역할을 완전히 변형시킨다. 그것은 배우/관객 체계를 억제하며, 견습생이기도 한 배우들만을 알고 있을 뿐이다."[8] 미래의 모델로서 교훈극은 따라서 일종의 변증법의 학교이다. 영화에는 이러한 종류의 것이 전혀 없다. 시네마는 생산물의 예술이며 대중은 생산과정에서 배제되고 이미지 속에 고정된다. 브레히트는 그 문제를, 그 난점들을 바로 주체-위치와 관련하여, 그리고 시각vision을 지식으로서 정초하는 이데올로기에 시네마를 연루시키는 것과 관련하여, 모순 바깥에 있는 주체의 통합성을 위해 현실을 반영specularization하는 것과 관련하여 제기한다. 평가, 비난은 그러한 관계를 뒤따라 나온 것이다.

무엇이 시각의 이러한 관계의 조건인가? 그것은 기억, 즉 개인을 프레임화되고 서술되는 주체로서 유지하려는 부단한 운동의 조건이다.

　스크린은 영화를 유지하는 기초가 되는 필름 프레임의 투사이다(그렇기 때문에 위치를 고정시킬 필요가, 즉 또 다른 측면[스크린 반대편]을 금지할 필요가 긴급해진다). '프레임'이라는 말 — 어원적으로는 '진행하다,' '나아가다,' '진출하다'를 의미하는 — 이 회화에서 나와 필름의 물질적 단위를 묘사하게 된 것("촬영된 필름 위에 프린트된 일련의 사진들 중 단 하나의 투명한 사진," "1초에 24프레임")은, 그리고 그것이 세팅된 이미지에 관해, 스크린 상의 이미지의 경계짓기에 관해 말하기 위해, 뿐만 아니라 '프레임' 내에서의, 구멍과 관계가 있는 영사기 내에서의 필름의 통과passage를 위한, 그리고 '프레이밍'하고 '재프레이밍'하는 카메라 시점을 위한 표현을 제공하기 위해 사용되어야 하는 것은 우연이 아니다. 더욱이 에이젠슈테인에게는 프레임의, 프레임화 mise en cadre의 상연을 위한 참된 미학이 있다("미장센mise en scène이 요소들을 무대 위에 시간적, 공간적으로 자리잡아주는 것을 의미하기 위해 채택되듯이, 우리는 쇼트 속에 이 요소들을 자리잡아주는 것을 미장카드르라고 부를 것이다"[9]).

일반적으로 강조되는 것은 영화와 회화에서의 프레임의 차이이다. 영화는 표준적인 스크린 비율(4:3 직사각형), 혹은 오늘날처럼 수없이 많은 종류의 비율들로 제한된다(할리우드에서 에이젠슈테인은 마스크를 활용하여 어떤 비율의 직사각형도 창출할 수 있게 해줄 정사각형 스크린 — '역동적 정사각형' — 을 제안했다). 영화는 다른 모든 것을 제치고 주목을 받을 움직이는 인간 형상들로 인해 회화적 구성의 통상적인 법칙들을 깨뜨린다. 「기계 복제 시대의 예술작품The Work of Art in the Age of Mechanical Reproduction」에서 발터 벤야민Walter Benjamin은 관객의 입장에서 이러한 방식으로 회화와 영화의 양립 불가능성에 관한 논의를 전개하면서 그 둘을 비교한다. "회화는 관객을 관조로 초대한다. 회화 앞에서 관객은 자신을 잊고 연상에 빠져들 수 있다. 영화 프레임 앞에서 관객은 그렇게 할 수가 없다. 관객의 눈이 한 장면을 다 보기도 전에 그 장면은 이미 [다른 것으로] 변해 있는 것이다. 영화는 정지될 수 없다…. 이 이미지들을 보면서 이루어지는 관객의 연상 과정은 이미지들의 부단하고 갑작스런 변화로 인해 훼방을 받는다."[10] 이 인용문에는 언급을 요하는 많은 것들이 들어 있다(브레히트와 벤야민이 행한, 시네마란 예술 생산을 조직하고 규정하는 새로운 양식이라고 보는, 그리고 사실상 잠재적으로 서사적인 양식 ─ 〈서푼짜리 오페라*Threepenny Opera*〉 소송에서, 벤야민의 논문이 쓰여지기도 전에 문제삼았던 개념 ─ 이라고 보는, 시네마에 대한 최초의 평가에서 나온 비교). 하지만 여기서 강조할 필요가 있는 것은 그러한 비교 전체에 걸쳐, 시계view에 남아 있는, 자리를 잡고 있는 프레임, 즉 불변의 스크린이 관철되고 있다는 점이다. 그러한 불변성(혹은 일관성)은 또 다른 고전적 비교, 즉 영화와 연극의 비교로도 이어진다. 이러한 비교에 따르면 무대는 고정된 경계들인 '날개들'을 갖지만 스크린은 그 어떤 프레임에서도 그러한 것을 결여하고 있으며 다만 이미지의 리얼리티를 지속시킬 뿐이라고 이야기된다. 따라서 바쟁은 이렇게 쓰고 있다. "스크린은 회화의 프레임과 같은 프레임은 아니다. 오히려 그것은 우리가 사건의 일부만을 볼 수 있게 해주는 마스크이다. 어떤 사람이 카메라가 포착하는 영역field을 떠날 때 우리는 그 또는 그녀가 시야field of vision를 벗어난다고 인식한다. 그가 우리에게는 가려진 그 장면의 다른 부분에 여전히 계속 존재함에도 불구하고 말이다. 스크린에는 날개들이 없다…."[11] 하지만 다시금, 프레임은 카메라의 시야로서 놓여지고 전치된다transpose. 그리고 베르토프가 '연극적 영화'라고 부르는 것의 중요성(오슨 웰스나 윌리엄 와일러의 영화들에서의 초점심도deep focus 장면을 신성화한 바쟁에게서 특히)을 강조할 필요는 전혀 없다. 더욱이 연극과의 비교가 강조하려는 무제한성은 바로 프레임의 힘을 확증해 주는 것이다. 즉 연극의 현전성, 그 '프레임-안에-있음'의 통합성을 주장함으로써 끊임없이 [영화 프레임이 보여주는] 부재를 받아쳐야 하는, 하나의 '시계view'라는 연극의 정의를 확증하는 것이다.

프레임 안은 이미지와 주체의 장소, 광경view(초기 프랑스의 카탈로그들에서 한 편의 영화는 광경vue이라고 불렸다)과 관람객 viewer의 장소이다. 프레임, 프레이밍은 배치의 기초로서 독일어 아인슈텔룽Einstellung(조정, 중심화, 프레이밍, 도덕적 태도, 올바른 위치)에 해당한다. 니니Nijny는 그러한 메타포가 종종 미장카드르의 문제들을 해결할 열쇠라는 취지의 에이젠슈테인의 언급을 보고하고 있다. 덧붙여야 할 것은 프레임 자체가 항구적인 메타포이며 중심과 시선의 전이 — metaphora — 라는 사실이다(초기의 원형 마스킹들이나 윤곽지어진 매트mattes 등은 중심화된 시선의 이 진정한 드라마의 수많은 징표들이다. 〈할머니의 돋보기 *Grandma's Reading Glass*〉는 여전히 우리에게 교훈을 주며 반향을 일으키는 영화이다).

프레임이 관건이라는 것은 분명하다(마르크스의 카메라 옵스큐라에서 결정적인 것도 결국은 바로 이것[프레임]이다. [이미지의 위아래의] 전도가 아니고 말이다). 프레임은 기표의 장면, 상징적인 것의 장면을 기의의 장면으로 재구성하는 것이다. 즉 이미지를 통해, 다른 장면으로부터, 보여지기 위한 것to seen으로 이행 passage하는 것이다. 프레임은 거리를 올바른 위치로서, 시선의 정점으로서 보장한다. 즉 재현을 보장한다. 프레임은 현실과 의미를 교정하며(여기에 역설적이게도 전도가 존재한다) 그 현실과 의미가 쌍을 이루는 지점이다. 그러므로 분석은 시네마-눈과 인간-눈, 그리고 주체-눈의 배열(베르토프는 개인의 주체-눈을 전치시켜 현실에 대해 작용하는 — 현실을 변형시키는 — 관계로 만들기 위해 그 배열을 흩트리고자 했으며 시네마-눈과 인간-눈의 차이를 부여하고 싶어했다)의 역사, 테크닉, 운동들을 검토하기 시작해야 한다(이 분야에서는 많은 연구가 이루어져왔다). 또한 주체와 카메라의 '창 역할을 하는 정체성'을, 즉 (언제나 시선의 드라마인) 영화의 다이제시스diegesis적 공간 — 언제나 허구의 통합성 안에서 이미지들을 조직하는 — 내에 있는 등장인물들간의 '시점'의 유희에 동반되는 응시의 설정을 추적해야 한다.

등장인물들 — 아주 초창기부터 당연한 권리로 영화에 들어온 인간 형상들, 즉 시오타 역의 기차에서 나오는, 리옹의 공장을 나서는, 혹은 사진으로 찍은 집회(영화에서 '도착하는' 사람들에 대한 매혹은 단순히 우연의 일치일까?)에 나오는 사람들, 모던하고 '실험적인' 특정 영화들에서나 아주 어렵게 가까스로 빼버릴 수 있는 사람들 — 로 이루어진 허구, 그들을 찍은 광경은 내러티브로서의 영화를 포위하며 그 다이제시스적인 공간을 확립한다. 『언어와 시네마*Langage et cinéma*』의 서두에서부터 시네마는 의사소통 양식으로서의 기계임을 명확히 하면서 메츠는 시네마가 "의미의 어떠한 특수한 범위sector도(옐름슬레브의 용어로는 내용의 문제의 어떠한 부분도)"[12] 갖고 있지 않다고 언급한다. 그러나 영화 속에, 시네마 속에 내러티브가 존재하는 것은 바로 이미지를 배치하기 위한 것, 즉 프레임을 초과하는 부분에 대항하여 프레임을 지탱하고, 움직임을 포착하는 법칙들을 제시하고, 연속성을 보장하기 위한 것, 한마디로 '시네마적 형식'(따라서 로슨에게 "스토리의 완전한 거부, 그리고 그에 따라 통사론이나 배열을 거부하는 것은 시네마 형식의 붕괴를 낳을 뿐이다"[13])이 되기 위해서이다. 그 이미지들의 간헐성(벤야민의 '부단한 갑작스런 변화') 속에서 영화는 영구적인 환유이며, 종결의 모델인 내러티브는 그 환유(환유는 정신분석학 이론에서 욕망의 형상이다)에서 도중하차하여 이미지-흐름을 통해 욕망을 주체의 **방향**으로 전환시킨다(재현, 주체의 위치설정은 그것이 이미지 자체의 사실인 것과 마찬가지로 이미지들의 조직의 사실이다).

즉 내러티브는 영화에서 프레이밍의 결정적인 사례로 보일 수 있다(내러티브 제약과 프레이밍의 관습들 간의 결정적인deter-mining 연결은 종종 강조되어 왔다). 두 가지 동질성homogeneity('시작'과 '끝') — '끝'은 '시작'의 대체이고 시작의 요소들의 재투자이다 — 간의 변형의 관계인 내러티브의 경제는 이미지들을 방해하며, 이미지를 중심화하는 동시에 봉쇄하면서 행위들 간의 상호관계를 읽어낼 수 있게 하며, 주체를 그러한 작용의 통합성 — 있을 수 있는 산란함, 영화 텍스트의 다양한 강도들에 대항하여 유지되어온 — 으로서, 그 통합성을 위한 것으로서 각인한다. 프레임, 내러티브 배치, 주체 각인은 기표의 무한한 운동을 단절시키고 재현의 연속성을 — 스크린 상의, 프레임 속의 위치-속의-주체를 — 강요한다.

내러티브에 따른 이미지-흐름의 단축, 이미지의 토대로서의 시점의 영사, 시야/역시야reverse field의 프레임 내에서 이루어지는 이미지와 공간의 총체화, 이는 **봉합** — 절상折傷을 수술하여 꿰매어 붙인 것과 같은 — 과 관련하여 기술되었던 과정들 중의 일부이다. 그 봉합의 과정, 그 프레이밍, 커트, 간헐성 속에서 영화는 끊임없이 부재를, 결핍을 내놓는데 그 부재와 결핍은 끊임없이 주체의 관계 속에 묶여 있으며 그 관계 속으로 묶여들어간다. 말하자면 끊임없이 영화를 위해 재포착된다. 그런 식으로 공식화된 기술은 중요하기도 하고 — 봉합은 우리에게 다시금 주체인 인물figure에 대한 영화와 이데올로기의 절합을 환기시킬 수 있기 때문에 — 부적절하기도 하다 — 봉합은 그 절합에 관해 생각하기 위한 함축들을 가지고 있을지도 모르는 기능의 작동을 놓치거나 혹은 은폐하기 때문에.

정신분석학에서 '봉합'은 주체로서의 개인이 그 담론의 연쇄 — 그 속에서 주체는 대역으로 위장하기 때문에 사라지고 없는 것으로 형상화된다(주체의 장소는 점유되었고 대역이 그 장소를 차지한다) — 와 맺는 관계를 지칭한다. 주체는 기표의 효과로서 그 기표 속에서 재현되고 대리된다. 이데올로기적 재현은 상징적인 것 내에서의 주체의 이 '최초의' 생산에 의존하며 — 이 생산에 힘입어 스스로를 지탱한다 — (그렇기 때문에 주체의 구성에 관한 가능한 과학으로서의 정신분석학이 역사유물론 내에서 결정적인 역할을 담당한다), 또한 주체를 일련의 이미지들이나 전도들inversions, 일련의 고정된 위치들로서, 통합성 속에서 정지된 환유로서 방향짓는다. 하지만 강조되어야 하는 것은 그 정지 — 상상적인 것, 프레임, 내러티브 등에서의 봉합의 기능 — 가 정확히 하나의 과정이라는 사실이다. 그 정지는 생산성, 즉 과잉 — 그것이 통합성을 위해 거부하는 바로 그 순간 진술하고 재진술하는 — 을 거스르며 따라서 예컨대 외부에 의해 내부로부터 파괴되는mined 영화 프레임을 한계짓고 배치하며 끊임없이 재봉쇄한다. 그 과정은 결코 끝나지 않으며 구성-재구성은 언제나 다시 시작되어야 한다. 시네마를 포함하여, 기계들은 바로 그것을 위해 존재하는 것이다. 이데올로기는 봉합 안에 있다.

시네마로 돌아가보자. 어떤 의미에서 영화장치cinematographic apparatus 자체는 봉합 작용에 불과한 것으로 보일 수 있다. 분석 상황 속에서 환자의 담론의 통합성을 그 담론이 봉합하는 과정의 어떤 지점(이는 구성의 지점이고 그렇기 때문에 노출의 지점이자 가장 취약한 저항의 지점이다)에서 가로지르는 것은 "숫자를 시작하고 끝낼 때 그 다음 숫자 속에서 앞선 숫자를 없애기 위해 1의 형태로 결핍을 전달하는, '간헐적으로 깜박이는 것'이라고 설명되는 주체의 구조"[14]를 파악하는 것이다. 이러한 설명은 1892년 레옹 불리의 '점멸 운동movement saccadé' 특허를 상기시킨다. "그 장치 안에 있는 띠의 움직임은 경련을 일으키는 듯하다. 다시 말해 이미지를 기입하기에 충분한 시간 동안은 움직이지 않다가 셔터가 빛의 접근을 차단하고 있는 동안에는 움직인다."[15] 연속적으로 차이가 나게 기입된 이미지들은 그리고 나서 바로 이 차이들에 기초한 유사한 메커니즘에 의해, 연속성을 유지한 채 복제되기 위해 또 다른 장치 속에 놓인다. 대체로 기계로부터 고유의 연결 과정을 가진 시네마로 오면서 영화는 가공할 만한 기억의 장치로서 발전했다. 또한 다시금 봉합에 관한 정신분석학적 설명을 인용하자면, 시네마는 "서로 교환 가능한 요소들을 전혀 상실하지 않고도 그 세트를 종결하는 데 필요한 기억 능력의 힘을 무력화시켜버리는, 정치적인 또 다른 측면을 갖는 속성에 의해" 규정되는 주체를 추적하는 것을 발전시켰다.[16] 혹은 고다르가 언젠가 더욱 간명하게 설명했듯이 "나는 사유한다. 고로 시네마는 존재한다je pense, donc le cinéma existe."

개인을 주체로 전환시켜 통제하기 위한 기계들이라는 가설이 상술될 수 있는 곳은 바로 여기이다. 상상적인 것 — 대역, 봉합된 균일성, 예견된 총체성의 허구 — 는 상징적인 것, 즉 언어의 질서, 의미의 생산 — 그 속에서 주체는 무한한 운동의 장소로서 설정되고(반복되는 차이의 기능임을 확인한다) 그로부터 바로 이미지와 욕망과 봉합이 존재한다 — 위에서, 그에 대항해서 기능한다. 따라서 위치지어진 주체는 욕망의, 그 이미지의 전망 — 관점 — 으로서의 이데올로기적 형성들을 지지하고 그 형성들에 의해 지지된다. 정신분석학이 설명하는 구성의 '속성'은 형식적인 동시에 '정치적'(이데올로기적) — 종이의 양면처럼 '또 다른 면' — 이다. 주체로서의 개인은 동시에 주체-지지대이고, 어떤 이의 이미지는 다른 이의 재현의 조건이다. 스크린, 프레임, 기억의 결속을 가진 시네마는 아마도 그 이미지 기계일 것이다. 그것이 '선한 대상'(상징적인 것 속에 노출된 욕망에 의해 조건지어졌기 때문에, 분열의 에너지, 상상적인 것은 엄밀하게 클라인적인 의미에서 '선한 대상'과 등가화되어서는 안된다)이기 때문이 아니라 주체 — 스크린 상의, 프레임 속의 — 를 상징적인 것과 봉합, 부정성과 통합성, 흐름과 이미지의 정확한 선회turning 속에 붙들어두기 때문이다('스크린'은 라캉의 여러 다이어그램들에서 형상화되고 있듯이 유사한 종류의 양가성을 갖고 있다. 주체와 그 상상적 포착 captation 간의 잠재적으로 우스꽝스런ludic 관계의 현장locus으로서, 그리고 욕망의 대상과 주체를 가로지르는 경계 — 미끄러짐 — 의 징표로서 말이다).

　그것이 바로 시네마의 주류적 발전에서 '현실'의 투명한 제시(시네마 — '실재the real의 예술')를 위해서는 시네마적 실천의 표시들을 지워 없애면 그뿐이라는 식으로 수용된 사고들에 유의해야 하는 이유이다. 연속성, 비가시적 편집, 일치match 등은 중요하다(사실 그런 것들이 여기에서 지금까지 강조되어 왔다). 그러나 시네마의 초점이 항상 바로 이 과정 자체였다고 보는 사람들도 있다. 그리피스가 그 상징적인 예이다. 우리는 그가 자기 시대의 다른 이들과 함께, 패닝panning이 영화의 역학mechanics을 노출한다는 사실에 근거해서(패닝이 시작되자마자 편집에서 그 부분을 잘라내버린 영화들이 있다) 패닝에 분명히 반대했음을 알고 있다. 우리는 또한 1913년에 그리피스가 『뉴욕 드라마틱 미러 *New York Dramatic Mirror*』지의 한 면 전체를 할애하여 바이오그래프 사와의 단절을 선언하면서 자신이 창안한 것들의 목록 — "인물들의 원경이나 클로즈업,〈라모나*Ramona*〉에서 맨 처음 재현된, 거리를 두고 찍은 광경들, 장면 전환switch-back, '페이드-아웃,' 표현의 자제" — 을 과시했던 것 또한 잘 알고 있다(『바이오그래프 불러틴*Biograph Bulletin*』의 기재사항들은 종종 충격적인 혁신들이나 영화적 성취들에 주목하고 있다). 두 가지 사실을 결합해 보면 어떤 느낌이 전해진다. '예술의 근대적인 기법들tech-niques' 속에서 표현되는 기쁨, 그러한 표현display의 한계들, 그리고 봉합의 절차로서 그러한 기술들(그리피스의 목록에 나오는 것과 같은)을 실현하는 것이 그것이다. 표현도 다르고 균형도 다양하다(애초부터 문제는 거의 한계들의 변주이다). 장르들은 균형 상태의 사례들이며, 욕망의, 즐거움의 형식들의 특수한 종결로서 영화 속에서 이루어지는 주체와 기계의 특징적인 관계 맺음 — 특정한 관계들 — 이다(이중적인 결정에서의 또 다른 요소가 앞에서 언급한 산업적 최적화를 위한 요구와 결합한다). 불변하는 것은 주체와 욕망의 내레이션narration으로서의 영화인 것이다.

불변의 내레이션, 상이한 내러티브들: 각각의 텍스트에는 특수한 작용, 특수한 이데올로기적 교차, 변하지 않는 것들과 차이들, 조건들 및 그 조건들에 의한 한계들의 재조정이 있다. 영화와 체계의 텍스트에 대한 분석은 언제나 긴박한 것이며, 영화를, 한 편의 영화를 그 특수한 의미작용 실천 속에서 고찰하기 위한 전제이다.

여기서 개략적으로 진술되는 한계들은 그러한 고찰에 도움을 주고, 그리고 브레히트적인 원칙 ─ "시네마의 사회적 기능을 비판하지 않는다면 모든 영화비평은 징후들에 대한 비평에 불과하며 비평 자체도 단순히 징후적인 성격을 띠게 될 뿐이다"[17] ─ 에 대한 하나의 응답을 제공하기 위해 시네마의 이데올로기적 위치를 구상하려는 것에 불과하다. 이것은 결국 '근본적인 질책'으로 되돌아가는 것인가? 아마도 그럴 것이다. 그러나 그러한 비난은 약간 전치된 채로 작동하며, 이것이 바로 [영화의 의미작용을] 이해하는 출발점이다. 영화가 개입하는 데 있어서의 문제, 즉 [영화에서의] 정치적인 문제는 주체성과 이데올로기의 관계들을 변형시키는 데 있다. 한계들에 관한 질문: 한계들 ─ 이론적 허구, 사회학적 실험, 교훈극, 역사 수업으로서의 영화 ─ 내에서, 과정 속에 있는, 변형하는, 또 다른 장면, 또 다른 기억, 새로운 주체를 열어라. 한 번 더, 브레히트는 조건과 임무를 다음과 같이 요약했다.

인간의 모든 생산성은 항상 제한적이게 마련인 실제 생산에 봉쇄되어 있지 않다. 하지만 그 생산에 전적으로 흡수되어 있지 않은 요소들이 단순히 바깥으로 떨어져나가는 것은 아니다. 그것들은 모순을 일으킨다. 그 요소들은 단순히 의미

가 결핍되어 있는 것이 아니다. 그것들은 의미를 교란시킨
다. 따라서 아주 주의 깊은 전략scheme을 가지고 있어야만
그 요소들의 활동을 파악할 수 있을 것이다. 당신에게는 생
산되는 것에 극도로 민감한 귀가 필요한 것이다. 이 요소들
을 붕괴destruction로부터 지키는 것, 즉 그것들이 붕괴하지
않도록, 그리고 붕괴당하지 않도록 지키는 것이 진정한 성취
이다.[18]

주

이 글은 1975년 11월에 위스콘신-밀워키 대학교 20세기 센터에서 열린 '영
화이론과 비평에 관한 국제 심포지엄'에서 발표되었으며, *Quarterly Review
of Film Studies* vol. 1, no. 3 (1976년 8월호), pp. 251-65에 실렸다. 브레히
트에 대한 참조는 "Lessons from Brecht," *Screen*, vol. 15, no. 2 (1974년 여
름호), pp. 103-28, 그리고 "From Brecht to Film," *Screen*, vol. 16, no. 4
(1975/6 겨울호), pp. 34-44를 함께 보면 더 잘 이해할 수 있다.

1. Karl Marx and Frederick Engels, *The German Ideology* (London:
   Lawrence & Wishart, 1965), pp. 37-8.
2. S. Freud, *Introductory Lectures on Psycho-Analysis* (1916-17), *The
   Standard Edition of the Complete Psychological Works*, vol. XVI
   (London: Hogarth Press, 1963), pp. 295-96. 프로이트는 이 비유를 편리
   하게 허용할 때조차도 이러한 비유를 사용하는 것을 명백히 부끄러워했
   다. "이러한 체계들이라는 가장 조야한 발상은 우리에게 가장 편리한 것

이다. 그것이 공간적인 것이기 때문이다…. 나는 (이러한 발상들이) 조야
하다는 것을 알고 있다. 그보다 더한 것은 내가 그 발상들이 틀린 것임을
알고 있다는 것이다….″

3. S. Freud, *Five Lectures on Psycho-Analysis* (1910), Standard Edition,
   vol. XI (London: Hogarth Press, 1957), pp. 25-7. 이 이미지는 부정적–
   긍정적 발전의 참조를 결여하고 있었고 시각적으로 더욱 극적이었다('방
   해자'를 제거하려는 투쟁, 문간에 관리인들 ― '서너 명의 힘센 남자들'
   ― 을 배치하는 것). 아래에서 언급되는, 프로이트와 영화와의 작은 충돌
   에 관해서는 Ernest Jones, *Sigmund Freud: Life and Work*, vol. 3
   (London: Hogarth Press, 1957), pp. 121-22를 보라. 골드윈은 1925년에
   프로이트에게 접근해서, 안토니우스와 클레오파트라를 필두로 하여 유명
   한 러브 스토리의 장면들을 묘사하게 될 한 편의 영화에 협조하면 10만
   달러를 주겠다고 제의했다. 프로이트는 골드윈과의 만남을 정중히 사양
   하고 유명한 거절의 전보를 보냈다. 프로이트는 1926년에 완성될 예정이
   던 파브스트의 영화 〈영혼의 비밀들*Geheimnesse einer Seele*〉에 대해서
   는 더욱 모호한 태도를 보였지만 허가를 주는 것은 끝내 주저했다. 존스
   는 "그의 주된 반대는 그가 자신의 추상적인 이론이 영화의 조형적인 방
   식으로 제시될 가능성을 불신했기 때문"이라고 쓰고 있다(p. 121).

4. Georges Sadoul, *Histoire générale du cinéma*, vol. I (Paris: Denoël,
   1963), p. 288.

5. F. Engels, 블로흐J. Bloch에게 보낸 편지(1890년 9월), *K. Marx-F.
   Engels Selected Works* (London: Lawrence & Wishart, 1968), p. 692.

6. Bertolt Brecht, *Gesammelte Werke* (Frankfurt am Main: Suhrkamp,
   1967), vol. XVI, pp. 925-26.

7. B. Brecht, *Arbeitsjournal*, vol. I (Frankfurt am Main: Suhrkamp, 1973),
   p. 400.

8. Brecht, *Gesammelte Werke*, vol. XVII, pp. 1022-34.

9. S. M. Eisenstein and V. Nijny, *Mettre en scène* (Paris: Union Générale d'Editions, 1973), p. 254. 이후에 인용된, 해답으로서의 메타포는 p. 198 을 참조한 것이다.

10. Walter Benjamin, "Das Kunstwerk im Zeitalter seiner technischen Reproduzierbarkeit," *Gesammelte Schriften*, vol. 1.2 (Frankfurt am Main: Suhrkamp, 1974), p. 502. 영역본은 "The Work of Art in the Age of Mechanical Reproduction," *Illuminations* (London: Fontana, 1973), p. 240.

11. André Bazin, "Théâtre et cinéma," *Qu'est-ce que le cinéma?*, vol. II (Paris: Cerf, 1959), p. 100.

12. Christian Metz, *Langage et cinéma* (Paris: Larousse, 1971), p. 27; 영역본은 *Language and Cinema* (The Hague and Paris: Mouton, 1974), p. 38.

13. J. H. Lawson, *Film: The Creative Process* (New York: Hill & Wang, 1964), p. 289.

14. Jacques-Alain Miller, "La Suture," *Cahiers pour l'analyse*, no. 1 (1966), p. 49, 영역본은 "Suture," *Screen*, vol. 18, no. 4 (1977/8 겨울 호), p. 34.

15. Brevet 219350, *Bulletin officiel de la propriété industrielle et commerciale* (1892), p. 34.

16. Miller, 위의 글, p. 41; 영역본은 p. 27.

17. Brecht, *Gesammelte Werke*, vol. XVIII, p. 168.

18. 같은 책, vol. XIX, p. 408.

내러티브 공간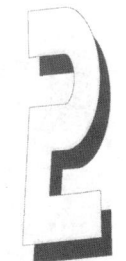

"사건들이 발생한다[자리를 차지한다]take place"는 건 맞는 애기이다.
마이클 스노우Michael Snow

히치콕의 〈의혹*Suspicion*〉의 클라이맥스 지점에서 리나(조운 폰테인)는 남편 친구의 죽음을 알리러 온 두 형사의 방문을 받는데, 그러한 상황에서 남편 조니(캐리 그랜트)의 성실성 — 정직성 — 에 대한 그녀의 두려움은 더욱 커지게 된다. 그 장면의 가운데에는 그림이 하나 걸려 있다. 오이디푸스적인 무게를 가지고 그 영화에서의 행동 전체를 압박하는 리나의 아버지의 육중한 초상화가 그것이다. 그녀는 아버지(그 이미지만큼이나 사람을 꼼짝못하게 하는 '맥레이들로[법을 부과하는] 장군'이라는 이름을 가진)의 눈 아래 붙들려 있는데, 그 아버지는 [그녀에게] 성을 위반으로 ("리나는 결코 결혼하지 않을 거요. 그 아인 결혼해서 살 여자가 못

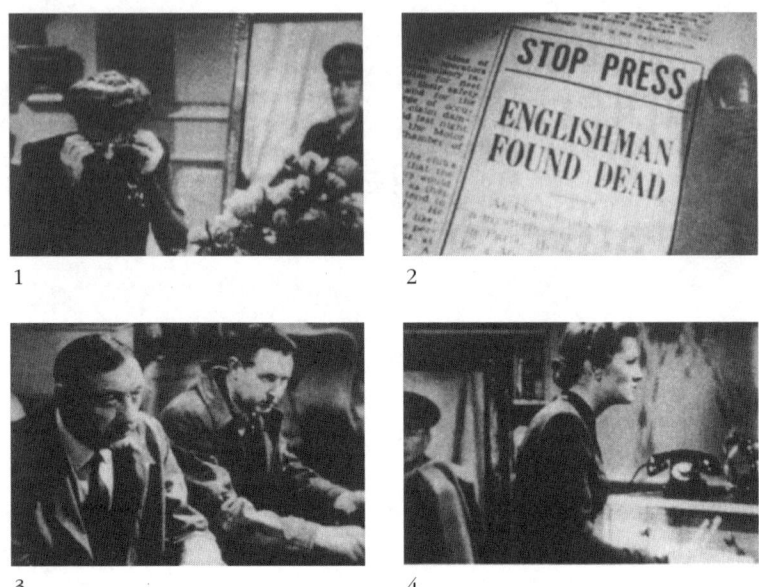

1

2

3

4

되지…. 리나는 지적인 데다가 강고한 성품을 지녔거든"이라고 장군
은 영화의 앞부분에서 언명한다), 즉 근본적으로 불가능한 것으로
[인지시킨다](아버지를 떠나 조니에게 가면서 리나는 그렇기 때문
에 의심으로 고통받는데 그 의혹은 그녀도 이 영화도 해소시킬 수
없는 것이다). 그리고 이제 그녀가 남편 친구의 죽음을 알리는 신
문 보도를 읽을 자세를 취하며 [형사들에 의한] 법의 조사에 응하
려고 몸을 추스리는 곳이 바로 이 초상화 앞인데, 이때 영화의 시
선은 초상화에서 경찰로, 그리고는 다시 초상화로 이어진다(사진
1, 2, 3, 4). 그렇게 중심화되어 있는 그 장면은 내러티브적인 스펙
터클로서의 고전적 영화의 특징인 저 통일성에 따라 구획되어 있
다. 새로운 것이 도착하며 ─ 방문, 죽음, 증대되는 의심 ─ 행위

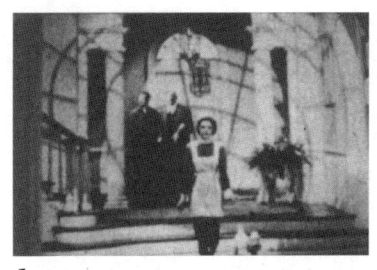

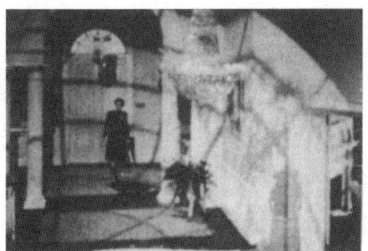

5   6

는 계속해서 진행되지만 운율과 균형, 지속되는 통합성으로 이루어진 운동을 벗어나지 못한다. 여기에서 리나에게 보라고 주어진 것(그 영화의 기본적인 인물들 중 한 명에 관해 찾아보려고 그녀가 안경을 끼고서 보게 되는 '스톱 프레스'[신문 인쇄 중 추가된 최신 기사]가 그것인데, 우리는 앞에서 그녀가 잡지에 실린 조니의 사진이나 사냥 무도회 전날의 조니의 전보를 볼 때 그랬던 것처럼 그녀가 신문을 읽을 때 그 기사의 내용을 공유하게 된다)을 사이에 두고, 그리고 두 명의 형사의 등장에서부터 그 장면의 끝부분에서 다시 [방문을 마치고] 형사들이 떠나려고 하는 것에 이르기까지, 완벽하게 대칭적인 패턴이 그 공간을 구축하고 있다. 그런데 그 공간은 행위가 일어날 수 있는 공간이며 그 자체로 자신의 경제와 이해 가능성intelligibility, 합법성을 갖는 행위의 일부이다.

이런 점에서, 그 장면 전체에 걸쳐 형사들의 방문이 시작되고 끝나는(사진 5, 6) 쇼트들을 고찰해 보라. 통합성은 명백하다. 끝부분은 다시 돌아서 시작부분으로 오고 하나의 쇼트는 운율에 맞춰 또 다른 쇼트를 반향한다. 동시에 그 장면에서 앞으로 진행되는 거리가 기입되고 공간은 그 결과 만들어지는 드라마의 조명 아래

재규정된다. 리나만이 하이 앵글로 찍혀 작아진 채로 무력하게 그림자들의 망 속에 얽혀 있으며 의심의 '거미줄'에 걸려 있다 (그 이미지는 그 영화에 관한 비평적 논의에서 공통적으로 다루어지고 있다). 더욱이 첫 번째 쇼트 자체는 영화에서 그 쇼트가 처한 상황 속에서 즉각적이고도 극적으로 고갈될 수 있다. 하녀 에델은 방문자들이 있음을 알려주고, 1930년대 영국의 할리우드판이라고 할 수 있는 이 영화에서 결국 희극적으로 놀라움을 표현하는 — "오! 에이즈가스 씨! 젊은 주인께서 뭐라고 생각하실지!" — 기능을 한다. 조니가 리나에게 충동적으로 선물한 개는 [리나에게] 또 다른 놀라움이다. 또한 그 집은 조니가 씀씀이가 헤프고 무책임한 인물임을 보여주는 사례이다(신혼여행에서 돌아와서 조니가 리나에게 그 집을 보여주자 어이가 없어진 그녀는 "조니, 당신은 아기 같아요"라고 말한다). 모든 것은 제자리에 놓여 있고 흐름 line을 벗어난 것은 아무것도 없다. 하지만 이 첫 번째 쇼트에서 이미 무엇인가가 삐걱이고 있다. 구성composition은 흠이 없고 프레이밍은 형사들의 등장(문간에서 울리는 초인종, 갑작스런 방문, 알지 못하는 인물들)의 연극성을 묘사하고 있다. 무대와도 같은 효과를 낳는 기둥, 계단, 벽과 함께, 등장인물들을 [프레임의] 중앙에 둔 채 예리한 원근법을 구사하는 방식으로 말이다. 그 이미지는 모든 면에서 분명하게 의도적으로 연출된 것이다. 그러나 반드시 그런 것만도 아니다. 형사들 중 한 명이 연기 도중 방향의 명징성을 깨뜨리면서 완강하게 몸을 돌려 왼쪽으로 가서는 우리 눈에는 보이지 않는 어떤 것을 갑자기 응시하는데, 이러한 행위에 대해 이 장면에서는 아무런 이유도 주어져 있지 않다.

　만일 한 편의 그림이 그 장면의 바로 중앙에 걸려 있다면 [죽음의] 소식을 접한 리나를 붙잡는, 그 장면 자체를 조직하는 시선은 처음과 끝의 경계에, 또 다른 그림[을 보여주는] 순간들에 비스듬히 걸쳐 있다. 일종의 매혹과 당혹감에 정신이 팔린 형사 벤슨이 응시하는 것은 바로 이 또 다른 그림인데, 이는 현관문 옆 기둥 뒤의 측면 벽에 걸려 있으며 그 그림이 포함되어 있는 더 큰 장면 안에 그 그림 자체의 장면이 약간 ─ 반복해서 ─ 들어가 있다(사진 7, 8, 9, 10과 11, 12, 13). 처음에, 그러니까 리나가 하녀에게 형사들을 들어오시게 하라고 지시한 직후에, 여전히 현관문 옆에서 기다리고 있는, 그렇지만 지금은 벤슨의 응시의 대상인 후기 입체파의 피카소 작품 같은[1] 그림을 드러내는 각도로 찍은 후자의 쇼트가 나온다(사진 7). 그 다음 쇼트는 벤슨이 목을 앞으로 빼고 그 그림을 보는 동안 그 그림의 디테일을 보여주기 위해 좀더 다가가서 찍은 것으로서(사진 8) 사운드트랙으로는 영화의 다른 부분을 지배하는 표현적인 오케스트라 연주와는 완전히 다른 간략한 피아노 연주가 흘러나온다. 하녀가 안주인에게로 그 형사들을 데려가려고 오자 그 쇼트는 다시 이전 쇼트의 각도와 거리로 되돌아가는데, 이때 벤슨은 충격을 받은 표정을 띤 채 다시 뒤돌아서서는, 하녀와 동료를 따라가기 전에 다시금 그 그림을 쳐다보며 [가는 동안에도] 계속해서 고개를 돌려 그 그림을 바라본다(사진 10). 그 장면의 끝부분도 이와 유사하다. 리나는 형사들을 문까지 배웅하는데, 그녀와 또 다른 형사 호지슨이 몇 마디 말을 주고받는 동안 벤슨은 그 당황스런 그림 쪽으로, 한 번 더 프레임의 가장자리까지 간다(사진 11). 목을 빼고 바라보는 그를 짧은 피아노 연주와 함께 찍은 그 쇼트는 시작부분에 나온 것과 정확히 평행을 이루고 있다(사진 12, 사진 8 참조). 다시 미디엄 쓰

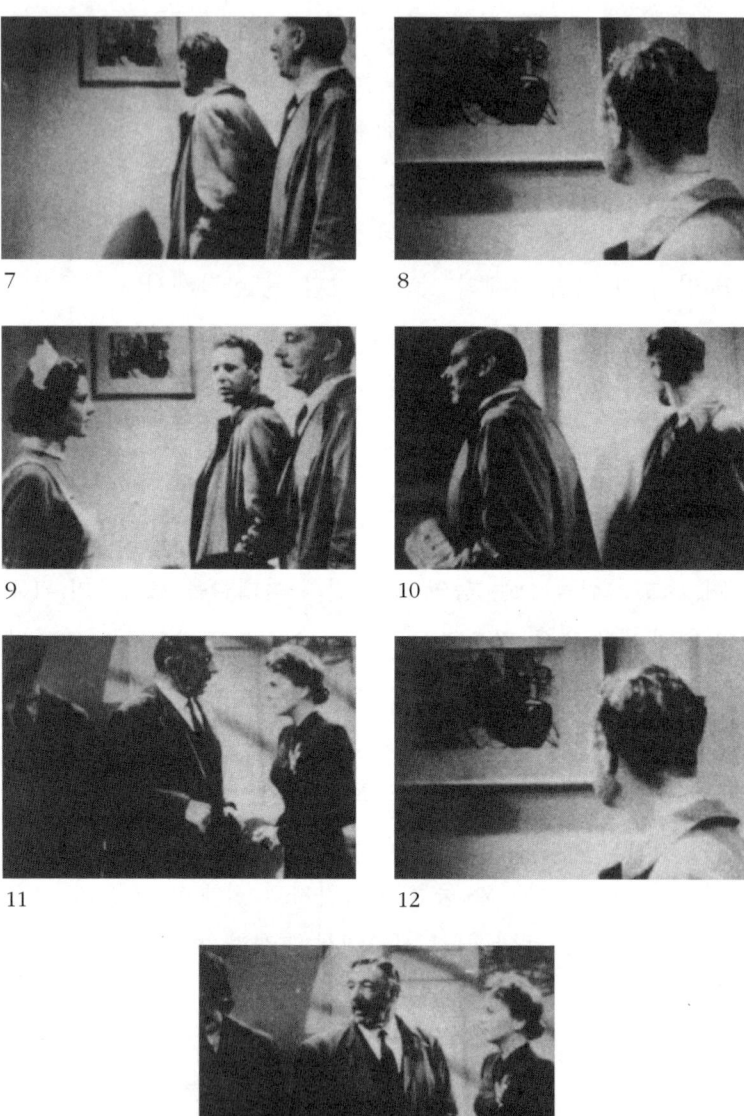

리 쇼트로 되돌아가면 벤슨은 완전히 프레임에서 빠지는데, 호지슨은 벤슨에게 그 장면으로 돌아오라고, 움직이라고 말 그대로 명령한다(사진 13).

여기서의 연출은 복잡하다. 이 또 다른 그림은 [등장할] 아무런 이유도 없는 '무용지물'(고립된, 그 영화 전체에 걸친 공명이 없는, 피아노 연주로써 경계지어지는, 그리고 그 장면의 실질적인 주요 부분에서 다소간 떨어져 있는 벤슨과 연결되어 있다는 사실로써 경계지어지는, 프레임 바깥에 있으며 의미가 거의 없는)이며 그 영화의 경계를 넘어서 있다. 하지만 그것은 그 영화에 도착하며 그 장면의 운율적 균형에 맞추어져서, 그 장면의 중심부에 있는 진짜 그림인 그 초상화 ― 그 영화에서 행위가 이루어지는 프레임 안에 있는 ― 가 보여주는 강직함을 드러내고 있다. '그것은 히치콕의 농담일까?' 어쩌면 그럴지도 모르겠다. 그러나 그것은 시점의 조건인 공간의 봉쇄를 너무도 미묘하게 주저하면서 해내는 한 편의 영화 속에서 말하는 농담이다. 리나의 시점에서 보여지기는 하지만(우리가 그의 행위들의 의미를 결정하고 의심을 해소할 수도 있게끔 리나의 남편만을 따로 보지는 못한 채, 그녀가 남편과 관련시켜서 보는 장면들을 보기 때문에), 의혹의 무대를 제공하는 감시의 시선(초상화, 거울) 아래 놓여 있기 때문에, 리나의 직업경력의 설정은, 스토리로서의 이 영화는 그 모호성에도 불구하고 거북하지 않다. 조니가 부정직한 사람이든 그렇지 않은 사람이든, 그림 ― 초상화로부터 영화로 ― 은 심리적으로나 극적으로나 직설적이고 받아들일 만하며 독해 가능하다. 리나의 성격, 그녀의 의심, 그리고 그에 대한 우리의 경험은 적절하게 자리잡혀 있으며, 중요한 것은, 그 영화의 이유인 것은 [그것이 자리잡은] 바로 이 장소라는 사실이다. 하지만 그렇기 때문에 결말이 문제가 된다(이와 관련하여, 히치콕이 또 다른 결말을 생각하고 있었다는 사실, 즉 조니의 정직함-으로서의-캐리 그랜트에 관한 다의성을 전부 제거할 수 있는 버전을 만들어내기 위한 편집cutting의 시도가 이루어졌으나 난관이 있었다는 사실은 부수적이지만 흥미로운 점이다). 리나와 조니는 차 안에서 다투는데, 조니가 해명을 하자 리나의 의심은 해소되고 자동차는 유턴하여 그들이 같이 왔던 길을 되돌아간다. 장소의 통일성 — 위반과 성, 의심과 죄의식, 가족 로맨스 전체를 봉쇄하는 — 은 분열하며 관점perspective은 이제 상실되고, 모호한 사태는 강요된 해피엔딩의 여기서는-독단적이기-때문에-절대적인('캐리 그랜트'라는 제약) '진부함' 속에서 깨져버린다. 그 해피엔딩은 모순되게도, 교회 밖에서 벌어졌던 '맨 처음' 싸움에 대한 기억을 되살려낸다. 조니와 리나가 갑자기 엉뚱한 다른 어딘가에 나타나고, 조니가 리나에게 갑작스런 폭력을 행사하자 리나는 조니와 싸우게 되는데, 이 장면은 하나의 공간(여기까지는 영국의 한 마을의 중앙에 있는, 바람이 휩쓸고 간 텅 빈 불모지이고 그 이후부터는 우리가 예상할 수 있는 모든 안락한, 스포츠를 위한 전원과 함께 제시된다)에서 거리를 두고 찍은 하나의 쇼트로 처리되고 있다. 그런데 그 쇼트는 결코 그 영화 속에서 — 그 영화를 위해서 — 재포착되지 않고 일종의 잃어버린 스펙터클로서 남겨지게 된다. 벤슨의 그림 — 그 그림이 그가 응시하고 있음을 간파하는 한에서만 '그의' 것인 — 역시 잃어버린 스펙터클로서의 효과를 갖는다. 시점, 상이한 프레이밍, 법의 침해와 조사하는 법의 시선, 내러티브 경제의 동질성의 훼방의 문제, 그것은 다시금 다른 어딘가에, 또 다른 장면, 또 다른 스토리,

또 다른 공간에 있기 때문이다.

스노우의 강조: 사건들은 발생한다[장소를 차지한다]. 그렇다면 영화에서 이 '발생한다[장소를 차지한다]'는 것은 무엇인가?〈의혹〉은 바로 그러한 질문을 제기하는 영화로서, 영화의 행위는 장소의 구성과 유지에 너무도 긴밀하게 의존하고 있으며, 그러한 구성과 유지의 과정 속에서 회화를 참조하고 있고, 또 농담이나 난점, 과잉이나 타자성을 초점으로 삼고 있다. 그것은 오늘날 영화제작과 영화이론에서 실천적으로나 비평적으로 꾸준히 제기되는 질문이기도 하다. 예를 들자면 아네트 마이클슨은 스노우의 작업이 성취한 것에 관해 기술하면서 그가 "영화적 공간을 행위의 공간으로 재규정했다"고, "내러티브의 긴장"을 "공간적–시간적으로 주어진 것들données을 추적"하는 가운데 재발견했다고 쓰고 있다.[2] 이런 점에서 실로 결정적이라 할 스노우의 사례는 독립 시네마에서 볼 수 있는 공간과 시간, 내러티브와 장소에 관한 수많은 상이한 탐구들의 중요성을 상기시켜준다. 마찬가지로 영화이론에서는 '공간적이고 시간적인 분절들'이 어떻게 이루어지는지, '공간의 종류들'에는 어떤 것이 있는지, 그리고 그것들이 내러티브를 결정하는지 혹은 훼방하는지에 주의를 기울여왔다. 그러한 주목을 보여주는 기본적인 텍스트는 노엘 버치의 『영화실천의 이론 *Theory of Film Practice*』[3]으로서, 이 텍스트가 함축하는 것들 — 그 입장들 — 중 몇몇은 에드워드 브래니건, 데이비드 보드웰, 크리스틴 톰슨의 오즈 야스지로 연구에서 볼 수 있다. 이연구는 오즈 영화들에서 공간이 어떻게 '전경화foregrounding'

되는지를 제시하며, 이러한 전경화는 오즈가 '모더니즘적' 영화 감독임을 확증해 주는 것이라고 논하고 있다. "오즈의 작품의 모더니티는 내러티브 인과성의 우위에 도전하는 특수한 공간적 장치들의 활용을 의미한다," "원인/결과 시퀀스에 일치해서, 때로는 그에 거슬러서 구성되는 공간은 때때로 그 영화의 일차적인 구조적 층위를 그려낼 정도로 '전경화' 된다," "오즈를 '모더니즘적' 영화감독으로 분류하게 하는 것은 오즈 영화들에 나오는 공간적 약호의 바로 이러한 전경화이다"[4]와 같은 언급들은 영화이론의 영역에서 볼 때 오즈의 영화가 영화에서 계속해서 실질적으로 제기되는 공간의 문제 및 사건의 '발생'을 다시 한번 강조해 준다는 사실을 보여준다.

만일 동일한 질문이 영화사의 시발점에서 제기되었다면 그 답은 아무 문제없이 너무도 쉽게 나왔을 것이다. 영화의 공간은 현실reality의 공간이고, 영화의 야망과 승리는 "삶을 재생산하는 것"(루이 뤼미에르)이다. 한 관객은 그랑 카페에서의 최초의 상영회 이후에 "자연이 행위 속에 포착되었다"고 설명하고 있으며 또 다른 관객은 마침내 이루어진 "보편 언어"의 발견을 격찬했다.[5] 그 원천과 권위(그 '작가')로서 보편 언어는 바로 우주 자체를, 즉 카메라의 눈에 포위되고 스크린 위로 전달되는 세계 및 광경들views 속의 세계(초기 프랑스의 영화 판매목록에서 영화들은 광경들vues로 목록화되었다)를 담고 있다. 고전적인 내러티브 시네마 속에는 롱 쇼트가 있는데, 이는 롱 쇼트가 이 포위하는 권위적 시각vision의 계속적인 형상화 방법figure으로서 발전하면서 영화에 관습적인 종결을, 즉 영화의 현실에 대한 최후의 말을 제공하게 되었기 때문이다.

그 현실, 즉 영화와 세계의 일치match는 재현의 문제이고 재현은 다시 담론의 문제, 즉 이미지의 조직, '광경들'의 정의, 그 광경들의 구성의 문제이다. 한 편의 영화의 작용을 결정하고 궁극적으로 이미지들의 유비적인 일치incidence의 범위를 결정하는 것은 담론 작용이다. 최소한 이러한 의미에서 영화는 일련의 언어들이고 약호들의 역사이다. 물론 그러한 유비 아래에 놓여 있는 것은 바로 보편주의의 유혹이다. 영화는 사진들로 이루어져 있으며, 시네마의 탄생과 착취의 테크놀로지적, 경제적, 이데올로기적 접합에 있어 사진은 실재the real의 재생산('사진적 리얼리즘')의 표준으로서 주어져 있기 때문이다. 과학적으로는, 우리가 시오타 역에 기차가 도착할 때의 난리법석[〈시오타 역의 기차의 도착〉 상영 당시 기차가 자신을 향해 달려오는 것으로 착각한 관객이 상영장소에서 뛰쳐나옴]에서 보듯이 생생한 그림을 만들기 위해 사진에 운동을 덧붙이는 것은 과학적인 면에서 볼 때는 흥미롭지 않은 것으로 간주될 수도 있었다. 환영은 분석이 아닌 것이다. 크로노토그래프를 만든 마레이는 시네마를 개발할 시간이 없기는 했지만[시대적으로 영화 탄생 직전에 활동함] 그럼에도 불구하고 시네마의 탄생에 일정하게 기여한 인물이다. 이데올로기적으로, [사진 이미지에] 운동을 덧붙인 것(이후 움직이는 사진에 음향이 덧붙여졌듯이)은 사진이 재현의 체계들 속에서 실재의 통화通貨로서 투자될 수 있게 한 것이었는데, 이때 재현 체계는 사진의 그러한 리얼리티를, 그리고 사진이 보증하는 리얼리티의 환영vision을 의미들의 조건들 내에 있는 그러한 의미들과 오락entertainment의 부단한 — 산업적 — 생산에 연루시키는 역할을 한다.

의미, 오락, 환영 : 영화는 통합적이고 위치설정된 공간의 실현이며, 그것은 위치설정하고 통합하며 결속시키는 운동 속에서 이루어진다. 영화가 단순히 광경들을 보여주던 데서 환영vision의 과정을 보여주는 것으로 이행passage한 것은 본질적으로 이동성과 연속성의 관계들의 약호화 속에서 이루어진 이행이다. 초기 영화의 공간은 단순히 타블로적인tableauesque 경향이 있어서 고정된 카메라 장치 앞에서 하나의 스토리로 연결된 정면 장면들을 찍은 것이었다("초기의 코미디 추적영화/어린 시절 이야기들에 나오는 가장 친숙하고 우스꽝스런 사건을 담은 영화/여덟 개의 스냅 사진 같은 장면들로 보여지는 영화"[6]). 분명히 타블로 역시 재현의 구조를 갖고 있지만 타블로 쇼트에 운동이라는 계기를 부여하는 순간 그 재현 구조는 주체를 놓치고 만다. 관객이 장면을 보고 있지만 그 장면에 부가된 운동은 언제나 과잉될 잠재성이 있기 때문이다. 장면들을 스토리로 연결한다고 해도 아직은 그 과잉을 동질적으로 연속적인 공간의 성취 속에 봉쇄할 수 없으며, 관객은 환영의 과정을 향해, 즉 위치설정하고 위치설정되는 운동을 향해 주체로서 끼여들게 된다. 바로 여기에서 우리는 자신의 약호들과 체계들을 발전시켜온 시네마의 역사와 만난다. 그 [역사] 아래서, 공간과 시간의 질서로서의 시네마라는 사실 위에서 "영화는 이미지들의 총합이 아니라 시간적인 하나의 형식이다." 또한 "운동은 자체적으로 지각될 뿐만 아니라 공간 속에서 국지화되기도 한다…. 관객은 움직이고 있는 것에 반응할 뿐만 아니라 한 장소에 머물러 있는 것에도 반응하며 운동의 지각은 고정된 프레임들을 가정하고 있다."[7] 그러한 현상학적 기술記述은 영화의 공간-시간성이 맞물려 있다고 주장하며 이와 연관된 영화의 문제들의 일반적인 영역을 제시하는데, 현재 이 문제들이 중요하다는 것은 두말할 나위도 없는 일이다. 그러한 현재적 중요성의 대두가 갖는 특별한 점들을 염두에 두면서, 이어지는 논의의 목표는 논쟁을 이해하기 위한 설명적이고 이론적인 맥락을 제공하고, 그러는 가운데 '내러티브 공간'으로서의 영화와 관련한 비판적 결론들에 도달하는 것이다.

사진과 시네마는 모두 카메라를 사용한다. 사진은 평면에 입체를 투사해서 고정시킴으로써 이미지를 생산하는 양식이다. 시네마는 운동 — 이미지들 속에서의 단일한 운동이라는 환영, 즉 움직임의 이미지라는 환영을 창조하기 위해 다양한 광학적 현상(파이 효과, 망막의 지속성)에 입각해서 작동하는 이미지들의 흐름의 움직임motion — 을 재생산하기 위해 사진이 생산하는 이미지들을 이용한다. 현상학적으로 그 결과는 "절대적으로 평면적이지도, 절대적으로 입체적이지도 않은, 하지만 그 사이에 있는 어떤 것"[8]으로 특징지어진다. '사이에 있는 어떤 것'이란 시네마의 저 유명한 '현실감impression of reality'에 대한 상투적인 반응이며, 여기서의 관심거리는 바로 이러한 인상, 이러한 리얼리티가 영화 공간의 고찰에서 어떤 함의를 갖느냐이다.

　　최근의 연구에서는 15세기에서부터 유래한 형용법figuration의 약호들, 주로 원근법의 약호들의 발전과 관련하여 시네마가 처한 상황이 강조되어 왔다. 그렇게 규정된 주목의 초점은 바로 카메라, 즉 "15세기의 과학적 원근법이라는 모델에 입각해서 직접적으로 구성된 원근법 약호를 생산하는 카메라"(마르슬랭 플레

네)[9]이다. 다시 말해 강조점은 빛살의 직선적인 전파의 법칙, 즉 원근법 효과를 구성하는 법칙에 따라 실현된 이미지의 형태로 대상들(입체)을 재생산하기 위한 기계로서의 카메라에 있다. 이와 관련해서 수많은 논평과 해명이 이루어져야 하는데, 그 논평은 15세기 원근법, 사진과 시네마와 관계가 있으며, 여기서도 그러한 순서로 언급해 나갈 것이다.

15세기 초 이탈리아에서 도입된(무엇보다도 플로렌스에서부터 발전한) 원근법 체계는 **중심 투사**의 체계이다. "그것은 그림이 관찰자의 눈에 자연 대상들 자체와 똑같이 보일 수 있게끔 3차원 대상을 표면 위에 묘사하는 기술이다…. 완벽하게 기만적인 환영이 단 두 가지 조건 위에서 얻어질 수 있다. (a) 관객은 한쪽 눈만을 이용한다. (b) 이 눈은 원근법의 중심점에 자리잡아야만 한다(혹은 적어도 이 지점에 상당히 근접해야 한다)."[10] 이러한 설명의 구성요소들에 주목해야 한다. 눈으로 보기에 그림과 대상이 정확히 닮아 있을 가능성, 즉 기만적 환영, 그리고 환영의 중심에 자리잡고 있는 눈이 그것이다. 근본적인 것은 창 앞에 있는, 즉 세계에 면한 하나의 광경 ─ 프레임화되고 중심화되고 조화로운('역사화istoria'[다수의 인물이 일정한 줄거리를 구성하는 그림]) ─ 을 보여주는 '열린 창aperta finestra' 앞에 있는 관객이라는 사고이다. 알베르티는 1435년 경에 쓴 논문 「회화론Della Pittura」에서 광경 속의 세계가 추적될 수 있는 유리면과 같은 회화의 면에 관해 이야기한다. "화가들은 이 면 위에서 마치 투명한 유리로 만든 면인 양 보여지는 사물의 형태를 현시하려 할 것이다. 따라서 시각적 피라미드는 확실한 조명과 공간 내에서의 확실한 중심 위치, 그리고 관찰자와 관련한 확실한 장소를 동반하는 확실한 거리를 두고 자리잡은 채 그 유리면을 통과할 수 있었다."[11] 그처럼 고정된 중심성은 주변부의 왜곡을 대가로 치르게 되는데, 이러한 왜곡은 관찰자의 눈이 원근법적 투사의 중심에 제대로 자리잡지 않고 끄 트머리 쪽으로 밀려날 때 일어나는 현상이다(〈의혹〉에서의 벤슨의 응시처럼. 그 응시는 그런 다음 또 다른 ― 혼동을 일으키는 ― 그림에 충격을 받는다). 왜상anamorphosis은 이러한 왜곡의 가능성들을 인식하고 그것을 남김없이 활용하는 것이다. 왜상은 '외양'과 '리얼리티' 사이에서 작용하면서 그림의(혹은 런던의 내셔널 갤러리에 있는 홀바인Holbein의 〈대사들The Ambassadors〉에서처럼 그림 속의 한 요소의) 투사의 중심을 삐딱하게 위치시키기 때문에 일단 그 위치가 발견되어야만 그림 ― 그것이 재현하는 것 ― 의 의미가 (정확히) 자리를 잡게 된다. 갈릴레오는 '정상적인' 광경을 "선과 색채의 혼란스러움에 빠지게끔 이렇게 왜곡하는 것una confusa e inordinata mescolanza di linee e di colori"[12]을 몹시 혐오했다. 그러나 16세기 동안 발전하여 특히 그 다음 2세기 동안 전유된 이러한 왜곡은 중심 원근법의 꾸준한 승리로, 그럼에도 불구하고 체계에 전적으로 의존하는 원근법의 제약으로부터의 일종의 경쾌한 해방으로, 중심과 위치의 중요성을 끊임없이 확증하는 것으로 보일 수 있을 것이다. 더욱 결정적으로 강조되어야만 하는 것은 그것[중심 원근법]이 안정적인 위치, 포위하는 유일한 중심 ― 갈릴레오가 지시하는, 그리고 왜상이 그 특이한 경의를 바치는 ― 이라는 이상, 하나의 강력한 이상이라는 사실이다. 이렇게 말하는 것은 단순히 15세기 이래의 회화의 실천이 원근법 체계의 엄격한 고수와는 거리가 멀다는 사실을 인정하는 것이 아니라 오히려 '적응accommodation'의 다양성 전체를 보여주려는 것이다(예를 들어 특정 회화들에서 건물들은 중심 원근법에 따라 하나의 중심만을 가지고 그려지지만 인물 형상들 하나하나를 위해서는 하나의 분리된 중심이 선택된다). 그것은 또한 진정한 유토피아주의가 작동하고 있음을, 즉 자연스럽게 주어진 리얼리티보다는 훨씬 더 명징하리라고 기대되는, 획득되어야 할 리얼리티에 투사되는 약호 — 전적으로 하나의 환영*vision*인 — 의 구성이 존재함을 시사하는 것이기도 하다. 그리고 그러한 시사는 15세기 공간의 탄생에 관한 연구를 통해 프랑카스텔이 내린 결론들을 단순히 반복하는 것이기도 하다. "그것은 그 사회의 행동과 꿈에 맞춰 공간을 완전히 변형하는 과정에 있는 한 사회를 위한 문제였다⋯. 움직이고 스스로를 표현하는 공간을 창조한 것은 인간이다. 공간들은 사회처럼 태어나고 죽는다. 공간들은 살아가고 공간들은 역사를 갖는다. 15세기에 서구 유럽의 인간 사회들은 하나의 공간을 조직 — 이 용어의 물질적, 학문적인 의미에서 — 했는데 그 공간은 앞선 세대들의 공간과는 완전히 다른 것이었다. 기술技術적인 우월함에 힘입어 그들은 점진적으로 그 공간을 지구 전체에 강제했다."[13] 5세기 동안 남자와 여자는 그 공간에서 편리하게 살고 있다. 15세기 체계는 세계의 실제적인 practical 표상을 제공하는데, 그 표상은 너무도 자연스러워서 마치 리얼리티에 대한 진짜 표상인 듯이, 즉 그 자체로 리얼리티의 직접적인 번역인 듯이 보이게 된다.

　15세기 체계라는 발상은 원근화법적 공간의 체계, 즉 관객의 눈을 위해 스펙터클로서 구획된 공간의 체계이다. 눈과 지식은 함께 간다. 주체, 대상, 그리고 우리가 타자를 장악할 수 있게 해주는 안정적인 관찰을 위한 거리, 기하학과 광학에 힘입은 공간.

그 투사된 유토피아 가운데에서 카메라는 실재화realization를 정점에 이르게 한다(1589년 광학에 관한 한 논문에서 지암바티스타 델라 포르타가 기술했듯이 카메라 옵스큐라는 15세기 체계의 유포에 뒤이어 주의를 끌게 된다). 카메라가 제공하는 이미지들은 바로 그 환영, 그 공간을 통용시키게 된다. "사진이 보급되기 전, 회화 작업에서는 사건을 '진짜real' 형태에 관한 우리의 환영과 믿음 등에 확실하게 강제로 고정시켜 [묘사하는] 것이 원근법의 수학적 관습만큼이나 강력해졌었다. 마치 오래 전에 낡은 유클리드 기하학이 '진실'이었듯이, 대중은 그 기하학적 원근법이 익숙하지 않은 시점을 포함하지 않는 한 그것은 '진실true'이라고 믿게 되었다." "매일매일 우리는 중심 원근법적 이미지인 사진들을 본다. 만일 또 다른 체계가 회화 예술에 적용되었다면 우리는 자신이 마치 2개 국어를 쓰는 나라에 살고 있다고 믿을 것이다."[14] 시네마가 사진에 토대를 두고 있는 만큼, 시네마는 이러한 경향의 유포에 기여하게 되며, 그와 아울러 단안 원근법을, 즉 시야를 확실하게 중심에 맞춰 확보하는 지점인 카메라와 동일시하는 관객-주체의 위치를 설정하게 된다(메츠는 그의 논문 「상상적 기표 The Imaginary Signifier」에서 바로 이 동일시로부터 결론들을 이끌어낸다).[15]

　"우리의 시각장field of vision은 입체적인 대상들로 가득하지만 (카메라와도 같은) 우리의 눈은 주어진 순간 오직 하나의 고정된 지점에서만 이 장을 본다…."[16] 눈과 카메라가 유사성을 보이는 데 관심을 가지면서 그 둘을 비교하는 것은 저항할 수 없는 일로 보였다. 우리의 눈은 고정점stationary point, 렌즈, 이미지가 포착되는 표면 등을 가진 카메라와 유사하기 때문이다. 물론 사실 눈에 관한 모든 근대 과학적인 설명은 [눈과 카메라를] 그런 식으로 비교하는 것에는 한계가 있음을 지적하고 있다. 우리의 눈은 결코 어떤 고정된 스펙터클에 의해 포착되지 않으며 결코 어떤 부동의 기록자recorder가 아니다. 우리의 시각vision은 어찌 되었든 양안兩眼이지만 때에 따라 한쪽 눈만으로도 볼 수는 있다. 어떤 것의 상이한 부분들을 끊임없이 스캐닝하는 운동들이 망막의 중심와窩에서 관찰되는데, 그 운동은 특수한 사회-역사적 상황에 필연적으로 연루되어 있는 개인의 시각적 경험으로부터 분리되어야 할 맹목적인brute 시각이 있지 않은 한, 수용 세포들이 새로운 신경-전기적 자극들과 즉각적인 기억 행위를 생산하기 위해 필요한 것이다. 실제로 사진의 이데올로기적인 힘은 마치 자신이 시각vision의 통합적 이미지이며 따라서 세계는 가능한 사진들의 일종의 총합인 것처럼, 즉 세계가 마치 본질적으로 눈을 위해 순간적으로 대상화되어 기록되어야 하는 스펙터클인 것처럼 제시하는 가운데 이것[즉 개인의 시각적 경험이 특수한 역사적-사회적 상황과 연루되어 있다는 사실]을 '무시'하는 것이었다 (폴라로이드 사진의 발전과 상업화가 갖는 이데올로기적 결정과 반향들을 고찰하는 것은 가치가 있는 일일 것이다). 다시 말해 과정과 실천의 외부에서 포착된 하나의 세계, 확증된 중심적 주인-관객 master-spectator의 경험적 장면은 차분한 직선 안에 평온하게 '현전'한다(곡선적 원근법이 진정하지 않은 것으로, '틀린' 것으로서 편안히 거부되었음을, 필요하다면 '광학적 리얼리즘' 논의들이 예증할 수 있다).

　시네마는 사진 및 카메라와 연관되어 있으며 그 일차적인(영화의 역사에서 우리가 알고 있듯이 '일차적인') 표현질료는 움직이는 사진 이미지들이고, 그 최고의 성취는 '현실감' — "절대적으로 평면적이지도, 절대적으로 입체적이지도 않은, 그 가운데에 있는 어떤 것" — 의 창출이다. 후자의 설명은 15세기 체계에 부합하는 공간 구성을 가능하게 하는 초점심도depth of field 효과에 관한 설명과 많은 점에서 유사하게 읽힌다. 하지만 시네마는 또한 동일한 영화에서 상당히 다른 투사들(예를 들면 초점길이가 긴 렌즈들)을, 즉 원근법 모델에 어느 정도 근접한, 그러나 근접성의 정도는 상이한 투사들을 이용할 수도 있다. 고전적으로 시네마는 '눈의 이동성'을 획득하는 한편 '정확한correct' 원근법perspective이 의존하고 있는 봉쇄되고 제한된 시각장visual field을 보존하지만, 그 이동성, 즉 영화 '속에서의' 인물들의 이동, 카메라 이동, 쇼트에서 쇼트로의 이동은 그럼에도 불구하고 어려운 점이라고 해도 무방하다. 첫 번째로, 영화 속 인물들의 이동은 관점(하나의 쇼트에서 인물들의 이동은 공간을 나타내고 상대적인 위치들을 보여주며 깊이를 시사할 수 있다)을 창출하는 수단인 동시에 '구성'(영화는 다른 모든 것들을 제치고 주목을 끄는 움직이는 인물들 때문에 회화적 조직의 '통상의 법칙들'을 파괴한다고들 이야기한다)의 문제를 제기한다. 두 번째로, 카메라의 이동도 마찬가지로 구성의 문제를 제기하며 종종 영화작법들에서는 눈-카메라 비유의 연장이 이러한 이동의 동기가 되지만(카메라는 머리와 똑같은 움직임을 발휘한다, 수평 패닝은 머리를 옆으로 돌리는 것이다 등) 원근화법적 공간(실제로 이는 [카메라-눈] 비유를 정당화하는 공간의 버전이다)을 유지하기 위해 엄격하게 조절된다. 세 번째로, 쇼트에서 쇼트로의 이동은 다시금 이러한 비유의 동기를 받아들이기에 적합한 것으로서("이동을 재생산하며 사진적인 한 영화는 우리에게 우리가 보는 것의 실제-같은life-like 유사존재sem-blance를 줄 수 있으며, 편집을 채용하는 한 영화는 우리가 정상적으로 영화를 보는 그러한 방식을 정확하게 재생산할 수 있다"[17]), 영화 공간의 영화적 성격, 즉 부단히 공간을 구성하는 것으로서의 영화를 효과적으로 지적하고 있다(따라서 브래니건은 "그 공간은 초당 24프레임으로만 존재한다"[18]라고 결론짓는다). 공간의 이상은 그 공간과 아울러 눈으로서의 카메라를 유지하는 것을 관심사로 하는 사진적 시각의 이상으로 남아 있는데, 이때의 눈은 앞에서 논의한, 분리되어 있고 곤란을 겪지 않는 눈, 즉 신체로부터 자유롭고 과정 바깥에 있으며 순수하게 바라보는 눈이라는 의미에서의 눈이다(결국은 눈-카메라 비유의 오류 — 시네마에서의 눈은 완벽한 눈이며, 시네마 장치에 힘입어 감독에게서 관객에게로 전달되는 장면을 부단히 어디서나 통제하는 눈이라는 — 를 인정하든 인정하지 않든, 그 오류는 약간만 비틀어 생각하면 정정될 수 있으므로). "감독의 목표는 그 장면의 이상적인 그림을 주는 것이고, 따라서 어떤 경우든 특정한 행위의 일부 혹은 극적으로 유의미한 디테일을 가장 효과적으로 기록하는 위치에 카메라를 놓으려 한다. 그는 말하자면 편재하는 관찰자가 되어서 관객에게 행위가 이루어지는 매순간 최고의 가능한 시점을 부여하려는 것이다."[19] 하지만 그러한 이상은 구성 [의 결과]이며 확보되는 이동성은 여전히 용이하지 않고, 변화하는 중심은 장면들을 만들어내고 장소를 잡는 데 있어서 영화를 따라 안착될 필요가 있다. 공간은 그래서 어려운 문제가 된다.

또 다른 방식으로 설명하자면 이동성은 바로 영화에서 가능한 것으로서, 공모적이면서 — 영화를 특정한 시각vision 내에 정지시킴으로써 '완벽'해지게 할 가능성 ─ 급진적이다 ─ 영화가 그 시각을 교란할 가능성을 갖고 있는데, 그럼에도 불구하고 즉각 역사적, 산업적, 이데올로기적으로 연루된다. 시네마는 '그 자체로' 특별히 이데올로기적이지 않다. 하지만 영화는 구체적이고 특수한 이데올로기적 결정들의 컨텍스트 내에서 발전하며, 그 결정들은 그러한 발전의 '상업적' 혹은 '예술적' 측면들뿐만 아니라 '기술적인technical' 측면을 형성한다. 마레이가 보기에 시네마는 관습적인 시각의 환영에 작용하도록, 뤼미에르가 설명했듯이 '삶을 재생산'하도록 만들어진 이래로 "눈이 그 환영들에서 벗어날 수 있게 하는 데 있어 아무 일도 하지 않았다. 베르토프에게 시네마는 사회적-역사적 개인의 주체-눈을 현실에 대하여 작용하는 ─ 현실을 변형시키는 ─ 관계로 전치시키기 위해 카메라-눈과 인간-눈의 배치의 모순들을 생산할, 시간과 공간에서의 해리解離를 구성함으로써 그 시각에 도전하도록 만들어질 수 있는 것이었다. 영화는 베르토프가 부수고자 했던 '연극적 시네마'를 위해, 즉 장면으로 이루어진 세계 및 그 장면이 세계와 맺는 관계의 균형상태를 위해 주로 절합된다. 그러나 브레히트는, 아울러 벤야민은 영화 이미지들의 연쇄라는 바로 그 사실에서, 상이한 시각, 상이한 공간을 옹호하고 그러한 연극[적 시네마]에 대항하면서 이용될 수 있는 어떤 모순을 본다. 그 모순의 발전과 가능성, 그 제약과 붕괴 속에서, 이제 좀더 탐구해야 할 것은 영화에서의 공간에 관한 질문 전체이다.

영화 공간은 당분간 두 가지로 나누어 검토할 수 있을 것이다.

'프레임 안의' 공간, 즉 프레임에 의해 결정되고 프레임의 한계 내에서 유지되는 공간의 검토가 그 하나고 '프레임 밖의' 공간, 즉 프레임의 한계를 넘어서는 공간, 부재와 만회given back 속에, 말하자면 쇼트와 쇼트의 편집 속에, 혹은 재프레임화를 동반하는 카메라 운동 속에 존재하는 공간의 검토가 다른 하나이다. 이러한 구분이 오랫동안 유지되어 왔지만 이어지는 언급들은 결국은 그러한 구분이 부적절함을 더욱 분명하게 제시할 것이다.

스크린, 프레임: 스크린과 프레임이라는 개념은 원근법 체계를 정교화하는 데 근본적으로 중요하다. 레오나르도 다 빈치에 따르면 "원근법은 투명한 유리판 뒤에 있는 하나의 장소를(혹은 대상들을) 보는 것인데, 그 유리 표면 위에는 유리면 뒤의 대상들이 그려지게 된다. 이 대상들은 눈 속의 한 지점까지 피라미드 형태로 투사될 수 있고 이 피라미드들은 유리판과 교차한다."[20] 그 판은 하나의 프레임, 즉 창틀이자, 동시에 스크린, 즉 다시 말해 보여지는 것이 투사될 수 있고 고정될 수 있는 투영의 영역이다. 15세기 이래로 그 '판'은 시야를 한정하고 고정해 왔으며, 화가의 캔버스는 눈과 대상 사이에 하나의 스크린으로서, 즉 빛살들을 차단하는 지점으로 자리잡았다. 실제로 르네상스(그리고 후기 르

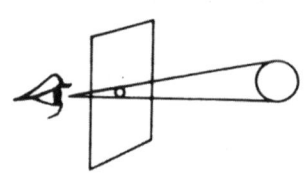

네상스) 회화가 창문이라는 테마에 아주 강하게 매료되었음에, 즉 부드러운 빛으로 이루어진 직사각형, 빛이 나는 시각 공간에 매혹되었음에 주목할 필요가 있다. 예를 들면 기를란다이오의 〈노인과 소년Vecchio e bambino〉(파리 루브르 박물관), 티치아노의 〈포르투갈 이자벨Isabel di Portogallo〉(마드리드 프라도 미술관), 혹은 뒤러의 〈자화상〉(프라도 미술관)에서 그려진 인물 뒤에 있는 창은 오른쪽을 향해, 먼 지평선을 향해 원근법적으로 열려 있다. 인물은 또 다른 풍경으로 갑자기 빛나는 영화 스크린 옆에 있는 것처럼 자리잡고 있으며 우리는 그 빛나는 프레임에 주목하게 된다. 하지만 더욱 중요한 것은 프레임을 발전시킨 역사 속에서 프레임이라는 발상 자체를 파악하는 일이다. 15세기 전에는 장식되어야 하는 특별한 건축적 세팅(벽, 제단 뒤 장식 등)으로서 외에는 프레임이란 거의 존재하지 않았다. 프레임이 독자적으로 실현되기 시작한 것은 15세기 동안이었고 이는 '회화'라는 개념 자체의 성장에 수반된 것이었다(예술적인 의미에서 '프레임'이라는 단어를 사용한 최초의 사례는 1600년경 『옥스포드 영어 사전 *Oxford English Dictionary*』에 기록된 것이다). 새로운 프레임은 대칭적이며(중심화된 직사각형이고 분명하게 '구성 가능한') 필수적이었다(15세기 체계는 프레임 없이는 실현될 수 없었으며 프레임은 '자연스런' 구성의 습관적인 양식이 되었다). 중요한 점은 프레임이 이젤easel을 동반했다는 것인데(최초로 기록된 사례는 1634년경으로 "예술가들이 요청한 프레임이나 이젤"이라고 기록되어 있다), 이것이 중요한 이유는 이젤이 중심이 있는 단일한 광경으로서의 '회화'라는 사고에 의존하는 것이었기 때문이다. 화가는 자신의 이젤 앞에 관객처럼 서 있고(이러한 역사 속에서 그림을 그리는 권위적 응시의 전문가는 남성이다) 캔버스 스크린 위에다가 그 뒤의 장면을 포착한다. 더 이상 구형求刑의 회화 영역(돔, 아치, 혹은 천장)에 남아 있지 않아도 되는 화가는 분명하게 곧추서서 삼각대와도 흡사한 이젤을 들고 여기저기 다니면서 세계를 한쪽 눈으로 — 세계 자체를 관측하는 눈 — 바라보게 되었다. 다시 말해 원근법 체계 및 카메라 옵스큐라(카메라 옵스큐라는 이동하는 화가를 위해 신속하게 휴대 가능한 장치가 된다)와 함께 확립된 이젤 회화는 빛을 이용해 반영되고 고정되고 그려진 이미지와 스크린과 프레임을 제공하게 될 카메라를 향해 나가는 데 있어서의 일보 전진이었다.

'프레임'이란 영화의 물질적 단위("시네마토그라피적인 영화의 전체 길이만큼 현상된 일련의 사진들을 이루는 투명한 개별 사진," "1초에 24프레임"), 그리고 그 세팅 속에서의 영화 이미지, 스크린 상에 틀지어진 이미지(예를 들면 아른하임의 『예술로서의 영화 *Film as Art*』에서 '프레임'과 '한정'은 동의어로 가정된다)를 묘사하는 말이다. 프레이밍, 즉 프레임을 결정하고 그 구도를 잡는 것은 이내 근본적으로 시네마적 행위로, 바로 이미지가 이미지 '다워지는' 순간으로 간주된다. "프레이밍, 다시 말해서 이미지를 그 이미지가 점유해야만 하는 장소로 가져오는 것," 이는 1920년대 교사들이 쓴 매뉴얼에 나오는 정의이다.[21]

"우리의 1.33:1 직사각형이 있는데 그것은 결국 까다로운 약간의 손질을 참아내야 할 것이다"(홀리스 프램튼).[22] 영화에는 직사각형의 구성이 도입되었으며, 공간은 그 프레임 내에서 구조화되고 영역들은 그 테두리와의 관계 속에서 위치를 할당받게 되었다. 더욱이 어떤 의미에서 직사각형의 제약은 회화에서보다 영화에서 더 크다. 회화에서는 그 비율이 상대적으로 자유롭지만 영화에서는 표준 비례로 제한되어 있으며(프램튼의 1.33:1은 오늘날 '아카데미 프레임'이라는 명칭이 붙어 있다), 요즘에는 직사각형의 크기를 바꾸기 위해 프레임 양 측면을 가리는 등의 테크닉을 활용하는, 아주 소수이기는 하지만 다른 비례들이 존재하기는 하지만 일반적으로 선호되는 것은 아니다.[23] 그렇기 때문에 직사각형은 지배되어야만 한다. 젊은이를 위한 현대 매뉴얼의 핵심부분 중 하나의 제목이 '직사각형을 통제하기Maîtriser le rectangle'이듯이 말이다. 따라서 그 지배mastery의 규칙들, 즉 15세기 체계에서 곧바로 유래한 이 규칙들인 균형 잡힌 시각과 명징한 구성이 영화에서도 지배적인 규칙이 되었다. 같은 매뉴얼에는 다음과 같은 대목이 나온다. "직사각형을 힘force의 선들이 횡단하고 있으며… (그 선들의 교차점들인) 강점들strong points을 갖는 하나의 표면으로 간주하는 것은 그 직사각형에 입체적인 기초구조를 보장하는 것이고 그것이 시각적인 온갖 잡동사니를 다 집어넣는 일종의 대형가방이라는 개념을 거부하는 것이다." "그러므로 만일 우리가 배우를 이 직사각형 안에 자리잡아 주어야 한다면 가장 좋은 장소들 중 하나는 문제의 그 힘의 선들 중 하나를 뒤따르는 장소일 것이다. 그리고 얼굴, 즉 사람의 '강점'은 직사각형의 강점들 중 하나에 놓이도록 자리잡아 주어야 할 것이다." "두 번째 등장인물은 자연히 강점들 중 하나에 자리잡힐 것이고…" "'풍경'을 찍을 경우, 저 유명한 '제3의' 것에 조응하지 않는 표면의 분할이 얼마나 부조화스러울지, 그리고 지평선을 프레임의 한중간에 놓는 것만이 명백히 논리적인 분할임을 재빨리 알아차리자."[24] 하지만 시네마에서 이 규칙들을 넘어서는 '과잉'이 있을 수도 있다. 언제나 더 나아간 항소법정 — 바로 시네마의 목적인 삶 자체 — 이 존재하기 때문이다. "그러나 영화는 삶이고 운동이다. 시네아스트는 조형미학의 함정에 빠져서는 안된다. 프레이밍의 규칙들을 어긴 것이 종종 동의할 만한 놀라움을 야기하곤 한다. 세계가 이미 그 자체로 조화롭다는 주장에는 진실이 없지 않기 때문이다."[25]

삶이 시네마에 운동으로서 들어온다 해도 그 운동은 원근법에 관한 논의에서 앞서 언급했듯이 프레임 내부를 어떻게 구성할 것인가 하는 문제를 야기한다. 사실 구성은 프레임을 행위하는 인물의 기능에 맞춰 조직하게 마련이다. 시네마에 들어오는 것은 운동의 논리이고 프레임의 중심은 바로 이 논리이다. 다시 말해 프레임 공간은 내러티브 공간으로서 구성된다. 어떤 순간에든 프레임의 공간을 이해할 수 있고 '읽을' 수 있게 해주는 것, 그리고 프레임 안의 공간을 규정하는 데 기여하는 영화적 단서들의 전개(예를 들면 포커스를 당긴다거나 후면조명을 하는 등)를 결정하는 것은 내러티브 의미significance이다. 내러티브는 관점을 부단히 새롭게 하는 가운데 시각의 명징성을 위협할 수 있는 이동성을 봉쇄한다. 공간은 르네상스적 추진력을 충족시키는 것에 불과한 운동 속에서 장소 — 영화를 발생시키는taking place 것으로서의 내러티브 — 가 되는 것이다. 드 쿠닝은 르네상스적 추진력에 관해 다음과 같이 기술하고 있다. "한 사람이 들어와서 죽거나 이미 죽어 있는 공간을 할당하는 것은 예술가에게 달려 있었다. 그 공간의 적확성은 어떤 이유가 됐든 그 사람이 죽어가고 있거나 죽임을 당한 그 이유에 의해 결정되었다. 아니, 그 이유에서 영감을 받아 정해졌다. 따라서 원래의 캔버스 표면 위에 할당된 공간은 마루 위의 어딘가에 있는 한 '장소'가 되었다."[26] 결정적인 것은 보여진 것을 장면으로 전환하는 것, 기의에 맞는 기표를 잡아내는 것이다. 구성되고 중심화되고 서술된 프레임은 바로 그 전환의 지점이다.

시네마는 "삶의 진실을 장면으로서" 보여주며 프레임은 그것을 보여주는 방식이다. 메츠는 여기서 "원초적 장면과 열쇠구멍" 체제regime에 관해 이야기한다. "직사각형의 스크린은 모든 유형의 페티시즘을, '직전just before'의 모든 효과를 허용한다. 스크린은 자신이 원하는 바로 그 높이에, 보여진 것the seen을 정지시키는 날카롭게 진동하는 봉bar[영사기에서 스크린까지의 사이에 형성되는 원뿔형 막대모양의 빛을 은유한 표현으로서, 그 봉의 모양에서 남근에 대한 물신숭배를 추론하고 있다]을 위치시키기 때문이다…."[27] 거기에는 장면에 대한 매혹이 있으며 시네마는 처음 시작할 때부터 타블로에, 그 극적인 마스크들[스크린의 위아래나 양 옆을 가리는 것]에 매혹당했다(열쇠구멍 모양의 매트matte를 포함하여). 〈증거를 찾아서A Search for Evidence〉(AM & B 1903)에서처럼 경우에 따라 주제를 직접 제시하기도 하였다(〈흥겨운 구두닦이 Gay Shoe Clerk〉(Edison Co. 1903)에는 아첨하는 구두닦이, 매력적인 아가씨, 그리고 우산을 쓴 그녀의 샤프롱[사교계에 나가는 젊은 여성의 보호자로서 동반하는 나이 많은 여성]이 등장하는데, 영화 중간에 아가씨의 발을 잡고 신발을 신기는 구두닦이의 손과 아가씨의 발목을 보여주는 클로즈업이 삽입되어 있다[28]). 거기에는 또한 가장자리, 한계, 세팅, 주의 깊게 선택된 장소에 대한 페티시즘이 있다. 또한 알베르티 이후 계속 사용된 이미지의 특정 거리를, 즉 면밀히 검토된 확실한 환영을 생산하기 위한 일련의 기계들과 장치들 전체가 있다. 간단히 말해서 영화에서의 '직전'은 공간적으로 움직이고 있으며, 계속해서 고정성을 획득해 나간다. 그리고 프레임은 그 '직전'과의 연관 속에서 정립된다 — 활동한다.

한편 스크린은 프레임을 받고 프레임을 주며 그 평면성은 이미지를 정지시키고 관객의 눈을 정점으로 하는 삼각형의 기반이 된다. 의심의 여지없이, 프레임들을 스크린 위에, 그리고 스크린으로부터 투사한다는 사실, 프레임들이 "스크린을 덮친다"[29]는 그 사실로 볼 때, 눈의 위치가 갖는 순전한 즐거움이 있다. 하나의 공간은 어떠한 '이면'도 없이 확립되며(뤼미에르 형제가 스크린을 그랑 카페에서 하는 식으로 설치해야 했으며 반투명의 스크린 양 측면에 관객을 앉히지 않았다는 것, 그 결과 극장 건축의 형식이 잡혔다는 것, 스크린의 옆이나 위쪽으로는 기계라는 느낌이 전혀 없어야 했다는 것, 스크린은 시네마의 역사에서 가장 안정된 요소들 중 하나였다는 것은 중요한 사실이다) 심도가 투자될 수 있는 하나의 순수한 확장이다. 다시 말해 스크린은 토대, 즉 투사된 이미지들을 지지하는 표면인 동시에 배경, 즉 이미지에 프레임을 부여하기 위한 빛의 원뿔 속에 포획된 표면이기도 하다. 토대와 배경은 프레임과 스크린, 즉 한 편의 영화가 만들어내는 공간적 절합의 기초이자 그 구성의 출발점인 '스크린 위, 프레임 안'의 배열에서 볼 때에는 동일한 것이다.[30]

간단히 덧붙이자면, 정신분석학은 스크린에 투사되는 것이 꿈이라는 사실을 강조하게 되었다. 영화 스크린은 **꿈 스크린**, 즉 대부분은 '보여지지 않으며,' 투사된 꿈의 명시적 내용으로 뒤덮여 있기는 하지만 꿈속에 현전하는 공백의 표면이며, 또한 [어머니의] 젖가슴(아기의 시각적 공간의 무한히 연장되는 중심)을, 아

울러 차이 '이전의,' 정체성 '이전의,' 상징화 '이전의' 즐거움의
최초의 토대로서의 잠(잠들고자 하는 욕망)을 재현하는 스크린이
다.[31] 시네마에서 이미지들은 (초당 24프레임씩) 지나가고 스크린
은 남아 있다. 스크린을 덮고 있는 이미지들은 특정한 이미지이
면서 — 즉 그것은 이런저런 영화의 이미지들이다 — 동시에 동
일한 이미지이다. 즉 그것은 기본적으로 동일한 것의 투사이다.
하지만 우리는 이러한 관계의 힘을 이해해야 한다. 스크린의 지
속성constancy을 낳는 것은 이미지들의 통과이기 때문이다. 그러
한 이미지들이 없다면 스크린은 '텅 비어 있을' 것이다. 이미지
들이 있어야 스크린은 프레임들이 스크린을 덮칠 때 영화와 관객
이 발견하는, 영화와 관객이 배경(영화 속의 한 등장인물이 '스크
린 쪽에서' 무엇인가를 던지는 때가 그 배경을 드러내는 교란적인
순간이다) 속에 안전하게, 손대지 않은 채로 존재한다고 보는 하
나의 인상, 표면-토대가 되는 것이다.[32]

운동, 전환: [영화사의] 최초의 순간부터, 마치 그러는 것이 당연
하다는 듯이 인간 형상은 기차에서 쏟아져나오기도 하고 공장이
나 의회를 나서기도 하는 등 움직이는 모습으로 영화에 등장한다.
이것이 바로 영화movie이고 활동사진이다. 인물들은 프레임 안
에서 움직이고 오고가는데, 그런 다음에는 프레임을 바꾸면서 카
메라 이동과 함께 재프레이밍되거나 또 다른 쇼트로 넘어갈 필요
가 생긴다. 그 결과 만들어진 전환은 바로 공간의 영화적 구성의
문제, 즉 어떻게 장소의 통합성을 달성하고 관객을 그 시각의 통
일되고 통일하는 주체로서 위치지울 것인가 하는 문제를 제기한
다. 종종 시네마의 힘으로, 그리고 일종의 일반화된 '트릭 효과'

가 만들어내는 리얼리티인 영화의 전반적인 리얼리티를 규정하는 것으로 간주되는 것이 바로 이러한 구성의 과정이다. "만일 대여섯 개의 연속적 이미지들이 하나의 공간을 상이한 각도로 재현한다면 '트릭 효과'의 희생자인 관객은 자연히 그 공간을 단일한 것으로 지각한다…."[33]

초기 영화들은 시간과 장소의 엄격한 통일성에 따라 일련의 고정된 장면들로서 조직되는 것이 일반적이다. 그 사례가 위에서 인용했던 〈톰, 톰, 굴뚝장이의 아들 *Tom, Tom, The Piper's Son*〉로서, 이 영화는 단순히 여덟 개의 타블로들을 차례로 연결한 '여덟 개의 스냅 사진 같은 장면들' 속에서 널리 알려져 있는 스토리를 전개해 나간다. 프레임 내에서의 등장인물들의 행위는 마치 무대 위에서 이루어지는 것인 양, 이미지의 의미를 만들어내고 [이미지] 독해의 방향에서 [관객의] 눈을 이미지의 중심에 놓게 한다. 하지만 행위는 고정된 정면 시야의 거리의 한계 내에서 이루어지기 때문에, 사진 이미지가 잠재적으로 제공하는 연속적인 운동들과 세부들이 너무 많다면 그처럼 중심화된 지각을 효과적으로 유지하기가 힘들어진다(켄 제이콥스는 〈톰, 톰, 굴뚝장이의 아들〉의 스크린 상에서 묘사되는 것들을 세밀하게 탐구하여 같은 제목으로 다시 영화화하는 가운데, '여타의' 행위들뿐만 아니라 원본에서는 쉽게 파악되지 않거나 놓칠 가능성조차 있었던 '중심적' 행위들 — 예를 들면 오프닝 쇼트에서 손수건을 훔치는 것 — 을 찾아낸다). 그러한 난점들은 그 상업적 착취의 맥락에서 볼 때 시네마의 발전에서 근본적인 것이다. 중심은 운동이지만 운동 자체가 아니라 연달아 이어지면서 시간적으로 통합시킨 행위의 논리이다. 이미지의 환영은 그 내러티브적 명징성이며 그 명징성은 장소를 위해 공간을 부인하는 것, 내러티브 목적을 위해 기능하면서 부단히 중심을 실현하는 것, 즉 내러티브 운동에 의존하고 있다. "소극적 의미로 보자면 공간은 지배적인 행위로부터 주의를 분산시키지 않도록 제시된다. 적극적인 의미에서 보면 공간은 내러티브적으로 중요한 세팅들, 등장인물의 특성들('심리학'), 혹은 여타의 인과적 행위자들agents을 제시하는 가운데 '남김없이 사용된다'."[34] 특정한 공간적 단서들 — 다른 여러 가지 것들 중에서도 중요한 것은 카메라 이동과 편집에 의존하는 단서들이다 — 은 거기[내러티브]에 맞춰서 확립되고 이용되면서 이미지들의 흐름의 중심을 잡고 장소를 차지한다taking place.

물론 다시 말해, 초기 영화들의 타블로 공간은 그 특유의 고정성 때문에 받아들이기 어려우며 행위와 장소와 주체의 통일성을 확보하기 위해서는 그러한 고정성을 깨뜨려야 한다. 통일성은 시네마가 계승하면서 확장해 나가고 있는 소설적인 것the novelistic의 내러티브 모델에서 나온 것이기 때문이다. 버치는 그 점을 잘 설명하고 있다. "대상들이나 사람들을 클로즈업해서, 그러니까 얼굴, 손, 장신구를 고립시켜 필름에 담는 것이 필요했다(소설의 담론이 그러하듯이). 그러나 공간적 연속체에 관한 관객 자신의 '추론적reasoned' 분석과 관련하여 관객이 방향감각을 상실하게 되는 것은 피해야 했다…."[35] 필요한 것은 자른 다음 이어 붙이는 것인데, 이는 우월한 통일성을 결정하는 일종의 공간적 지양Aufhebung 속에서, 즉 관객을 영화가 현실화하는 공간 속에 결속시키는 가운데 이루어지는 작업이었다. 30년대 후반과 40년대 초에 장편 할리우드 영화의 평균 쇼트 길이는 대략 9-10초로 추산되지만,[36] 그러한 단편화fragmentation는 근본적인 연속성의 조건이었다.

"실제 삶에는 시간이나 공간의 급격한 운동이 없다. 시간과 공간은 연속적이다. 하지만 영화에서는 그렇지 않다. 촬영되고 있는 시간은 언제든 훼방될 수 있다. 한 장면은 완전히 다른 시간에 일어난 또 다른 장면으로 직접 이어질 수도 있다. 공간의 연속성도 같은 방식으로 깨질 수 있다."[37] 아른하임은 계속해서 묻는다. 왜 영화에서 가능한 '공간의 절묘한 조작'(단일한 '실제' 공간을 '상이한 각도로 보는… 여러 개의 연속적 이미지들'로 분해하는 것을 포함하여)이 불편함을 야기하지 않는 것인가? 그 답은 앞에서 언급했던, '사이에 있는-어떤 것'이라는 영화의 지위를 다시 가리킨다. "영화는 실제 벌어지고 있는 일이라는 효과와 하나의 그림이라는 효과를 동시에 낳는다. 영화의 '회화성picture-ness'의 결과는 따라서 시간과 공간 속에서 이 다양한 일련의 장면들이 임의적인 것으로 느껴지지 않는다는 것이다…. 만일 영화 사진들이 아주 강력한 공간적 인상을 주었다면 몽타주는 아마도 불가능했을 것이다. 몽타주를 가능하게 만든 것은 영화 그림film picture의 부분적인 비현실성unreality이다."[38] 여기에서는 이미지의 '회화성'에 대한 강조가 결정적이다(홀로그래피holography에는 공간적 통일성을 위한 편집이라는 문제가 있다). 영화에서 구성된 공간은 바로 하나의 영화적 구성이기 때문이다. 따라서 예를 들어 미트리는 쇼트들이 '세포들'과 같다고, 즉 "변별적인 공간들이 연결되어 하나의 동질적인 공간을 재구성하지만, 그 공간은 이 요소들이 추출되어 나온 그 공간과는 다르다"고 쓰고 있다.[39]

우리는 그러한 설명에서 작동하는 개념을 이해할 수 있다(비록 저자들에 따라 그 개념이 '미학적으로' 영향을 받을 수도 있으며

'예술'로서의 영화라는 방향으로 바뀔 수는 있겠지만). 공간의 영화적 구성은 차이를 띠는 것으로 인식되지만 그 차이는 궁극적인 유사성(실제로 하나의 최종적인 '환영')의 조건이다. 공간은 '유사하지는 않'지만 동시에 진짜 공간에서 끌어올린 요소들을 이용하여 '재구성된다.' 사실 우리는 다시 '구성'의 영역으로 되돌아가 있는데, 그 영역이란 구성이 그림을 만들어내기 위해, 통합한 ('실제') 공간을 함축하기 위해, 요컨대 연속성을 창조하기 위해 이미지들을 연속해서 배치하는 곳이다.

공간적 명징성과 연속성을 구성하는 규칙들에 관해서는 충분히 잘 알려져 있기 때문에 이 단계에서 더 이상 논의를 계속할 필요가 없을 것이고, 다만 그러한 규칙들을 한두 가지 강조하는 것만으로도 충분할 것이다. 첫째, 한 장면에서의 쇼트의 크기를 변주하기 위해 명징성의 고정된 패턴을 확립하는 것. 대화 장면이나 행위 장면 등을 조직하는 '표준적인 방식들'이 있다.[40] 이 체계들은 그 전반적인 구조 내에서 '극적 효과'를 거두기 위해 어떤 자유로운 유희 ― '예외들' ― 를 허용한다("표준적인 방식으로는, 우리가 지적했던 것처럼 장면들을 자르는 것이 확실히 더 낫지만… 특정한 극적 효과를 전달하기 위해 규칙들을 수정할 필요가 있을 때에는 예외가 있을 수 있다"[41]). 이러한 맥락에서 무엇보다도 기억해야 할 것은 전반적인 조망overall view을, 즉 어떤 장면을 극적 통일성에 따라 내러티브적으로 재구성하는 과정 속에서 그 장면을 지배하는, 말 그대로의 '마스터-쇼트'를 제공하는 것이 극도로 중요하다는 점이다("하나의 시퀀스가 어떤 디테일에서 출발하는 경우에도 어떤 단계에서는 전체 세팅을 보여주어야만 한다"[42]). 〈조스*Jaws*〉의 도입부를 보자. 한 해변가 파티에서 카메라는 서서

히 파티에 온 사람들의 얼굴들을 따라 오른쪽으로 트래킹해 가다
가 먼 곳을 바라보는 한 젊은 남자에게서 멈춘다. 그의 눈길은 한
젊은 여자에게로 커트되고 그에 따라 그녀가 그의 응시 대상이었
음이 밝혀진다. 다시 파티를 굽어보면서 파티의 공간 전체와 상
황을 보여주는 부감 쇼트로 커트된 다음, 사람이 바다 쪽으로 뛰
어내려가고 상어의 최초의 공격이 있게 된다. 다시 말해 그 쇼트
는 그 시퀀스에서 일종의 지배적인 접힘 부분master fold으로서
기능하면서 그 시퀀스를 장소 속에 제대로 위치시키고 있다. 둘
째, 180도 규칙과 30도 규칙의 확립. 전자는 스크린 공간과 내러
티브 공간(이미지의 명료한 표현 속에서 재현되는 공간), 토대와
배경을 조화시킨다. 그에 힘입어 "우리는 언제나 스크린의 동일
부분들에서 동일 인물들을 발견하게 되어 있다."[43] 카메라가 넘어
가서는 안되는 180도 선은 관객이 그 뒤로 갈 수도 없고 가서도
안되는 그 스크린의 180도 선에 정확히 응답하는 것으로서, 관객
이 그 앞에서 재현의 삼각형, 즉 투사된 이미지의 공간 내에 자리
잡아야만 하며, 이는 이미지화된 공간에서 벌어지는 허구의 내용
에 따라 되풀이된다. 후자의 경우 "직접적으로 영화적 단편화의
필요성에서 나온 신속하고도 간단한 규칙"이며 "공간 안에서의
비약"이 주는 "동의할 수 없는 놀라움"을 피하기 위한 것으로
서,[44] 결국은 영화에서의 매끄러운 방향 제시를 위한, 쇼트에서 쇼
트로의 매끄러운 흐름의 성취를 위한 특수한 원근법적 규칙에 다
름 아니다. 셋째, 더욱 특수한 언급들에 뒤이어 일반적으로는 [쇼
트] 전환을 매끄럽게 해주는 연속성이라는 발상의 강력한 증거
로서, 그 자연스런 기초로서 확립된, 스크린 상에서 공간을 영화
적으로 구성하는 규칙들(마스터-쇼트, 180도 및 30도 규칙, 행위의

일치, 시선의 일치, 쇼트/역쇼트 등)은 이미지 흐름이 즉각적이고 도 온전히 연속적인, 재구성하는 통일된 주체-공간의 배경이 되도록 한다. "유연한 커트는 쇼트간 전환이 급격해서 알아차릴" 정도가 되지 않게끔, 그리고 관객이 연속적인 행위의 부분을 보고 있다는 환영이 훼방되지 않게끔 두 개의 쇼트들을 연결하는 것을 의미한다."[45]

이러한 조건들 속에서 연속성은 또한 카메라 이동의 결과 나타나는 프레임의 전환 및 변화와 관련해서도 결정적이다. '지각 불가능하게' 프레임을 다시 짜는 움직임들, 더욱 확실한 패닝과 트래킹 쇼트는 등장인물들의 행위와의 관계 속에서 이루어지는 공간의 내러티브적 구성을 위해 발전했다.[46] 여기서도 역시 규칙들은 거기에 맞추어 정교해지며, 카메라는, 예를 들자면 공간을 행위에 대한 기대로 채워넣어야 한다. "만일 배우가 카메라 이동을 동반하면 가로질러가야 할 공간이 감각적으로 형상화될 수 있도록 뒤보다는 앞쪽에 더 많은 '여백'을 두어야 할 것이다."[47] 이런 점에서, 바쟁이 '시네마 언어의 진화'에 관한 설명에서 높이 평가했던 초점심도-롱 테이크-시퀀스 쇼트가 그러한 공간 개념을 유지시켜준다는 점을 염두에 둘 필요가 있다. 바쟁은 웰스나 와일러의 내러티브가 "시간과 공간 속에서의 이미지의 통일성"으로부터 도출되는 특수한 효과들을 유지하는 방식으로, 즉 시네마의 본질적인 '리얼리즘' ─ 공간을 가장 중요시하는 리얼리즘 ─ 을 재발견하고 끌어내는 방식으로 일관성 있게 완성된다고 설명한다. "시네마토그라피적 이미지는 공간의 리얼리티라는 한 가지를 빼고 모든 리얼리티를 텅 비운 이미지가 될 수 있다."[48] 〈시민 케인 *Citizen Kane*〉이나 〈내 생애 최고의 해 *The Best Years of*

Our Lives〉는 하지만 여전히 완전히 극적이다. 즉 그 드라마 속에서 잔뜩 고양되어 있다. 앞서 제시했던 것처럼 초점심도(정확히는 '시야심도depth of field')는 고도의 원근법적 구성을 허용하는데, 이 원근법적 구성은 단일 쇼트 안에서의 복합적인 행위를 잠재적으로 규정하면서, 즉 내러티브 장소로서의 공간을 시간적으로 가시화하는 가운데 운동들과 위치들을 채워넣으면서 롱테이크 전체에 걸쳐 강화될 수 있다.[49] 따라서 〈시민 케인〉 전체의 평균 쇼트 길이가, 즉 "그 지속시간의 대략적인 평균"[50]이 12초라는 사실에 주목해야 할 것이다. 또한 고전적으로 연속성이 롱테이크보다는 단편화fragmentation에 기초하여, 즉 관객을 연속성이 창출하는 통일성의 강력한 절합에 결속시킬 수 있는 재구성을 위한 단락화segmentation에 기초하여 구축되어 있음도 사실이다. 다른 곳에서 바쟁은 그가 존재론적으로 소중히 여겼던, 이탈리아 네오리얼리즘이 제공하는 공간적 리얼리즘의 버전을 참조하고자 했다. 그것은 몰입된 극적 공간과는 거리가 먼 롱테이크의 가능성을 보여줄 수도 있는 버전이었다. 이와는 대조적으로, 고전적 연속성의 힘은 고전적 연속성이 단락화-절합에 의존한다는 데, 그리고 그 단락화-절합이 공간 구성에 있어 효과적으로 롱테이크를 포함시키는 것에 의존한다는 데 있다.

앞에서 기술했듯이, [영화 공간 구성의] 조건들은, 스크린과 프레임, 토대와 배경, 표층과 심층, 이동과 전환의 전체 세팅, 내러티브로서의 영화의 발생에 있어 공간과 관객이 지닌 함의를 부단히 용접하는 것의 조건이다. 영화의 고전적 경제는 유기적 통일성으로서의 조직이며 그 경제의 형식은 내러티브, 즉 영화의 **내러티브화**이다. 말하자면 내러티브는 영화를 결정하고 영화는 그 결정의 과정 속에 봉쇄되어 있으며 이러한 '결속'은 그 자체가 하나의 과정, 정확히는 내러티브화이다. 내레이션은 서술되는 것the narrated에 기초하여 유지되며 언표행위enunciation는 언표the enounced에 기초하여 유지되어야 한다. 영화적 절차들은 내러티브 단계들로서('단서들'로서), 간극이나 모순 없이 철저하게 유지되어야 한다. 때때로 모호하게나마 '투명성'이라고 지시되는 것은 이 내러티브화 속에서 그 의미를 갖는다. ['투명성'이란] 내러티브의 작용이나 위치들을 기의의 이름으로 부인하는 담론을 제안하는 것으로서, 여기서 기의는 내러티브 이전에 이미 존재하는 것이며 내러티브를 정당화해 준다는 것이다. 더욱이 '투명성'이 의미하는 것이, 내러티브화란 필연적으로 어떤 단순한 '비가시성'과 관계가 있다고 생각한다면 이는 완전히 오도된 것이다(어쨌든 이러한 비가시성은 불가능하다. 그 누구도 아직까지 기표 없는 기의를 본 적이 없기 때문이다). 내레이션은 당연히 그 영화적 절차들 속에서 가시적인 것으로 주어진다. 결정적인 점은 그것이 서술되는 것을 위해 가시적인 것으로서 주어지며 관객은 그 과정의 유희 속에 포획된다는 것, 즉 영화의 말 걸기address는 분명하다는 사실이다(⟨깊은 잠 *The Big Sleep*⟩을 본 누가 됐든, 장르별로 상이하게 규정되는 할리우드 영화들의 중심 부분이 그러한 유희의 작동을 동반하는 과정의 말 걸기가 아니라고, 그리고 그러한 유희의 작동이 그 영화들의 즐거움의 중심 부분이 아니라고 진지하게 믿을 사람이 있을까?).

영화의 이러한 내러티브화에서 등장인물–시선의 역할은 내러티브 함축의 공간적 통일성을 용접하는 데 근본적인 것이었다. 여러 의미로, 모든 영화는 진정으로 시각의 드라마이며 이 드라마는 영화가 시작된 이래로 영화 속에서 주제상으로나 징후적으로나 '귀환'해 왔다. 〈할머니의 돋보기 *Grandma's Reading Glass*〉에 나오는 돋보기의 매혹에서부터 〈의혹〉에서의 리나의 근시, 〈택시 드라이버 *Taxi Driver*〉의 와이드스크린과 백미러에 이르기까지, 〈증거를 찾아서〉의 열쇠구멍에서부터 〈조스〉에서 브로디가 상어에 관한 책의 페이지들을 넘기면서 앞으로 영화에 나올 [상어의] 이미지들을 발견할 때 그의 안경에 반사되는 깜박이는 이미지들 — 그가 책을 덮으면서 닫게 되는 이미지들 — 에 이르기까지 말이다. 물론 〈이창 *Rear Window*〉이나 〈피핑 톰 *Peeping Tom*〉 같은 영화에서의 확장된 드라마화는 말할 나위도 없다. 시각을 통해서가 아니라면 어떻게 영화에서 의미를 만들 수 있겠는가? 영화의 근저에 놓여 있는 이데올로기는 바로 눈으로 보는 것이 진실이라는 것이 아닌가? 영화 속에서의 시각의 드라마는 영화의 시각의 드라마를 귀환시킨다. 관객은 스펙터클로서의 영화에 결박될 것이다. 영화의 세계 자체가, 이미지-흐름을 통해 공간을 장소로 이동시키는 시선과 시점의 내러티브적 조직에 기초한 스펙터클임이 드러나고 있기 때문이다. 등장인물, 즉 시선을 가진 인물은 원근법 체계 내에 있는 일종의 관점 perspective으로서 세계를 규제하고 공간의 방향을 정해 주며 방향들을 제공한다. 바로 관객을 위해서.

영화는 영화를 구조화하는 분열, 비연속성, 부재 — 예를 들면 프레임의 '바깥,' 스크린 밖 off-screen 공간 — 의 상실에 처하여 작동한다. 그러한 상실은 시네마가 리얼리티에 관한 전체적인 의식意識이며 회화의 프레임과 연극의 장면이 갖는 한계를 깨뜨린 것이라고 믿고 싶어한 바쟁에게는 최후의 비극이었다. "스크린은 회화의 프레임 같은 프레임이 아니며 우리가 사건의 일부만을 볼 수 있게 해주는 마스크이다. 어떤 사람이 카메라로 찍을 수 있는 영역을 넘어서면 우리는 그/그녀가 시야의 밖에 있다고 인식한다. 그/그녀는 우리에게 감추어져 있는 그 장면의 또 다른 부분에 똑같이 계속 존재함에도 불구하고 말이다. 스크린에는 날개[연극무대의 좌우 양 측면]가 없는 것이다…."[51] 그러나 "카메라의 각도나 편애"[52]가 끼치는 손해를 알아볼 수 있는 이만이 프레임, 씬, 마스크, 은폐와 부재를 인정할 수 있다. 이러한 맥락에서 초점-심도-시퀀스-쇼트 롱테이크는 하나의 유토피아로서, 즉 편애가 없는, 그렇기 때문에 시네마가 아닌without cinema 일종의 '온전한 각도'의 이상理想으로서 기능한다. 그러한 이상은 '최고의 영화'[53]로 인정된 〈자전거 도둑Bicycle Thieves〉에서 보여진 바 있다.

버치는 "스크린 밖 공간은 어떤 영화가 됐든 그 영화가 상영되는 동안 단속적인, 아니, 파동fluctuation을 일으키는 존재만을 갖고 있으며 이러한 파동을 구조화하는 것은 영화제작자의 수중에서 강력한 도구가 될 수 있다"[54]고 쓰고 있다. '파동'이라는 용어는 탁월하다. 하지만 고전적 연속성은 스크린 밖 공간을 은폐하거나 무시하는 것이 아니라 반대로 그것을 봉쇄하며 그 파동을 부단한 재전유의 운동 속에서 규칙화한다는 점을 이해해야 한다. 연속성의 규칙을 규정하는, 그리고 그 규칙들이 구성하는 공간의 허구를 규정하는 것은 바로 이러한 운동인데, 그 전반적인 기능은 스크린 밖 공간이 스크린 안의 공간이 되고 다시 그것이 스크린 밖 공간으로 대체되면서 각 공간이 그 다음 공간과 연결되는 일종의 환유적 봉쇄를 따르고 있다. 그 연결은 관습적이며 가차 없이 선별적이다(그 연결은, 예컨대 가려지리라고 가정될 수도 있을 프레임의 위아래 공간을 대개는 무시하면서 그 프레임의 양 측면 공간에 더더욱 집중하거나 시야/역시야field/reverse field의 변주에서처럼 '정면'과 '카메라 후면'에 집중하기도 한다). 또한 그 연결은 다시 포착된 스크린 밖 공간이 '소환'되어야 한다고, '논리적으로 어떤 결과를 낳는 것이어야' 한다고, '응답'으로서, '약속의 충족'으로서, 혹은 (모순이나 차이로서가 아닌) 다른 어떤 것으로서 도착해야 한다고, 요컨대 내러티브화되어야 한다고 요구한다. 다시 말해 고전적인 연속성은 공간을 프레임 속에 포태胞胎시키는 질서이다. 영화의 내러티브 행위들 중 하나는 공간의 창출이지만[55] 그 운동하는 공간에 시간적인 통합성을 부여하는 것, '자리를 차지하는 것[사건이 발생하는 것]'으로서의 환유를 결정하는 것은 여기서는 '내러티브 자체'이다. 무엇보다도 내러티브는 입체적인round 등장인물을 시선과 시점으로서 구체화하기 때문이다. 이 시선과 시점의 근본적인 역할은 그것들이 조직화와 유기화의 양식으로서, 영화의 구성들을 연결시키고, 겹쳐지는 환유들을 함께 꿰매는 데 있어 중심축으로서 활용된다는 것이다.

"만일 프레임의 왼편에 클로즈업으로 보여지는 한 배우가 오른쪽 먼 곳을 바라보고 있다면 그의 앞쪽 공간은 비어 있다. 만일 이어지는 쇼트가 왼쪽 공간을 비워놓고 오른쪽에 놓여 있는 대상을 보여준다면 배우의 시선은 방향이 정해져서 직진하는, 따라서 논리적으로 타당한 공간을 가로지르는 것으로 나타날 것이다. 그 시선은 정확히 대상을 향하는 듯이 보이기 때문이다. 시선의 일

치 eye-line match가 이루어지고 있는 것이다."[56] 다시 말해 시선
은 표현의 형식 — 이미지들의 구성 및 그 이미지들 상호간의 관
계 속에서의 배치 — 과 내용의 형식 — 시선들, 교환들, 보여지
는 대상들 등의 운동 속에서 이루어지는 그 영화의 행위의 규정
— 을 연결시킨다. 시선을 이렇게 연결시킴으로써 시점이 설정되
며 카메라는 그/그녀가 보고 있는 것을 관객에게 보여주기 위해
등장인물의 위치를 찍는다.[57] 시점을 가정하여 작용하면서 한 편
의 영화는 그 공간을 배치하는, 그 공간에 즉각적이고도 지속적
인 의미를 부여하는 분명한 수단을 확보한다. 버치는 "'주관적
카메라'('관객을 등장인물의 위치에 놓는')와 '객관적 카메라'
(관객을 전영화적 pro-filmic 의사-현실의 관념적이고 비물질적인
'관음자'로 만드는) 간의 전통적인 이분법"[58]에 기초한 조직화의
확립에 관해 이야기한다.

하지만 이러한 설명은 좀더 분명해질 필요가 있다. 시점 쇼트
는 주체-등장인물의 위치를 가정한다는 점에서 '주관적'이지만,
'주관적 카메라'나 '주관적 이미지'와 관련하여 그러한 가정을
참조하는 것은 시점의 기능에 관한 오해로 이어질 수가 있기 때
문이다. 주관적인 이미지에는 여러 가지가 있다. 예를 들어 미트
리는 그것을 다섯 가지의 주요 범주로 분류한다. "순수하게 정신
적인 이미지(시네마에서는 다소 실천 불가능한), 약간은 실천 가
능한, 진정으로 주관적이거나 분석적인 이미지(즉 보고 있는 사람
이 없이 보여지고 있는 것), 가장 일반화시킬 수 있는 공식인, 준-
주관적이거나 연합적 이미지(즉 보고 있는 사람과, 그 사람의 시점
에서 보여지고 있는 것을 연합시킨 것), 특별한 문제를 일으키지
않는, 상상적인 것에 주어진 완전한 시퀀스, 마지막으로, 원칙적

으로는 단순히 다양한 정신적 이미지이지만 코멘트가 달린 플래
시백의 형태로 제시되면 다른 정신적 이미지들의 경우보다 훨씬
더 성공적으로 특별한 영화적 처리를 가능하게 하는 기억 이미지
가 그것이다."[59] 위의 분류에서 시점 쇼트는 다른 범주들 중 어느
것도 필요로 하지 않으며(예를 들어 기억 시퀀스는 시점 쇼트들을
포함할 필요가 전혀 없다) "준-주관적이거나 연합적 이미지"(그
일반적 양식)와 "진정으로 주관적이거나 분석적인 이미지"(말하
자면 그 순수한 양식)만을 포함한다. 시점 쇼트에서 '주관적인'
것은 그 공간적 위치설정(그 장소)이지 이미지나 카메라가 아닌
것이다.

이를 강조하는 것은 곧 영화가 이미지를 착취하고, 그 이미지
가 시점과 맺는 관계를 착취하는 데 있어 결정적인 요소를 강조
하는 것이다. 그러한 조직화의 조건들 내에서, 진정한 주관적 이
미지는 결과적으로 이미지 그 자체 속에 그 주관성을 표시할 필요
가 있다. 그러한 사례는 흔하다. 〈몰타의 매 *The Maltese Falcon*〉
에서 거트먼의 흐릿한 이미지는 약에 취한 스페이드의 주관적인
이미지이다. 초점을 흐리는 것은 그 이미지의, 특히 스페이드의
주관성을 표시하는 것이며 관객은 스페이드와 함께 볼 뿐만 아니
라 스페이드로서 설정된다. 하지만 이러한 사례는 제한적이기도
하다. 그것은 '정상적' 이미지를 사람들이 알아볼 수 있을 정도
로 — 두드러지게 — 왜곡하는 데 의존하며, 또한 이런저런 종류
의 시각을 내러티브 상에서의 동기에 따라 일탈시키는 것에 의존
하고 있기 때문이다(등장인물이 약이나 술에 취해 있거나 근시이
거나 공포에 질려 있거나… 인물에게로 달려내려갈 때 '뛰거나' 걷
는 이미지를 들고 찍기 효과로 묘사한다든지, 걷고 있는 등장인물을

효과적으로 보여주는 쇼트와 부합되게끔 규칙적인 속도의 카메라 이동을 구사하는 것 등이 그러하다. 후자의 경우 카메라 이동은 다소간 '정상적인' 이미지에 미약하게 주관성을 표시한 것이기 때문에 [카메라 이동] 범위의 최저한계를 재현하고 있다. 물론 정상적인 이미지가 정적인 것만은 아니어야만, 중심적인 원근법 체계 속에서 운동이 이내 시각의 문제가 되는 것만은 아니어야만, 걷기라고 하는 진부한 행위의 이러한 한계적 위치는 정상적일 수 있지만 말이다). 물론 이것이 함축하는 것은 두드러지지 않은 채로, **시점 쇼트들 자체 내에서 일반적으로 지속되는 항구적인 3인칭** — 그림과 장면을 보는 시각, 15세기적 관점, 버치의 '관음자' 위치 — 이미지의 힘이다. 시점 쇼트는 그 위치 상에서는 주관적인 것으로 표시되지만 그 결과 나오는 이미지는 여전히 결국은(아니, 일단은) 객관적이다. 즉 그것은 가정된 주체 위치에서 보여진 것의 객관적 광경sight이다. 이것이 알려주는 것은 시점 쇼트의 일반적인 양식은 보여지는 것과 보고 있는 사람 모두를 보여주는 쇼트라는 사실이다. 하지만 보고 있는 사람이 없이 보여지고 있는 것만을 보여주는 순수한 쇼트의 사례들도 마찬가지로 중요하다. 〈의혹〉에서, 사냥 무도회에 참석할 의향이 있음을 알리는 조니의 전보를 리나가 받게 되는 쇼트를 보자. 그 전보는 분명히 그것을 읽는 리나의 위치에서 보여지며 그 쇼트의 마지막 — 전보를 읽는 행위의 마지막 — 은 그녀가 안경을 탁자 위에 놓인 전보 위에다가 내려놓는 것을, 그래서 그 안경이 프레임 안으로 들어오는 것을 표시하고 있다. 그 쇼트의 위치는 리나의 입장에서 찍힌 주관적인 것이지만 그 이미지는 여전히 객관적이다. 즉 그것은 내러티브 상에서는 '실제로 [일어난] 일'인 것이다.[60]

다시 말해 시점은 1인칭과 3인칭 양식의 중첩에 의존하고 있다. 주관적인 시점 쇼트와 객관적인 비시점 쇼트 사이에. 근본적인 이분법은 없다. 주관적 쇼트가 공간을 특정한 방식으로 조직하면서, 이미지들을 배열해 가는 것은 언제나 객관적 쇼트를 기반으로 해서 이루어지기 때문이다. 사진 이미지의 구조 — 그 시각, 장면, 거리, 정상성과 아울러 — 가 영화와 맺는 관계는 어느 정도는 언어가 소설과 맺는 관계와 같다. 즉 사진 이미지의 구조는 영화의 재현의 토대이며, 이 영화적 재현들은 시점의 인정된 운동의 창조를 포함하는 것이다. 이것이 그처럼 자주 언급되고 있는, 관객이 카메라와 동일시한다는 것의 의미이다(벤야민: "관객이 배우와 동일시하는 것은 실제로 카메라와의 동일시이다." 메츠: "관객은 카메라와 동일시하는 것 외에는 달리 아무 일도 할 수 없다").[61] 관객은 **보아야만** 하고 이 구조화하는 시각은 시각과 내러티브를 결합시키는 등장인물의 시선과 시점의 릴레이를 통해 이미지들을 배열할 수 있게 해주는 조건이다. 시네마의 기초가 되는, 구조화하는 시각의 구조에 관해서는 앞에서 강조한 바 있다. 지금 강조하려는 것은 우리가 갖고 있는 시점이라는 개념 자체가 그러한 구조들에 의존하고 있다는 사실이다. 그런데 그 의존성은 15세기 체계 전체가 시점, 즉 눈의 중심적 위치에 기초해 있는 한, 그리고 그렇게 규정된 재현의 양식이 그 시점과 아울러 고정성과 운동의 상호작용의 체계적 공모를 초래하는 한, 다시 말해 '객관적인' 것과 '주관적인' 것, '3인칭'과 '1인칭,' [전체] 광경과 그 부분적인 지점들의 상호작용을 초래하는 한, 그리고 이러한 시각의 드라마를 내러티브 해소resolving 행위로 보는 한에서의 의존성이다.

카메라와의, 보기와의, 그 장면의 '이상적인 그림'과의 동일시: "고전적 영화에서 통상적인 장면은 마치 그 방을 돌아다닐 수 있는 관찰자의 시점에서 그려지는 양 서술되고 있다."[62] 그러한 운동은 편집 속에서, 혹은 한 쇼트 내에서의 카메라 운동에 의해 주어질 수 있으며, 이동성을 가진 공간을 규정하게 될 지배적인 광경master view의 중요성이 주목되어 왔다. 사실 운동은 바로 그 '이상적인 그림'을 생산하기 위한 보충으로서 취급되어야 한다(영화를 보러 가는 것은 그림을 보러 가는 것이다). 다시 말해 사진 이미지의 시각에 기초하여 운동은 그 시각의 조건의, 즉 중심적 관찰자(그리고 관객)를 위해 레이아웃된 장면의 어떤 것도 바꾸지 않고 방을 돌아다닐 수 있는 한 관찰자의 '총체적인' 시점을 제공해야 한다. 모든 쇼트나 재프레이밍에는 차이가 덧붙지만 그 차이는 항상 동일한 이미지로 귀결된다. 조직화 — 연속성, 규칙들, 일치들, 피라미드 구조들 — 는 부단히 그 장면의 총합을 행하기 때문이다.

지금까지 다시금 주목했듯이, 그리고 앞으로도 계속 중요해지겠지만, 운동이 원근도법적scenographic 시각의 원만한 안정성 속에 잠재하는 근본적 교란을 재현한다는(그래서 그 시각을 봉쇄하기 위한 체계적인 조직화가 필요하다는) 것은 여전히 사실이다. 하지만 그러한 교란은 이따금씩 주장되는 것처럼 그렇게 간단한 것이 아니다. 따라서 여기서는 사람들이 흔히 말하는 그러한 교란의 두 가지 사례를 간략하게 고찰할 필요가 있는데, 그 두 가지 사례는 모두 카메라의 이동성과 관련되어 있다.

첫 번째 사례는 브래니건이 불가능한 장소라고 특징짓는 것이다. "카메라가 '불가능한' 장소에 위치해 있는 정도만큼 내레이션은 그 자신의 기원을 문제시한다. 다시 말해 내레이션에서의 변환shift을 시사한다."[63] 물론 '불가능하다'는 것은 여기서 돌아다니는 관찰자의 '가능한' 위치들과 관련하여 결정된 것이다. 여기서 의미하는 교란은 서술narration과 서술된 것, 언표행위와 언표의 통일성의 이접으로 보인다. 그런 식으로 규정된 불가능한 장소들은 확실히 고전적 내러티브 시네마에서 활용되고 있다. 이러한 사례들은 상대적으로 약한 것에서부터 상대적으로 강한 것까지 광범위하다. 그 범위의 한쪽 끝에 있는 약한 사례들은 등장인물의 시점에 따라 동기화되어 있지 않은 모든 하이 앵글과 로우 앵글이다. 즉 동기화되어 있으면서도 그럼에도 불구하고 정상적으로 가정된 똑바로upright 관찰하는 위치로부터 충분히 이탈해 있어서 어떤 의미에서 그 특이성으로 인해 '불가능'한 것으로 경험되는 모든 하이 앵글이나 로우 앵글이 사실상 이에 해당한다 (가장 많이 언급된 — 그리고 복잡한 — 사례는 〈뱀파이어 *Vampyr*〉에 나오는, 관-속의-죽은-자의 시점이다).[64] 또 다른 한쪽 끝에 있는 강력한 사례들 — 브래니건이 의도한 사례들 — 은 〈살인자의 키스*Killer's Kiss*〉에 나오는 두 개의 쇼트를 예로 들어 설명할 수 있다. (1) 권투선수-영웅인 데이비가 자기 물고기에게 밥을 주려고 몸을 구부리는 것이 보이고 난 다음 어항 반대편에서 어항을 통해서 물고기밥이 떨어져 가라앉는 것을 들여다보는 그의 얼굴을 찍은 쇼트로 커트된다. 그 어항은 벽을 등지고 탁자 위에 놓여 있기 때문에 카메라가 자리잡은 위치는 가능하지 않은 위치이다. (2) 댄스 홀 주인인 라펠로는 여주인공이 자기를 버리고 떠난 것에 격노하여 뒷방에서 술을 마시고 있는데 그 방의 벽은 포스터와 인쇄물들로 가득 덮여 있다. 창가에서 곁눈질하는 두 남자를 보여주는 한 인쇄물의 클로즈업 다음에는 카메라를 향해 음료수를 던지는('스크린을 향해!') 라펠로를 찍은 쇼트가 이어진다. 그 음료수가 유리접시 쪽으로 흘러내릴 때 하나의 틈이 보인다. 불가능하게도 그 쇼트는 인쇄물 '속'에서부터 찍혀 있다. 교란의 두 번째 ― 그리고 연관된 ― 사례는 카메라 움직임이 일종의 자율적인 형상으로 발전한 것을 보여주는 경우이다. 버치는 이것을 "'편재하며 전능한'(즉 조작적이고 전前인지적인) 현전으로 표현되는 카메라"[65]라고 부른다. 이러한 현전 역시 고전적인 내러티브 시네마에서 활용되고 있으며, 약하거나 강한 사례들을 한번 더 지적해 볼 수 있다. 〈택시 드라이버〉에서 트래비스 비클은 포르노 영화 상영이 끝난 후 벳시에게 전화를 거는 것으로 보여진다. 그가 선 자세로 어떤 건물 안 벽에 부착된 공중전화에 대고 말하고 있을 때 카메라는 오른쪽으로 트래킹하다 멈추어서 거리 쪽으로 난 길고 텅 빈 복도를 프레임에 잡는다. 전화 통화를 마치자 트래비스는 프레임 안으로 걸어들어와 복도를 통해 나간다. 그러한 트래킹 운동은 카메라가 어떤 자율성을 갖고 있음을 ― 즉 다른 어떤 곳으로, 내러티브 쪽으로 가려는 무심결의 결정의 효과가 있음을 ― 나타낸다. 그러나 그 사례는 궁극적으로 취약하다. 트래비스가 나가버림으로써 복도는 궁극적으로 행위 속으로 끌려들어오며, 더욱 중요한 점은 복도가 운율상으로나 주제상으로 어떤 반향을 갖고 있다는 것이다. 아이리스가 이용하는 하숙집의 복도는 고립, 허무 등의 실존적인 분위기를 풍기고 있기 때문이다. 오퓔스나 웰스의 작품은 더욱 강력한 사례들을 제공한다. 〈악의 손길 *Touch of Evil*〉의 시작 부분에 나오는, 이목을 끄는 트래킹 쇼트나 끝부분에 나오는 많은 쇼트들이 보여주는 강렬한 이동성이 그러하다.

여기서 제도화된 시네마 속에 존재하는 두 가지의 교란의 사례를 살펴본 것은 단순히 현재의 설명의 맥락에서 한두 가지 논점들을 직접적으로 강조하기 위한 것이었다. 따라서 카메라 운동의 자율성을 보여주는 사례들은 모두 분명히 '스타일'의 측면에서 작용하고 있다(웰스나 오퓔스는 스타일 의식을 학습해 온 뉴 아메리칸 상업 시네마가 일으킨 경련들이다). 결정적인 요인은 자율적인 카메라 운동에 관한 가치평가가 아니라 운동하는 카메라를 이용한 특정한 작업이 3인칭의 객관적 기초의 정상성 그 자체를 하나의 구성으로서 생산하고, 거기에 역할이나 허구를 부여하며, 시점 체계의 균형을 깨뜨리는 지점이다. 유사하게도 〈살인자의 키스〉에 나오는 불가능한 장소의 사례들은 — 이러한 사례들이 지닌 리얼리티는 영화 스타일상의 두드러진 표지이기도 하다 — 그 자체 내에 결정적으로 분열적인 확장extension을 지니고 있지 않은 단순한 속임수들이다(공간적인 요술이라는 의미에서). 불가능한 장소는, 그 장소를 그러한 것으로서 규정하는, 그 장소를 그기의에 있어 예외성으로 간주하는 체계 내에서라면 전적으로 가능한 장소이다. 더욱이 트릭이라고 느껴지는 요소는 과정으로서의 영화의 실현이라는 일반적인 논점을 불러일으킨다. 고전적 시네마의 작용 — 결정, 효과, 즐거움 — 은 과정을 보이지 않게 하려는 노력에 있다고, 즉 모든 생산의 징표들이 삭제되는 일종의 절대적 '리얼리즘'이 갖는 의도된 투명성에 있다고 너무 쉽게 가정되고 있다. 실제 경우는 훨씬 더 복잡하고 미묘하며 훨씬 더 많은 것을 말해 주고 있다. 고전적 시네마는 생산의 징표들을 삭제하는 것이 아니라 그것들을 위에서 설명된 내러티브화에 따라 봉쇄한다. 관객을 위해 영화가 행하는 행위가 바로 그 과정이다. 재현된 것 못지않게 재현이 중요하며 생산된 산물 못지않게 생산이 중요한 것이다. 이 점은 전혀 놀랄 만한 것이 아니다. 영화는 정적이고 고립된 대상이 아니라 영화가 상상하고 상영하고, 그리고 그 운동 속에서 주체로서 설정하는 관객과의 일련의 관계이기 때문이다. 영화의 과정은 따라서 과잉의 특정 조건들 ― 주체를 개방시키고 효과적인 통제를 수행하는 그러한 움직임의 조건들 ― 에 완벽하게 이용될 수 있는 것이다. '스타일'은 그처럼 통제되는 과잉의 영역 중 하나이며 마찬가지로 장르들 역시 [영화] 과정의 특수한 버전이라는 점에서 더욱 강력하게 그러한 통제된 과잉의 영역에 속한다고 할 수 있다. 뮤지컬은 공간을 체계적으로 '자유'로이 사용하며 ― 크레인을 이용한 안무 ― 내러티브와 스펙터클의 균형을 계속 변화시켜 간다는 점에서 분명하면서도 극단적인 사례라 할 수 있다. 그러나 한 가지 사례가 있다고 해서 그것이 여타 장르들에서, 그리고 다양한 장르들의 토대인 고전적 시네마의 기본적인 질서 속에서 과정의 경험이 갖는 근본적인 중요성을 가려서는 안될 것이다. 이것은 결국 그러한 근본적인 교란은 카메라 운동 같은 하나의 형식적 요소에 단순히 자율적인 성격을 부여하는 것과는 다르다는 것을 의미한다. 반대로 그것은 시네마에서의 '형식'과 '내용'이라는 고전적인 가정들을 희생시키고 작용하는 ― 영화의 과정 및 영화의 내러티브-주체 결속 과정 속에서 자율성이 아니라 모순을 제시하는 ― 작업으로서만 효과적으로 파악될 수 있다.

고전적 시네마에서의 그러한[내러티브-주체의] 결합의 한 조건이라고 할 수 있는 공간 구성은 영화가 내러티브로서 발생하는 (자리를 차지하는) 과정에서 관객을 끌어들인다. 그것은 끊임없는 재발견과 관련되어 있는 과정이다. 그 과정에서 공간은 규제되고 방향지어지고 연속되며 재구성된다. 시선과 시점 구조의 활용 — 예를 들면 시야/역시야(물론 반드시 시점 쇼트들에 의존하지는 않는)[66] — 은 이 과정, 즉 상처 부위를 외과적으로 꿰매거나 묶는 것을 나타내는 **봉합**_suture_이라는 용어로 기술되어 온 과정에서 근본적인 것이다.[67] 운동, 프레이밍, 커트, 단속성 속에서 영화는 끊임없이 부재와 결핍을 내놓지만 그 부재와 결핍은 영화를 위해서for — '영화를 위해서 그리고 영화 속에서forin' 라고 말할 필요가 있다 — 끊임없이 다시 재포착된다. 그것은 영화의 공간의 실현 속에 주체로서의 관객을 연결시키는 과정이다.

정신분석학에서 '봉합'이란 주체로서의 개인이 그 담론 — 그 속에서 주체는 대역으로 위장하여 사라진다 — 의 연쇄와 맺는 관계를 가리킨다. 주체는 기표의 효과이며 그 기표 속에서 주체는 재현되고 대리되고 발생된다(기표는 주체의 내레이션이다).[68] 이데올로기적 재현은 상징적 질서 속에서의 주체의 이 '최초의' 생산에 의해 결정되며 — 이 생산에 입각하여 스스로를 지탱하며 — 일련의 이미지와 고정된 위치들로서, 통합적 허구 속에 정지된 환유로서 그 생산의 방향을 설정한다. 하지만 강조되어야 하는 것은 그러한 정지 — 이미지, 프레임, 내러티브 등에서의 봉합의 기능 — 가 바로 하나의 과정이라는 사실이다. 그 과정은 생산성, 즉 과잉을 거스르는 것인데, 그 생산성이란 과정이 통합성을 위해 봉쇄하는 바로 그 순간 진술하고 재진술한다. 따라서 예컨대 영화 프레임은 그것이 경계짓고 정지시킨, 그리고 끊

임없이 재포착해야 하는 그 외부에 의해 내부에서부터 초과된다
(15세기 이후의 회화와 함께 이미지들은 다중화되고 사진이 충족시
키게 될 특정한 기계복제를 위한 조건들이 확보되어, 오늘날 증식
multiplication은 대량화되고 이미지 기계들은 주체의 통상적인 부
속물이 되었다). 그 과정은 결코 끝나지 않으며 항상 진행 중에 있
다. 구성-재구성은 계속해서 갱신되어야 한다. 시네마를 포함한
기계들은 그 구성-재구성을 위해 존재하며 그 기계들의 이데올
로기적 작용은 이미지 속에서뿐만 아니라 봉합 속에서도 이루어
진다.

영화는 직접적이거나 중립적인[69] 이미지를 내놓는 것이 아니
라 배치되고 프레임화되고 중심화되어 있는 이미지를 내놓는다.
원근법-체계 이미지들은 관객을 장소에, 즉 이미지의 의미이자
그 장면을 설정하는, 봉합하는 중심 위치에 묶어 놓는다(장소 속
에서 관객은 그 이미지를 이미지의 주체로서 완성한다). 영화 역시
그러하다. 하지만 영화는 온갖 종류의 경로와 방향 속에서 운동
하고 에너지와 함께 흘러다니며 잠재적으로는 정동들affects의
참된 축제가 된다. 장소 속에 놓인 그 운동은 영화가 개발하고 이
용하는 ― 삶의 재생산, 그리고 관객을 통합성의 절합으로서 그
재생산 과정에 끌어들이는 것 ― 가운데 갖는 가치의 전부이다.
결국 영화 속에서 운동하는 것은 스크린 앞에서 움직이지 않고
앉아 있는 관객이다. 영화란 그 운동의 규제이며 주체로서의 개
인은 욕망, 에너지, 모순의 변환과 배치placing 속에, 상상적인 것
(이미지와 주체를 짝으로 하는 장면)의 영구적인 재총체화 속에
붙들린다. 이는 영화를 내러티브화에 투자하는 것이며, 특히 이
는 통합적 공간, 즉 시각을 위해 장소가 가져야 할 통일성을 확보

하는 데 결정적인 역할을 한다.

하지만 다시금 그 투자는 과정 속에 놓인다. 공간은 시선과 시점 구조들 같은 방식을 통해 장소 속으로 들어오며, 그러한 공간과 함께 관객은 그 공간을 현실화하면서 주체로서 자리잡는다. 역쇼트는 그 앞의 쇼트와 겹쳐지며 다시 그것이 위치설정한 그 다음 역쇼트와 연결된다. 보고 있는 어떤 사람을 찍은 쇼트는 보여지는 대상을 찍은 쇼트로 연속되며 그 대상 쇼트는 보여지고 있는 대상임을 확증하기 위해 다시금 보고 있는 사람을 찍은 쇼트로 연속된다. 이런 식으로 [기와나 비늘처럼 겹쳐진] 수많은 다층적 겹침 구조imbrication가 생겨난다. 시야들*fields*, 움직이는 시야들이 만들어지는데, 그 과정에는 완결뿐만이 아니라 완결을 위한 부재의 규정들까지도 포함된다. 봉합은 그 과정 속에서, 그러니까 부재와 현전의 주고받음 속에, 부정성negativity과 부정negation, 흐름과 결속의 유희 속에서 작용한다. 내러티브화는 연속성을 가지고 있을 뿐더러 종결을 짓는 것이기도 하며, 또한 관객을 그 조건 속에서 주체로 전환시키는 종결의 운동이기도 하다. 관객은 영화의 공간적 관계들의 **초점** — 말하자면 쇼트에서 역쇼트로의 전환 —, 그 관계들의 주체-이행의 **초점**인 것이다(더욱이 시점 조직은 그 3인칭/1인칭 중첩 속에서 그러한 이행을 이중화한다). 내러티브화는 장면과 운동, 운동과 장면이고 그러한 균형이(그러한 평형을 이루고 있는 특수한 사례들이 바로 장르이다) 주는 즐거움 속에서 이루어지는 주체의 재구성 — 동질성, 봉쇄를 위한 — 이다. 그 과정에서 배제되는foreclosed 것은 그것[내러티브]의 생산 — 장르의 사례들에서부터 이러저러한 '불가능한' 쇼트에 이르기까지, 흔히 그것[내러티브의 생산]으로 의미작용되는 — 이 아니라 그 생산의 통일성의 조건(서술된 것 위에서의 서술narration, 언표 위에서의 언표행위), 즉 주체에 관한 그것[내러티브]의 시각의 또 다른 장면, 그 통합적 말 걸기의 외부 — 이질성, 모순, 역사 — 이다.

공간의 조직을·유지하기 위한 시선과 시점의 역할은 대단히 비중있게 강조되어 왔다. 그 언급들은 모두 이미지 및 영화에서의 이미지들의 레이아웃에 무게를 싣고 있었다. 하지만 이러한 맥락에서 사운드의 역할을 간과해서는 안된다. 그렇기 때문에 여기서는 사운드 및 영화 공간의 내러티브와 관련하여 한두 가지를 지적하려 한다. 그 지적들은 말 걸기의 문제와 관련되어 있다는 점에서 더더욱 필요한 것들이다.

이미지트랙의 연출에서 시선에 상당하는 것이 사운드트랙의 연출에서의 음성이다. 의미심장하게도 고전적 시네마에서는 이미지트랙보다는 사운드트랙을 가지고 실천할 수 있는 과정의 유희가 훨씬 적다. 사운드트랙은 위계상 이미지트랙에 종속되며 사운드트랙의 축은 프레임 내의 등장인물의 현전인 음성으로서, 음성은 동반되는 '사운드 효과들'과 함께 공간의 극화dramatization를 보충한다. 베르토프가 몹시도 싫어했던 '연극적 시네마'는 사운드의 도래와 함께 지배적인 것으로서 확정되고 시네마의 내러티브 형식들은 그러한 연극성('소설들이 영화화되기 위해 극화된다'는 것에 대한 흔한 참조의 진실)과 관련하여 발전한다. 사실 시네마에서 음성으로서의 사운드의 체제는 '안전한 장소'의 체제이다. 정상적인 극영화에서처럼 그 '장면들'에 담긴 내러티브에서든, 상업영화에서는 주변적인 것으로 남아 있는 다큐멘터리에서처럼 이미지들의 의미를 언명하기 위해 이미지들에 동반되는 담론에서든 모두 그러하다. 그 안전한 장소는 극영화에서 주의 깊게 보존된다. 음성과 사운드는 다이제시스적diegetic이고(음악은 극적 고양의 요소로서 이미지들을 따른다) 일반적으로는 '스크린 상에' 있지만 '스크린 밖'에 있을 때에도 프레임 내 시야에 연접해 있는 것으로 규정된다. 보이스오버는 사실상 사운드와 이미지트랙 간의 불일치 — 그 어떤 상이한 행동이든 — 를 금지하는 특정한 관습적 활용(예를 들면 같은 영화 내에서 과거의 삶을 보여주는 일종의 다큐멘터리인 기억 시퀀스들의 연출이 그러하다)으로 제한된다(몰릭은 〈배드랜즈*Badlands*〉에서 홀리의 내레이션이 수용되게끔 하는 데 있어 문제를 일으켰다는 평판을 받고 있다). 사운드와 이미지의 통일성은 어디에서나 강조되고 있으며 음성은 그러한 통일성의 초점이다. 음성은 이미지들에 종속되는 동시에 그 음성이 이미지들 속에서 여는 극적 공간 속에서 전적으로 지배적이기 때문이다. 음성이 이미지 속에서 전달하는 드라마가 끝나면, 더 이상 어떠한 말도 나오지 않고 오직 '끝The End'이라는 말만 나오면 영화는 끝나는 것이다.

이러한 맥락에서 그러한 통일성에 저항하여 스트로브-위이예가 사운드의 '직접성'을 끈덕지게 강조한 것을 잠시 상기할 필요가 있을 듯하다. "'공간-밖space-off'은 존재한다. 그것은 바로 우리가 사운드와 함께 촬영할 때 발견하는 것으로서 사운드 없이 촬영하는 이들은 이를 알 수 없다. 그들이 그렇게 하는 것은 잘못된 것이다. 그들은 영화의 본질을 위배하고 있기 때문이다. 그들은 카메라 앞에 있는 것을 촬영할 뿐이라는 생각을 갖고 있다. 그러나 이는 사실이 아니다. 그들은 프레임 뒤에, 그리고 프레임 둘

레에 있는 것을 찍고 있기도 하다."[70] 스트로브-위이예는 '진실'
(여기서처럼 종종 '시네마의 본질'에 대한 바쟁-같은 지시 ref-
erence와 결부된)의 한 극단을 참조함으로써 [자신들의 영화를]
분열시킨다. 극영화에서의 음성 드라마는 그것이 지배적이고 [이
미지에] 종속적인 경우, 촬영 이후에 더빙될 수 있으며 대본처럼
영화가 어떤 식으로든 통제하고 있는 이미지트랙에 덧붙여질 수
있다(스트로브-위이예가 작업하던 이탈리아에서 더빙은 표준적인
수단이었다). 스트로브-위이예의 영화들에서 사운드는 지배적이
거나 종속적인 것이 아니라(여기서 사운드는 사실상 목소리 자체
의 결에 대한, 즉 언어를 쓰는 음성의 존재의 물질적 리듬에 대한
작업을 포함하고 있다. 〈오손 *Othon*〉, 〈역사수업 *History Lessons*〉,
〈모세와 아론 *Moses and Aaron*〉 같은 작품들이 그 예이다) **공간을
제공하는데, 그 공간은 통합성으로서의 공간이 아니라 모순, 이질
성, 외부로서의 공간이다**(따라서 '진실'의 극단은 바쟁으로부터
멀리 떨어진 곳으로 이끈다). "직접적인 사운드와 함께 촬영하면
서 공간을 가지고 농간을 부릴 수는 없다. 공간을 존중해야만 하
고 공간을 존중하는 가운데 관객에게 공간을 재구성할 가능성을
제공해야 한다. 한 편의 영화는 시간과 공간의 '발췌들'로 이루
어져 있기 때문이다. 물론 그가[영화감독이] 자신이 영화화한 공
간을 존중하지 않을 수도 있겠지만 그렇다면 왜 그가 그 공간을
존중하지 않았는지를 관객이 이해할 수 있게 해주어야만 한
다…."[71] 무너지는 것은 **허구의 통합성**이다. 극영화는 관객과 영
화를 그 허구 속에 묶어놓는 통일성을 구성하기 위해 공간을 무
시한다. 고다르가 분석("이미지와 사운드를 가지고 하는 분석")을
위해 공간을 깨뜨리고 파편화시키고 대립들을 만들어낸다면 스

트로브-위이예가 영화화하는 통일성, 사운드와 이미지, [공간의] 안과 밖은 결코 '장면을 만들어내지' 못한다. 두 경우 모두 말 걸기는 복잡하고, 과정 속에 있으며, 더 이상 단일하고 중심적인 시각이 아니라 어떤 모순의 자유를 구가하고 있다.[72]

지금까지 영화에서의 공간에 관한 작업과 성찰이 갖는 중요성의 맥락, 그것[공간]의 실제actuality의 맥락 전체를 살펴보았다. 예를 들면 버치는 영화제작자이자 이론가로서 이렇게 말할 수 있다. "우리는 지금 막 쇼트 전환 및 이 말의 엄밀한 의미에서의 '일치match'를 형식적으로 조직하는 것이 본질적인 영화적 과제임을 인식하기 시작하려 한다."[73] 이제 고찰되어야 하는 것은 그 [공간의] 실제가 절합되어 왔던 조건들, 그리고 결정적으로는 그 조건들이 함축하는 바이다. 여기서는 제한된 예들을 가지고 다루겠지만 거기에서 이끌어내는 최종적인 논의는 좀더 일반적인 것이 될 것이다.

미국 독립 시네마가 이미지들의 흐름(움직임과 에너지의 섬광들, 리듬이 있는 다중성의 면들)으로서의 영화의 작용action을 위해, 즉 모든 대상이 브래키지의 말대로 "지각의 새로운 모험"이게 하는 눈, 당황과 매혹(신경 쓰이는 그림 앞에서 벤슨[히치콕 영화의 등장인물]이 보여주는 것과 같은)에 빠진 눈의 영구적인 행위를 위해 어떻게 내러티브 프레임을 파괴하기 시작했는가를 강조하는 것은 거의 불필요한 일일 것이다. 여기에는 시네마의 역사를 0에서부터 다시 시작한다는 의미가 있다. 그렇기 때문에 부분적으로는, 그리고 동시에, 시네마의 역사 초기에 등장했다가 사라진 실험적인 연출(여기에는 '입체파 영화'가 포함된다. 벤슨이 보는 그림은 여기에서 그리고 입체파가 대변하고 있는 15세기적 공간으로부터의 급진적인 단절과 관련해서 특별한 반향을 갖는다[74])에 대해, 또는 심지어 영화사 초기에 만들어진 영화들에 대해 관심을 갖는 것이다(제이콥스가 〈톰, 톰, 굴뚝장이의 아들〉을 연구하고 그 영화를 확장시켜서 스크린에서의 새로운 공간들을 발견하고 창조한 것이 그 예이다).

분명히 미국 독립 시네마의 실천은 현상학적-낭만적인 시각적 의식의 현재 — 현전 — 를, 즉 애덤스 시트니가 "인간 정신의 시네마적 재생산"이라고 부른 것을 포착하려는 단순한 욕망으로 제한되어서는 안된다. 그러한[독립] 시네마가 이미 자체의 역사를 갖고 있는 상황에서 — 〈오후의 그물 *Meshes of the Afternoon*〉에서부터 〈조른의 정리 *Zorn's Lemma*〉에 이르는, 시트니의 저서가 다룬 영역[75] — 스크린과 프레임, 운동과 프레이밍, 그리고 그러한 것들이 내러티브-공간을 어떻게 결정하는가 하는 바로 그런 문제들이 점점 더 관심사가 되고 있는데, 이 관심사는 '구조적 영화'의 범주로 환원될 수 없는 것이다. 프램튼의 〈시적 정의 *Poetic Justice*〉에는 커피 잔이 놓여 있는 탁자 하나, 선인장 하나 외에는 없으며 가운데에는 종이뭉치가 놓여 있다. 아무런 소리도 들리지 않는 가운데 종이들을 따라서 종이더미의 꼭대기로 가면 우리는 어떤 영화의 시나리오를 읽게 된다(그것은 제멋대로의 움직이는 연속 속에 포착된 단편들이다). 그리고 그 시나리오의 마지막 페이지에는 고무장갑이 놓여 있다. 머피의 〈인쇄 세대 *Print Generation*〉에서는 일련의 이미지들이 일련의 '생산 단계들'을

통해 이어지다가 '정상' 상태에 가까운 한 인쇄물에 이르고 여기
에서부터 이미지는 다시 초기의 빛나던 추상성의 상태로 되돌아
간다. 이 두 편의 영화는 서로 상당히 다르지만 둘 다 내러티브
및 프레임의 문제를 끌어들이고 있다. 첫 번째 영화에서 이미지
는 글로 쓰여진 내러티브의 프레임 안에 고정되어 있는데 이 프
레임은 그것을 초과하는 이 영화를 망설이고 동요하면서(어디에
다가 시점을 유지해야 하나?) 독해하게 만들고, 매번 관람은 이미
지의 고정성과는 반대로 다양해지게 된다(영화를 더 본다고 해서
[독해가] 완결되는 것도 아니다). 후자의 경우 영화는 기술적인
과정의 행위action, 서술된 이미지이며, 그 행위 속에서 이루어지
는 해독의 단계들이고(이미지를 인식하는 지점의 유보), 점으로
이루어진, 새로운 공간들의 인상들-파동들로 이루어진 스크린이
다.

　　이러한 사례들은 소수minor에 속하며 약간은 임의로 인용된
것이다. 반대로 마이클 스노우의 영화들은 주류에 속한major 사
례로서, 위의 영화들과는 상당히 다르지만 역시 이러한 맥락에
서, 즉 영화 공간과 관련해서 그 특별한 힘을 발휘하는 영화들이
다. 〈파장 *Wavelength*〉은 내러티브의 공간들 및 공간의 내러티브
들이라는 문제들에 대하여 급진적인 작업을 벌이는 '구조적 영
화'의 형식적 탐구의 경제를 제공해 주는 영화이다. 유명한 45분
간의 줌으로 찍혀 있는 방(뉴욕의 다락방)은 하나의 교차*crossing*
로, 연속적으로 경련하듯 움직이는 공간들의 시간으로 ─ 고정된
이미지들의 이중인화, 줌의 조절의 불안정성, 그 과정에서 발생
하는 사람들 사이의 사건들 ─ 구성된다. 그것은 프레임들(거리
쪽으로 난 창들, 벽에 걸린 사진, 사건들 자체의 유희 ─ 여기에는

행위에 대한, 상투어에 대한 수많은 인용이 존재한다)과 프레이밍 (줌의 초점 길이를 계속 변화시키는 것)을 가지고서 영화의 시간 속에서 공간을 서술하는 것의 문제, 즉 공간의 그러한 교차를 만들어 내는 것의 문제이다. 이렇게 해서 만들어지는 장면은 말 그대로 영화적 행위로 이루어진 장면, 즉 어떤 단일한 조망view이 존재하지 않는 하나의 과정을 보여주는 장면인 것이다. 〈중심 지역 *La Région centrale*〉에서 360도 회전 프로그램은 원근법적 프레임이 없는 상태에서 작동하는데, 그것은 공간의 시간(운동으로서의 풍경, 풍경으로서의 운동)에 대한 일종의 속도-축제speed-jubilation이자 불가능하게 탈중심화된 내러티브이다. 그리고 그 내러티브 내에서, 영화의 유일한 '캐릭터'라고 할 수 있는 장치 (카메라)는 주체-눈을 분리시키면서 보는 것과 보여진 것 간의 간극을 열고 그럼으로써 시네마의 테크놀로지적 '수확'을 전복하는 역할을 한다.

남아 있는 것은 음성의 말 걸기로서의 사운드의 난점이다. 〈윌마 쇤이 (데니스 영의 도움을 받아) 만든 디드로의 라모의 조카 *Rameau's Nephew by Diderot(Thanx to Dennis Young) by Wilma Schoen*〉는 "진짜 '말하는 그림'"으로 이해된다(그렇기 때문에 그 제목인 라모의 조카는 철학의 장면에 대한 신체-음성의 침입으로 이해된다). 이 영화는 24개 섹션들 — 수많은 스케치들과 농담들 — 에 걸쳐 시네마에서의 '이미지-사운드 관계들'을 탐구하는데, 그 탐구의 방식은 종종, 이를테면 〈파장〉이나 〈중심 지역〉에서 볼 수 있는 공간에 대한 몰두와 연결된다. 그 결과는 고다르의 〈즐거운 지식 *Le Gai Savoir*〉의 끈질기게 연장된 버전과 흡사하지만 텍스트로서의 분석이 가져야 할 고집스런 정치적 주장을 결여하고 있다. 마치 그 어떤 반영적 모순도 없이 비어 있는 것처럼 그 영화는 말하고 농담하고 축적하고 중첩시키고 반전시키고 혼동시키고 트릭을 쓰는 것이다. 그 영화의 작업은 말하자면 **전달되지** 못하는데, 이는 이전의 영화들이 갖고 있던, 결정적이라 할 수 있는 영화적-내러티브적 관심들이 관객으로 하여금 어떤 기대를 갖도록 이끌었을지도 모른다는 의미에서이다. 즉 이 영화의 작업은 형식과 내용의 시네마적 관계를, 그리고 그에 따라 주어져 있는 내러티브의 설정을 — 정치적으로 — 변형시키는 데 실패하는 것이다.

『영화 실천의 이론*Theory of Film Practice*』에서 버치의 논의는 영화의 시적 기능을, 즉 '다양성을 통한 통일'로서의 '갈등을 품고 있는 조직'을 옹호하는 주장으로 모아진다. 그는 '변증법적' '유기적' '구조적'과 같은 용어들을 통해서 논의를 전개해 나가는데, 이 용어들은 거의 동의어처럼 쓰이고 있다. "비록 영화가 대개는 커뮤니케이션의 불완전한 수단으로 남아 있기는 하지만 그럼에도 불구하고 의미론적 기능이 시적 기능을 창조하기 위해 영화의 조형적 기능과 긴밀하게 연결되는 곳에서 영화가 완전히 내재적인 대상이 되는 때를 예견해 볼 수 있다."[76] 공간적 긴장과 운동에 대한 분석은 이러한 맥락에서 이루어지며 결국『영화 실천의 이론』은 예를 들면 아른하임의 작업을 포함하게 될, 영화에 관한 글쓰기의 범위 안에 들어가게 된다. 버치는 변증법적 관계를 갖는 구조적 갈등을, 역동적 유기체주의와의 분리를 자신의 논의에 도입하며, 그의 궁극적인 관심사는 언제나 구성이고 예술로서의 영화이다. 더욱이 현상학적 형식주의라는 낙인에 대한 그러한 관심을 약호들의 형식적 위기로서의 '해체' 개념으로 이항시키는 것은 손쉬운 일이다. 1973년의 한 인터뷰에서 해체의 중요성을 지적하면서("나는 지금 이 해체라는 개념이 나에게 상당히 중요한 어떤 것임을 말하지 않을 수 없습니다") 버치는 계속해서 이렇게 이야기하고 있다. "잠시 해체라는 말을 떠나봅시다. 이는 해체가 이 개념의 실제 기원보다 더 근대적인 말이기 때문인데요, 해체라는 개념의 기원은 프라하 학파와 야콥슨, 무카로프스키, 그리고 기호학에서의 연구로까지 추적해 갈 수 있는 것인데요, 기호학에서의 그 개념은 미학적 메시지(나는 지금 이 말을 특수하게 기호학적인 의미에서 쓰고 있습니다)가 있는 것으로서, 그 미학적 메시지는 주어진 매체에서의 지배적인 재현의 약호라고 불리는 것의 전복을 통해, 그것의 파괴를 통해, 그리고 그것의 위기를 창출함으로써 생산되는 것입니다. 이 언어는 실천적으로 그 무엇으로도 연장될 수 있습니다."[77] 여기서 부상하는 것은 단순히 하나의 시학으로서 상술됨으로써 포괄되는 해체라고 하는, 잠재적으로는 비판적인 발상인데 이 후자[시학]가 버치의 연구에서는 곧 해체의 역사이다. 따라서 〈카메라를 든 사나이*Man with a Movie Camera*〉를 해체 영화라고 기술하는 것은 영화의 시적 기능 — 이것이 『영화 실천의 이론』 전체에 담겨 있는 목표이다 — 의 정의를 바꾸어 말하는 것으로 읽히며, 야콥슨을 참조하건대 이 영화는 양자[해체와 시적 기능] 모두가 현전하고 있는 영화로 읽힌다. "그러나 환영주의적 약호들의 계열체를 해체하는 작업이 포괄적인 변증법의 구성을 불러일으키는 가운데, 통합체적 축을 따라 이루어지는 그 작업의 총체를 알려주는 것은 오직 지가 베르토프의 〈카메라를 든 사나이〉뿐이다."[78]

해체라는 형식적 발상이 갖는 문제들은 오즈 야스지로에 관한 톰슨-보드웰과 브래니건의 텍스트들에서 볼 수 있다. 그 텍스트들은 내러티브 인과성의 우월성에 도전하면서 공간을 전경화하는 것 ― 여기서도 역시 문학에서의 형식주의에서 도출된 개념들에 대한 참조에 주목할 필요가 있다 ― 에 기초하고 있는 오즈의 영화들의 근대성을 주장한다. 사실 [오즈의 영화와 관련하여] 전개된 논의에는 두 가지 구성요소가 있다. 첫 번째는 공간의 어떤 자율성을 보여주는 것과 관련된다. "오즈의 영화들은 초점들 사이에 있는 공간들뿐만 아니라 거기에서 일어나는 행위들 이전과 이후의 공간들도 포함하고 있다…." "오즈의 컷어웨이들 cutaways과 [쇼트의] 전환들은 대개 등장인물들의 개인적인 기획들과는 변별되는 공간들을 제시한다…. 가장 근본적인 수준에서, 등장인물이 없는 빈 공간 ― 등장인물들을 둘러싸고 있는 공간들, 등장인물들이 도착하기 전이나 떠난 후에 보여지는 현장들, 혹은 그들이 결코 통과하지 못하는 공간들까지 ― 을 제시할 때 오즈의 영화들은 내러티브가 현전하며 충만해 있다는 환영을 제거한다."[79] 두 번째는 360도 촬영 공간의 기술에 관한 것이다. "할리우드가 180도와 30도에 묶여 있는 공간 패턴들 위에 구축된 것이라면 오즈 영화들은 360도와 90도의 한계를 이용하고 있다."[80]

이 두 가지 구성요소는 오즈 영화에서 공간의 중요성을 보여주는 것과 연결되어 있지만 동시에 약간 차별화될 수 있는데 그럼으로써 공간의 중요성을 보여주는 것이 가진 문제점들에 초점을 맞출 수 있게 해준다. 따라서 360도 촬영 공간의 분석은 많은 부분에서 하나의 닫힌 체계에 대한 분석이다. "오즈의 씬 공간은 체계적으로 구축되어 있으며, 그가 스스로 설정한 한계 내에서 미묘한 반복들과 변주들을 통해 수정된다."[81] 그 체계는 결과적으로 할리우드의 체계와는 다르다(할리우드에서는 360도 운동이 관습적으로나 내러티브적으로 상당히 제한되어 있다. 〈붉은 강*Red River*〉 도입부 드라이브 장면의 느린 패닝을 생각해 보라). 그 체계는 할리우드 체계와의 대조에는 기여하지만, 영화들 속에서 그 체계가 갖는 효과적인 기능의 문제, 그 비판적 활동의 문제를 제기하지는 않는다. 실제로 어떤 설명들은 오즈가 360도 공간이라는 형식적 장치를 사용하기는 하지만, 거기에 수반되는 내용은 그 자체로나 기타 다른 장치들과 관련해서 볼 때 할리우드에 매우 가깝다고 주장하기도 한다. "일단 원형 공간의 이러한 패턴이 확립되면 오즈의 영화들은 할리우드가 활용하는 것과 동일한 장치들을 활용한다. 그러나 오즈의 영화에는 행위의 축은 없다."[82] 자율성에 관한 설명은 형식적 한계 바깥에서 이루어지는 자율성의 활동을 고찰하지 않으려는 경향이 있다. 어떤 의미에서 더욱 근본적인 것은 특히 자율성의 조건에 기초한 공간, 즉 전과 후에 엄연히 존재하는 공간의 현전에 관한 설명이다. 그 설명이 표층과 장소, 스크린과 프레임, 영화의 경제와 내러티브의 경제 간의 긴장의 탐구를 제안하는 한에서만 그렇지만 말이다. 하지만 그에 이어서 도형적 일치graphic match에 관한 논의로 들어가면 그 긴장은 다시금 형식적 독립성(구성의 예술에 가까운) 속에 억제된 것으로서 보여진다. "그러한 도형적 유희는 오즈의 모더니티에서 중심을 이루는 것이다. 스크린 표면 자체와 그 표면을 횡단하는 형태의 배열configuration은 내러티브의 원근도법적 공간에서 독립된 것으로 다루어지기 때문이다."[83] 공간적인 뉘앙스들은 영화들의 체계적이고 반복적인 공간 내에서 도형적 일치로서 설정된다. 하지만 도대체 무엇이 영화들의 행위들 속에서 이루어지는 이러한 자율성이 갖는 비판적 긴장이란 말인가?

이런 점에서 '가장 위반적인 전환,' 즉 〈가을날의 오후*An Autumn Afternoon*〉의 야구경기에서의 전환에 관한 설명은 대단히 취약하다. "오즈의 전환은 등장인물이 있지 않은 장소에 가장 먼저 적용되고 그 다음에는 그가 실제로 있는 장소에 적용된다. 이 시퀀스는 그 어떤 내러티브상의 요구들로부터도 독립적인 장면들 사이의 공간을 통과해 움직이는 오즈의 실험의 가장 뛰어난 사례의 하나이다."[84] 이러한 설명에서는 어떤 것도 '실험' 이상의 것을 제시하지 못하고 있다. 전환은 등장인물이 있지 않은 장소에 적용되기보다는 오히려 그가 있었어야 했을 장소에, 하나의 투사된 공간에(가와이는 자신이 게임에 갈 거라고 단언한다), 바로 하나의 단순한 장소에 적용된다. 확실히 사람들을 찾아내는 것을 어렵게 하는 어떤 유희가 존재하지만 그 유희 — 아이러니와 폭로(따라서 가와이는 가지 않았다…) — 는 그 유희가 초래하는 내레이션의 조건들 속에서 내러티브의 조건들을 위반하지는 않는다. 그리고 그처럼 위반적인 행동을 취하는 것은 지배적인 것들 the dominants과 상위의 것들overtones의 통일성을 겨냥하는 분석을 의미하는 것이 아니라 그 조건들의 결속을 겨냥하는, 내러티브 공간 내에서의 주체-시각 관계들 속에서 이루어지는 영화의 말 걸기 양식을 겨냥하는, 그 관계들이 봉쇄하는 모순들을 겨냥하는 분석을 의미한다.

프레임들은 연속적으로 스크린을 때리고hit 형상들은 프레임들

을 통해, 카메라 트래킹, 패닝, 재프레이밍을 통해 스크린을 가로
질러 통과하며 쇼트들은 서로를 — 규칙들에 따라 — 대체하며
연속된다. 영화는 부정의 생산일 뿐만 아니라 마찬가지로, 동시
에, 부정성, 즉 과정 자체의 과잉적인 기초를 생산하는 것이며, 영
화 속에서 주체로서의 관객의 운동 자체를 생산하는 것이기도 하
다. 그 운동은 부정 속에서, 그 부정의 중심화centring 위치들, 주
체 시각의 부단한 단계적 투입phasing in 속에서 정지된다(흐름
속에 있는 이미지라는 의미인, '저것이 아닌 이것'). 그러한 부정성
은 과정 속에서의 주체의 단계적 소진disphasure, 사라져감fad-
ing, '깜박임'이거나 혹은 고전적 내러티브 영화가 그 과정 속에
봉쇄하고자 하는, 그럼으로써 주체에게 여흥을 베푸는entertain
'사이의 시간'이다(어원적으로 '오락'이란 정지와 유지 — 시간에
점유된 주체 — 를 뜻한다). 내러티브화란 그러므로 영화가 베푸
는 여흥의 조건이다. 그것은 과정이자 봉쇄된 과정이고 주체는
그 과정에, 그리고 그 과정이 지시하는 의미의 방향들에 묶여 있
는 것이다. 이데올로기 작용은 그 균형 속에, 에너지의 포착과 통
제 속에 놓여 있으며 영화는 — 리듬들, 공간들, 표면들, 순간들,
의미작용의 다양한 강도들을 — 순환시키고, 내러티브화는 — 스
크린 위에서, 프레임 속에서 — 차이와 반복의, 기호적인 것
semiotic과 봉합의 교대, 부정성과 부정의 교대 속에서 주체에게
여흥을 베푼다. 요컨대 관객은 과정 속에서, 그리고 그 운동의 이
미지들 속에서 **움직이고** 주체로서 **연관되는** 것이다. 여기서 그 다
양한 표현들의 전반적인 맥락에서 기술되었듯이, 영화의 공간 조
직은 이 운동하는 관계에, 영화의 말 걸기 전체에 있어 결정적이
다. 영화는 공간을 만들고, 내러티브로서 자리를 잡으며[발생하

며], 주체 역시 하나의 공간으로부터 또 다른 공간으로의 변환 속에 놓여 ― 봉합되어 ― 있는 것이다.

이미 위에서 인용했던 논문 「영화와 새로운 심리학Le cinéma et la nouvelle psychologie」에서 메를로-퐁티는 "만일 우리가 사물들간의 간격들을 사물들로 보는 데 성공한다면 세계의 상 aspect은 변형될 것이다"[85]라고 쓰고 있다. 따라서 이제 다음과 같이 바꿔서 설명해 볼 수 있다. 영화가 설정하는 주체의 관계들 ― 주체의 시각, 주체의 말 걸기 ― 은 만일 주체 생산의 간격들이 부정성 속에서 개방된다면, 만일 그 간격들의 종결로 이루어진 허구가 연속되지 않고 그 간격들의 활동이 갖는 모순들 속에서 발견된다면, 근본적으로 변형될 것이다. 〈펜테질리아 Penthesilea〉의 다섯 개 섹션들 중 두 번째 섹션을 보자. 그 부분에서 월른은 햇빛과 그림자가 흩뿌려져 있는 집을 둘러싸고 도는 복잡한 여정을 추적하고 있는데, 카메라는 그와 함께 다니다가 그를 떠났다가 그와 재결합하며 스스로 ― 그 고유의 시간 속에 ― 그가 전달하는 담론의 기억-카드들을 고정시킨다. 스노우의 영화에서 어떤 영향을 받은 것이 분명하지만 그 영향이 어떤 것인가를 지적하는 것은 쉽지 않다. 그 영화의 공간에 대한 이론적 내러티브 ― 월른은 여기서 자신이 멀비와 함께 만든 영화를 '이야기한다' ― 는 그 내러티브의 시간을 끊임없이 해체하는 프레이밍disframing 속에 놓여 있으며, 공간에 대한 담론의 안무는 카메라를 따라가고 있다. 카메라는 '자율성'을 갖고 있지만 ― 예를 들면 탁자 위를 둥글게 둘러싸면서 하이앵글로 춤춘다 ― 그 자율성은 나름의 역사를 지니고 있다. 그 시퀀스에서의 역사: 그 시퀀스 내에서 카메라는 운동을 등장인물에 종속시키는 고전적

인 방식에서 벗어나 카메라의 경로를 따라 움직이는 운동의 새로
운 변주들을 통해서 최초의 종속의 공간을 재발견하는 데로 나아
간다. 시네마에서의 [카메라의 자율성의] 역사: 월른의 담론은 영
화 공간 및 공간들에 대한 성찰과 관련되어 있다. 이 영화에서의
역사: 이 영화에서 카메라는 운동과 고정성에 관한, 그리고 장면
과 공간과 거리에 관한 섹션들을 가로질러 체계적으로 유희하고
있다. 더욱이 카메라의 자율성은 매순간 다른 곳에서 채택되며,
그 자율성이 표명되는 방식은 영화의 정치적 행위 내에서 분열되
어 있다. 여기서 영화의 정치적 행위는 바로 그 자체가 일련의 행
위들, 일련의 역사들 — 여성들의 투쟁, 펜테질리아, 아마존 사람
들, 클라이스트와 정신분석학, 신화의 기능 그리고 '여성적' 신화
에 관해, 이미지에 관해 그리고 시네마에 관해 그리고 그러한 신
화들과 관련되어 있는 이 영화에 관해 제기된 질문들 — 이다. 그
행위와 역사에는 카메라가 상reflection을 만드는 데 결정적인 조
건으로 간주되는 카메라의 공간구성spacing의 역사 및 공간구성
의 행위가 포함된다. 이를테면 카드들을 찾아내고 음성과 이미지
와 운동과 그것들의 물리적 힘의 문제들을 — 말하는, 정치적으
로 말하는 영화란 어떤 것인가? 영화 속에서 그러한 질문을 이끌
어낼 수 있는 지점에 어떻게 도달할 것인가 하는 문제들을 — 지
적하는 것을 예로 들 수 있다. 사실 그렇기 때문에 〈펜테질리아〉
의 마지막 섹션이 중요한데 그 부분에서는 스크린 상에 네 개의
스크린이 있고 그 영화는 그 스크린들의 분리와 연관, 재작업 속
에서 기억되며 또한 그 영화는 그 영화 자체가 보여주는 현재의
투쟁의 이와 같은 비판적 굴곡들(음조의 변화, 억양) 속에서 다시
금 상이하게 반복되고 있다. 이제 이 여자는 말하기의 문제, 이 이

미지들의 문제, 이러한 말과 사운드의 문제를 가지고 카메라와 대면하며, 이 영화는 투쟁의 간격들 속에 있게 되는데, 이때 그 영화의 내러티브 공간은 공간들의 운동 및 그 공간들의 교차가 갖는 모순들을 향해 다원적으로 연장된다. 〈펜테질리아〉는 마침내 영화에서의 관습적인 대립물의 통일을 가로질러, 혁명적 내용을 위한 분투는 형식의 혁명을 위한 분투이기도 하다는, 그렇지만 ─ 특정한 의미작용 실천의 작업을 규정하는 변증법 속에서 ─ 내용은 끊임없이 '그 너머로 나아간다'는(마르크스가 『브뤼메르 18일 *The Eighteenth Brumaire*』의 서두에서 주장하듯이), 그리고 정치적 투쟁은 그 과정의 모든 지점에서 '형식'과 '내용'의 절합 속에서 일관되어야 한다는 인식을 표시한 영화이다.

거기에서 우리는 바로 영화의 내러티브 공간이 오늘날 이론적이고 실천적인 현실actuality일 뿐만 아니라, 그 현실의 기존 조건들에 관점들을 제공하는, 보기에 따라서는 결정적이고 정치적인 아방가르드 문제이기도 하다고 말할 수 있게 된다. 해체는 형식적 장치의 궁지이고, 변형의 활동이 필요한 때의 위반의 미학이다. 그리고 영화에서 정치적 결과를 낳는 유물론은 "영화로서의 영화"[86]를 가지고 진전하기 위해 내적 내용을 지나쳐서 방향을 바꾸는 접촉대상contact으로서 표현되어서는 안되며, 오히려 주어진 사회-역사적 상황 속에서의 특정한 의미작용 실천 속에서 의미와 주체의 구성과 관계들에 대한 작업으로서, 즉 '약호들'에 대해서보다는 내러티브화의 작용에 대한 작업으로서 표현되어야 한다. 더욱이 그 작업이 가장 효과적으로 비판을 가하는 것이라 하더라도 그 작업은 주어진 상황 속에서 공식적으로 '아방가르드'로 인정되고 규정되는 것과는 닮은 점이 거의 없을 것이다. 특히, 그리고 영화와 공간에 관해 여기에서 제공된 설명 전체의 맥락에서 볼 때 그것은 내러티브 영화 내에 있는 내러티브의 한계 상에서의 행위, 영화가 갖는 통일성의 허구들의 한계 상에서의 행위와 관련되어 있을 것이다.

이 점이 바로 [일본 영화에서] 한 가지 사례를 선택하는 데 있어 오시마 나기사의 몇몇 영화들이 갖는 근본적인 중요성이다. 형식의 해체에 관한 논의에서 일본 영화는 종종 [할리우드에] 대비되는 준거들로 사용되기 때문이다. 오시마의 작업의 강렬함은 '형식'과 '내용'의 이용 가능한 절합들을 부단히 파열시키고, 그러한 파열들로 이루어진 공백 속에 그 영화를 배치하는 내용 '너머로 나아감'에 있다. 그의 영화들에는 내러티브 절합이 직접적으로 현전하지만 각각의 경우에 그 현전은 또 다른 영화의 부재를 제시하며, 이 영화와 이 영화의 공간에 구두점을 찍으면서punc-tuate, 결정들, 모순들, 부정성을 찾아내는 것에 관한 담론을 제시한다. 내러티브화 속에서 분열된 채, 그 영화들은 따라서 모든 단일한 말 걸기와 어긋난다 ― 그 말 걸기의 '진실' 바깥에 있다. 주체는 재현의 복합체들 및 그 복합체들의 모순적 관계들 속에서 분열되어 있는 것이다.

　〈교수형 *Death by Hanging*〉에서 죄수는 죽기를 거부하고 교수형은 실패한다. 법정에서 평결이 시작될 때, 조선인 R(윤윤도), 노동자 R은 '의식'을 차리고 '그 자신'이 되며 '진짜 R'과 완전히 동일인이 될 때까지는 교수형에 처해질 수 없다("그는 자신의 죄가 정당하게 처벌되고 있음을 깨달아야만 한다"). 관리들은 R을, 그들의 R을, 법적인 R을 회복시키려고 노력하는 가운데 분주하고 영화의 직접적인 내러티브는 그러한 노력을 둘러싸고 구축되는데, 그 내러티브는 제목을 자막으로 띄워 알려주는 섹션들로, 즉 R의 정체성과 정체성의 확인identification의 문제를 풀어가는 단계들로 조직되어 있다. 한 지점에서 행위는 사형장의 주의 깊게 연극적으로 구조화된 경계들confines을 벗어나 밖으로 이동하지만 그것은 여전히 R에게서 다시 일깨워져야만 하는 R의 기억을 위해서이다. 그 시퀀스는 빈민가, 강둑, 역, 골목길, 다리, 아이스크림 가게, 학교를 찾아다니는데, 그 학교는 특히 교육부장(와다나베 후미오)이 지붕 위에서 그 여성의 살해를 도취에 빠진 듯 시연했던 곳이다. 이 시퀀스의 난해한 공간을 제시하는 데에는 한두 마디 언급이면 충분할 것이다.

첫 번째 언급은 일반적인 것이다. 그 시퀀스 전반에 걸쳐 R에게 동반되는 것은 교육부장의 목소리로서, 그 목소리는 R의 스토리를 자세히 열거하고 그 스토리대로 행해지게 하는데, 그 스토리 속에서 그는 그 스토리의 장소를 특정화하면서 프레임 내의 공간에 있어야만 한다. 교육부장의 목소리는 문자 그대로 '어떤 장소에든 다' 있다. R은 강가에 앉아 있고 교육부장은 그가 어떤 느낌이었는지, 어떤 느낌이어야 하는지를 말해 주기 위해 합류한다(이러한 실연 속에서 R은 반복되는 스토리와 정확히 일치하게끔 만들어져야 하기 때문이다). R은 역에서 전화를 걸고 프레임 밖에 있는 교육부장은 사용법을 큰 소리로 일러준다. 간단히 말해서 R은 결코 거기에, 그러니까 그에게 할당된 장소에 있지 않다. 사건들은 R 없이 발생하고 공간-장소 전환은 그러한 부재로 인해 어려움에 처한다. 또 다른 영화가 가능하지만 그것은 오직 이 영화의 공백 속에서, 변증법적으로 이 영화의 모순 속에서만 가능할 뿐이다. R은 목소리도 시선도 없다. 목소리들은 주어져 있고 —
교육부장의 목소리뿐만 아니라 R의 행위들에 관해 직접적인 투
쟁적 설명을 해주는 누나(고야마 아키코)라는 인물의 목소리 —
R은 (모든 R들을 위해 R이 되는 것을, 그의 누나에게 있는 어떤 리
얼리티를) 받아들이고 (마지막 — 수용 — 섹션의 서두에 나오는
일장기 모티프를 배경으로 하여 클로즈업으로 프레임화된 카메라
를) 바라볼 수 있을 뿐이다. 하지만 무엇인가가, 즉 오시마의 영
화들이 주체의 정치적 관계들과 정치적인 것의 주체적 관계들을
탐구하면서 새로운 내용으로서 절합하려는 어떤 것이 남아 있다.
그 이중적이고 동시적인 운동 속에는 마찬가지로 끊임없는 유토
피아주의가, 또 다른 공간의 유토피아주의(원근법 체계 및 그 체
계의 중심화된 주체의 유토피아주의를 기억하라)가 놓여 있으며
근본적으로 변형된 주체성(오시마는 종종 이것을 현실과 투쟁에
대한 기존의 정의들의 과잉으로서의 상상적인 것과 관련지어 설명
하며, 그러한 상상적인 것이 [현실과 투쟁에 대한 기존의] 정의들에
서 필수적인 동시에 소외를 불러온다고 본다 — R과 누나라는 인물
사이에서의, 조선인에 관한 원래의 뉴스 스토리, 그 스토리에 대한
현대 일본에서의 반응들과 오시마의 영화 사이에서의 유희 전체)이
놓여 있다. 오시마의 작업은 정치적이되 완곡하게 정치적이며,
의미, 이미지, 통일성의 허구에 대하여 제기된 질문들을 통해, 주
체 관계들과 변형들에 관한 질문들을 통해 하나의 작업이 또 다
른 작업으로 귀환하는 것이다.

　　두 번째 언급은 특수한 것으로서, 일종의 피날레인 그 시퀀스
내부에서 인용한 것이다. R은 결코 거기에, 할당된 장소에 있지
않다. R이 강둑을 따라 걸어오고 있는 모습이 보이고, 제복을 입

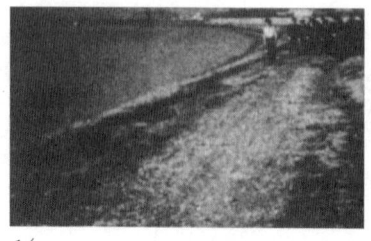 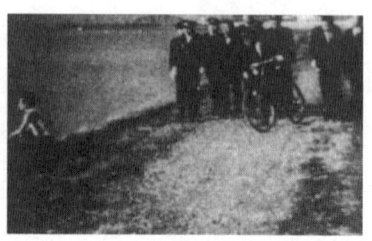

14   15

은 일단의 관리들이 그 뒤를 따르고 있다. 자전거를 타고 있는 교육부장이 이야기를 들려준다. 그러다 드디어 R이 강둑에 앉자 모두들 그 자리에서 멈춘다(사진 14, 15). 교육부장은 자기 차례가 오자 R 옆에 앉고 카메라는 두 남자를 인접 쇼트에서 왼쪽 옆모습으로 잡기 위해 위치를 다시 잡았지만 여전히 그 무리가 도착했던 방향에서 그 둘을 바라보고 있으며 R은 자신의 오른쪽 어깨 너머로 뒤를 돌아본다(사진 16). 앞서의 쇼트에서 R의 응시가 설정한 공간의 방향에 응답하면서 곧장 방향을 바꾸면 R의 응시의 대상은 한 마리 고양이였음이 드러난다. R은 이제 그와 교육부장의 뒤쪽 위치에서 보여지고 R은 계속해서 뒤돌아본다(사진 18). 그 고양이(사진 19)가 보이고, 보고 있는 R이 클로즈업으로 잡히는데 카메라는 여기서 그의 오른쪽에 자리잡고 있다(사진 20). 그 다음은 다시 고양이이다(사진 21). 그 고양이 뒤쪽에서 잡은 롱 쇼트는 일단의 관리들, 교육부장의 자전거, 앉아서 보고 있는 R, 그의 옆에서 몸을 뻗고 있는 교육부장을 프레임의 왼쪽에서부터 오른쪽으로 가로지르며 보여주는데, 배경 멀리에는 다리가 있고 전경 중앙에는 고양이가 있다(사진 22). 그 쇼트들은 커트들로 연결되어 있고 카메라는 모든 쇼트에서 고정되어 있다. 구성은 명확하다. 둘 다 프레임 안에 있고 쇼트들의 전개 속에 있으며 마지막

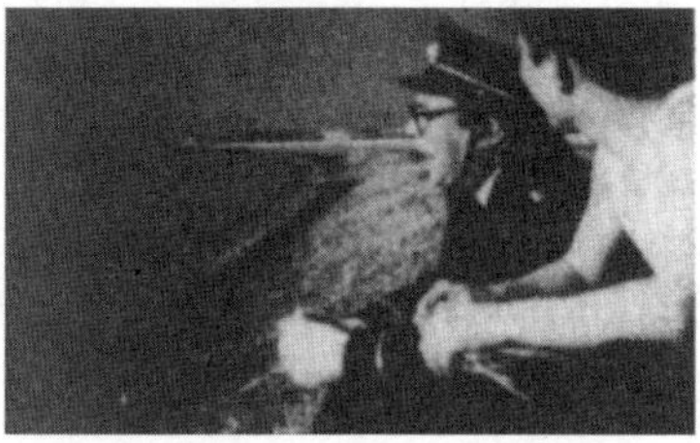

16

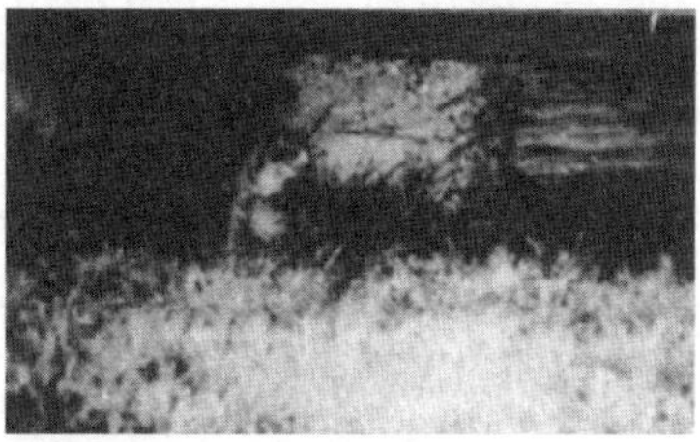

17

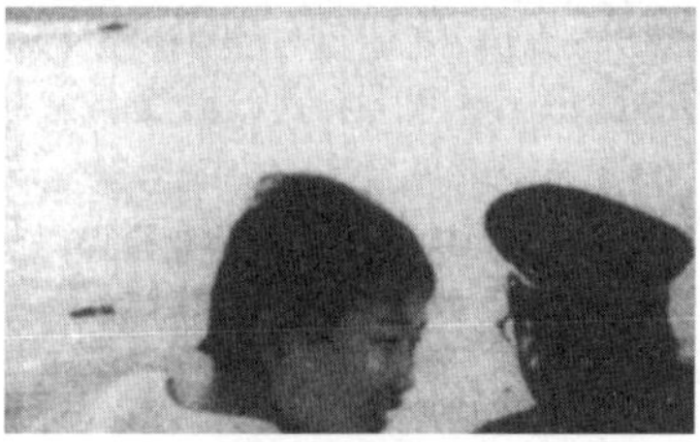

18

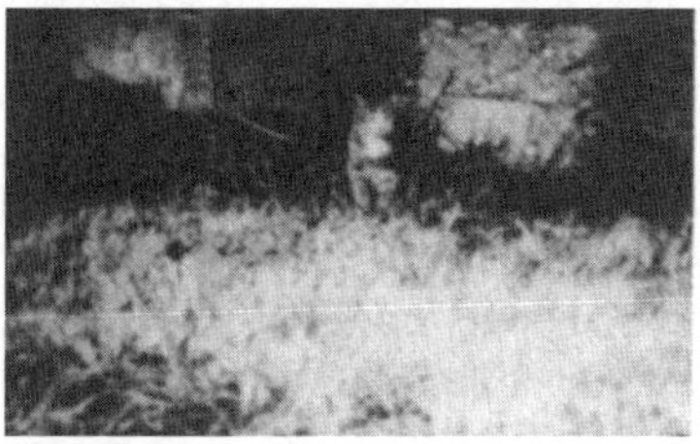

19

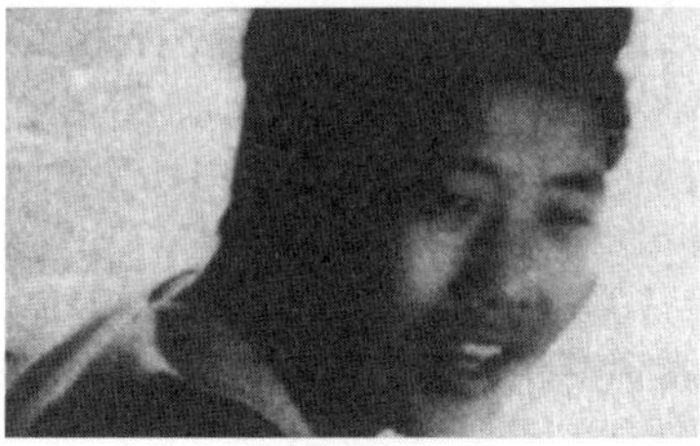

20

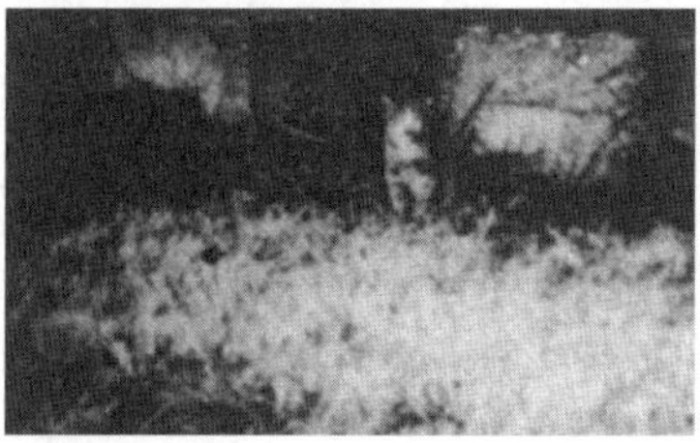

21

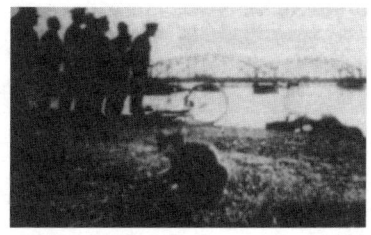

22

쇼트는 첫 번째 쇼트의 프레임 내에서의 방향과 위치들 — 관리 집단을 주목하라 — 을 뒤집는다. 고양이 쇼트가 구두점을 찍는 세 쇼트에서 카메라는 R을 둘러싸고 반원을 그리며 이동하면서 독자적으로 약간의 내러티브를 상연하는데, 그 내러티브는 교육부장에게 빼앗긴 R 자신의 내러티브로서, 클로즈업의 분리가 이루어질 때까지 교육부장의 목소리가 이어가는 스토리와 점점 더 거리가 멀어지는 것이기도 하다. 그런 다음 R/고양이 교환을 깨뜨리는 것, 멀어지고 있는 R에게 한 번 더 차례를 주며, 이 '시퀀스 내의 시퀀스'의 공간 전체와 운동을 배경으로 해서 그것을 되가져오는 것은 마지막 롱 쇼트이다. 시선과 대상의 일치를 방해하는 것은 고양이 자체를 다른 방향을 바라보는 시선으로서 포착하는 쇼트이다. 프레임 내에 있는 R의 앞에서, R과 함께 그의 시선의 방향을 따라, 고양이는 한 번도 본 적이 없는 어떤 것인, 돌연히 부재하는 것인 카메라를 응시한다. 더욱이 카메라가 놓인 장소는 불가능한 곳이다. R의 응시의 대상인 고양이는 콘크리트 벽돌로 쌓은 작은 '벽'을 배경으로 해서 보여지기 때문이다. 응시하고 있는 고양이는 그 공간 내에서는, 사라져버린 것처럼 보이는 벽돌들 뒤쪽에서, 자유롭게 보여진다. 그 구성된 선들 — 고양이로부터 R에게로, 자전거 바퀴로부터 다리의 한가운데로 — 속에서 그 쇼트는 완벽한 원근법을 제공하지만, 그 원근법은 그 쇼트가 추구하는 완성에 미치지 못한다. 말걸기의 초점을 맞추는 데서 그 장면은 개방되며 — 간격이 생기며 —, 공간의 관계들 쪽으로, 즉 그곳에 있는 요소들, 그것들이 발생하는 장소들 쪽으로, 그리고 누군가를 위해 갑작스레 끌어당겨지는 것이다(영화의 마지막에 나오는 오시마의 보이스오버는 영화의 행위를 관객에게 돌

린다. '그리고 당신도 마찬가지다. 그리고 당신도, 그리고 당신
도…').

　벤슨의 그림으로부터 이 고양이 — R이 힐끗 보기는 했지만
그의 응시의 바깥으로 끌려나간 이 고양이 — 에 이르기까지 [이
들은] 다른 곳에서 프레임화된다. 그렇게 끌려나가 그렇게 프레
임화된 그 고양이는 이 글에서 내내 강조해 온 중요한 어떤 것을
말하고 있다. 그것은 사건들은 장소를 차지하며[일어나며], 그 장
소는 누군가를 위한 장소라는 것, 그리고 그 '누군가'에 대해 그
리고 그것이 영화 공간의 내러티브에서의 역할에 관한 질문들을
제기할 필요가 있다는 것이다.

주

Screen, vol. 17, no. 3 (1976년 가을호), pp. 68-112에 실렸다. 아방가르드
영화와 〈펜테질리아〉에 관한 논의의 최초 버전은 불어로 쓰여진 것이다.
"Espaces du récit dans le cinéma indépendent américain," *Art Press*, no.
7 (1977), pp. 24-5. 〈의혹〉에 관한 더 진전된 고찰은 "Droit de regard," in
Raymond Bellour 편, *Le Cinéma américain, analyses de films*, vol. 2
(Paris: Flammarion, 1980)에서, 〈교수형〉에 관해서는 "Anata mo,"
Screen, vol. 17, no. 4 (1976/7 겨울호), pp. 49-66에서 볼 수 있다.

1. 피카소의 〈술병, 그릇, 과일의 정물Nature morte au pichet, bol et
　 fruit〉(1931), 피카소 컬렉션 참조.
2. Annette Michelson, "Toward Snow," *Artforum* (1971년 6월호), p. 32;

Peter Gidal 편, *Structural Film Anthology* (London: British Film Institute, 1976), p. 41에 재수록.

3. Noël Burch, *Theory of Film Practice* (London: Secker & Warburg, 1973). 처음에는 불어본 *Praxis du cinéma* (Paris: Gallimard, 1969)로 출판되었다.

4. Kristin Thompson and David Bordwell, "Space and Narrative in the Films of Ozu," *Screen* vol. 17, no. 2 (1976년 여름호), pp. 42, 45; Edward Branigan, "The Space of *Equinox Flower*," 같은 책, p. 104.

5. Georges Sadoul, *Histoire générale du cinéma*, vol. 1 (Paris: Denoël, 1963), pp. 288, 290 참조.

6. 아메리칸 뮤토스코프American Mutoscope와 바이오그래프 사Biograph Company의 『불러틴*Bulletin*』은 〈톰, 톰 굴뚝장이의 아들〉을 1905년에 만들어진 것으로 추정한다. Kemp R. Niver, *The First Twenty Years: A Segment of Film History* (Los Angeles and Berkeley: University of California Press, 1968), pp. 88 참조.

7. M. Merleau-Ponty, "Le cinéma et la nouvelle psychologie," in *Sens et non-sens* (Paris: Gallimard, 1948), p. 110; P. Francastel, "Espace et illusion," *Revue internationale de filmologie* II-5 (1948), p. 66.

8. R. Arnheim, *Film as Art* (London: Faber, 1969), p. 20.

9. M. Pleynet, interview(with Gérard Leblanc), *Cinéthique*, no. 3 (1969) 참조.

10. G. Ten Doesschate, *Perspective: Fundamentals, Controversials, History* (Nieuwkoop: B. de Graaf, 1964), pp. 6-7.

11. Leon Battista Alberti, *On Painting* (New Haven and London: Yale U. P., 1966), p. 51.

12. Galileo, *Opere*, A. Favaro 편, vol. IX (Florence: Edizione nazionale), p. 129. 어니스트 길먼Ernest B. Gilman의 최근 저서인 *The Curious*

Perspective: Literary and Pictorial Wit in the Seventeenth Century (New Haven and London: Yale U. P., 1978)은 ― 결국 갈릴레오가 그 랬듯이 ― 왜상의 활용이 갖는 패러디적인, 거의 전복적인 함축을 강조하고 있다. "비록 진기한 원근법 체계가 초기 르네상스기의 체계적인 선형적 원근법의 성취 없이는 불가능한 것이었다 하더라도 그 결과는 원근법적 재현의 배후에 있는 중심적인 인지적 가정을 패러디하고 문제삼고 심지어는 그 토대를 침식시키는 것이었다"(p. 233). 하지만 여전히 왜상의 '기지wit'는 그것이 패러디하거나 문제삼는 바로 그 순간에 그것이 가정하는 합리적이고 안정적인 체계를 부단히 참조하며 따라서 질서의 최후 이미지로서 항상 이용 가능하다. 길먼이 재인용한(p. 97), 보편적 조화에 관한 라이프니츠로부터의 발췌문에 나오는 왜상에 관한 착상을 살펴보자. "그것은 마치 원근법의 창안에서와 같은데, 원근법 속에서는 우리가 어떤 멋진 그림의 실제 시점을 발견하거나 그 그림들을 유리나 거울을 통해 보기까지는 그 그림은 단지 혼동에 불과한 것으로 나타난다…. 따라서 우리의 작은 세계의 명백한 기형은 더 큰 세계 속에서는 아름다움으로서 등장하며 보편적으로 완벽한 원칙의 통일성과 대립되는 것은 전혀 없다." 분명하고도 중요한 점은 르네상스 원근법 체계가 시선, 즉 주체의 시각을 보장하고 그 시선에 함정을 놓는 길을, 리얼리티에 관한 환영으로 가는 길을 열어놓는다는 것, 그 두 가지 조건의 유희 속에서 재현의 문제틀 ― 영화가 연루되고 **이동시키는** 문제틀 ― 전체가 확립된다는 것이다.

13. P. Francastel, *Études de sociologie de l'art* (Paris: Denoël, 1970), pp. 136-7.

14. W. M. Ivins, *Art and Geometry* (New York: Dover, 1964), p. 108; Ten Doesschate, 위의 책, p. 157.

15. C. Metz, "Le signifiant imaginaire," *Communications*, no. 23 (1975), pp. 35-7; 영역본은 "The Imaginary Signifier," *Screen*, vol. 16, no.

2(1975년 여름호), pp. 52-4.

16. Arnheim, 위의 책, p. 18.

17. E. Lindgren, *The Art of the Film* (London: Allen & Unwin, 1948), p. 54.

18. Branigan, "The Space of *Equinox Flower*," p. 104.

19. K. Reisz and G. Millar, *The Technique of Film Editing*(New York and London: Hastings House, 1968), p. 215.

20. J. P. Richter 편, *The Literary Works of Leonardo da Vinci*, vol. 1 (London: Oxford U. P., 1939), p. 150. 그 인물은 레오나르도 자신이다, 같은 책. 레오나르도는 알베르티의 원근법 체계와 시각적인 외양을 조화시키는 데 있어서의 어려움을 상당히 많이 겪었기 때문에 다른 곳에서는 구球형 광학에 기초한 대안적 체계의 가능성을 탐구했다. J. White, *The Birth and Rebirth of Pictorial Space* (Boston: Boston Book and Art Shop, 1967), pp. 207-15.

21. E. Reboul, *Le Cinéma scolaire et éducateur* (Paris: Presses Universitaires de France, 1926).

22. Hollis Frampton, Simon Field와 Peter Sainsbury와의 인터뷰, *Afterimage*, no. 4 (1972년 가을호), p. 65.

23. 프램튼은 다른 곳에서 이렇게 쓰고 있다. "영화 프레임은 그 비례가 불특정한 직사각형이며, 내가 보기에는 깨뜨려지지 않은 무한한 지평이라는 개념에 지나지 않은 것을 공론화하기 위해 사람들은 최근 그 테두리를 가지고 이러저러한 시도를 해보이고 있다. 와이드스크린은 멀리 나아간 경계들을, 미국의 옥수수밭과 소련의 스텝 지대의 풍경을 찬양하고 있다 ─ 그렇게 보일 것이다. 그것은 인간의 몸이 당당히 성장을 하고 누워 있을 때에만 그 몸에 맞추어진다. 에이젠슈테인은 언젠가 프레임이 '역동적인' 정사각형으로 응축되어, 직사각형이 가질 수 있는 만큼 원형에 가까워져야만 한다고 제안했으나 그의 논의는 반향을 일으키는

데 실패했다." "The Withering Away of the State of Art," *Artforum* (1974년 12월호), p. 53.

24. *Apprendre le cinéma*, special issue of *Image et son*, no. 194 (1966년 5 월호), pp. 119, 121.

25. 같은 책, p. 123.

26. Rosalind Krauss, "A View of Modernism," *Artforum* (1972년 9월호), p. 50에서 재인용. 크라우스는 다음과 같이 언급한다. "원근법은 규칙에 따라 한 가지가 그 다음 것을 뒤따르는 인과성의 시각적 상관물이다…. 원근법적 공간은 내러티브의 의미를 동반했다. 사건들의 연쇄는 이 순 간을 향해 인도되거나 그로부터 멀어져간다. 그리고 그러한 시간적 연 속 내에서 — 공간적 유비로서 주어져 있다고 할 때 — 그 공간들과 그 러한 사건들 모두의 '의미'는 비밀에 부쳐졌다.

27. C. Metz, "Histoire/discours," in J. Kristeva, J. C. Milner and N. Ruwet 편, *Langue, discours, société* (Paris: Seuil, 1975), p. 304; 영역본은 "History/Discourse," *Edinburgh '76 Magazine* (1976), p. 23.

28. 그 쇼트의 스틸 사진은 Niver, 위의 책, p. 36에 나온다.

29. "영화들이 스크린을 때릴 때 — 나는 '스크린을 때린다hit'는 이 표현을 어제 들었는데 영어로는 아주 멋진 표현이다 — 그 영화들에는 수많은 본질적인 즐거움이 있음에 틀림없다. 스크린을 때린다, 이것이야말로 프 레임들이 하는 일이다. 투사된 프레임들은 스크린을 때린다." Peter Kubelka, Jonas Mekas와의 인터뷰, *Structural Film Anthology*, p. 102.

30. 많은 독립영화 작업이 스크린과 프레임의 탈구를 경험하는 데 관심을 가져왔음을 주목할 수 있다. 예를 들면 샤리츠는 이렇게 쓰고 있다. "한 편의 영화가 '그 고리를 상실'하면 그 영화는 우리가 갑자기 비약하는 프레임들의 희미해진 조각을 볼 수 있게 해준다. 이 프레임화되지 않은 non-framed 조건이 의도적으로 촉진되면 내가 현재 탐구하고 있는 절 차는 '반反프레이밍'이라고 생각될 수 있다." Paul Sharits, "Words per

page," *Afterimage*, no. 4 (1972년 가을호), p. 40. 독립영화가 파괴하게 될 '두 번째 스크린' (사실은 토대/배경의 내러티브상의 통합성 속에 있는 스크린 상의 프레임)이라는 개념을 이용하여 영화제작자가 그러한 탈구를 이론적으로 공식화하려는 노력에 관해서는 Claudine Eizykman, *La jouissance-cinéma* (Paris: Bourgois, 1976), 특히 pp. 147-51을 보라.

31. B. D. Lewin, "Sleep, the Mouth, and the Deram Screen," *Psychoanalytic Quarterly*, vol. XV (1946), pp. 419-34.

32. 스크린과 꿈 스크린에 관한 논의는 기 로솔라토Guy Rosolato의 최근 논문 말미에 제시되어 있다. "Souvenir-écran," *Communications*, no. 23 (1975), pp. 86-7. 또한 필자의 "Screen Images, Film Memory," *Edinburgh '76 Magazine* (1976), pp. 33-42를 보라.

33. C. Metz, *Essais sur la signification au cinéma*, vol. II (Paris: Klincksieck, 1972), p. 189.

34. Thompson and Bordwell, "Space and Narrative in the Films of Ozu," p. 42. 중심화하는 이미지의 절차("특정화 절차")에 관한 최초의 논의에 관해서는 필자의 "Film and System: Terms of Analysis," part II, *Screen*, vol. 16, no. 2 (1975년 여름호), pp. 99-100을 보라.

35. Noël Burch, "De *Mabuse à M:* le travail de Fritz Lang," in *Cinéma Théorie Lectures*, special issue of the *Revue d'Esthétique* (Paris: Klincksieck, 1973), p. 229.

36. Barry Salt, "Statistical Style Analysis of Motion Pictures," *Film Quarterly* (1974년 가을호), pp. 13-22.

37. Arnheim, 위의 책, p. 27.

38. 같은 책, p. 32.

39. J. Mitry, *Esthétique et psychologie du cinéma*, vol. II (Paris: Editions Universitaires, 1965), p. 10.

40. 브래니건은 뒤집힌 피라미드 구조의 도식에 고전적 할리우드 영화의 특징을 부여한다. 앞의 책, p. 75. "1. 설정 쇼트(주된 변수: 우리는 그 장면의 디테일을 본 다음 뒤로 빠져나오거나 설정 쇼트로 커트한다), 2. 롱 쇼트(지배master 쇼트), 3. 미디엄 투 쇼트, 4. 역앵글(어깨 걸어 찍기 쇼트), 5. 미디엄 클로즈업들의 교대, 6. 커트 어웨이(혹은 인서트), 7. 미디엄 클로즈업들의 교대, 8. 다시 설정 쇼트(보통은 투 쇼트의 역앵글)."

41. Reisz and Millar, 앞의 책, pp. 224-5.

42. 같은 책, pp. 225-6.

43. *Apprendre le cinéma*, p. 142.

44. 같은 책, p. 151.

45. Reisz and Millar, 앞의 책, p. 216. 이러한 유연함의 리얼리티를 '반영'이라기보다는 구성으로서 강조하기 위해서는, 워스와 에이데어가 연구했던 나바요Navajo 인디언들이 '올바른' 연속성을 만들어낼 수 있었음에도 불구하고(예를 들면 행위의 일치를 통해) 그들의 영화들에서 '규칙들'과는 거리가 멀었으며 연기가 이루어지는 영역인 공간의 또 다른 체계를 절합했음에 주목해 볼 수 있다(그 공간에서는 규칙들로 이루어진 시각의 입지점으로부터의 '비약들'이 본질적인 연속성들이 되었다). Sol Worth and John Adair, *Through Navajo Eyes* (Bloomington: Indiana U. P., 1972), p. 174와 사진 22-35, 35-40 참조.

46. 배리 솔트Barry Salt는 실외 액션을 주제로 하는 영화(특히 웨스턴)의 중요성을 이러한 발전 속에서 역사적으로 지적했다. "The Early Development of Film Form," *Film Form*, no. 1 (1976년 봄호), pp. 97-8.

47. *Apprendre le cinéma*, p. 125("특정 방향을 향해 있는 빈 공간은 하나의 약속이다").

48. André Bazin, *What is Cinema?*, vol. I (Los Angeles and Berkeley: University of California Press, 1967), p. 108.

49. 물론 그것이 초점심도가 이런 식으로 반드시 사용되어야 한다고 말하는 것은 아니다. "초점심도 내에서의 원근법의 거부"를 분석한 것에 관해서는 Cl. Bailblé, M. Marie and M.-C. Ropars, *Muriel* (Paris: Galilée, 1974), pp. 128-36을 보라.

50. Salt, "Statistical Style Analysis," p. 20.

51. André Bazin, *Qu'est-ce que le cinéma?*, vol. II (Paris: Cerf, 1959), p. 100.

52. Bazin, *Qu'est-ce que le cinéma?,* vol. IV (Paris: Cerf, 1962), p. 57.

53. 같은 책, p. 59. 바쟁의 네오리얼리즘 논의에 관해서는 Christopher Williams의 같은 제목의 논문, *Screen*, vol. 14, no. 4 (1973/4 겨울호), pp. 61-8을 보라.

54. Burch, *Theory of Film Practice*, p. 21.

55. Branigan, 앞의 책, p. 103.

56. *Apprendre le cinéma*, p. 148.

57. 시점 쇼트의 상세한 분석에 관해서는 Edward Branigan, "Formal Permutations of the Point-of-View Shot," *Screen*, vol. 16, no. 3 (1975년 가을호), pp. 54-64.

58. Noël Burch and Jorge Dana, "Propositions," *Afterimage*, no. 5 (1974년 봄호), p. 45.

59. Metz가 자신의 논문인 "Current Problems in Film Theory," *Screen*, vol. 14, no. 1/2 (1973년 봄/여름호), p. 49에서 요약했듯이.

60. 사실상, 그리고 놀라울 것도 없는 것이, 내러티브적으로 덜 '환유적'이고 더 '은유적'인 것은 순수한 시점 쇼트로(이미지 왜곡의 표식 없이) 보여지는 것이며 가까이 가면 갈수록 그러한 쇼트는 이미지를 주관화하게 될 것이다. 〈하이 시에라*High Sierra*〉의 도입부에서 감옥에서 석방된 로이 얼은 자유의 공기를 마시면서 공원을 걷고 있는 것으로 보여진다. 올려다보는 그를 찍은 쇼트들은 하늘을 배경으로 나무 꼭대기를 찍

은 쇼트로 이어지는데, 하늘을 배경으로 한 나무 꼭대기가 내러티브 운동의 직접적인 범위 밖에 있으며 객관적으로 무용하며(〈의혹〉에서 리나의 전보와는 달리), 오직 로이의 성격하고만 상관이 있는 것이므로(그는 수수한 농사꾼 집안에서 태어났으며 그의 평판이 그에게 덮어씌운 것처럼 비정한 범죄자가 아니다), 그것은 어떤 주관화의 효과를 갖게된다.

61. Walter Benjamin, *Illuminations* (London: Fontana, 1970), p. 230; C. Metz, "Le signifiant imaginaire," p. 35; 영역본에서는 p. 52.

62. Edward Branigan, "Narration and Subjectivity in Cinema," 등사본 (University of Wisconsin-Madison, 1975), p. 24.

63. 같은 글.

64. R. Barthes, "Diderot, Brecht, Eisenstein," *Screen*, vol. 15, no. 2 (1974년 여름호), p. 38; Branigan, "Formal Permutations," p. 57; M. Nash, "Vampyr and the Fantastic," *Screen*, vol. 17, no. 3 (1976년 가을호), pp. 32-3, 54-60.

65. Burch and Dana, 앞의 글, p. 45.

66. 솔트Salt는 시야/역시야의 세 가지 이형異形을 구분하고 그 각각의 외양에 질서와 대략의 시대를 할당한다. "다양한 앵글들을 구분하는 것이 필요하다. 역앵글 커트, 즉 보는 이로부터 그의 시점으로의 커트는 최초로 나타난 앵글의 변화였다. 한 장면의 롱 쇼트로부터 또 다른, 앞의 쇼트와 대조적으로 앵글을 잡은 롱 쇼트로 커트하는 것은 그 뒤에 나타났으며 인용될 수 있는 최초의 사례는 *Røverens Brud* (Viggo Larsen, 1907)에 나온다. 그리고 서로를 상대하는 두 사람을 시선에서-벗어난 앵글의 쇼트로부터 다시 그 역앵글로 찍은 쇼트로 커트하는 경우가 있는데 그 가장 최초의 사례는 *The Loafer* (Essanay, 1911)에 나온다." "The Early Development of Film Form," p. 98.

67. 봉합에 관한 소개와 다양한 설명들을 상세히 보려면 이 책 3장 "봉합에

관하여"를 참조.

68. J.-A. Miller, "La suture," *Cahiers pour l'analyse*, no. 1 (1966), pp. 37-49; 영역본은 "Suture," *Screen*, vol. 18, no. 4 (1977/8년 겨울호), pp. 24-34.

69. "영화 이미지의 또 다른 특징은 그 중립성이다." *Encyclopaedia Britannica* (Macropaedia), vol. 12 (Chicago, etc., 1974), p. 498.

70. "Entretien avec Jean-Marie Straub et Danièle Huillet," *Cahiers du cinéma*, no. 223 (1970년 8-9월호), p. 54.

71. "Sur le son(entretien avec Jean-Marie Straub et Danièle Huillet)." *Cahiers du cinéma*, no. 260-1(1975년 10-11월호), p. 49.

72. '내적 담화inner speech'에 따라 이미지를 구어적으로 조직한다고 하는 어려운 문제에 관해 이 섹션에서는 아무런 언급도 이루어지지 않았다. Paul Willemen, "Reflections on Eikhenbaum's Concept of Internal Speech." *Screen*, vol. 15, no. 4 (1974/5년 겨울호), pp. 59-70; 그리고 이 책의 9장 "Language, Sight and Sound." pp. 204-17 (이 번역서에서는 누락된 장임)을 보라. 워스와 에이데어는 특정 무성영화들을 '영어로 되어 있어' 이해할 수 없다고 판정했던 나바요Navajo 인디언들의 사례에 주목한다.

73. Burch, *Theory of Film Practice*, p. 11.

74. "인접성과 분리, 연쇄와 주위환경, 포위envelopment와 연속성이라는, 비-유클리드적이지만 극도로 위상학적인 개념들에 종속되어 있으며, 그 어떤 고정된 도식이나 계량적인 측량의 범위로부터도 독립적인, 변형 deform 가능한 다양한 세계들의 구성"으로서의 입체파, Francastel, 위의 책, p. 142; 같은 책의 "Destruction d'un espace plastique." pp. 191-252도 참조.

75. A. Adams Sitney, *Visionary Film* (New York and London: Oxford U. P., 1974).

76. Burch, *Theory of Film Practice*, p. 12. '서문'에서 아네트 마이클슨은 이렇게 쓰고 있다. "그의 목소리는 총체적인 구조적 엄정함과 진정성에 관한 주장을 내놓는다…," p. xv. 주목되어야 할 것은 첫째, 여기서 이루어진 언급들은 버치의 논의들이 함축하는 것만을 고찰하며 그러한 논의에서 나온 그의 작업의 가치를 건드리지는 않는다. 둘째, 버치 자신이 그의 최초의 프랑스어판 저서의 영어판에 붙인 '서문'에서(pp. xvi-xx) 소급해서 그 책을 비판한다. 그가 지금 주장하는, 그리고 의도된 비평을 원본의 공식들에 아주 가깝게 데려가는 그 책으로부터의 거리를 실질적으로 닫아버리는 한계들 내에서이기는 하지만 말이다.

77. "Beyond *Theory of Film Practice*: Burch와의 인터뷰." *Women and Film*, no. 5-6, p. 32.

78. Burch와 Dana, 앞의 책, p. 44(야콥슨: "시적 기능은 선별의 축으로부터 조합combination의 축 속으로 등가성의 원칙을 투사한다." "Linguistics and Poetics." in T. A. Sebeok 편, *Style in Language* [Cambridge, Mass.: M.I.T. Press, 1960], p. 358).

79. Thompson and Bordwell, 앞의 책, pp. 52, 54.

80. 같은 책, p. 58.

81. 같은 책.

82. 같은 책, p. 60.

83. 같은 책, p. 70.

84. 같은 책, p. 51. 여기서 논의된 [쇼트의] 전환에 관한 자세한 내용은 같은 페이지에서 찾아볼 수 있다. [톰슨과 보드웰은 오즈의 '모더니즘'에 관한 설명의 용어들로 되돌아오면서, 여기서 이루어진 초점들을 받아들였다. Kristin Thompson, "Notes on the Spatial System of Ozu's Early Films." *Wide Angle*, vol. 1, no. 4 (1977), pp. 8-17(특히 pp. 8-9); David Bordwell, "Our Dream Cinema: Western Historiography and the Japanese Film." *Film Reader*, no. 4 (1979), pp. 45-62(특히 p.

54).]

85. Merleau-Ponty, 위의 책, p. 98.

86. "구조적/유물론적 영화는 그 압도적인, 사상寫像주의적으로 유혹적인 의미에서, 내용을 최소화해야만 하며 '경험'의 이처럼 유독한 영역을 통과하여 영화로서의 영화와 함께 전진하려고 노력해야 한다. 고리들이나 고리처럼 보이는 장치들뿐만 아니라 일련의 기술적 가능성들 전체가 올바른 방식으로 작용하도록 주의 깊게 구성될 수 있으며 내적 내용을 지나 영화와 접촉하는 지점을 방향 전환시키는 데 복무할 수 있다. 따라서 내용은 계속해서 하나의 기능으로서 기여하는데, 그 기능에 입각해서 영화제작자가 영화적 사건을 낳기 위해 작업하게 된다." Peter Gidal, "Theory and Definition of Structural/Materialist Film." *Studio International* (1975년 11월-12월호), p. 189; *Structural Film Anthology*, p. 2에 재수록.

봉합에 관하여 3

한 편의 영화가 관객과 지속적으로 맺는 관계들 또는 영화의 구성이 관객과 맺는 관계를 지시하기 위해 앞에서도 봉합 활동이라는 개념을 사용한 바 있다. 봉합은 애초에 라캉의 세미나에 대한 후속 편집자인 자크-알랭 밀러의 논문에서 정신분석학의 영역 안에 있는 개념으로 소개되었으며, 『카이에 뒤 시네마』의 비평가인 장-피에르 우다르가 그것을 영화이론으로 번역, 도입했다. 그러나 불어권 및 영미권의 글 모두에서 영화이론의 한 개념인 봉합은 모호함과 오해 투성이인 채로 통용되어 왔다. 이 글에서 나는 봉합을 이해하기 위한 컨텍스트를 제공하려 한다. 이를 통해 그 용어가 본래의 정신분석학에서 어떻게 정교화되었고, 뒤에 가서는 시네마 담론의 특수한 기능을 상술하는 용어로 사용되었는가를 보여주고자 한다. 전자를 다루게 될 첫 섹션은 그러므로 라캉 이론의 특정 측면들 및 이 속에서의 난점을 다소간 '기술적 technical'으로 드러낼 것이다. 하지만 그러한 측면들은 봉합이 어느 지점에서 시네마에 관한 사유 속으로 들어왔는지를, 그리고 봉합이 일으킬 수 있는 문제들을 파악하기 위해 중요한 것들이다.

I

밀러의 논문 「봉합La suture」은 1966년 『카이에 푸르 라날리즈 *Cahiers pour l'analyse*』의 창간호에 발표되었으며 파리 고등사범학교École Normale Supérieure에서 열렸던 라캉의 세미나보다 몇 년 앞서 발표된 논문에 기초해 있다.[1] 그 논문의 관심사는 봉합이 '기표의 논리'의 발전에서 필수적인 개념 — 밀러는 이 개념이 라캉의 작업에서 비록 그렇게 이름지어진 적은 없지만 매 순간 현존한다고 본다(이 점은 뒤에서 좀더 자세히 살펴볼 것이다) — 이라고 주장하는 것이다. 그 논문은 따라서 라캉 이론에 대한 기여로, 또한 사실상 라캉이 1964년 그의 세미나에서 제공한 주체의 인과관계에 대한 설명(주체와 기표의 관계에 관한 마지막 섹션 전체에 걸쳐 밀러가 직접 참조하는)에 대한 주석으로 읽혀야 할 것인데, 라캉의 이 세미나는 오늘날 대개 두 가지 버전으로 볼 수 있다. 하나는 세미나 자체의 기록이고 또 하나는 같은 해에 쓰여진 「무의식의 위치Position de l'inconscient」라는 소논문(*SXI*, 185-208/203-29; *É*, 829-50)[2]이다. 그러므로 밀러가 봉합 개념을 도입한 맥락을 이해하기 위해서는 반드시 라캉이 출발시킨 정신분석학적 주체 이론으로 되돌아가야 한다.

라캉의 주체 이론을 추진하는 힘은 물론 무의식의 경험이다. 그렇다면 정신분석학은 무의식의 위치(방금 언급한 라캉의 소논문 제목을 차용하자면)를 어떻게 이해하는가? "무의식은 주체를 구성하기 위해 작용하는 것의 흔적 위에 세워지는 개념이다. 무의식은 의식의 속성(혹은 미덕)을 소유하고 있지 않은 것 일체를 심리적 현실 속에서 정의하는 경우가 아니다"(*É*, 830). 무의식은 결코 '최초의,' '시작단계의' 것이 아니다. 그것은 주체를 구성하지 않으며 단순히 의식으로부터 분열되어divided 있는 어떤 것도 아니다. 반대로 그것은 주체를 구성하기 위해 작용하는 것의 흔적 위에 세워진 개념이다. 여기서 작용이란 상징적인 것의 질서의 작용, 즉 '주체의 원인'으로서의 언어의 작용이며(*É*, 830), 상징적인 것의 장소, 그 작용의 현장은 대타자의 장소이다. 그렇기 때문에 두 개의 '영역'이 존재한다. 주체와 대타자가 그것이다. 무의식은 "그 [주체와 대타자] 사이에서의 능동적인 단절break"(*É*, 839)이다. 심리 기제psychical apparatus에 관한 기술記述은 하나의 논제topic(프로이트는 종종 이 논제를 고정된 공간화의 난점들로, 엄격한 공간적 이미저리의 난점들로 이끄는데, 예를 들면 무의식을 전의식의 방 앞에 있는 어두운 방으로, 의식적 인식awareness을 전의식 너머에 있는 것으로 시각화하는 것이 그러하다)보다는 정확히 하나의 논리를, 즉 주체 구성의 끝없는 운동을 추적할 수 있는 기표의 논리를, 혹은 이후 라캉이 발전시켰듯이 주체의 절합의 움직이는 표면을 포착할 수 있는 위상학topology을 요구한다.

능동적인 단절로서 무의식은 결국 하나의 위치라기보다는 경계*edge*이며 주체와 대타자 사이의 분열의 접점이고 끊임없이 닫히는 하나의 과정이다. 이와 관련하여 다음과 같은 라캉의 구절

이 있는데, 그것은 명확히 위상학을 지적하면서도, 밀러에게 중요한 강조점들과 조건들을 포괄하고 있다. "문제의 장소(그 장소로부터 그것 — ça, Es[즉 무의식] — 이 말한다)는 동굴의 입구인데, 플라톤은 우리가 알고 있듯이 우리를 그 동굴의 출구 쪽으로 인도하는 반면, 우리는 정신분석학자가 거기로 들어가는 것을 본다고 상상한다. 그러나 사태는 그리 쉽지만은 않다. 왜냐하면 우리는 문이 닫히는 시간에만 그 입구에 도착하며(따라서 이 장소는 여행자들에게는 결코 좋지 않을 것이다) 그 문을 약간이나마 열리게 할 유일한 방법은 안쪽에서 부르는 것이기 때문이다. 이 모두가 해결할 수 없는 것은 아니다. 만일 무의식의 '열려라, 참깨!'가 언술speech의 효과를 갖고 있다면, 즉 무의식이 언어의 구조를 갖고 있다면 말이다. 그러나 그것은 분석가에게 그 폐쇄의 양태로 되돌아올 것을 요구한다. 벌어짐, 깜박임, 번갈아 빨아들임… 그것이 바로 우리가 설명해야 하는 것이며 그것을 위상학 속에 정초함으로써 우리가 설명할 수 있게 된 것이다. 폐쇄의 구조는 기하학에 각인되어 있으며 그 기하학 속에서 공간은 하나의 조합combining으로 환원된다. 엄밀히 말해서 바로 그것이 경계라고 불리는 것이다"(*É*, 838).

무의식의 '열려라, 참깨!'는 무의식이 언어의 구조이며 언술 혹은 담론의 효과라는 사실을 말해 준다. 이러한 인식으로부터, 주체를 구성하기 위해 작용하는 것의 흔적 위에 세워진 개념으로서의 무의식이라는 발상을 라캉이 다듬어내는 데 있어서 반복되는 두 가지 강조가 나온다. 무의식은 대타자의 담론이라는 것과, 무의식은 하나의 언어로서 구조화되어 있다는 것이 그것이다. 대타자는 "주체의 의미작용적 원인의 장소locus"(*É*, 841)로서의 상징적인 것의 영역이며, 기표들의 배분-순환 — 그 안에서 주체가 생산된다 — 이 이루어지는 영역이다. 즉 "그것의[주체의] 존재에 관한 질문이 [주체에게] 제기될 수 있는 장소"(*É*, 549/194)이다. 따라서 결정적으로 라캉에게 대타자는 기표의 '우선성'과 '물질성'으로 이루어진 언어에 관한 급진적인 테제이다. "언어가 존재being를 강제한다"(*SXX*, 44)는 것이다. 내가 그것에 관해 말하도록 존재가 존재할 필요성이 있다기보다는, 나는 무엇보다도 존재의 문제가 제기되도록, 예를 들면 내가 말하고 있는 것에 부응하거나 그것을 만족시키는 그 어떤 것이 존재하느냐 하지 않느냐라는 문제가 제기되도록 하기 위해 말해야만 한다(그렇기 때문에 밀러는 진리를 주체와 의미작용 연쇄의 관계들로부터 뒷받침되는 것으로 간주한다). 나는 무엇보다도 말해야 하며 말해져야 하며 말해지는 것*bespoken*이어야 한다. 나는 내(봉합의 바로 그 지표로서의 나*I*)가 유지하는 담론의 질서인 대타자로부터, 그리고 대타자를 위해 생산되어야 한다. 상징적인 것 안팎에 주어져 있는 전환점인 주체는 분열의 범주, 결핍의 범주이다(존재의 결핍은 언어 속에서의 주체의 장소이자 경험이고 — "언어 속에서의 주체의 드라마는 이 존재를-향한-결핍manque-à-être이다"[*É*, 655] — 또한 주체의 욕망의 구조, 주체의 필요want의 구조이다 — "인간의 욕망은 대타자의 욕망이다"[*É*, 268]). 주체와 대타자 사이에서 무의식은 무너지는 경계이고, 주체의 부단한 점멸이며, (밀러의 용어를 취하자면) **가려짐 속에서의 깜박임**/*flickering in eclipses*이기 때문이다. 무의식은 어디에도 현존하지 않으며 오직 상징적인 것과 개인의 관계들 속에(개인은 그 관계들 속에서 주체로서의 효과를 갖게 된다), 그 관계들이 욕망을 구조화하는 것 속에만 있다 —

무의식은 바로 대타자의 담론인 것이다.

주체는 따라서 "기표의 연쇄 속에서 미끄러지는 것"(*SXX*, 48)에 다름 아니며 주체의 원인은 언어의 효과이다. "이러한 효과에 의해 그것[주체]은 그 자신의 원인이 아니며 자기 속에 자신의 분열splitting의 원인을 갖고 있다"(*É*, 835). 무의식은 언어 속에서의 주체의 구성-분열이다. 라캉은 이 사실을 강조하면서 무의식 개념을 언어 속에서의 주체라는 개념으로 대체할 것을 제안하는 데까지 나아갔다. "우리가 말하는 존재라고 이야기하는 것은 악순환이다. 우리는 '말들speakings'이고 무의식이라는 말 대신에 이 [말들이라는] 단어를 사용하는 것은 이점이 많다."[3] 기표들의 진정한 보물인 무의식은 언어처럼 구조화되어 있다. 따라서 정신분석학은 의미작용 연쇄 속에서의 주체의 운동에 예리하게 주의를 기울이는 것으로서 발전한 '대화-치료'이다.

여기서 우리는 대화-치료로서의 정신분석학이라는 발상이 결코 무의식의 '언어학적 버전'을 의미하지는 않는다는 주장이나, 라캉이 이런 점에서 프로이트의 설명의 실체 — 프로이트는 예컨대 무의식은 오직 '사물-현시'만을 알 뿐이며 '언어-현시'는 전의식-의식의 범위에 속한다고 주장한다[4] — 와는 거리가 멀다는 주장을 반박할 수 있다. 하지만 그러한 반박을 위해서는 언어에 관한 고정된 이차적 개념(언어학 자체의 개념)에서 출발해야 한다. 라캉이 무의식은 언어처럼 구조화되어 있다고 말하는 것은 단순히 무의식이 '언어적'이라고 말하는 것이 아니다. 그것은 무의식 작용의 수사학, 일차 과정들과 그 과정들의 의미의 효과는 언어학이 규정하는 연구-의-대상인-언어에 연루되어 있는 것보다도 훨씬 더 복잡하고 광범위한 언어적 활동이라는 발상을

필요로 한다는 것을 의미한다(주체의 구성이라는 문제를 다루는
언어학이 어디에 있겠는가?).[5] 프로이트의 저술은 그 시대의 언어
적 사유를 근본적으로 초과해 있지만 그럼에도 불구하고 그러한
사유의 조건들에 묶여 있으며, 따라서 종종 언어의 제한된 객관
화[대상화]를 반복하는 공식화된 설명formulation이 되고 만다.
더욱이 라캉 자신의 강조는 오늘날에도 여전히 언어학의 전치로
간주된다. 라캉이 소쉬르와 야콥슨을 중요하게 활용하고는 있지
만 그는 주체에 관한 그러한 질문의 정신분석학적 삽입을 통해
[이들의 이론을] 개작하고recast 비판적으로 변환shift시켰기 때
문이다. 가장 최근에 라캉은 특별히 변환과 개작을 지적하기 위
해 라랑그lalangue라는 용어를 채택했다. 이는 언어학에서 언어
속의 주체에 대한 이해는 접어둔 채 사용하고 있는 랑그/파롤
langue/parole 구분(그리고 그 변형들)을 뛰어넘고 그 구분에 반
대하기 위한 것이다. 랑그가 기술記述되어야 할 형식체계이고 파
롤이 그 형식체계를 의사소통하는 행위자들agents이 사용하는
방식이라면, 라랑그는 '일관성 없는 다중성,' 체계도 활용도 아닌
생산, 즉 정신분석학이 열어놓은 주체와 진리의 문제틀의 영역이
다. "무의식은 하나의 지식, 즉 라랑그를 사용하는 방법에 대한
노하우이다. 라랑그를 사용하는 방법으로 알려진 것은 언어라는
표제 아래서 설명될 수 있는 것을 훨씬 초과한다. 라랑그가 효과
들로서 — 이 효과들이 바로 정동들이다 — 포함하는 모든 것에
의해 라랑그는 우리에게 [정동적인] 영향을 미친다. 만일 무의식
이 언어처럼 구조화되어 있다고 말할 수 있다면, 그것은 이미 그
곳에 지식으로 존재하고 있는 라랑그의 효과들이 말하는 존재가
진술할 수 있는 모든 것을 쉽게 넘어선다는 점에서 그러하다"

(*SXX*, 127).

"모든 것은 기표의 구조로부터 일어난다"(*SXI*, 188/206). 앞서의 언급들에 기초해서, 이제 두 가지 근본적인 작용 속에서 이루어지는 주체의 인과관계를 설명하면서, 라캉이 사용했던 용어들을 살펴보자(이때 두 가지 근본적인 작용은, 라캉을 인용하고 있는 밀러의 말을 빌자면 상호관계가 아닌 순환관계를 이루고 있다)(*SXI*, 188/207과 *É*, 840 참조).

　이 중 첫 번째 작용은 라캉이 소외라고 말한 것, 즉 주체가 기표들의 유희 속에서 등장하기 때문에 생기는 주체와 주체 자신 간의 근원적 분열이다. "아직은 파악되지 않은 대타자의 장소에서 나타나는 기표는 거기에서 주체가 아직은 언술이 없는 존재로부터, 그러나 그 언술을 고정시키고서야 나타나게 만든다. 거기에 있었던 — 불어의 반과거가 있었다il y avait에 부여하는 두 가지 의미에서, 즉 그것을 이전의 순간 속에 놓는 것(그것은 거기에 있었으며 더 이상 거기에 있지는 않다)뿐만 아니라 이후의 순간 속에 놓는 것(약간 더, 그리고 그것은 거기에 있을 수 있었던 때로부터 거기에 있었다)까지 — 것은, 거기에 있었던 것이 이제는 오직 하나의 기표에 불과하다는 것을 말할 준비가 되어 있다"(*É*, 840-1). 이러한 소외는 대타자의 사실이 아니라(거기에는 '적의'라든지, '진정성 없음' 같은 개념은 없다) 주체의 사실이다. 요컨대 주체는 분열, 상징적인 것 내에서의 분열에 의해 주체가 되고, 기표에 의해 잘려나가고 재현되고 배제되며, 보다-못한-자less-than-one로서 구성됨으로써 어떤 자some one가 된다 — "주체는 마이너스 1로서 처음 구성된다."[6] 기표들의 체계는 정의상 완전한 것

이기 때문에, 주체는 존재-속의-결핍이라는 이러한 구조로서만
그 체계에 들어갈 수 있다. "존재-속의-결핍이란 거기서[기표들
의 체계 속에서] 산정될 수 없으면서도 체계의 범위 내에서 추적
할 수 있는 하나의 속성으로서, 일련의 기표들 속에서 (-1)이 지
닌 고유성에 의해 상징화될 수 있다"(*É*, 819/316). 따라서 거세가
상징적 힘을 지닐 수 있게 되는 것은, 말하자면 거세가 결핍을 드
러내기 때문이다. 즉 주체의 분열을 압축적으로 은유하기 때문이
다. "남근phallus은 '존재 속의 결핍'의 기표로서 기능하며, 그
결핍은 존재와 기표의 관계가 주체 속에서 결정하는 것이다"(*É*,
710). "남근…은 주체가 기표의 단편화로 인해 고통을 겪는 바로
그 상실의 기표이다"(*É*, 715).

　라캉은 주체의 소외에 관한 이러한 정의를 작은 도해와 함께
제공한다. 예컨대 접속사 '혹은or'을 생각해 보라. 배타적인 '혹
은'(나는 글라스고우나 에딘버러에 갈 것이다. 선택은 절대적이며
한 곳에 가는 것은 다른 곳에 가지 않는 것이다)과 대등한 '혹은'
(나는 그 일을 한 가지 또는 또 다른 한 가지의 방식으로 할 것이다.
어떤 식으로 하는가는 중요하지 않으며 모든 방법이 그것을 '어떤
식으로든' 한다는 관심사에 있어서는 동등하다)을 구별하는 것이
가능하며, 덜 일반적으로 인지되는 것으로서 라캉이 라틴어 vel
[양자택일]과 연관시키는 '혹은'이 있다. '돈이 아니면 목숨을!'
― 돈을 선택하면 당신은 생명과 돈을 잃을 것이며 생명을 선택
하면 당신은 돈을 잃고, 그럼으로써 당신의 삶은 영락할 것이므
로 어떤 식으로든 당신은 여전히 죽음이라는 제비를 뽑은 셈이
될 것이다. 라캉은 이를 '소외시키는 양자택일'이라고 특징짓고
는 그것을 언어 속의 주체의 작용에 관한 그의 설명으로 가져온

다. "이러한 양자택일로 인해 주체는 분열 속에서만 나타날 수밖에 없도록 운명지어져 있다. 한편에서 주체가 기표에 의해 생산된 의미로서 나타난다면, 다른 한편에서 주체는 아파니시스 aphanisis로서 나타난다(*SXI*, 191/210. 아파니시스는 부단한 가려짐 eclipsing, 주체의 **사라짐***fading*을 지시하기 위해 어니스트 존스에게서 빌어온 말이다). 이 지점에서 라캉은 자신의 이론을 더욱 명징하게 설명하기 위해 분류class들의 통일과 교차를 보여주는 다음과 같은 벤다이어그램을 제시한다.

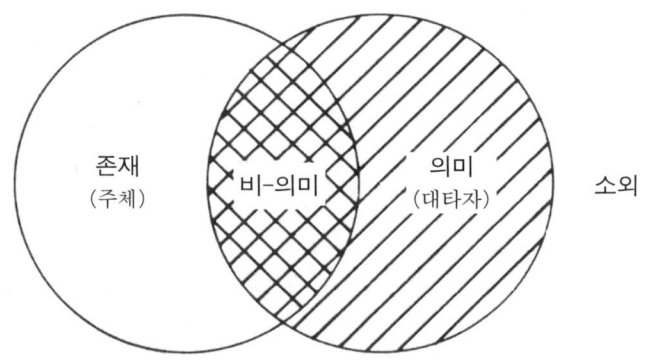

"우리의 관심사인 주체의 존재, 벤다이어그램에서 의미 아래 있는 주체를 통해 '양자택일'을 도해해 보자. 만일 우리가 존재를 택한다면 주체는 사라지고 우리에게서 달아나며 비-의미에 빠진다. 만일 우리가 의미를 선택한다면 의미는 비-의미라는 부분을 제한 나머지 부분일 뿐이다. 그런데 엄밀히 말하자면 주체의 실현에 있어 무의식을 구성하는 것은 바로 이 비-의미이다. 다시 말해 의미가 그러한 성격을 갖고 있기 때문에, 의미는 대타자의 장

속에, 기표의 바로 그 기능으로 인해 유발된 존재의 사라짐으로 인해 가려지고 남은 넓은 빗금 친 부분에 등장하게 된다"(*SXI*, 192/211). 다시 한번 더 말하자면 주체를 구성하기 위해 작용하는 것의 흔적 위에 세워진 무의식은 주체와 대타자 사이에서의 분열의 행위이다. "따라서 만일 내가 무의식에 관해, (그것이) 열리고 닫히는 것이라고 말한다면 이는 무의식의 본질이, 주체가 기표와 더불어, 분열된 채 탄생하는 시간을 표시하는 것이기 때문이다. 주체는 조금 전까지만 해도 주체로서는 무無였던, 그러나 나타나자마자 기표로서 설정됨으로써 발생하는 것이다"(*SXI*, 181/199).

주체의 인과관계에서 두 번째로 근본적인 작용은 분리[이탈]*separation* 작용인데, 이는 '분리'만을 의미할 뿐만 아니라, 이 용어의 어원과 다의성으로 인해 '탓하기,' '얼버무려 회피하기,' '생성하기'로까지 그 의미가 확장되기도 한다. 어떻게 주체는 기표 속에서 **스스로를 야기***procure*하는가? 분리란 밀러가 '생성의 시간'이라고 부르는 것 속에서 이루어지는 변환shift의 순간이다.

기표 — 그 아래서 주체는 미끄러진다 — 의 효과인 주체는 의미작용 연쇄의 간격들intervals로 되돌아가 그 간격들을 '공격하며,' 대타자의 욕망을 받아들인다. 주체는 자신이 말하는 것 속에서 무엇을 원하는가? "주체가 대타자의 담론을, 즉 주체가 상대해야 하는 최초의 대타자 — 여기서는 설명을 위해 어머니라고 하자 — 의 담론을 경험하는 가운데 파악할 수 있도록 제공되는 욕망은 그것[욕망]의 소외시키는 절합의 기표들 사이의 간격들 속에 놓여 있다. 주체의 욕망이 주체가 말하는 것의, 주체가 넌지시 암시하는 것의, 주체가 의미라고 꺼내놓는 것의 이러한 측면을 넘어서거나 이러한 측면에 머무르는 한, 주체의 욕망이 미지의 것인 한, 주체의 욕망을 구성하는 이러한 결핍 혹은 결여 속에 있는 한 말이다. 주체는 따라서 출발점으로 되돌아오는데 — 이 과정에는 속임수가 없지 않으며, 저 기본적인 비틀림torsion을 제시하지 않는 것도 아니다(주체가 발견하는 것이 그 발견의 운동을 고무한 것이 아닌 것은 그러한 기본적 비틀림 덕분이다) —, 그 출발점이란 주체의 결핍, 주체의 아파니시스의 결핍의 출발점이다"(*SXI*, 199/218-19). 주체의 분리는 따라서 욕망의 이러한 환유 속에서의 주체의 이행passage이며 기표들을 끊임없이 재가동하는 대타자로부터의, 그리고 그 대타자를 위한 주체의 자기-위임인데, 그 기표들 속에서 주체는 일차적으로는 분열되어 있으며 이차적으로는 그 기표들에 종속되어 있다. 이제 주체는 대타자와의 관계 속에서, 주체가 대타자의 담론 속에서 욕구하는want 것과의 관계 속에서 발생하고 분리하고 응답하고 얼버무리고 이미지들을 덮어쓰며 재현("하나의 기표는 또 다른 기표를 위해 주체를 재현한다"[*É*, 840])과 판타지(분열의 진실, 아파니시스의 지연)라는 특정한 문제틀에 포착된다. "이러한 두 번째 종속은 단순히 첫 번째 분열의 효과를 완성하기 위해 주체의 위상학을 판타지의 순간 속에 투사함으로써 폐회로를 이루는 것이 아니다. 두 번째 종속은 첫 번째 분열을 봉인하며, 욕망의 주체가 자신이 언술의 효과임을, 자신이 대타자의 욕망에 다름 아님을 알고 있다는 사실을 거부한다"(*É*, 835-6). 주체의 분리, 주체의 이행 속에서는 무의식의 침식이, 경계의 영구적인 활동이 이루어진다. 하나의 결핍은 또 다른 결핍을 감추며(기표 속에서의 주체의 근원적 분열은 주체가 기표 속에서 대답하는 [상대인] 분열 — 간극들, 욕망 — 에 의해 되풀이된다), 그 또 다른 결핍이란 사실 주체를 완전히 희생시키

고 얻어지는 것이며 그렇기 때문에 상징적인 것과 상상적인 것의
끊임없이 전치하는 연쇄 속에서, 바로 저 드라마 속에서 유지된
다. "언어 속의 주체의 드라마는 주체가 갖는 존재-속의-결핍을
경험하는 것이다…. 하나의 이미지가 욕망의 대가 — 상상적인
것의 기능인 투사 — 를 모두 부담하는 위치에 나타나게 되는 것
은 주체가 이러한 결핍의 순간을 얼버무리기 때문이다. 그에 대
항하는 것으로서, 존재의 핵심에는 하나의 지표가 있어 존재의
파열을 가리킨다. 상징적인 것과의 관계인 내투사introjection가
그것이다"(*É*, 655).

밀러가 봉합 개념을 도입할 것을 제안한 것은 바로 이 주체의 인
과성을 설명하는 데 기여하려는 것이었다. 프레게와 수數 이론을
참조하는(어떤 참조가 라캉에게서 발견되는가를 알려면 예컨대
SXI, 205/226을 볼 것), 즉 0이라는 결핍zero lack과 0이라는 숫자
의 이중운동을 참조하는 밀러의 주장은 주체와 기표의 관계, 즉
의미작용 연쇄 내에서 주체의 은유/환유를 기술하기 위한 것이
다. "만일 일련의 수들, 즉 0의 환유가 그 은유와 더불어 시작한
다면, 만일 일련의 수의 0이라는 구성인자가 재현과 배제의 교대
운동에 따른 연쇄 하에 계속되는 (절대 0의) 부재를 봉합하는 대
역에 불과하다면, 0이 숫자들의 연속과 맺는 복원된 관계 속에서,
과연 무엇이 우리로 하여금 주체가 의미작용 연쇄와 맺는 관계의
가장 기초적인 절합을 볼 수 없게끔 하겠는가?"
　　그 논문의 특정한 관심사는 따라서 상징적인 것 및 상징적인
것의 작용이며 그렇기 때문에 이 글은 직설적으로 말해 수학적
논리에 의지하고 있으며, 봉합 기능을 일반적으로 확장시킬 것을

주장한다. "봉합은 주체가 담론의 연쇄와 맺는 관계를 지칭한다. 따라서 우리는 결핍하는 요소로서, 대역의 형태로 봉합이 거기에서 나타나는 것을 볼 것이다. 봉합이 거기에서 결핍되어 있다 해도 단순히 순수하게 부재하는 것은 아니다. 봉합을 연장하면 그것은 봉합 자체가 하나의 요소가 되는 구조에 대하여 결핍이 맺는 관계 일반이 된다. 봉합이 장소를-차지한다는 것taking-the-place-of에 관한 입장을 함축하는 한 말이다." 그 안에서 봉합이 하나의 개념으로서 존재할 수 있는 기표의 논리는 하나의 '일반 논리,' 즉 모든 영역의 지식의 형식적 특성이다. 봉합의 예를 들기 위해 밀러는 마치 봉합의 직접적인 지표를 가리키기라도 하듯 갑자기 발화utterance의 '나'를 가리킨다. 발화는 주체의 장소를 진술하며 동시에 발화 자체의 장소, 즉 진술을 만들어내는 그 장소라는 사실 자체에 의해 그 장소로부터 분열한다. 언표의 주체와 언표행위의 주체는 결코 온전히 함께 오지 않으며 언제나 상징적인 것의 거리들 속에 있다. 주체는 언어 속에서 자기 자신을 재현하는 자가 아닌 것이다. 하지만 그러한 사례에 비추어, 논리에 대한, 즉 논리라는 관념에 대한 호소는 폐쇄된 형식체계라는 개념을 다 와해시켜버리는 질문 하나를 동시에 출현시킨다는 것을 볼 수 있다(따라서 그러한 확장과 일반성은 그 자체가 모든 영역에 그 질문을 끼워넣는 조건들이다). 거의 언급되지 않는 논문「논리적 시간Le temps logique」(*É*, 197-213)에서 라캉 자신이 논리 속에 언표작용의 시간을 열어놓고 '나'에 관한 성찰을 끼워넣는 방식에서 그러한 면모를 상당히 보여주고 있다. 진리의 차원 ― 밀러가 봉합 개념을 적용하는 차원 ― 은 진리에 관한 고전적인 해명에서 나타나는 논리의 차원이 아니라 바로 **기표의 논리**의 차원,

즉 정신분석학의 차원 속에 있다. 라캉이 "진리와 지식 사이에서의 주체의 분열"(*É*, 864)을 이야기할 때 진리는 주체의 드라마에 주목하는 정신분석학의 진리이며 그러한 주목이 가능하게 하는 지식의 진리로서, 이때의 지식은 주체가 '나'로서 갖게 되는 침착함self-possession에 관한 지식과는 근본적으로 다른 것이다("우리는 나로서의 주체에게 그것[진리]에 관해 질문할 수 없다"[*É*, 819/317]). 따라서 밀러의 논문에 반응하여, 정신분석학자 르클레르가 정신분석가는 정의상 "봉합하지 않는"[7] 사람으로 인식되어야 한다고 열심히 주장했다는 점은 놀라운 일이 아니다.

그것이 놀라운 일이 못되는 이유는 주체가 그 담론의 연쇄와 맺는 관계를 특화하는 봉합 개념이 단순히 상징적인 것을 위한 개념일 수는 없기 때문이다(논리의 개념이 아니기 때문이다). 봉합은 결핍의 구조뿐만 아니라 주체의 유효성availability, 즉 어떤 종결을 지칭한다. 라캉에게는 두 번째의 근본적인 작용[상징계에의 종속; 종결]이 주체를 야기하는 것이기 때문이다. '나'는 결핍과 유효성을 잘 지적하고 있다. 그러므로 라캉 자신이 '봉합'이라는 용어를 사용하면서(밀러가 봉합에 관한 논문을 발표하기 이전에, 밀러가 참석한 한 토론 모임에서) 봉합에 '의사-동일시'의 의미를 부여한다는 사실, 봉합을 "상상적인 것과 상징적인 것의 접합"(*SXI*, 107/117)으로 정의한다는 사실 역시 놀라운 일이 아니다. 또는 라캉주의 이론가들이 봉합 개념을 사용하면서 든 사례들이 이와 동일한 점을 강조해야 했다는 사실도 놀라운 일이 아니다. 장-클로드 밀너는 예컨대 언어학에 의한 언어의 객관화에 관해, 즉 '말하는 주체'의 언어로서의 언어에 관한 언어학적 지식의 한계에 관해 쓰면서 다음과 같이 언급하고 있다. "말하는 주

체, 즉 차원, 욕망 혹은 무의식이 없는 초점은 언표행위의 주체의
치수에 꼭 맞게 재단되어 있으며 그것[언표행위의 주체]을 가리
기 위해, 더욱 정확하게는 그것을 봉합하기 위해 만들어진다."[8]
관건은 명확하다. '나I' 는 분열이면서 또한 접합이며, 대역은 구
조 속의 결핍이지만 그럼에도 불구하고 동시에 통합성의 가능성,
채워넣기의 가능성이기도 하다는 것이다. 봉합 기능의 마지막에
는 에고가, 내*me*가 있다. '나예요!' 란 에고의 언어학적 시나리오
의 축소판으로서, 나야말로 말할 수 있는 유일한 자이며 내가 한
사람*one*인 한은 말할 수 있다는 것이다. 에고를 주체와 혼동해서
는 안된다. 에고는 상상적 투사와 동일시의 고정된 지점으로서,
그 지점에서 주체는 언제나 상징적인 것 쪽에 있으며, 상징적인
것은 주체의 구성 자체의 질서가 된다. 그러나 그렇기 때문에 주
체 없이는 에고도 존재하지 않는다. 주체는 에고를 필요하게 하
고 에고를 유지시키는 영역이기 때문이다. 상징적인 것의 기능인
봉합은 상상적인 것을 향해 있다. 봉합은 접합 — 대역, 장소를 차
지함, 어떤 것, 거기에 있는 누군가 — 의 순간인 것이다.

II

위에서 언급한 1969년 『카이에 뒤 시네마』 논문에서 우다르는 바
로 이러한 정신분석학적 맥락에서 봉합 개념을 승격시켜 영화이
론의 영역에 도입한다.[9] 그 논문(그리고 그의 최초의 공식화된 설
명을 발전시켜 우다르가 연달아 발표한 수많은 글들[10])이 나온 결과
봉합 개념은 이 글의 서두에서부터 언급했듯이 널리 통용될 수
있었다. 물론 특히 프랑스에서는 『카이에 뒤 시네마』에 참여하거

나 가까운 관계인 필진들 사이에서 그러했고,[11] 영미권에서의 이론적 저술 가운데서는 우다르의 작업에 뒤이어 대니얼 데이언이 1974년에 영어로 된 영향력 있는 논문에서 이 개념을 해설했다. 다음의 글에서 나는 결코 우다르를 되풀이하거나 다양한 이후의 입장들(데이언의 해설, 우다르와 데이언에 반대하여 윌리엄 로스먼이 제기했던 중요한 논의들 등등)에 관해 세세하게 늘어놓지는 않으려 한다. 다만 그들은 영화와 관련하여 봉합 개념에서 관건이 되는 것을 보여주기 위해서, 이런저런 논점들을 좀더 명확하게 만들며 한두 가지 질문을 제기하고 때로 그 질문들을 약간 발전시키고 있을 뿐이다.[12]

자신의 논문에서 우다르는 시네마적인 것을 구성하는 운동에 관해, 또 한 편의 영화를 독해하는 과정에서 시네마적인 것의 주체를 구성하는 운동에 관해 기술한다. 봉합은 이제 시네마에서의 기표의 논리("시네마적인 것의 논리")를 특정화하는 용어가 된다. "봉합은 시네마적인 것의 종결을 재현하는데, 시네마적인 것은 주체(영화적 주체, 아니, 시네마적 주체)가 시네마적인 것과 맺는 관계와 일치하는 방식으로, 즉 시네마적인 것의 장소인 관객 속에서 인식되고 설정되는 관계와 일치하는 방식으로 언표된다."

우다르가 기술했듯이 한 편의 영화를 독해하는 과정은 단계적으로 진행되는데, 그중 첫 단계는 이미지에 대한 *in* 순전한 환희 jubilation의 순간이다(이때 관객은 "유동적이고 탄력적이며 팽창한다"—〈장군 *The General*〉의 한 쇼트에 관한 경험을 그가 어떻게 설명하는가를 보라). 그 순간은 말하자면 이미지가 시네마로 절합되기 이전의 순간, 우리가 스크린과 프레임 같은 것에 신경을 쓰기 이전의 순간이다. 그 다음에 프레임을 알게 되면 이 최초의 관계는 깨지고 이미지는 이제 그 한계들[프레임의 경계] 속에서 보여진다. 조금 전까지도 순수하게 관객의 즐거움이었던 공간은 재현의 문제가 되고 대신-거기에-있음의 문제가 된다. 즉 공간은 이미지의 바깥(제4의 벽)인 부재하는 장場을 대신해서, 그 재현의 문제에 응답하면서 관객의 상상력이 만들어내는 환영적phantom 인물인 '부재자the Absent One'를 대신해서 거기에 있음의 문제가 된다. 결정적으로, 이미지를 보고 거기에 부재하는 것이 있음을 이처럼 즉시 깨닫는다는 것은 곧 이미지를 불연속적인 것으로 규정하고 이미지가 **기표로서** 생산되는 것임을 인정하는 것이다. 즉 이는 시네마로부터 시네마적인 것으로의 이동, 담론으로서의 시네마로의 이동이다. "이러한 부재가 드러나는 순간은 이미지의 운명에서 결정적인 순간이다. 그 부재는 이미지를 기표의 질서 속으로, 시네마를 담론의 질서 속으로 이끌어들이기 때문이다." 그런 다음에 작용하는 것은 고전적으로는 그 부재의 삭제(혹은 채워넣음), 즉 담론의 봉합하기 — 절합의 연속성 속에서와 같은 담론의 운동 — 인데, 이러한 봉합하기는 영화 속의 등장인물 하나가 관객이 제시하는 부재자의 장소를 취하게 되면서 그 영화 내에서 부재를 재전유함으로써 이루어진다. 봉합이란 "부재자의 폐지, 그리고 그 부재자가 특정인으로 소생하는 것"이다. "부재의 순수한 장場은 영화의 상상적 장, 그리고 그 영화의 상상적인 것의 장이 되는 것이다."

이 모든 설명에서 주로 강조하는 점은 이미지들의 의미작용 연쇄의 절합, 즉 의미작용하는 이미지들의 연쇄의 절합이 이미지로부터 이미지로 작용하는 것이 아니라, 이미지로부터 주체가 구성하는 부재를 통해 이미지로 작용한다는 사실이다. 담론으로서의 시네마는 주체를 생산하며 주체는 그러한 생산의 지점인데, 이때 주체는 이미지들의 흐름 속에서 끊임없이 사라지는 동시에 그 이미지들의 흐름을 따라 움직이면서 그 흐름을 보장한다. 그리고 이미지들의 흐름을 보장함에 있어 가장 결정적인 것이 말하자면 봉합인 것이다. "〈잔다르크의 재판 *The Trial of Joan of Arc*〉은 봉합 작용이 누구에 의해, 누구를 위해 일어나는가를 드러내는데, 바로 그 누구란 영화적 주체인 관객이다. 또한 그 영화는, 그-그녀가 영화적 장 속으로 사라져들어갈 때 비어 있기는 하지만 그럼에도 불구하고 만일 그-그녀가 시네마적 담론의 상상적 주체라는 자신들의 역할을 수행하기 위해서는 영화 전체에 걸쳐 그-그녀를 위해 예비되어야만 하는 장소로부터 봉합 작용이 작동한다는 사실을 드러낸다." 부재를 알아채게 되면 이미지를 보는 데서 얻는 즉각적인 환희는 깨진다. 관객은 그 부재를 부재자의 부재로서, 부재자가 부재하는 장으로서 제기한다. 그리고 영화 속의 한 등장인물이 부재자의 자리를 채움으로써 그 부재하는 장은 영화 속으로 재전유된다. 따라서 순수한 부재의 장은 그 영화의 상상적 장 — 부재하는 것으로서 그 영화로부터 주어지는 — 이자 그 영화의 상상적인 것의 장 — 그 영화의 허구와 관련해서 주어지는 — 이 된다. 이렇게 해서 이미지와의 최초의 관계에서의 파열이 봉합된다. 이러한 봉합은 시네마적 주체 혹은 영화적 주체[13]로 구성된 관객을 가로질러 이루어지는데, 관객은 기표로서의 이미지의 실현 및 쇼트들의 분절에 필수적인 존재이다. 이것이 우다르가 밀러를 참조하는 점이다. 주체는 의미작용 연쇄가 갖는 운동하는 기능이며(여기서 하나의 기표는 또 다른 기표를 위해 주체를 재현한다) 주체의 구조는 "가려짐 속에서의 깜박임" (우다르가 인용하고 활용한 표현)이다. 여기서 주체는 끊임없이 영화의 안과 밖에, 그러니까 끊임없는 교환 — "브레송이 말하는, 그 덕분에 기의가 정말로 나타나는 그 '교환'" — 의 위치에 있다. 주체는 영화가 자신을 위해 만들어놓은 의미들을 만들어내며, 영화는 담론으로 선회한다. "시네마적 독해과정으로 들어가는 열쇠를 제공하는 것은 주체이다. 주체는 그 열쇠를 내내 가지고 있으면서도 거기에서 작동하고 있으며 또 거기서 재현되는 기능이 바로 주체 자신임을 알지 못하지만 말이다." 더구나 이러한 교환의 위치, 이러한 선회는 더욱이 우다르가 강조한 빗나감 *obliquity*을 결정한다. 관객은 등장인물도 아니고 부재자도 아니기 때문이다. "관객은 영화의 비가시적 장 속에 위치하는 등장인물과 동일시하는 것이 아니라, 등장인물이 있는 장소 바깥의 위치를 점유하는데, 이때 관객은 등장인물이 거기에 있지 않을 때 거기에 오직 상상적으로만 존재하는 부재자 — 등장인물은 이 [부재자의 것이었던] 장소를 취하게 된다 — 의 위치에서부터 비틀거리며 나아가게 된다." 관객의 상상적인 것과 영화의 상상적인 것은 서로 별개로 움직인다. 관객은 영화의 허구의 운동[진행]을 위해 부재자를 배치한다. 관객은 영화의 허구가 진행되도록 하기 위해 부재자를 배치한다. 영화의 허구는 부재자의 자리를 채우면서 — 등장인물이 부재자를 대신해서 영화의 상상적 장과 관객의 상상의 장을 봉합한다 — 관객의 상상을 다시 한 번 자유롭게 풀어놓음으로써 [허구가] 계속 진행될 수 있게 하는 것이다.

따라서 우다르에게 봉합은 상징적인 것과 상상적인 것의 접합점과 관련된 개념으로서 사실상 상상적인 것의 지원을 강조한다. 봉합은 시네마적 담론(시네마를 담론으로서 자세히 설명함)을 종결시키고 영화 시간 전체에 걸쳐 부단히 그러한 과정에 있는 관객-주체를 종결시키는데, 봉합은 그런 다음 주체를 차이로서 부단히 반복하는 것에, 그리고 관객을 가로질러 부재자로부터 특정인으로 가는 경과 속에서 그 차이를 부단히 재전유하기 시작한다. 하지만 우다르의 설명에서 상당히 어려운 것은 그 개념에 주어진 지위이다. 우리는 어떻게 브레송이 그 논문에서 활용되는가를 고려함으로써 그 어려움을 드러낼 수 있다.

　밀러에게서 봉합 개념은 평가적인 것이 아니라 기술記述적인 것으로서 기표의 논리, 의미작용 연쇄 속에서의 주체의 관계를 특정화하기 위해 도입된다. 우다르에게서 봉합 개념은 시네마적인 것의 논리를 추적하면서 즉각 "이미지의 비극적이고 우유부단한 본성"과, "시네마적 언어의 특별히 비극적인 본성"과 연루된다. 다시 말해 담론으로서의 시네마는 상실과 관련되어 있다. 즉 이미지의 총체성의 상실, 관객이 영화의 주체로서 설정되어 이미지에 몰입함으로써 얻는 극도의 즐거움의 상실과 관련되어 있다. "시네마는 독해와 즐거움의 이율배반을 특징으로 한다." 하지만 만일 이것이 사실이라면 예컨대 영화의 상상적인 것의 장에 관해 적절히 설명하기 위해 시네마에서의 즐거움의 상이한 사례들에 관한 효과적인 이론을 발전시킬 필요가 있다. 여기저기서 그 문제를 지적하고 또 그중 어떤 문제에 대해서는 마지막으로 언급하고 있음에도 불구하고 우다르는 이러한 이론을 발전시키지는 않는데, 이 실패는 그 논문에서 사용되는 용어들이 [정곡을 찌르지 못하고] 슬쩍 빠져나가고 있음을 보여주는 징후이다. 따라서 우다르가 관객 최초의 이미지 소유(관객이 최초로 이미지에 완전히 사로잡힐 때)를 기술할 때 그가 사용하는 용어들은 거울-단계에서의 어린 아이의 경험을 기술할 때 사용되는 용어들이다. 이중적 — 이항대립적dyadic — 관계, 환희, 총체성, 즐거움의 일종의 확장성, 상상적 등의 용어가 그것이다. 동시에, 직설적이게도 이러한 용어들로 설명되는 사로잡힘의 순간은 '순수하게 신비적인mythical' 것이 특질이다. '직설적으로'라고 한 까닭은 시네마에서 상징적인 것이 이런 식으로 상상적인 것을 따르도록 만들어질 수는 없는 것이기 때문이다. 시네마는 거울-단계가 아니다. 이 단계는 모든 관객-주체가 이미 거친 것이며(반대로 유아는 영화를 보러 올 수는 있지만 관객으로서 오는 것은 아니다), 관객-주체는 언제나 이미 독해 중에 있는 것이다. 이런 의미에서 우다르가 강조하는 이미지의 순간은 상징적인 것 '이전'이 아니라 '이후'에 있으며 주체-에고의 지배mastery를 예견하는 것이라기보다는 주체-에고의 산포에 훨씬 더 가깝다(다시금 〈장군〉을 분석하는 부분을 보라). 오히려 초점은 단순히 [우다르와] 반대되는 입장으로 전환하는 것이 아니기 때문에, 문제가 되는 것은 상징적인 것과 상상적인 것의 복잡하고 다중적인 유희이고 그 유희 속에서 관객을 영화에서의 주체로서 생산하는 것이다. 담론을 봉합하는 것은 우다르가 이따금씩 진술하듯이 관객의 상상적인 것이 아니다. 오히려 봉합하는 기능은 관객을 상상적인 생산의 일부로서 포함하고 있다.

　이런 점에서 브레송의 작업을 계속 참조하는 것은 어느 정도 문제적인 것이 된다. 브레송은 봉합의 발견자로서, 시네마적 주체의 존재와 작용을, 관객을 가로지르는 이행(그렇기 때문에 '주관적 시네마'라는 단순한 개념들의 전치인)을 실현한 시네아스트로서 제시된다. 〈잔다르크의 재판〉은 "시네마의 담론과 맺는 주체의 관계에 대한 시네마의 필연적 재현에 영화의 구문론을 복종시킨 최초의 영화"로서 중요하다. '최초의 영화'라는 발상에 관한 통상적인 의심을 제쳐둔다면, 우다르와 마찬가지로, 브레송의 영화가 담론으로서의 시네마의 절합 과정 및 그 봉합을 효과적으로 가시화한다는 사실을 받아들일 수 있을 것이다. 반대로 왜 〈당나귀 발타자르Au hasard, Balthazar〉가 '순수하게 선형적'일 뿐만 아니라 '통합소들syntax의 분해'이기도 한, 봉합하지 않으며 그 부재들을 채워넣지도 않는 영화로서, "봉합이 불가능하기 때문에, 상상적 장이 언제나 부재의 장이기 때문에, 해소될 수 없는 재현"으로서 비판받아야 하는지를 이해하는 것은 다소 쉽지 않다. "이 영화에서 관객의 상상이 작동하지 못하도록, 관객이 담론을 봉합하지 못하도록 막는 것은 바로 카메라의 움직임이기 때문이다. 카메라 움직임은 매 순간 부재를 만들어내며, 〈잔다르크의 재판〉(제라르와 마리가 만나는 장면)을 상기시키는 몇 안되는 장면들에서만 그 부재가 채워진다." 문제는 우다르가 봉합에 부여한 지위를 어떻게 평가할 것이냐이다. 〈잔다르크의 재판〉은 봉합체계 내에서 시네마적 언어의 특별히 비극적인 본성을 나타내기 때문에 상찬을 받는다. 반면 〈발타자르〉는 그렇지 않기 때문에, 즉 시네마적 언어의 고유한 성질들을 실현하는 데 완전히 실패하기 때문에 ― "그 담론은 끊임없이 스스로를 의미하는 죽은 문자일 뿐이며 그 구문론은 매 순간 그 영화의 유일한 기의로서 부상한다" ― 비난을 받는다. 봉합체계는 이러한 맥락에서 시네마의 본질인 어떤 것으로, 시네마의 참된 '열정'으로 보인다(여기서 시야심도depth of field 같은 특징의 현전이나 부재가 우다르에게 즉각적인 판단기준을 제공할 수 있다는 식의 태도에 주목하라. 즉 모던 시네마에서 심도 없이 이미지들을 이용하는 것은 시네마의 근본적인 운동을 숨기는 것이며 〈발타자르〉는 모든 시야심도의 무효화와 폐지를 특징으로 한다는 등의 태도가 그것이다). 하지만 〈잔 다르크의 재판〉을 상찬하는 것은 부분적으로는, 이 영화가 [봉합의] 체계를 실연하고 그 체계를 노출시키면서, 한 편의 영화를 해독하는 과정을 드러내보이기 때문에, 그럼으로써 상징적인 것에 대한 특정한 경험을 제공해 주기 때문에 가능한 일이다. "커뮤니케이션 사건 자체를 재창조할 것을 주장했던 플래허티의 자기만족과도 같은 시네마의 자기만족을 상당히 탈색시킨 채, 브레송은 우리에게 시네마의 기호들만을 보여주고자 한다. 그러나 그는 독해의 실제 과정에서 드러난 상징적 차원을 복원시키는 — 시네마적 장은 자신의 직접성immediacy의 환영을 부여하려는 노력을 전혀 하지 않기 때문에 — 시네마적 장 안에서만 그렇게 한다." 공식화시킨 설명들의 취약한 망은 결국 시네마의 잠재능력에 대한 일종의 평가에, 거의 영화의 시학에 의존하는 듯이 보인다(노엘 버치의 근작 『시네마의 실천*Praxis du cinéma*』이 보여주는 '시적 기능'이라는 관점의 반향이 없지는 않지만). "이제 그 모든 속성들이 인식되었으니 우리는 그 언술이 대상이 아니라 장소site를 재창조하기를 기대한다. 즉 더 이상 허구를 실현하는 특권화된 수단이 아니라 시네마의 언술이 그 속성들에 따라 펼쳐질 시네마적 장을 기대한다. 시네마가 담론의 질서 속에 태어나는 것은 공간을 통해서이며, 시네마가 그 부재를 환기시키는 그런 장소로부터 시네마는 언술로서 지적되고 그 상상적인 것이 전개되기 때문이다."

다른 곳에서 우다르는 봉합체계가 특수한 시네마적 글쓰기임을
(그 글쓰기가 대단히 지배적dominant인 것이기는 하지만) 분명하
게 밝히고 있는데, 데이언이 직설적으로 제목을 붙인 논문 「고전
적 시네마의 지도적-약호The Tutor-Code of Classical Cinema」는
이러한 강조점을 더욱 밀고나간다. [데이언에게서는] 비극에 대
한 참조와 브레송이 누락되고 대신 '이데올로기'라는 용어가 선
택된다. 봉합체계는 시네마적 담론 과정의 이데올로기적 작용,
즉 사실상 주체의 부단한 통일성의 작용, 우다르가 '신학적'이라
고 기술한(그렇기 때문에 원래의 논문에서 '부재'와 '부재자'를 대
문자로 쓰는 것이 어울리는 것일 듯하다) 통합성coherence의 어떤
결속 작용으로 파악된다. "본질적으로 신학적인 시네마는 심원한
종교적 관객을 위해 의도된 것으로서, 이때 관객이란 라캉적인
의미에서, 대타자(신, 예술가, 부재자)에게 원인이라는 부담을 남
겨놓으면서, 대타자에게 의미를 보장하라고 요구하는 어떤 이인
데, 이 의미는 성서적인 작업에 의해서 생산되는 것이 아니라 환
영vision으로부터, 사물들에 의미를 부여하는 시선으로부터 직접
나오는 것으로 가정된다. 시네마의 글쓰기가 가시적인 것을 비가
시적인 것에 의해, 혹은 비가시적인 것을 가시적인 것에 의해 입
증하게 된다는 점에서 역시 시네마는 신학적인 것이다. 계시와
강생[신이 예수로 지상에 태어남]과 영광의 시네마인 것이다. 시
네마의 글쓰기의 기능은 환상을 허구로, 허구를 환영으로, 부재
자를 특정인으로, 관객을 짝패double로 변형시키는 것, 그리고
영화화된 대상을 이중화doubling하는 것이었다."[14]

봉합의 지위에 관한 질문은 더 나아가 이러한 맥락에서 고려되어야 한다. '고전적 시네마의 지도적-약호'로 특징지어지는 봉합체계는 시네마를 담론으로서 역사적으로 전유하는 것으로서, 바르트가 그 용어를 『글쓰기의 영도 *Writing Degree Zero*』에서 이용하는 것과 같은 의미에서의 글쓰기로 정의된다.[15] 우리는 따라서 '봉합의 시네마'에 관해 이야기할 수 있으며 예컨대 쇼트/역쇼트야말로 그것을 예증하는 특징이라고 강조할 수 있다. 하지만 데이언은 주저한다. 한편으로는 봉합체계 외에도 여타의 시네마적 체계들이 있으며[16] 다른 한편으로 고전적 시네마에서 봉합체계가 차지하는 위치는 문학에서 구어verbal language가 차지하는 위치에 해당하기 때문이다.[17] 구어는 그 혼돈스러움 때문에 중요하다. 구어는 문학의 표현, 그 토대와 지평, 어떤 담론적 실현의 체계 혹은 약호의 문제이다(일련의 담론적 실현인 문학). 반면 언어체계와 사회적-이데올로기적 형성의 관계들의 문제는 어렵고도 완전히 현대적인 문제로서 그 문제의 조건들은 언어와 이데올로기를 단순히 등가화한다는 것이 아니다. 만일 봉합체계가 특수한 이데올로기적 체계('글쓰기')라면 그 체계를 구어와 비교할 수는 없다. 데이언이 그렇게 비교하고 있다는 점은 그 개념의 지리멸렬한 지위를 징후적으로 보여준다. 밀러에게, 그리고 어느 정도는 우다르에게도, 봉합은 의미작용의 가능성 자체의 생산을 묘사하는 말이다. 우다르에게서 어느 정도, 그리고 데이언에게서는 대부분, 봉합은 이데올로기 작용으로서 이 점은 쇼트/역쇼트라는 "특권화된 사례"[18]가 그 골자를 잘 보여주고 있다(이후에 로스먼이 '봉합체계'를 '시점 편집'과 동의어적인 것으로 받아들일 수 있는 것도 이와 대동소이하다[19]).

여기서 관건이 되는 진짜 문제는 바로 시네마를 담론으로 이해한다는 점, 시네마 속에서 **언표행위와 언표행위 주체**를 파악한다는 점이다. 초기 논문에서 메츠는 영화 이미지와 자연 언어로 쓴 문장간의 상응관계를 주장했다. 이미지는 언제나 실현된다. "리볼버의 클로즈-업은 '리볼버'(순수하게 실제적인 어휘의 단위)를 의미하는 게 아니라, 그 함축에 관해 말할 필요도 없이, 적어도 '여기에 리볼버가 있다!'는 것을 의미한다."[20] 데이언과 로스먼 모두가 동의하는 점은 이를 오류로 간주해야 한다는 것이다. 단일 쇼트는 문법적으로 불완전하며 하나의 '진술'(데이언) 혹은 '문장'(로스먼)은 쇼트들로 이루어진 시퀀스이기 때문이다.[21] 용어법은 혼란스럽고 또 혼란을 일으킨다. 하나의 문장은 언어학의 방법론적 추상화이며, 그 추상화의 바깥에는 언표행위의 조건인 발화utterance가 아닌 문장은 없기 때문이다. 메츠가 지적하는 것은 발화로서의 하나의 쇼트, 그 쇼트의 대신-거기에-있음, 그 쇼트의 말 걸기라는 사실이다. 모든 이미지는 단어 하나의 단순한 현전이 아니라 한 사건의 힘force이기 때문이다. 하지만 그 힘은 어떤 '결백함'(이것이 사진 이미지와 영화 이미지의 이데올로기적 잠재력이다)과 함께 오며 이미지의 경우 언표행위의 표식들은 [언어에 비해서] 상대적으로 특정화되어 있지 않은 편이다(예컨대 이미지에는 언어에서의 대명사에 해당하는 것이 없다). 우리는 언어적 발화에 대해서 반론하는 법은 알고 있지만 단일 이미지에 대해서는 그만큼 [반론할 수 있을지] 확신할 수 없으며(그렇기 때문에 이미지를 하나의 단어에 상응하는 것으로 보려는 대개의 경향, 시네마의 개념을 "대상이 대상 자체의 기호인, 기호들의 체계"[22]로 보려는 경향이 생긴다), 이미지는 겉으로 볼 때 **이미지로서**

의 완전성을 지니고 있는 것처럼 보인다(그렇기 때문에 "이미지 상에서는 이미 참이지만 여전히 거짓인 사운드들"이라는 고다르 영화의 문제가 나온다. 이미지가 그 진술proposition 행위의 삭제를 동반하는 한 그 이미지는 언제나 거짓일 것이기 때문이다. 진실은 언표 속에서 뿐만 아니라 언표행위 속에서도, 거리들과 간격들, 둘의 모순들 속에서도 파악되어야 하는 것이다). 언표로서의 이미지로 다시 한번 돌아오면, 이미지의 완전성은 정확히 말해 오직 겉으로 보기에만 그런 것이다. 이미지는 결코 그 자체로 완전하지 않으며(만일 그렇다면 관객을 위한 장소는 없을 것이며 그렇기 때문에 결국 그 어떤 이미지를 위한 장소도 없을 것이다) 이미지의 한계는 그 수신처address이다(이미지가 연쇄 속에 들어오는 곳인, 이미지가 즐겁게 해주는entertain 주체와 더불어 완전해지는 곳인 한계). 시네마를 담론으로 이해하는 것 — 우다르 논문의 일반적 목표 — 은 그 말 걸기address의 관계를 이미지의 운동 속에서, 쇼트들의, 그리고 쇼트들간의 운동 속에서 이해하는 것이다.

시네마를 담론으로서 실현하는 것은 영화의 매 순간 주체라는 수신처를 생산하는 것이며 불완전성-완전성의 유희를 특정화하는 것이다. 봉합이 이름지을 수 있는 것은, 다양하게 절합되지만 항상 재현의 한 기능인 그 특정화이다(주체를 위한, 주체의 발생을 위한[주체가 장소를 차지하기 위한] 유희). 우다르에게서 난점은 특정화 과정을 부재자라는 단일 형상으로 와해시켜버린다는 데 있는 반면, 기표의 논리를 위해 필수적인 개념으로서의 봉합에 관한 밀러의 설명은 기표들의 분배-순환의 장소로서의 대타자만을 참조했을 뿐 부재자라는 형상에 호소한 적이 전혀 없었다. 우다르는 특정한 영화(〈잔다르크의 재판〉)를 제시하고, 담론으로서의 시네마의 역사적 전개에 대해 그러한 제시가 제공하는 관점에서 효과적으로 논의를 시작하여 상징적인 것과 상상적인 것의 접합의 특정한 체제에 관해, 주체의 특정한 귀환(시점 편집의 활용에 대단히 많이 의존하는)에 관해 기술하며, 그렇게 하는 가운데 이 ― 지배적인 ― 특정화의 조건들을 전제로 하여 대타자 대신 부재자(혹은 대문자 부재자)를 주장하지만, 대타자는 이내 논의에서 사라져버리고 만다. 우다르가 고려하는 체계는 차이가 부재의 구조 내에서 채택되고 귀환된 주체의 계속성constancy ― 일관성consistency(상상적인 것의 정의는 상상적인 것이 [부분, 요소로] 이루어져 있다는 것, 혼연일체를 이룬다는 것이다) ― 을 보장하기 위해 부재를 만들어내는 체계이다. 부재자는 그 보장의 구조 속에 있는 한 요소로서 상징적인 것을 대변한다. 관객은 그 영화의 주체로서, 그리고 시네마가 사진에 보충한 것인 운동을, 즉 그림의 움직임motion, 쇼트들의 연속성을 투입함으로써 내러티브 행위 속에 연루되어야 하며, 그 행위의 진정한 환영vision으로서, 이중적 재현 ― 주체의, 그리고 주체에 대한 ― 에 연루되어야 한다. 이 이중적 재현에 대하여 우다르의 설명은 포함과 빗나감을 강조하며 대답하고 있다

따라서 두 종류의 문제를 구별할 수 있다. 시네마의 특수한 담론적 특정화에 관한 기술과 관련한 문제, 그리고 시네마적 담론의 일반 논리의 성격과 관련한 문제가 그것이다. 이제 우리는 전자와 관련한, 사실은 후자에게도 영향이 있는, 결국은 양자 모두가 나아가게 될 한두 가지 초점들에 주목해야 한다.

이미 참조된 바 있는 쇼트/역쇼트라는 '특권화된 사례'를 생각해 보자. 우다르에게 그러한 형상화 방법은 그가 기술하는 봉합작용 자체, 봉합작용의 이상을 나타내는 것이다. "더 이상 쇼트/역쇼트 라고 부르는 것이 적절하지 않은, 오히려 그 연쇄가 기능할 수 있 도록, 동일한 비율의 공간을 최소한 두 번, 영화적 장과 상상적 장 속에서 재현되게 하는 식의(주체의 장소와 관련하여 온갖 종류의 경사도를 구사하는 앵글의 변주와 더불어) 공간의 절합에 대한 욕 구의 표시인 형상화 방법[쇼트/역쇼트의 도식] 속에서 절합되는, 봉합된 담론의 이상적 연쇄…." '쇼트/역쇼트'라는 용어를 부적 절한 것으로 간주하는 것은 그 [앵글의] 경사도이다. 〈크림힐트 의 복수 _Kriembild's Revenge_〉의 여기저기에 흩어져 있는 다양한 사례들("탈선들," 〈크림힐트의 복수〉에 나오는 일련의 탈선들에 서, 카메라가 주인공들의 시점의 위치에서부터 이동하는 것을 랑이 무조건 거부하기 때문에 주인공들은 비현실적으로 보인다")은 제 쳐두더라도, 카메라의 위치는 항상 등장인물의 시선의 위치와는 다소 다른데, 봉합체계는 바로 이러한 차이와 더불어 작용한다고 기술된다. 데이언이 설명하듯이 "부재자의 시선glance은 그 누구 의 시선도 아니지만 (역쇼트와 더불어) 특정인(스크린 상에 현존 하는 등장인물)의 시선이 된다. 스크린 상에서 그는 더 이상 스크 린의 소유를 놓고 관객과 경쟁할 수 없다. 관객은 그가 영화와 맺 었던 이전의 관계를 되찾을 수 있다. 역쇼트는 관객이 부재자를 지각함으로써 영화적 장과 맺었던 관객의 상상적 관계 속에 열린 구멍을 '봉합'해 버렸다."[23]

봉합과 쇼트/역쇼트에 관한 이러한 논의에 대해서는 대단히 비판적인 두 가지의 평가가 있는데 — 하나는 이미 인용한 로스

먼의 논문에 나오는 평가이고 다른 하나는 배리 솔트가 쓴 논문
「40년대 영화 스타일과 테크놀로지 Film Style and Technology in
the Forties」[24]에 나온다 —, 여기서 이를 살펴볼 필요가 있다. 솔트
는 "앵글-[앞 쇼트의 앵글 크기보다] 작은 역앵글 커팅"("카메라
앵글을 한 쇼트에 나타나는 어떤 인물의 시선 eyeline의 45도 이내에
있는 방향으로부터, 또 다른 방향의 시선으로부터 45도 이내에 있는
충분한 앵글을 통과하여 변화되는 모든 커트들을 포함시키기 위해
취해지는… '앵글-역앵글' 커트들이라는 일반적 범주는 관찰자
watcher의 쇼트로부터 그의 시점에서 보여지는 것의 쇼트로 가는
커트들을 포함시키기 위해 채택되는데, 이것이 [앵글-역앵글]이라
는 정의에 대한 대개의 편집자의 태도인 듯하다)의 발전을 주의 깊
게 연구했으며, 20년대부터 오늘날까지 200여 편의 영화들에 기
초하여 그러한 커트들이 출현하는 비율을 밝혀내 알려주면서
"일군의 영화들이 30년대 이래로 그래왔듯이 30-40퍼센트의 역
앵글 커트를 계속 사용하고 있다"고 결론짓고 있다. 자신의 이러
한 발견에 기초하여 솔트는 데이언이 고전적 시네마에서 대다수
의 커트들이 쇼트/역쇼트 패턴에 따르고 있다고 주장하는 것을
비판하며, 그러한 비판을 발전시켜 [데이언의 주장에 대한] 근본
적인 반대를 표명한다. "대다수의 영화들에서 그러한 커트들[쇼
트-역쇼트]이 소수를 형성하고 있다는 사실은 제쳐두더라도, 그
러한 커트들이 없는 영화들 역시 관객들에게 강력하게 작용할 수
있다는 것은 의심할 여지가 없다. 예를 들어 〈국가의 탄생 *Birth of
a Nation*〉이 그러하다. 나아가 만일 그 장치가 그토록 힘있는 것
이라면 왜 **모든** 상업영화들에서 단지 약간이 아니라 극단적으로
까지(말하자면 70퍼센트) 밀고나가지 않는 것인가?" 솔트는 봉합

과 쇼트/역쇼트나 시점 커팅을 등가화하는 경향을 식별하고 있으며(문제가 되는 데이언의 구절은 후자를 다음과 같이 지시한다. "이미지가 그 누구의 시점도 재현하지 않는 순간들도 있다. 그러나 고전적 내러티브 영화에서 이는 상대적으로 예외적이다"[25]) 그러한 등가화를 미숙하게 문자 그대로 적용하는 것에서 도출되는, 고전적 시네마에 관한 단순한 설명의 오류들을 지적하는데, 이는 모두 맞는 얘기이다. 하지만 그렇게 하는 가운데 그는 시네마적 담론의 작용을 이해하기 위한 봉합 개념의 중요성, 쇼트/역쇼트 패턴이 유일하지는 않지만 근본적으로 봉합을 설명하는 것일 가능성(고전적 시네마 영화가 꾸준히, 통례적으로 그 30-40퍼센트는 봉합의 조건들 내에서 유지된다는 통계가 이 점을 보여준다), 결과적으로 봉합이 어떤 고전적 영화에서든 영화의 담론을 조직하는 데 다중적 기능을 하고 있다는 사실을 보지 못한다.

로스먼은 한두 가지 점에서 솔트에 가깝다. 아니, 로스먼은 데이언에 대한 자신의 문제제기들에다가 솔트의 논의의 세부들을 덧붙인 것인지도 모르겠다. 데이언이 봉합체계와 시점 편집을 동일시한다는 사실에 주목한 다음, 로스먼은 거기서 더 나아가 데이언이 본질적으로 아주 엄밀하게 규정된, 그러니까 예를 들자면 전형적으로 쇼트/역쇼트가 대화하듯 이어지는 것을 배제하는 시점 쇼트 연쇄(〈새〉의 멜라니는 배에 탄 채 우리가 볼 수 없는 어떤 것에 시선을 던지고 있는 것으로 보여진다. 그 다음 쇼트는 보데가 만을 가로질러 그녀가 보고 있는 정경을 보여준다)를 참조하고 있음을 고찰함으로써 논쟁의 영역을 좁힌다. 그의 주된 비판은 따라서 시점 쇼트가 투 쇼트의 일부가 아니라 쓰리 쇼트 형용법의 일부로서, 이는 "우다르-데이언 시나리오를 뒤엎는다"는 것이다. "(설명 없이) 보데가 만을 가로질러 바라보는 그 쇼트의 프레임을 관객이 발견해 내고, 군주와도 같은 '부재자'를 추리하며, 역쇼트로 보여지는 멜라니가 그 부재자라고 받아들이게 만드는 전제적인 체계에 먹혀버린다는 것은 사실이 아니다. 오히려 그 프레임을 확실히 하는 관습적인 신호를 보내는 첫 번째 쇼트를 따라가면서 관객은 그 다음 프레임에는 멜라니가 나오지 않을 것임을 감지한다. 이 특별한 부재를 감지한다는 것은 관객이 그것을 그녀의 시점에서 찍은 쇼트로 독해할 수 있는 조건이다. 이러한 독해를 확정해 주는 것은 다시 돌아가 멜라니를 찍은 세 번째 쇼트이다."[26] 더욱이 [그러한 시점 쇼트 연쇄는] 망원경으로 보는 시점 쇼트로까지 연장되면서 구축될 수 있는데 하나의 시점 쇼트 연쇄에서 세 번째 쇼트에 해당하는 쇼트는 두 번째 연쇄의 첫 번째 쇼트로 계속 이어지게 된다.

　　로스먼의 강조들은 중요한 것이지만 그 효과는 봉합 개념을 — 영화 담론의 봉합적 작용을 — 더 이상은 적절하게 묘사하고 있지 못하다. 오히려 그가 강조한 것들은 전치가 필요하다는 것을, 즉 즉각적 이미지, 상징적 이해, 상상적 해소, 부재자라는 변함 없이 단일한 형상으로부터 벗어날 필요가 있음을 시사하고 있다. 데이언과 로스먼 모두가 문제삼은 것은 영화가 시선과 시선들을 조직하고 붙들어둔다는 것이다. 영화는 나보다 앞서 가며 나를 보지만(나는 영화의 수신처이다) 나는 결코 영화가 나를 보는 곳에서 볼 수 없다. 영화가 나를 자신의 변환하는 관계의 조건으로서, 그 이행passage의 조건으로서(영화는 그 재현의 전환점인 나를 통해서 나아간다), 그리고 그 초점 — 내가 상징적인 것과 상상적인 것, 생산과 산물 모두 속에서 잡고 있는 균형 — 의 조건으로서(영화는 그 통일성의 허구인 나를 위해 나아간다) 채택하는 경우 외에는 말이다. 우다르-데이언이 설명한 봉합체계는 이러한 채택의 문제를 제기하기 시작한다. 하지만 그러한 문제제기는 너무도 손쉬운 획일적 개념화 — 부재자, 즉 쇼트에서 역쇼트로 가는 시점 편집에 대한 집중 — 에 빠졌으며, 따라서 다중적인 중첩들과 시간들과 진행들, 즉 봉합의 다중적인 기능을 무시하는 경향이 있는 방식으로 이루어졌다.

샹탈 아케르만의 〈고향소식 *News from Home*〉을 보자. 도시, 뉴욕의 이미지들, 그리고 소설적인 것 — 멀리 가 있는 딸에게 브뤼셀에 있는 어머니가 소소한 사건들과 호소들(언제나 얼마나 딸을 그리워하는지에 관한: "나의 어린 딸아, 네가 몹시 보고 싶구나")을 담아 쓴 편지들을 통해 사운드트랙 상에서 자동차나 지하철 소음과 함께 읽히고 속삭여지고 인용되는 — 으로 이루어진 이 영화에는 등장인물도 없고 보여져야 할 허구화의 시선도 없다. 쇼트들을 연결해 주는 것은 그것들이 연결되어 있다는 사실뿐이다. 뉴욕을 떠나가는 배에서 찍은 마지막 쇼트가 드넓은 바다를 보여주는 가운데 이미지 속에서 도시가 점점 멀어지다가 수평선 뒤로 사라지는 영화의 끝 장면에 이를 때까지 내내 그러하다. 우다르-데이언 시나리오를 따르자면 그 영화에는 어떠한 봉합도 없다. 시선은 영화의 상상적 장 속으로 전유되지 않으며 부재자는 해소되지 않는다. 그 영화는 쇼트/역쇼트 연결도 없고 이미지의 형용 figuration도 없다. 오직 이미지들의 연속적인 대체만이 있을 뿐이다. 하지만 관객은 그 영화 속에, 결핍과 부재(이 둘은 같은 것이 아니다)의 구조 및 리듬 속에 포함되고 그 속에서 운동한다.

이러한 목소리와 그 목소리가 말해 주는 스토리를 위한 이러한 이미지들의 방향은 무엇인가? 이러한 이미지들을 위한 이 목소리와 그 목소리가 말해 주는 스토리의 방향은 무엇인가? 마지막 쇼트는 소급해서 이미지들을 딸의 이미지들로 생산할 수가 있다. 그러나 영화는 끝날 때까지 각각의 이미지의 결핍 속에 남아 있으며, 파열된, 성취되지 않은 재현의 기표들 ─ "하나의 기표는 또 다른 기표를 위해 주체를 재현한다" ─ 속에 남아 있다. 그것은 바로 목소리와 보여지는 것의 별개의 관계의 효과(봉합체계에 관한 설명은 이미지와 사운드트랙 간의 연결성의 중요성에 대해 아무것도 말해 주지 않는다는 것에 주목해야 한다)이며, 쇼트들의 지속의 효과(봉합체계는 쇼트에서 쇼트로의 이행의 상대적인 부단함과 간결성에, 즉 시간 속에서의 이미지의 여백을 모두 없애버리는 것에 사실상 대단히 많이 의존하고 있다)이고, 그 지속 내에서 이미지의 평면성이나 프레이밍, 혹은 이미지의 분할에 가해지는, 즉 어떤 다중성을 찾아내는 과정 ─ 우다르-데이언의 설명에서처럼 출발점인 것이 아니라 ─ 에 가해지는 유희의 효과이고(지하철에서 저 멀리에 있는 건너편 플랫폼을 찍는 쇼트에서 기다리고 있거나 움직이는 사람들은 공간과 심도에 대한 지각을 변경시키며, 마침내 열차 한 대가 가장 가까운 플랫폼으로 들어오면서 갑자기 공간의 속성이 새로이 파악될 때까지 열차들이 들어오고 나가는 가운데 일련의 기둥들이 제공하는 상이한 프레임들을 가리키고 있다), 시선의 패턴이 등장하지 않는 것의 효과이다(그 영화 속에서 사라지고 없는 것이라기보다, 사람들이 카메라의 시선 및 우리의 응시의 장소에 의문을 갖기 시작할 때 지하철역에서 찍은 쇼트가 강조하는 것으로서, 주어진 이미지들을 받아들여 그 의미를 이해하게 해주는 허구에 우리를 결속시키지 못하게 한다). 우리는 그 영화 속에 위치지어지지만 그 장소는 안전하게 보장되지 않고 변환되며, 그러한 불안정성 속에서 영화가 만들어내는 의미들 속에서, 그 탈구들dislocations 속에서, [영화의] 중심을 이루는 부재 — 이미지와 사운드트랙 상에서 상이하게 제시되는 딸의 부재 — 에 의존한다. 그러한 부재로부터 영화는 봉합하는 것을, 대타자를 부재자로 전환시키는 것(그녀의 편지에 나오는 어머니의 위치로 가까이 전환시키는 것)을 거부하며, 따라서 누군가를 위한 어떤 것의 기호로서 — "하나의 기호는 누군가를 위한 어떤 것을 재현한다" — 해소시키는 것을, 하나의 통일성으로 고정시키는 것을 거부한다. 혹은 그것은 봉합을 기표의 논리의 조건으로서 효과적으로 재발견하며, 상징적인 것 내에서 주체가 맺는 관계가 무엇이며 상상적인 것에서 그 관계들이 어떻게 유지되는가라는 문제를 제기한다고 할 수 있다. 그 문제 안에는 그 영화의 실재가, 페미니즘의 실재, 영화의 실재가, 이미지, 목소리, 잡음, 지속, 리듬의 실재가, 그리고 그 모든 것 속에 놓여 있는 여성의 욕망에 관한 불가능한 질문이 놓여 있다.

밀러가 기표의 논리를 겨냥하듯이 우다르 역시 시네마적인 것의 논리, 즉 담론으로서 절합되는 시네마의 논리를 겨냥한다. 우다르는 밀러를 따를 수밖에 없다. 한 편의 영화에서 관객은 두 가지 근본적인 작용들로 이루어진 단계 상에서 언제나 이미 상징적인 것 속에, 봉합의 생산 속에 존재하기 때문이다. 이미지가 그 또는 그녀를 필요로 하는 것과 마찬가지로 그 또는 그녀도 이미지를 필요로 한다. 영화에는 상징적인 것의 외부란 애초에 존재하지 않는다. 이미지가 영화 속으로 직접 들어오는 경우는 없다. 영화 속으로 들어온 이미지는 언제나 하나의 영화 이미지, 즉 영화를 위한 이미지로 제도화된 이미지인 것이다. 〈고향소식〉은 상징적인 것과 상상적인 것의 기존 접합들의 전치를, 즉 동일시 조건들의 전치를 생산한다. 그리고 그것이 그 영화의 '직접성immediacy'이다.

우리가 갖고 있는 것은 영화들, 담론적 조직들, 구경하기 spectating의 함축들(이 마지막 설명은 통일성을 필수적인 전제로 하는 '관객'[개념]을 피하고 보기…와 듣기의 행위를 강조하기 위한 것이다)이다. 시네마라는 기계의 한계, 제약, 효과들에 관해 기술하는 것은, 예를 들어 영화의 리얼리티를 '상징적 기표'로 다루는 것은 가능하고도 결정적으로 중요한 일이다. 그러나 담론의 절합이라는 의미에서의 시네마적인 것의 논리는 시네마토그라피적인 것의 논리인 동시에 의미작용을 조직하는 특수한 양식 — 이를테면 우다르-데이언의 봉합체계와 같은 — 의 형식이기도 하다. 봉합체계가 하나의 특수한 논리라고, 하나의 글쓰기 방식이라고 말한다고 해서 시네마가 봉합의 바깥에서 담론으로서 절합될 수 있다고 말하는 것은 아니다. 그것은 그 개념의 난점들로, 밀러의 개념을 우다르가 번역한 것이 갖는 난점들로 되돌아가는 것이다. 그렇게 되면 극단적으로 봉합은 모든 연속적 연쇄join를 위한, 고전적 편집에서의 일치들matches을 위한 조건이 된다. 따라서 보니체르는 다음과 같이 쓸 수 있다. "문은 고전적 내러티브 시네마의 결절 대상nodal object이다…. 바쟁이 '문고리 시네마'라고 부르는 것에서, 문은 하나의 쇼트에서 또 다른 쇼트로 전환시켜주는, 통사론적인 '行行 중 휴지'의 봉합 지점이 되어주는 유

용한 대상인 것이다."[27] 좀 덜 단순하게, 그리고 좀더 일반적으로
말하자면 그것은 이미지에서 이미지로 관객을 가로질러, 그리고
관객을 위해 '채워넣는' 쇼트/역쇼트 패턴에 기초한 체계와 같은
것이 된다. 그렇기 때문에 우다르는 〈당나귀 발타자르〉가 봉합
하지 않는다고 단언하는 것이다. 하지만 위에서 〈고향소식〉과
관련해서 강조되었던 것은 그 영화가 봉합하지 않는다는 게 아니
라 체계의 방식으로 봉합한 것이 아니라는 것, 즉 그 영화가 봉합
의 기능을 ─ 실은 그 기능의 문제를 ─, 상징적인 것과 상상적인
것의 접합(이것이 바로 봉합 개념에서 문제시되는 것이다)을 다르
게 제시했다는 것이었다. 봉합(밀러가 설명했듯이 기표의 일반적
논리의 요소인) 없는 담론은 없다. 그러나 마찬가지로 봉합에 형
식을 부여하는 특수한 체계 내에서 처음부터 특정하게 규정되지
않는 봉합도 없다(시네마적인 것을 시네마토그라피적인 것으로 기
술하는 우다르가 주는 효과적인 교훈). 그리고 통일성과 의미의 특
정한 위치들 속에서 시네마가 주체와 맺는 관계의 한도 만큼이나
직접적으로 정치적이지 않은 봉합은 더더욱 없다. 바로 이 점이 〈고
향소식〉이 보여주는 것이고, "그러므로 또 다른 면은 정치적인
속성들attributes에 의해 정의되는 주체…"에 대한 밀러의 짧은
언급이 보여주는 인식이다.

III

"[주체의] 또 다른 면은 정치적이다…."[28] 말하자면 그 다른 측면
으로부터 정신분석학은 더욱더 요청되어 왔는데, 이는 의미에 대
한 주체 위치들과 관련한 이데올로기적인 것의 작용을 유물론적

으로 이해하는 데 정신분석학이 특별하고도 필요한 기여를 했기 때문이었다. 따라서 예컨대 피에르 레이몽은 『유물변증법과 논리 *Matérialisme dialectique et logique*』에서 이렇게 주장한다. "수많은 철학자들이 언어체계들과 무의식 간에 관계가 있다고 주장한다. 이 관계에 특히 관심을 갖는 것은 마르크스주의자들인데, 이는 그들이 언어와 무의식이 이데올로기와 마찬가지로 주체를 상연한다staging고 보기 때문이다. 그렇다고 해서 이것이 그 관계를 확립하는 것이 쉽다는 것을 의미하지는 않는다…."[29] 혹은 다시금, 알튀세르적 관점에서 담론 이론의 토대를 제시하고자 하는 책인 『라 팔리스의 진실 *Les Vérités de La Palice*』에서 미셸 페쇠 Michel Pecheux는 다음과 같이 주장한다. "어계語系 형성stock formulations이 있는 한, 이데올로기와 무의식 사이에서 정교하게 다듬어진 개념적 절합의 무거운 부재를 숨길 길은 없다."[30]

페쇠에게, 무거운 부재를 느끼게 하는 것, 명료한 설명이 전개되어야만 하는 영역을 부여하는 것은 담론이다. 그는 담론에 관한 언어학적 개념에 반대하며, 담론의 주체. 위치 설정의 메커니즘을 참조하면서 담론을 기술하고자 한다. 그럼으로써 담론을 그저 추상적인 언어체계를 개인들이 사용하는 구체적인 행위로 보는 전통적인 랑그/파롤 대립의 다양한 변주들을 극복하려고 하는 것이다(우리는 위에서 어떻게 정신분석학에서도 유사한 전치가 일어나는가를 보았다). 분명히 그 목적은 언어적인 것의 특수성을 부인하지 않으면서 언어적인 것을 사회적인 것 속에서 재전유하는 것, 그리고 그럼으로써 언어에 대해 이데올로기의 문제를 제기하는 것, 즉 **담론 구성체***discursive formation*라는 개념을 통해 연구하는 것이다. "우리는 주어진 이데올로기 구성체 내에서, 즉 계급투쟁의 상태가 결정하는 특정 국면에서의 주어진 위치로부터, '말해질 수 있는 것과 말해져야만 하는 것…'을 결정하는 것을 담론 구성체라고 부를 것이다. 이는 단어, 표현, 명제들이 그것을 생산한 담론 구성체로부터 의미를 취한다고… 개인들은 이데올로기 구성체를 '언어로' 재현하는 담론 구성체에 의해 말하는 주체로(담론의 주체로) '호명'된다고 말하는 것이다."[31] 다시 말해 담론 구성체는 생산의 특수한 조건에 기초한 이데올로기 구성체 자체를 구성하는 요소로서 존재하며 담론 구성체와 이데올로기 구성체의 관계는 주체와 호명의 관계이다. 개인은 담론 구성체를 통해, 즉 주체로서의 개인이 오인의 구조 안에서 담론 구성체와 동일시하는 [것을 뜻하는] 주체화의 과정을 통해 주체로 구성된다(따라서 주체는 의미의 원천으로서 제시되지만 의미의 효과일 뿐이다). 호명은 특히 담론적인 것과 이데올로기적인 것 속에서의 주체의 조건, 담론적인 것과 이데올로기적인 것의 상응 지점인 이 오인의 구조의 메커니즘을 지칭하는 말이다. "여기서 이러한 상응의 성격이라는 문제를 해결하려 하지는 않을 것이다. 단지 그것은 순수한 등가성(이데올로기 = 담론)의 문제일 수도, 기능들의 단순한 분배('담론적 실천'/비담론적 실천)의 문제일 수도 없다는 것만 말해 두자. 오히려 담론 구성체가 이데올로기 구성체 속에 '얽혀intrication' 있으며 그러한 얽힘의 원리는 바로 '호명'이라는 점을 이야기하는 것이 나을 것이다."[32] 따라서 폐쇄가 원하는 것은 언표행위자enouncer의 상황 속에서 주체 구성에 관한 비주체적 이론을 제공함으로써 이러한 뒤얽힘의 실체를 어떻게든 설명해 보려는 것이다(어떻게 주체는 자신이 갖고 있는 의미들을 갖게 되는가? 어떻게 주체는 주체로서 그 의미들을 갖게 되는가?).

하지만 알튀세르의 유명한 논문 「이데올로기와 이데올로기적 국가기구들Ideology and Ideological State Apparatuses」[33]에서 차용한 호명이라는 개념은 심각한 난점들을 갖고 있다. 이에 대해서는 폴 허스트가 길게 설명했는데, 현재의 목적을 위해서 그 [논의의] 핵심만 취하자면, 호명의 메커니즘이 요구하는 인식은 그 메커니즘이 구성한다고 이야기되는 주체를 전제로 한다는 것이었다. "인식, 즉 주체의 구성(활성화)의 결정적인 순간은 인식 recognition에 앞서는 인지cognition의 지점을 전제한다. 어떤 것은 그것이 무엇이어야 하는가를 인식해야만 한다…. 이데올로기의 사회적 기능은 구체적인 개인(아직은-주체가-아닌)을 주체로서 구성하는 것이다. 구체적인 개인은 '추상적'이며 아직은 자신이 앞으로 되어야 할 그 주체가 아니다. 하지만 그것은 인식의 과정을 뒷받침하는 주체라는 의미에서는 이미 하나의 주체이다. 따라서 주체가 아닌 어떤 것은 자신을 주체로서 구성할 인식을 뒷받침하는 데 필요한 능력들을 이미 가지고 있음에 틀림없다. 그것은 인식의 과정 속에서의 자신의 장소의 선조건으로서 인지 능력을 갖고 있어야만 하는 것이다. 그렇기 때문에 구체적인 개인과 구체적인 주체의 구분, 즉 후자의 능력들이 이미 전자 속에서 가정되는 구분이 필요하다(물론 인지가 '자연적인' 인간 능력으로 간주되지 않는 한에서)."[34] 호명이 결코 이데올로기에 대해서나 주체성에 대해서나 — 이 둘은 상호의존적인 것으로 유지되고 있다 — 핵심이 될 수 없다는 것(주체로서의 개인이라는 사실)을 지적하는 것인 한, 이러한 허스트의 비판은 옳다. 따라서 한 가지 해답이 제시되는데 — 이는 알튀세르가 자신의 논문의 몇몇 지점들에서 개인/주체 구분을 활용하고 라캉을 막연하게나마 참조하는 가운데 약간은 엉성하게 채택된 바 있다 — 그것은 이처럼 특수한 분야의 하나에 관한 활용 가능한 설명인 정신분석학의 도움을 받아 주체의 구성-구축construction-constitution에서의 수많은 심급들을 분리하는 것이다. 개인들이 사회적 관계들 속에서 기능하게 하는 물질적 기초로서의 개인들의 생물학적 개별성인 (주체-)지지체support, 담론/이데올로기 구성체들의 작용 속에서의 장소이자 이 구성체들의 구성성분으로서 (주체-)지지체들이 상이한 사회적 과정들 속에 들어오도록 보장하는 이데올로기적 주체, 기표의 관계들 속에서의 위치로서 (주체-)지지체 속에서 생산되는, 의미작용 연쇄에 의한 (주체-)지지체의 구조화의 효과인 정신분석학적 주체가 바로 그 심급들이다.[35] 따라서 정신분석학은 역사유물론 내에서, 개인 (주체-)지지체가 이데올로기적 주체로서 담론 구성체들 속에서 호명을 위한 주체로 구성되는 것에 관한 기술記述이 된다. 그것이 바로 정신분석이 하는 역할이다. 즉 정신분석은 사회적 과정이나 이데올로기적 구성체로부터 추상화된 개인 주체의 진실을 확립해 나가는 역할을 하며 바로 이것 때문에 정신분석에는 정치적인 속성이 있다고 이야기하는 것이다.

하지만 그것은 실제와는 상당히 대조적이다. 무의식에는 일련의 내용이 있다는 생각을 반대하는 쪽으로 정신분석학의 방향이 잡히고 무의식을 기표 속에서의 주체-분열의 조건으로, 언술하는-존재 내에서의 행위로 만드는 한, 정신분석학은 항상 즉각적으로 담론으로서의 언어의 사회적 관계들에 연루된다(절대적인 것, 원형原型, 본질적인 의미 따위에 연루되는 것이 아니라). 이런 점에서 라캉의 가르침에는 이중의 경계가 있으며, 그 가르침은 우리를 두 개의 길로 이끈다. 한편으로는 오직 담론만이 진실의 유일한 영역으로 받아들여지며, 분석가('필적할 자'가 없다는 말이 유일하게 들어맞는 이인 라캉)는 그 진실의 주인Master("여자들은 자신들이 무슨 말을 하고 있는지 알지 못하며 그것이 그들과 나의 차이이다"[SXX, 68])으로 간주된다. 다른 한편으로, 담론만을 진실의 영역으로 받아들이는 것은, 진실에는 그 어떤 초역사적인 궁극성도 없다고 말하는 셈이 되며, 이로 인해 주체의 전 역사에 관한 급진적인 실천과 변형의 가능성이 생겨난다. 우리는 같은 종류의 이중-경계를 정신분석학의 여러 지점에서 추적할 수 있다. 예를 들면 분석 상황 자체가 그러한데, 분석 상황이란 피분석자의 주체의 역사가 유지되는 일련의 판타지들을 이해하기 위한 효과적 공간을 예비하는 상황인 동시에 담론의 힘의 특정한 균형, 계급, 직업에 대한 분석가의 지배mastery의 위치를 확립하는 상황이다. 또한 분석에서의 무한성이라는 개념은 어떤 최종적이거나 기원적인 진실에 반대하면서 주체가 언어 속에서 생산된다는 점을 강조하는 동시에 분석에는 어떤 상상적인 면이 있다는 점도 강조한다. 무한성이라는 개념은 주체라는 것이 사회적 과정이나 역사 속에서의 주체의 변형 — '종결' — 에 관한 질문들과는 거리를 둔 채 유지된다는 것을 확증해 주는 개념이기도 하다. 따라서 정신분석학을 호출하면 정신분석학이 그에 응할 수는 있으나 이것이 그렇게 단순하지만은 않다. 그리고 주체-를-심급들-으로-분열시킨다는 해결책과 함께, 절합, 즉 현재 관건인 것을 위해서는 그 자체가 너무도 엄격하고 고정되어 있는, 페쇠의 "이데올로기와 무의식 사이에서 정교하게 다듬어진 절합"의 난점들과 같은 난점들이 계속해서 나타난다.

페쇠에게 호명은 동일시와 결합해 있는 것인데, 물론 그 결합은 그가 부분적으로 정신분석학적인 것에 호소하고 있음을 보여준다. "개인을 그 담론의 주체로서 호명하는 것은 주체가 자신을 지배하는 담론 형성과 동일시하는 것의 효과이다."[36] 알튀세르를 인용하면서 페쇠는 다음과 같이 이데올로기와 무의식에 관한 자신의 설명을 요약한다. "'이데올로기는 대주체Subject의 지휘에 자유롭게 복종하기 위해, 주체의 복종을 (자유롭게) 받아들이기 위해 (자유로운) 주체로서 호명된다.' 만일 우리가 첫째, 이 대문자 S를 쓰는 주체 ─ 절대적이고 보편적인 주체 ─ 가 바로 라캉이 대문자 O를 쓰는 대타자라고 지칭한 것임을 추가한다면, 그리고 둘째, 다시 라캉에 따르면 '무의식은 대타자의 담론임'을 추가한다면, 우리는 어떻게 무의식적 억압과 이데올로기적 복종이 동일하지 않으면서도 호명과 동일시 내에서 이루어지는 기표의 과정이라고 불리는 것과 물질적으로 결부되어 있는지를 볼 수 있다…"[37]

사실 위와 같은 요약은 그 문제(그리고 그것은 호명에 대한, 억압과 복종 간의 물질적 결부에 관한 페쇠 자신의 문제이다)를 진술하는 것에 불과하다. 그 문제와 관련해서, 이데올로기, 상상적, 상징적, 무의식 같은 용어들이 서로 맞물려 있는 상태를 해명하기 위해 한두 가지 간단한 논제들을 상술하는 것은 가치가 있는 일일 것이다. 1) 이데올로기적인 것은 상상적인 것으로 환원될 수 없다(이는 「이데올로기와 이데올로기적 국가기구」의, 그리고 페쇠의 호명에 대한 설명이 갖는 난점의 일부이다), 2) 상징적인 것은 이데올로기적인 것으로 환원될 수 없다. 상징적 구성, 즉 의미 속에서의 주체의 생산에 연루되지 않은 이데올로기 작용은 없기 때문이다. 하지만 상징적인 것은 항상 그러한 작용의 효과 이상의 것이다(언어는 이데올로기적인 것에 의해 고갈되지 않는다), 3) 상징적인 것은 결코 단순히 이데올로기적인 것이 아니다. 정신분석학은 — 그리고 이 점이 정신분석학의 힘이다 — 결코 어떤 순수한 상징적인 것과 조우한 적이 없으며 항상 주체의 특정한 역사와 연루된다(언어는 이데올로기적인 것에 의해 고갈되지 않지만 이데올로기 안에서 주체 관계들을 생산하는 담론 형성 내에서 결코 담론으로서가 아닌 그 어떤 것과도 만나지 못한다), 4) 무의식은 이데올로기적인 것으로 환원할 수 없다. 무의식은 대타자로부터의 주체의 분열이며, 이데올로기적인 것이 부단히 자신의 중심주제로 삼지만 결코 점유하지 못하는 주체의 역사이다. 요컨대 주체의 구축-구성에 관한 유물론적 이론은 담론적인 것과 이데올로기적인 것으로부터의 추상화를 통해서는 발전할 수 없지만 마찬가지로 주체를 결국 기표의 효과 속에 있는 것이 아니라 주어진 것으로 보는 호명에 대한 설명으로도 발전할 수 없다. 서로 꽉 짜여 있는 다양한 심급들의 망은 어렵고도 결정적인 것이다. 봉합은 그처럼 결정적인 난점의 조건으로서 규정될 수 있을 것이다.

이런 점에서 더더욱 주체 개념 자체가 이차적이고 언어학적인 관점에서 도출된 것이며 부단히 상상적인 것을 지향하는 경향이 있음(주체를 일종의 이데올로기의 본질로서 재생산하는 알튀세르에게서처럼)을 기억할 필요가 있다. '주체'가 가리키는 것은 통일성도, 분열의 통일성도 아니다. 오히려 그것은 구성이고 과정이며 이질성heterogeneity이고 상호교차이다. 주체의 인과관계causation에 관한 라캉의 버전과 봉합의 도입 그 자체는 여기서 시사하는 바가 크다. 주체는 마이너스 1, 즉 인과관계의 실재이

다. [또한 주체는] 플러스 1, 즉 상상적인 것 속에서의 실재의 해
소이며, 상징적인 것 내에서의 이동 — "간극화, 점멸, 교류하는
흡인" — 이다. 봉합은 상징적인 것 내에서의 주체의 관계의 명칭
으로서 그 관계란 기표에서 기표로의 연쇄 속에 주체가 가담하는
것, 참여하는 것("하나의 기표는 또 다른 기표를 위해 주체를 재현
한다"), 그리고 기호의 허구 속에서 주체가 자신을 1이라고 간주
하는 것("하나의 기표는 누군가를 위해 무엇인가를 재현한다")을
말한다. 주체의 분열-분리 인과관계는 이 과정을, 즉 대타자의 욕
망에 포섭되어 언제나 귀환하는 주체를 묘사하고 있다. "그것[대
타자]이 원하는 것은 무엇인가?," 그리고 "누가 원하는가?," 이는
주체가 항상 실패하는(자신의 과정, 그 분열이라는 사실로 돌아오
는), 그리고 다시 발견되는(그 분열로부터의 주체의 분리, 주체의
대리), 의미들 속에서 그리고 담론 구성체들 속에서의 그 의미들
의 생산 속에서 즉각 채택되는 질문들이다. 그러므로 이데올로기
에 관한 이론이라면 주체에서 시작하는 것이 아니라 봉합의 효과
를 설명하는 데서, 즉 주체가 의미의 구조에 가담하는 것이 낳는
효과가 무엇인가를 설명하는 데서 시작해야 한다. 따라서 그 설
명은 주체의 역사 전체에, 그 역사의 무한한 운동에 주목하는 것
이지, 주체와 이데올로기와의 단순한 등가성에 주목하는 것이 아
니다.

IV

담론으로서의 시네마의 실현은 주체-말 걸기인 영화를 통해, 미
완성-완성의 유희를 특정화하는 영화를 통해 매 순간 이루어지

는 생산이다. 위에서의 강조는 유지되어야 하며 약간 더 연장되어야 한다. 한 편의 영화는 수많은 표현의 질료들과 함께, 영화적이고 비영화적인 다양한 약호들과 함께 작용한다. 의미는 특정 영화 '내에서' 그저 구성되는 것이 아니다. 의미는 사회구성체, 관객, 영화 사이에서 순환한다. 한 편의 영화는 의미의 일련의 행위들acts이고 관객은 시간의 다중성 속에 존재한다. 이러한 연결성 속에서 우리는 영화에서 주체로서의 관객의 관계에서 **전구성** *preconstruction*, **구성**(혹은 재구성), **이행**을 구분할 수 있을 것이다. 전구성은 한 편의 영화가 채택할 수 있는 의미의 기존 입장들, 즉 정의, 정치적 논의들, 주제상의 경계들 등으로 이루어진 큰 범주들뿐만 아니라 예컨대 언어 자체의 기호들과 질서들, 색채에 대한 기존의 사회적 관습들, 영화에 관한 이용 가능한 사고들(장르는 전구성의 주요 요소이다)을 포함한다. 구성은 영화 내에서 다소간 통합적인 주체 위치를 영화의 목표, 방향으로서, 그리고 연관된 주체의 전반적인 허구로서 총체화하는 것이다. 이행은 영화의 수행performance, 그 영화를 만드는, 주체로서 선택된 관객의 운동이다. 모든 영화의 이데올로기적 성취는 이러한 심급들 중 어느 하나에만 있는 것이 아니다. 그것은 무엇보다도 영화가 그 세 가지 모두 — 재구성 속에서 이루어지는 전구성의 전유(영화의 구성은 그 상이한 소재들로부터 효과적으로 재구성해 낸다) 및 그 전유의 과정 — 를 유지하는 것에 있다. 고전적인classic 장편 극영화에서 그러한 유지를 가리키는 용어가 바로 내러티브화, 즉 내러티브로의 부단한 전환conversion으로서 이는 관객을 내러티브의 이미지 속에서, 그리고 그 내레이션으로서의 영화 속에서 주체로서 포착한다. 우다르-데이언이 기술한 봉합체계는 이러한 내러티브화의 양식들 중의 하나이다(마찬가지로 여전히 우리는 봉합하는 또 다른 양식들, 특히 이미지와 사운드트랙 사이에서 작동하는 양식들을 검토할 필요가 있다).

한 편의 영화가 전구성의 영역 내에 남아 있는 경우 외에는, 그 영화의 주제의 '긴급성urgency'을 들어 그 영화가 '현대적con-temporary'이라고 말하는 일은 거의 드물다. 하지만 한 편의 영화를 두고, 여기서는 그렇게 [구식이라고] 인식되는 재현의 기호들을 참조하면서, 또한 언표와 언표행위의 정교한 균형 — 이는 '그들의 과거' 대 '우리의 현재'라는 식의 거친 의미에서 역사적인 것으로서 봉쇄된다[과거에는 그러한 균형이 있었으나 오늘날에는 상실되는 바람에 그 균형이 역사적인 것이 되어버렸다는 뜻] — 을 상실했다는 것을 참조하면서 그 영화를 '구식'이라고 특징짓고, 그런 다음 그 특정 영화를 오늘날의 관객에게 '흥미롭다'든지 '재미있다'고 공표해 버리는 것(이는 텔레비전이 영화를 보여주는 것 — 소비하는 것 — 에서 명백하다)은 상당히 흔한 일이다. 따라서 '구식'이 아닌 영화는 가까우며, 그 영화의 담론적 질서화는 우리를 위해 이미지를 통일성 쪽으로 끌어당기고, 그 영화의 의미의 활동은 근접성의 통합성으로 이항된다. 우리는 말 걸기의 구조로 들어가고 그 영화에 가담한다. 관객은 상징적인 것과 상상적인 것 모두로 이루어지는 그 영화의 관계들의 주체로서, 그 영화의 봉합의 주체로 바뀐다. 더욱이 그것은 상당 부분 시간의 문제이다. 관객과 영화 사이에는 다수의 시간들이 존재한다(영화 이미지들을 경험하는 것에 관한 우다르의 설명은 아마도 이러한 강조를 감안할 때 가장 잘 독해될 수 있을 것이다). 그러나 영화는 고전적으로 언제나 그 의미작용적 흐름, 그 균형, 그 내러티브화와 함께 시간 속으로 끌어들여지고, 그럼으로써 그 본질적인 현대성 contemporariness를 생산한다. [영화는] 부단히 당신과 함께 당신을 위해, 당신을 그 내러티브 이미지 속에서 운동시킨다.

라캉은 "무의식의 **맥동하는 기능**"에 관해 이야기한다. "그것이 무엇이든, 한 순간, 그것[무의식]이 열리면서 나타나는 것은 다시 사라지도록… 운명지어진 것처럼 보인다"(*SXI*, 44/43). 그러한 설명의 이면에는 1895년에 출판된 『히스테리 연구*Studies on Hysteria*』에서 프로이트가 발전시킨 의식의 모독defile이라는 사고가 놓여 있다. 프로이트는 "환자의 의식 앞에 있는" 일종의 좁은 통로passage(Engpass) 혹은 좁은 균열(enge Spalte), 즉 분석 치료 중 정지 재개 운동 속에서 기억들이 나타나는 하나의 구멍 aperture에 관해 쓰고 있다. 문제는 그 운동에는 규칙성이 결핍되어 있다는 것이고, 이로 인해 통로는 이런저런 기억에 의해 계속 차단된다. 마치 '사라지기를 거부하는 그림'처럼 말이다. "의식의 '모독'에 관해 말하는 것은 어떤 식으로든 정당화될 수 있다…. 오직 한 번에 하나의 기억만이 에고-의식으로 들어올 수 있다. 그러한 기억을 통해 작업하는 가운데 [기억에] 사로잡혀 있는 환자는 무엇이 그 기억 이후에 밀고들어올 것인지를 전혀 보지 못하며 또한 이미 밀치고 들어와 통과해 버린 것은 잊어버린다. 만일 이 발병원인인 단일한 기억을 제어하는 데 어려움이 있다면 ― 예를 들어 만일 환자가 그 기억에 대한 저항을 느슨하게 풀지 않는다면, 만일 그가 그 기억을 억압하거나 삭제하려 한다면 ― 그 [의식의] 모독은 차단된다. 그 작업은 정지되고 더 이상 그 어떤 것도 나타날 수 없으며 돌파의 과정에 있는 그 단일한 기억은 환자가 그것을 자신의 에고의 호흡 속으로 받아들이기까지는 환자 앞에 남아 있다. 발병원인인 질료가 공간적으로 확장된 것이라 할 수 있는 이 전체 덩어리mass는 이런 방식으로 협소한 균열을 통과하여 끌려나오며 따라서 말하자면 조각조각 잘린 채로 의식에 도달한다. 이것들을 끌어모아 다시 한번, 존재했으리라고 추정되는 상태로 조직하는 것이 심리치료사의 일이다."[38] 그것은 마치 시네마 장치가 탄생하는 순간에 프로이트가 그 장치에 관해 기술하고 있는 것 같다. 차이가 있다면 시네마 장치는 이미지들의 흐름의 지속성, 제시의 통일성, 안정적인 기억을 보장하기 위해 구성된다는 점일 뿐이다.

이렇게 해서 우리는 결국 내러티브화의 문제로 되돌아오게 되는데, 내러티브화란 곧 결속시키는 통합성 속에서 이루어지는 영화의 흐름, 영화를 기억하기, 진행하는 단일 시간의 실현 ― 그 단일 시간 안에서 다수의 시간들이 유희하고 유지된다 ― 의 경제를 말한다. 봉합체계는, 언급했듯이, 쇼트의 시간이 영화의 내러티브 특정화들의 시간 너머에서 주저하는 순간 깨진다(이는 브누아 자코의 〈암살자 음악가 *L'Assassin musicien*〉에서 실연되었다).

한 편의 영화의 주체는 그 영화의 다수의 요소들간의 유희인데, 그 요소들에는 그 영화와 관객이 속해 있는 사회구성체가 포함된다. 그러한 이질성의 조건들 속에서 관객을 점유하지 않는 영화란 없다. 즉 실재를 변함없고 불가능한 한계로 남겨두면서(그 영화를 포함해야만 하는 변형을 의미하기 때문에 그 영화에는 불가능하다) 관객을 상징적인 것과 상상적인 것의 연계, 연결, 관계, 운동 속으로 전위시키지 않는 영화란 없다. 한 편의 영화는 생산된

유희의 어떤 통일성인 하나의 주체를 투사할 수 있으며, 가장 제
한적으로는 하나의 내러티브 이미지를 투사할 수도 있다 — 투사
하려 할 것이다? 결국 봉합은 다중화와 투사의 이중적 과정을 지
칭하는 말이다. 즉 관객이 주체로서 영화와 결합하는 것 — 그 결
합은 언제나 한 편의 영화의 특정한 이데올로기 작용의 영역이다
— 을 지칭하는 말이다.

주

이 논문은 「봉합에 대한 고찰Notes on Suture」이라는 제목으로 *Screen*, vol.
18, no. 4 (1977/8년 겨울호), pp. 48-76에 실렸던 것이다.

1. Jacques-Alain Miller, "La Suture," *Cahiers pour l'analyse* no. 1(1966);
   "Suture," *Screen* vol. 18 no. 4 (1977/8년 겨울호)에 번역됨. 같은 해 같
   은 맥락에서 이 논문에 대한 두 가지 논의가 *Cahiers pour l'analyse*에 실
   렸다. S. Leclaire, "L'analyste à sa place?," no. 1 (1966 pp. 39-51), pp.
   50-2; A. Green, "L'objet(a) de J. Lacan, sa logique et la théorie
   freudienne," no. 3 (1966), pp. 15-37.
2. 참고문헌의 주들이 이 논문을 읽어나가는 데 방해가 되지 않도록 여기서
   는 자크 라캉의 저작들을 관례대로 다음과 같이 표기한다. *É* = *Écrits*
   (Paris: Seuil, 1966); *SXI* = *Le Séminaire livre XI* (Paris: Seuil, 1973);
   SXX = *Le Séminaire livre XX* (Paris: Seuil, 1975). 앞의 두 권의 영역본은
   Écrits: A Selection (London: Tavistock, 1977); *The Four Fundamental
   Concepts of Psycho-Analysis* (London: Hogarth Press, 1977). 이 논문에
   서는 일단 불어본에 근거해 주를 달았고 가능한 부분에서는 영역본으로

달았다("Positions de l'inconscient"는 *Écrits*의 영역본에는 포함되어 있지 않다).

3. J. Lacan, "Conference aux États-Unis," *Scilicet*, no. 6-7(1977), p. 49.

4. 예를 들면 S. Freud, "The Unconscious"(1915), *The Standard Edition of the Complete Psychological Works*, vol. XIV (London: Hogarth Press, 1957), p. 201; 그리고 아래의 논의는 pp. 203-4를 보라.

5. 메츠가 은유와 환유라는 형용법의 정신분석학적 가능성을 상세히 고찰하는 과정에서 보여주었다. C. Metz, *Le Signifiant imaginaire* (Paris: Union Générale d'Éditions, 1977), pp. 251-340.

6. J. Lacan, *L'Identification* (Paris: 1977; 1962년 세미나의 해적판), p. 24.

7. S. Leclaire, "L'analyste à sa place?," p. 51.

8. J.-C. Milner, "L'amour de la langue," *Ornicar?*, no. 6(1976), p. 43.

9. Jean-Pierre Oudart, "La suture," *Cahiers du cinéma*, no. 211 (1969년 4월호), pp. 36-9, 그리고 no. 212 (1969년 5월호), pp. 50-5; 영역본은 "Cinema and Suture," *Screen*, vol. 18, no. 4 (1977/8년 겨울호), pp. 35-47.

10. 특히 다음 글들을 보라(모든 글은 *Cahiers du cinéma*를 출전으로 한다). "Bresson et la vérité," no. 216 (1969년 10월호), pp. 53-6; "Travail, lecture, jouissance"(Serge Daney와 함께), no. 222 (1970년 7월호), pp. 39-50; "L'effet de réel," no. 228 (1971년 3-4월호), pp. 19-26; "Notes pour une théorie de la représentation"(I), no. 229(1971년 5-6월호), pp. 43-5; "Notes…"(II), no. 230 (1971년 7월호), pp. 43-5; "Une discours en défaut"(I), no. 232 (1971년 10월호), pp. 4-12; "Un discours…"(II), no. 233 (1971년 11월호), pp. 23-6.

11. 예를 들면 Pascal Bonitzer, *Le Regard et la voix* (Paris: Union Générale d'Éditions, 1976), pp. 17, 31, 47-8, 105, 130, 140-1을 보라.

12. Daniel Dayan, "The Tutor-Code of Classical Cinema," *Film Quarterly* (1974년 가을호), pp. 22-31. 데이언의 논문에 대한 비판은 William

Rothman, "Against the System of the Suture," *Film Quarterly* (1975년 가을호), pp. 45-50에서 볼 수 있다. 이 두 논문은 Bill Nichols 편, *Movies and Methods* (Berkeley and Los Angeles: University of California Press, 1976), pp. 438-59에 재수록되었다. 여기서는 이 재수록본을 참고문헌으로 활용한다.

13. '시네마적 주체'와 '필름적 주체' 둘 다 우다르의 글에서 나타난다. 후자는 그가 한 편의 영화를 독해하는 과정을 기술할 때, 전자는 그 기술이 어떻게 영화가 담론적으로, 시네마적 담론 가운데에서 작동하는가 하는 문맥 속에서 주어질 때 나타난다.

14. Oudart, "Travail, lecture, jouissance," pp. 45-6.

15. 그렇기 때문에 우다르의 논문을 번역하는 것이 어렵다. cinématographique라는 용어는 cinematic으로 번역되어 메츠의 용법과 부합되면서 기술記述적인 일반성을 묘사한다. 하지만 마찬가지로, 그리고 더욱 적절한 것은 cinematographic으로 번역되는 것일 듯하다. 시네마토그라피의 논리logique du cinématographe는 글쓰기의 논리로서 영화적 담론의 정의인데, 이는 연극적 영화를 시네마토그라프적인 것le cinématographe과 대립되는 것으로 보는 브레송의 용법과 부합된다. "시각적이고 청각적인 텍스트를 형성하는 사운드와 이미지 속에서의 글쓰기"(*Notes sur le cinématographe* [Paris: Gallimard, 1975; 영역본은 *Notes on Cinematography*, New York: Urizen Books, 1977]).

16. Dayan, "The Tutor-Code of Classical Cinema," p. 450.

17. 같은 글, p. 439.

18. 같은 글, p. 451.

19. Rothman, "Against the System of the Suture," p. 454.

20. C. Metz, *Essais sur la signification au cinéma* I (Paris: Klincksieck, 1968), p. 72; 영역본은 *Film Language* (New York and London: Oxford U. P., 1974), p. 67.

21. "The Tutor-Code of Classical Cinema," pp. 439, 449, 450; "Against the

System of the Suture," p. 457.

22. R. Jakobson, "Entretien sur le cinéma," in *Cinéma Théories Lectures* (*Revue d'esthétique*의 특별호) (Paris: Klincksieck, 1973), p. 66.

23. "The Tutor-Code of Classical Cinema," p. 449.

24. Barry Salt, "Film Style and Technology in the Forties," *Film Quarterly* (1977년 가을호), pp. 46-57.

25. "The Tutor-Code of Classical Cinema," p. 447.

26. "Against the System of the Suture," p. 455.

27. Bonitzer, 위의 글, p. 105.

28. 여기에서 간략하게 강조한 논점들 중 일부는 S. Heath, *The Turn of the Subject* (London: Macmillan, 1981)에서 더 자세하게 다루었다.

29. P. Raymond, *Matérialisme dialectique et logique* (Paris: Maspero, 1975), p. 136.

30. M. Pêcheux, *Les Vérités de la Palice* (Paris: Maspero, 1975), p. 136.

31. 같은 책, p. 144-5.

32. 같은 책, p. 145 주.

33. Louis Althusser, "Idéologie et appareils idéologiques d'État," *La Pensée* (1970년 6월호); *Positions*라는 제목의 알튀세르 논문선집 (Paris: Éditions sociales, 1976), pp. 67-125에 재수록됨. 영역본은 "Ideology and Ideological State Apparatuses," in *Lenin and Philosophy and Other Essays* (London: New Left Books, 1971), pp. 121-73.

34. Paul Q. Hirst, "Althusser's Theory of Ideology," *Economy and Society*, vol. 5, no. 4 (1976년 11월호), pp. 404-5.

35. M. Tort, "La psychanalyse dans le matérialisme historique," *Nouvelle Revue de Psychanalyse*, no. 1 (1970년 봄호), p. 154.

36. Pêcheux, 위의 책, p. 148.

37. 같은 책, pp. 122-3.

38. S. Freud, *Studies on Hysteria* (1895), *The Standard Edition of the Complete Psychological Works*, vol. II (London: Hogarth Press, 1955), pp. 291, 296.

영화 수행 4

아폴리네르의 「좋은 영화Un beau film」¹(1907: 이 단편의 원래 제
목은 '판타즘Phantasmes'이었으며 이후 1910년에 나온 『이교도 회
사*L'Hérésiarque et Cie*』에 수록되었다)라는 단편이 있다. 화자인
바롱 도르메장은 어떻게 그 자신과 친구들이 국제 영화사Cine-
matographic International Company ― "우리는 CIC라고 줄여서
불렀지!"― 를 차렸던가를, 그리고 유럽과 미국의 주요 도시들에
서 상영할 '대단히 흥미로운' 영화들을 손에 넣고자 했던가를 이
야기한다. 그러한 영화들이 꽤 많이 조달되었으나 "범죄물이 부
족했다." 그래서 바롱과 친구들은 부족함을 해결하기 위해 스크
린에 올릴 범죄를 그들 스스로 꾸미기로 결정한다. 어느 날 밤 그
들은 파리의 거리에서 데이트하던 커플을 잡아오고, 그런 다음에
는 도박을 하러 가는 중이던 한 남자를 잡아온다. 특별히 세낸 집

에서 모든 준비 — "사진사는 우리에게 사진기구를 설치하게 했고 조명이 적절한지를 살펴보았으며 그 범죄를 기록할 준비를 하고 서 있었지" — 가 이루어진다. 잡혀온 남자는 젊은 연인들을 살해하지 않으면 그가 죽게 될 것이라는 협박을 받고는 그 연인들을 살해한다. 그 범죄는 충격적인 것이었고(희생자들은 외국계 귀족이었던 것으로 밝혀진다) [그것을 찍은] 영화는 선풍적인 인기를 끌었다. "당신도 우리의 성공을 상상해 볼 수 있지 않겠나. 경찰도 한동안은 우리가 그날 실제로 벌어진 살인 장면을 보여주고 있다는 생각은 추호도 하지 않았지. 우리가 그렇게 애를 써서 그것이 실제로 벌어진 일이라고 알려주었는데도 말이지. 대중은 결코 실수하지 않았지. 대중들은 그 영화에 열광했거든…." 나중에 무고한 이가 체포되어 살인죄로 처형당했고 그 영화사는 그 영화의 결말로 덧붙이려고 그 처형 장면을 정식으로 기록한다. 바롱은 자신이 영화 장사에 뛰어들어 번 돈이 대략 얼마인가를 말하는 것으로 이야기를 마친다.

좋은 영화라는 제목의 이 좋은 영화에서 범죄는 영화 자체, 즉 영화의 시간과 영화의 수행 — 영화가 시간을 수행하는 것 — 이다. 아폴리네르가 1907년 영화라는 새로운 매체에 매혹당하면서 살인에 관한 이야기에, 즉 영화와 범죄의 관계에 즉각 이끌린 것은 우연이 아니다. 영화는 바로 죽음으로 몰고가는 것, '작업 중인 죽음'을 보여주는 것이기 때문이다(콕토가 말한 '작업 중인 죽음 la mort au travail' [2]). 영화는 시간 속에서의 일련의 정지들 — 각각의 프레임을 시간에 맞추어 정지시킨 것 — 로 이루어져 있으며, 그 끊임없는 일련의 정지들에 기반해서 운동하는 리얼리티를 재구성할 수 있게 된다. 여기서 리얼리티는 연속되는 프레임들이 스크린 위에 등장하는 바로 그 순간, 그 현재의 현전이 사라져감에 따라 끊임없이 깜박이며, 연속성과 통합성을 유지하기 위한 **책략**으로 채워져 있다. 모든 영화는 극영화fiction film이다. 일단 그 범죄 장면을 '현실reality 자체'의 인상으로 재구성하게 되면 — 분열과 절합의 실천 — 그 장면은 손대지 않은, 침해당하지 않은 것이 되는 것이다. 그럼에도 불구하고 영화가 스펙터클로서 손님을 끄는 양식으로서, 부재 속의 현전의 양식으로서 가동시키는 거리 속에서, 필름 상의 실제 시간은 영구히 지나가버린 필름 상에서 보여지는 실제 시간과 동일한 실제 시간이 아니다. 그렇기 때문에 바롱의 관객들에게는 아무런 문제도 없다("대중은 결코 실수하지 않았지"). 그들은 그 범죄를 보는 것이 실제이며 또한 실제가 아니라는 것을 알고 있기 때문이다. 그들은 안심하고 리얼리티의 허구 속에 빠져드는 것이다(그리고 범죄는 바로 영화 속에 있을 뿐이다). 이것이 바로 순수한 기억의 시네마적 체제로 기술되었던 것의 맥락이다. "모든 것은 부재하며 모든 것은 기록된다. 이전에 다른 무엇이었던 것이 아닌, 동시적으로 기록되는 하나의 기억 흔적으로서 말이다."[3] 기록과 리얼리티는 항상 부재의 조건으로서 현전하는 흔적들의 체계로서 공존한다. 영화의 허구는 '현실의 기록'이며, 시네마의 전체 상상적 기표는 **기억-스펙터클**인 것이다.

　시네마는 리얼리티의 기억으로서, 포착되고 현시되는pre-sented 리얼리티의 스펙터클로서 창설된 것이다. 하지만 모든 현시는 재현 — 하나의 생산물, 위치들과 효과들의 구성 — 이며 모든 재현은 수행 — 그 생산물과 구성의 시간, 그 위치들과 효과들의 실현의 시간 — 이다. 이후에 이루어질 강조를 예견하건대, 그것이 바로 아방가르드적 — 그리고 정치적 — 영화 실천이 필연적으로 재현의 실제 기능에 주목이나마 하게 된, 그럼으로써 수행의, 영화 수행의 문제들에 직접적으로 관심을 갖게 된 이유이다. 이러한 주목과 문제들은 '좋은 영화'의 한계, 시네마 제도의 한계들을 제기하는 것이다.

우리 '선진 사회들'에서의 재현의 고전적인 형식들에서는 일관성과 통일성의 체계가 작동하는데, 그러한 일관성과 통일성의 체계는 이질성 — 움직임, 차이, 모순, 사라짐 — 을 감추는 완결 전략들을 가지고 재현물의 구조화 과정을 보완한다. 일관성과 통일성을 갖춘 재현 체계들이 그러한 이질성을 효과적으로 봉쇄하고 해결해 버리는 것이다. 그러한 체계들의 극단 — 혹은 지평 — 은 리얼리즘이 재-현이라고, 즉 리얼리즘은 기록된, 혹은 인화된 삶을 단순히 전달할 뿐이라고 하는 순진한 태도이다. 이러한 지평의 19세기적 표현인 '사진적 리얼리즘'은 의미심장하게도 그러한 순진함을 가지고자 했다. 여기서 '의미심장' 하다는 것은 카메라 및 카메라가 결속되어 있는 모든 것(물론 여기에는 필름이 포함된다)이 갖는 상상력의 힘(카메라가 만드는 지시관계reference, 카메라 이용의 조건들) 때문이다. 하지만 그러한 리얼리즘은 일종의 인용의 잠재성으로서(사진은 19세기에 그-절대적-정체성-속에 있는-리얼리티-자체를 표시하는 하나의 시장으로서 급격하게 발전할 수 있었다), 일종의 실재의 기본적 통화currency로서(따라서 사진은 역으로 사진을 보증하며 사진의 표준이 되는 리얼리티의 자산이 된다), 그러나 특별한 기획들 속에서 **활용되고 투자되어야만** ― 그리고 사실상 실현되어야만 ― 하는 잠재성이자 통화로서 요구되고 구상되는(믿어지는), 바로 그러한 하나의 지평이다. 다시 말해 그 리얼리즘은 결코 재현의 종말이 아니며 재현 ― 통합성과 통일성의 체계적인 생산, '주체'와 '리얼리티'의 위치들과 효과들의 구성 ― 을 고갈시킬 수도 없을 것이다. 리얼리즘은 오직, 그리고 무엇보다도, 직접적인straight 전송이라는 순진한 주장 속에만 있는 것으로서, 어디까지나 재현 체계의 하나의 이미지 ― 최종적 형상 ― 일 뿐이며 이미지는 그 체계 속에 속해 있다. 그 체계는 위치와 효과를 낳으면서, 주어진 리얼리티를 위해 시간 속에서 이루어지는 주체의 끊임없는 수행, 즉 주체-시간의 수행이다.

주체-시간의 수행 자체는 하나의 복합적 시간으로서, 함께 겹쳐져 있는 두 가지의 변함 없는 계기들인 주체-반영과 주체-과정(영화가 수행하는 주체-시간인 그 둘의 중첩과 균형) 사이에서 단계적으로 조정된다phasing ― 이 언급은 고전적 내러티브 시네마, 즉 영화의 상업적 이용에 관한 것이다. 주체-반영은 내러티브 효과이다(혹은 일련의 효과들이다). 내러티브는 차이들의 연쇄 ― 이미지와 사운드의 다수의 강렬함의 흐름 ― 의 운동 속에서 그 연쇄 운동을 위한 조건들을 규정하고 관계들을 특정화하며 그러한 관계들의 방향으로서의 주체를 반영하고, 보이는 것view과 보는 자viewer의 통합성을 생산한다. 내러티브의 효과로서 주체-반영은 핍진성vraisemblable의 질서 속에, 즉 중심으로서의 자격이 있다고 확증된 주체에게 가해지는, 관계들의 성취된 통일성이 갖는 환상적 질서 속에 있다("판타지는 핍진성을 정초한다"

라고 라캉은 영화에 관한 그의 보기 드문 고찰에서 쓰고 있다[4]). 그럼으로써 그 영화는, 그 영화가 충족된 욕망의 시나리오 속에 포함시키고 그 시나리오 속에서 창조하는 주체를 위해, 즉 상상적인 것의 일관성에 묶여 있는 주체를 위해 제시된다. 주체-반영에 동반되는 주체-과정도 바로 그런 것이다. 과정이란 체계의 모든 요소들이 그 체계의 생산-수행 속에, 재현의 장치 전체 속에 있는 것으로서, 다중적 순환이고 차이의 영구적인 운동이며 모든 상상적 중심에 대항하는 상징적인 것의 관철이다. 그 순환의 종결이 주체-반영 — '주체'라는 바로 그 허구 — 이지만 그 순환은 언제나 그것이 실현할 수 있는 종결 이상의 것이다. 주체-과정이란 바로 그 '이상의 것'이기 때문이다.

주체-과정과 주체-반영이라는 두 가지 계기는 위에서 말했듯이 단계적 조정*phasing* 속에 있다. 물리학에서 하나의 단계란 운동이나 변화들의 계속적인 연쇄 — 예를 들면 하나의 파동이나 진동에서처럼 — 속에서의 특별한 변화 혹은 지점이다. 내러티브 영화의 재현체계를 확립하는 데서 관건이 되는 것은 그 두 가지 계기들 혹은 단계들이 함께 끊임없이 전환하면서 계속해서 다시 균형을 잡는 것이다. 그 체계는 반영을, 통일성의 이미지들을 성취하지만, 그러한 반영이나 통일성 또한 생산된 것인 만큼 체계는 그러한 이미지들 및 그 반영의 과잉 속에 있게 된다. 그럼에도 불구하고 내러티브는 그 과잉 속에서 과잉의 생산을 봉쇄하기 위해 나타나는 것이다. 재현은 순환과 고정성의 미장센 속에서 효과적으로 유지되는데, 이 순환과 고정성이 바로 주체로서의 관객이 과정-과-반영인 그 둘[순환과 고정성]에 대해 행하는 수행으로서, 과정과 반영 각각은 서로를 조건으로 하여 — 단계적 조정,

균형[의 성취] — 유지된다.

재현의 수행이 갖는 기능과 기능성은 주체로서의 개인이 언어 속에서의 의미와 맺는 관계들을 분석적으로 고찰해 보면 더욱 쉽게 파악될 수 있다. 그러한 작업 — 무엇보다도 정신분석학이 제기한 문제들에 응답하는 언어학에서 나온 — 은 언표의 주체와 언표행위의 주체 간의, 제안 혹은 진술 속의 주체와 그 제안이나 진술을 만드는 행위의 주체 간의 구분의 중요성을 인식하고 있다. 따라서 고전적인 역설적 사례인 '나는 거짓말하고 있다'라는 발화에서 언표된 주장의 주체가 그 주장의 언표행위의 주체와 다르다는 것은 자명하다. 그 '나'는 동시에 두 층위에서 '거짓말할' 수 없는 것이다. 발화가 의미를 갖기 위해서는 '나'의 분열이 필요하다. 프로이트 자신도 꿈속에서 에고의 다중적 출현을 '나는 내가 정말로 건강한 어린이였다고 생각한다' 같은 유형의 문장들에서 이루어지는, 앞에 나온 어구와 조응하는 대명사화라고 하는 흔한 사실과 비교하면서, 언어 속에서의 주체의 이러한 분열을 인유하고 있다. 또한 최근에는 라캉의 정신분석학 이론 역시 주체성의 구성과 과정에 관해 기술하면서 언표/언표행위의 구분에 관심을 기울여왔다.[5] 언어 속으로의, 혹은 언어 속에서의 이행 passage은 분열하며 그러한 분열 속에서 개인을 주체로 만드는 효과를 낳는다. "원인은 기표이며 기표 없이는 실재적인 것 내에 어떠한 주체도 없을 것이다."[6] 다시 말해 주체는 차이의 구조의, 상징적 구조의 시작이 아니라 결과이며 그 결과는 결핍 — 분열 — 을 나타내는 지표인데, 여기서 결핍은 "언어 속에 있는 주체의" 끊임없는 "드라마"이며 욕망의 기입이고 전체성의 상상적 질서를 정교화하는 것이며 일련의 이미지 — 그 속에서 에고는 총체성으로서의 해소resolution를 추구한다 — 이다. "어떤 이미지가 욕망의 전체 비용을 담지하고 있는 위치를 취하는 것은 그것이 바로 이 결핍의 순간을 이겨내기 때문이다. 투사, 상상적인 것의 기능…"[7] 주체의 정체성의 구성은 교환의 운동으로서 그 운동은 끊임없이 언표의 주체와 언표행위의 주체 사이에서, 상징적인 것과 상상적인 것 사이에서 균형을 잡기 위한 것이다. 요컨대 언어 자체 속에는 주체의 영구적인 수행이 존재한다. 즉 [주체의 수행은] 영구적이고 무한하며 결코 종료되지 않는다. 그것은 언어 속으로의, 언어 속에서의 끝없는 이행이며, 따라서 고도로 발달된 형태의 사회적 주목과 사회적 규제를 받는 지점이다. [주체의 수행은] 의미의 드라마를 상연하고 응집성과 정체성의 생산을 반복하며 허구와 이미지들을 제공하기 위한, 즉 **의미가 통하게 하기** 위한 제도들의 결정이다.

시네마도 그런 제도의 하나이다. 이런 맥락에서 주체-반영과 주체-과정이라는 두 계기들을 다시 참조하면서 앞에서 언급했던 영화에서의 주체의 수행에 대한 기술을 좀더 발전시켜 설명할 수 있다. 제도 시네마의 산물인 내러티브 영화들에서는 만들어내고 되돌려놓는 활동이 이루어진다. 운동과 유희는 계속되지만 언제나 관객을 장악하는 쪽으로 되돌려지는데, 그러한 장악은 바로 그 운동과 활동 전반에 걸쳐 규정되는 것이기 때문이다. 한편으로 영화는 흐름과 순환을 열어놓으며, 또한 하나의 상징적 생산으로서, 그 생산 속에서 통일성과 위치는 끊임없이 미끄러지고 결핍된다. 즉 현재의 간극 속에서 연기되고 상실된다. 그것은 '작업 중인 죽음'(모든 영화는 잠재적으로 위험하다)인 것이다. 다른 한편으로 영화는 내러티브에 의해 하나의 총체로서 이해된다. 또한 영화는 분열되지 않은 현재와 관객이 맺는 상상적 관계인데, 현재는 욕망(영화를, 그 속에 등장하는 사람들을, 영화 속에 보이는 사물들을 좋아하는 것) 성취의 이미지들로, 전체성의 허구들('그 영화'라는 대상을 관객이 지배하고 있다는 허구를 포함하는)로 가득 차 있다. 정확히 영화는 생산의 요소들이 결속되고 해소되는 기억-스펙터클이다. 또한 영화는 통일성의 재현이고 재현의 통일성이다. 첫 번째 것은 언표 주체의 상실에 처해 있고, 욕망의 긴장들 속에서 재추적되며, 과정 속에 놓여 있다. 두 번째 것은 언표 행위 주체의 부정negation이고 반영의 정지상태이다. 결정적인 것은 어느 하나가 아니라 그 둘이 함께 작용하는 것(중첩, 단계적 조정)이다. 내러티브는 영화를 차근차근 연결해서 이야기해 주고 영화를 그러한 연결된 이야기로서 [관객에게] 부여하면서 그러한 연결, 즉 봉합을 만들어낸다. 내러티브는 상상적인 것을 특정화하는 것일 뿐만 아니라 상징적인 것의 한계를, 허용된 유희의 한계를 정하는 것이기도 하기 때문이다. 영화는 당신을 위해 기억하는 것이며 당신을 기억하는 것이다. 즉 참을 만한 정도로 — 바로 이것이 내러티브의 초점이다 — 의미와 정체성의 드라마를 기억하는 것이다. 바로 이것이 [단계적 조정] 작용의 기능이다.

그렇다면 내러티브 영화는 재현과 주체의 수행 속에서 어떻게 작동하는가? 그러한 질문에 대답하려면 다음과 같은 세 가지 요인을 고찰해야 할 것이다. i) 동일시의 기본적인 장치, ii) 내러티브화, 즉 영화에서의 내러티브의 정교화 및 제시된 기억과 스펙터클의 조건, iii) 정교화된 내러티브의 이데올로기적 범주인 소설

192 영화에 관한 질문들

적인 것.

내러티브 영화에서 사용되는 기본적인 동일시 장치에 관해 기술
한다는 것은 곧 시선의 중요성에서 시작한다는 뜻이다. 고전적으
로 시네마는 서로 연결되고 교차하며 연속되는 일련의 '시선들'
에 의존한다. 따라서 1) 카메라는… 누군가를, 무엇인가를 본다
(여기서 카메라가 본다고 하는 것은 시네마가 가정하는 일종의 은유
이다) : 전영화적인 것, 2) 관객은… 영화를 본다 — 혹은 관찰한
다 : 영화, 3) 영화 속 등장인물들 각각은… 다른 등장인물들, 사
물들을 본다 : 다이제시스 내적인intradiegetic 것. 이러한 연쇄는
어떤 가역성을 갖고 있다. 한편으로 카메라가 보며 관객은 또 카
메라가 보고 있는 것을 보며 따라서 영화 속에서 보고 있는 등장
인물들을 본다. 다른 한편으로 관객은 영화 속에서 보고 있는 등
장인물들을 보는데 그것은 영화를 보는 것이며 카메라가 '보고
있는' 것을, '본' 것을(부재 속의 현전) 찾아내는 것이다. 더욱이
첫 번째와 두 번째 시선 중 어느 것이 '선차적'인지, '기원'인지
는 계속 바뀐다. 카메라의 시선은 영화를 봄으로써만 발견되지만
카메라의 시선은 영화를 보는 행위의 조건 — 조건들 중 하나 —
이기 때문이다.

다중적으로 릴레이되는 동일시(각각의 경우에 세심하게 특정
화될 필요가 있는 용어로서 지금 중요한 것은 단지 그 다중성을 강
조하는 것이다) 패턴을 위한 틀을 제공하는 것은 바로 이러한 시
선의 연쇄이다. 첫 번째와 두 번째 시선 사이에서의 전환은 관객
이 카메라와 동일시하게 한다(이러한 동일시는 엄격하게 구성되
는 것으로, 이를테면 카메라의 움직임에 상당한 제약을 부과한다).

영화를 본다는 것은 곧 관객이 사진 이미지(사진 자체의 사실이 요구하는 위치의 특수한 조건)와, 이미지 속에 제시된 인물('스크린 상에 있는' 인간 존재라는 유혹물 및 그러한 유혹물의 필요성)과, 사진 이미지들의 흐름이 의미를 갖게 하는 내러티브(영화 전체에 걸친, 관객을 위한 안내선이자 그 영화를 지적으로 이해하면서 수용할 수 있기 위해 채택되어야 하는 토대)와 맺는 동일시 관계들에 포함되는 것이다. 마지막으로 등장인물들의 시선은 다양한 '시점' 동일시의 확립을 허용한다(관객은 가까운 곳에서부터 등장인물의 시선의 위치에 이르기까지 등장인물과 함께 보며, 혹은 한 등장인물이 되어, 어떤 점에서 '주관적인' 이미지를 본다).

그러한 장치의 힘은 그 장치가 부추기고 또 통제하기도 하는 유희에 있다. 어떤 이동성이 주어지지만 ― 상이한 층위들, 다양한 릴레이들을 가로질러(그 이동성의 특정 버전인 장르와 함께) ― 그러나 그것은 철저히, 관객을 끊임없이 붙잡을 수 있도록, 시각의, 정확히는 '하나의 시각'의 통합성을 묶어놓는 방식으로 이루어지는 ― 효과적으로 릴레이되는 ― 것이다. 바쟁이 장 콕토의(그리고 장-피에르 멜비유의) 〈무서운 아이들 *Les Enfants terribles*〉에 나오는 이본느 드 브레의 쇼트에 매료되었음을 기억해 보라. "그 쇼트의 대상은 그녀가 보고 있는 것이 아니고 그녀의 시선도 아니다. 그것은 그녀가 **보고 있음을 보는 것**이다."[8] 시선과 동일시의 장치는 그러한 위치의 허구를 위한 기제이며 시네마는 '보고 있음을 보는 것'이 갖는 총체화하는 안정성 속에서 한 편의 영화의 광경과 관객(그 광경의 초점)을 제도화한다. 그러므로 유희는 [무엇인가를] 위한 유희이다. 영화에 흡수된 관객은 통제mastery 속에서 재확립되기 위해 산포된다. 장치란 곧 영화의 주체 시각subject vision의 유효성availability이다.

더욱이 주체 시각은 한 편의 영화가 **청취될 수 없음**을 뜻한다. '말하는 그림'의 체제는 사운드를 내러티브 음성의 안전한 공간으로서 봉쇄하고 그 음성을 장치 속에서, 장치를 위해 봉쇄하는 체제이다. 이런 점에서 의미있는 위계적 교압기綾壓器가 있다. 이미지야말로 가장 강력한 것이며(이것이 시네마의 본질이다. 사람들은 영화를 보기 위해 돈을 낸다) 사운드트랙은 하나의 보충이라는 것이다(역사적으로 사운드트랙은 종종 이미지의 명징성에 대한 잠재적 위협으로 간주되었다). 하지만 동시에 음성으로서, 대화로서의 사운드트랙은 이미지들을 장면들 속에 배치한다는 점에서 지배적이다(이는 그 위협을 피해간다). 영화는 말이 다 소진될 때, 오직 '끝The End'이라는 말 외에는 아무 말도 남지 않게 될 때 멈추게 되는 것이다. 그것이 바로 영화의 사운드 작업이 그토록 근본적인 문제이자 아방가르드 실천의 관심사가 되었던 이유이다. 유럽에서의 사례들만을 인용하자면 고다르에서부터("사운드에 대항하는 이미지, 이미지에 대항하는 사운드의 투쟁") 스트로브-위이예(상업영화에서의 배치나 장면들과는 반대로 직접적인 사운드와 함께 촬영하는 것), 뒤라스(이미지에 대한 그 '비굴한 근접성'으로부터 떨어져나온 음성, 이미지들의 침묵을 뒤덮는 음성들의 복수複數 공간의 창조)에 이르기까지 말이다. 장치 속에서 성취된 사운드와 이미지의 관계를 교란하는 것은 수행을 교란하는 것이고 시각의 전체적인 통합성을 파괴하는 것이다.

이런 식으로 설명되는 장치는 모든 고전적 내러티브 영화에서 리메이크되고 확증되는 기초로서, 그 층위들은 내러티브의 정교한 가공이 그 영화를 장악하여 종결시키듯이 그렇게 함께 용접된다.

"보러 가자…. 아니, 벌써 봤어." '벌써' 라는 문제 — '한 번' 이라는 의미에서 — 가 바로 영화들의 문제이다. 영화들은 내러티브로서 포착되고 종결되기 때문이다(독립 시네마는 상업적 생산의 조건 바깥에서, 그리고 고전적 내러티브 영화들에 의식적으로 저항하면서, '한 번 봤다' 고 말하는 것이 불가능한 영화들을 성취하고자 한다). 내러티브는 영화의 다중적 절합들을 단일한 절합으로 봉쇄하고 그 이미지들을 단일 이미지로 봉쇄하며('내러티브 이미지' 는 영화의 현전이고 영화가 이야기될 수 있는 방법이며 영화가 사고 팔릴 수 있는 근거이며 영화는 바로 그 '내러티브 이미지' 로서 — 예를 들면 영화관 밖에 전시되는 영화의 스틸 사진들에서처럼 — 재현된다) 그 사운드들을 이미지의 단일한 기록으로 봉쇄한다(그렇기 때문에 영화를 듣는 것에 관한 아방가르드적 질문이 나오는 것이다). 영화를 다시 보기 위해서는 그 영화가 당신을 구성하는 그 기억을 한 번 더 가질 수 있도록 — 한 번 더 직접적으로 그 기억으로 있을 수 있도록 — 그 영화를 잊을 필요가 있다. 내러티브로서의 영화의 마지막 시간은 정체성의 시간, 중심 원근법의 시간, 일회성oneness의 시간이며, 통일되어 있고 통일하는 주체의 시각이자 그 시각의 반영이다.

내러티브는 상징적인 것과 상상적인 것을, 과정과 반영을 연결시킨다. 그러한 연결, 즉 내러티브의 정교한 가공을 내러티브화라고 부를 수 있다. 내러티브는 궁극적으로 그려지는 영화의 허구이고 종결이다. 내러티브화는 내러티브로서의 영화의 복잡한 작용이자 그 작용 속에서 관객을 주체로 설정하는 것이다. 관객은 내러티브 관계들을 위해 주체로서 자리잡히고 그 관계들의

반영 속에서 구성되지만 그 자리잡힘, 관계들, 구성은 주체로서
의 관객에게 흥겨움을 주는entertain ― 장려되고 점유되며 계속
나아가게 만들고 유지시켜주는('엔터테인먼트'의 어원) ― 과정
이다. 다시 말해 주체로서 관객은 영화 전체를 이해하고 영화와
함께 간다. 내러티브화는 관객이 '[영화와] 함께 [영화] 전체를
all over together' 이해하는 것을 보증해 준다. 따라서 한 편의 영
화는 앞에서 언급한, '벌써' '한 번'이라고 하는 내러티브의 문
제 이상의 것이다. 영화를 다시 보기 위해서는 그 영화를 잊을 필
요가 있지만 그러나 언제나 그 영화를 다시(이 영화나 또 다른 영
화, 즉 극장에 다시 가는 것을) 필요로 하게 된다. 즉 당신은 그 과
정을, 바로 그 수행의 시간을, 영화가 시간 속에서 당신 ― 주체
― 을 수행하는 것을 필요로 하게 된다.

　　기억하기로서의 수행, 기억의 생산. 이것을 강조하는 것은 적
어도 우선은 기억이 징후적으로 영화에서 너무도 결정적인 논제
였다는 점 ― 〈비밀의 문Secret Beyond the Door〉이나 〈추적
Pursued〉, 〈마니Marnie〉, 〈모르는 여인의 편지Letter from an
Unknown Woman〉처럼 전적으로 기억하기로서 조직된 영화, 혹
은 〈의혹Suspicion〉처럼 조니(캐리 그랜트)가 아무것도 기억하
지 못한다는 것과 리나(조운 폰테인)가 결코 해소될 수는 없지만
의혹(이 영화가 관객을 위해 마련한 심리학적 범주)을 느끼게 하는
기억의 단편들을 축적하는 것에 의존해서 줄거리가 짜여 있는 영
화를 생각해 보라 ― 을 주장하는 것이 아니다. 또는 시네마 자체
가 하나의 특정한 기억 체계라고, 기억이 순간적으로 남기는 흔
적들이라고 다시금 주장하는 것도 아니다. 오히려 그것은 영화
내내 내러티브의 정교한 가공이 갖는 기억의 힘을 지적하는 것의

문제이다. 고전적인 시네마에는 내러티브의 틀 — 세트 — 내에서의 자유로운 유희가 존재하는데, 내러티브의 정교한 가공은 이미지들의 분기적 흐름을 한 방향으로 조금씩 나아가게 하며, 합법성을 구성하고(무엇을 보여줄 것인지, 무엇을 들려줄 것인지, 어떤 것을 연관시킬 것인지, 정당성의 맥락은 무엇인지), 시점을 통제한다. 다시 말해 내러티브화는 연속적인 기억의 양식이고 관객은 위치 속에서, 주체 통일성 속에서, 영화 전체에 걸쳐 마치 '기억되는' 것과 같다(그것이 바로 이 과정 속에서, 사지가 잘려나가는 것을 보여주는 이미지들이 〈조스*Jaws*〉에서 보듯이 그처럼 강력하고 돈벌이가 되는 주제를 제공하는 이유이다). 그러한 기억하기와 함께 그 영화의 매 순간에 어떤 압력이, 즉 끊임없는 동시적 운동의 산포와 결속이 존재하며(그렇기 때문에 안전하게 즐거울 수 있는 주제로서 손발 자르기가 나타날 수 있는 것이다), 순환하는 주체, 그 순환으로부터 나와 고정되는 주체가 존재한다. 그 영화의 즐거움은 그 둘을 중첩시키는 것에, 균형과 수행에, 기억하기와 기억에 있다.

정신분석학적으로 볼 때 내러티브는 내러티브의 토대를 보장하는 장치와 함께 영화를 알려진, 그러나 부인된 거세의 유희 속에서 지탱시킨다. 즉 차이와 상징적인 것의 과정 속에서 대상은 상실되고, 그 과정을 고정된 기억, 어떠한 공격에도 상처 입지 않는 상상적인 것의 반영으로 전환시키고 나면, 대상은 다시 획득되고 아울러 주체의 지배권mastery도 다시 획득된다. 페티시즘의 구조와 흡사한 영화의 기억-스펙터클의 구조는 '일회적인one time' 영구적 스토리이며 안전한 허구들과 함께 영구적으로 다시 이루어지는 발견이다. 고전적 내러티브 영화들이 그토록 자주

'장면'의 매혹에, 즉 [조명을 받아] 빛나는 완벽한 이미지의 극적 순간에, 그리고 '여성'의 이미지("보고 있는 그녀를 보는 것")에 주의를 뺏기는 것은 우연이 아니다. 〈모르는 여인의 편지〉에서 모델 일을 하는 리사(조운 폰테인)의 빛나는 몸매가, 〈모로코 *Morocco*〉에서 에이미 졸리(말레네 디트리히)가 처음 카바레에 등장할 때의 모습이 그러하며, 〈실비아 스칼렛 *Sylvia Scarlett*〉 같은 영화에서 장면과 이미지의 눈에 띄는 처리나 페티시즘을 보여주는 영화적인 무대는 말할 것도 없다. 더욱이 장면과 이미지의 일상적인 필연성을 가리도록 해서는 안되는 사례들이 아주 많은 영화에서 종종 발견된다.

영구적이라 함은 '일회적인' 스토리, 발견된 이미지가 영화에서 영화로 반복되면서 [영화]산업의 안정적인 생산을 낳는다는 뜻이다. 기억하기는 계속해서 발생하며 끊임없이 귀환한다. 고전적 내러티브 영화는 반복의 특수한 경제와 함께 작동한다. 어떤 텍스트의 통합성은 새로운 정보들, 진행의 지점들, 앞에 나온 것에 조응하는 소환들, 속도를 붙이고 결합시키는 연계들의 평형상태를 지속적으로 유지하는 데 달려 있다. 그 특수한 경제의 한 부분은 병합, 빈틈없는 총체화라는 극단적 경향을 위해 영화 속에서 내러티브를 이용한다. 영화는 요소들 — '형식'과 '내용' 모두의 — 이 재생산되고 전환되고 마치 거울에서처럼 대칭적으로 되돌려지는 일련의 운율들 속에서 조합된다. 예를 들면 〈악의 손길 *Touch of Evil*〉에서 퀸란(오슨 웰스)/타냐(말레네 디트리히)가 나오는 두 시퀀스는 영화의 처음과 마지막에 서로에게 응답하는 것으로서, 두 번째 시퀀스는 첫 번째 시퀀스의 요소들을 되가지고 와서 전도시키며 영화 전체가 그 끝에서 다시 원점으로 돌아가고 있다. 하지만 이러한 대칭, 흠 없는 장면으로서의 그 영화 자체의 매력은 내러티브를 정교하게 다듬은 결과인데, 이와 동시에 내러티브는 필요한 진행과 질서를 영화에 부여한다. 절대적으로, 반복은 방향의 부재이며 통합성의 실패이다. 욕망의 힘든 시간을 폐기하기 위해 동일한 것으로 귀환하는 것은 바로 그 순간에 피할 수 없는 차이를 소생시키며 '동일성'과 '차이'라는 양 극단을 낳는다. 그 경계, 그 최후의 지평은 따라서 죽음, 즉 동일성과 차이의 궁극적인 붕괴이자 사심없음의 순수한 총체성이다. 프로이트가 어떻게 반복을 충동의 본질로 볼 수 있었는지, 육체적 기능에 관한 그의 후기의 설명에서 죽음 충동에 근본적인 장소 — 쾌락 원칙을 넘어서는 장소 — 를 부여할 수 있었는지를 기억해 보라. 한 편의 영화의 내러티브 연결은 차이 — 차이, 욕망의 무한한 유출, 죽음의 지평 — 를 허구(소환과 진전의 통합성)의 균형 속에 다시 던져넣으며, 따라서 주체의 역사적 기능을 유지한다("죽음 충동은 본질적으로 주체의 역사적 기능의 한계를 표현한다"[9]). 반대로 고전적 내러티브 질서와는 거리가 먼, 아방가르드 영화에서의 반복의 전개는 그러한 기능에 대한 위협을 수반한다. 이러한 위협은 흔히 '지루함'이라는 공통적 반응으로, '아무 일도 일어나지 않는다'는 — 물론 많은 일들이 일어나기는 하지만 '주체'의 수행이 일어나지 않을 뿐이다 — 조바심으로 번역된다.

"부르주아지가 대중들에게 실재를 위장하기 위해 회화와 소설 외에 다른 것을 발견해야 했을 때, 즉 새로운 대중 커뮤니케이션의 이데올로기를 창안해야 했을 때, 그 이름은 바로 사진이었다."[10] 고다르의 언급은 적어도 이를 강조하고 있다. 영화는 소설적인 것의 생산-재생산을 위해 소설의 대안이자 계승자인 사진에서 발전해서 이용되었다는 것이다. [여기서] 소설적인 것이란 소설에서처럼 영화에서 정교하게 가공된 내러티브의 이데올로기적 범주이다. 소설적인 것의 제목은 **가족 로맨스**이다(혹은 최근 히치콕 영화가 그려냈던 것과 같은 〈가족 음모*Family Plot*〉이다). 소설적인 것이 다루는 문제는 개별 의미의 형식들을 기존의 사회적 재현의 한계 내에서, 그 재현들의 결정적인 사회적 관계들 내에서, 개인이라는 허구의 공급과 유지 내에서 어떻게 규정할 것인가 하는 문제이다. 소설적인 것이 조우하는 역사적 현실은 정체성의 영구적인 위기인데, 그 위기는 개인-주체의 역사를 기억함으로써 영원히 해소되어야만 한다. 내러티브는 개인을 주체로서 재이미지화하는, 즉 안전하게 협상되고 재전유된 과거의 통합성으로서 정체성을 재현하는 소설적인 것으로부터, 영화 기억을 끌어내 배치한다 — 법으로서 정한다. 여기서의 과거는 영화 '속의' 과거이고(기억 자체는 영화에서 정기적으로 나타나는 주제들이다. 〈시민 케인〉의 어린 시절, 〈세인트루이스에서 만나요*Meet me in St. Louis*〉의 노스탤지어, 그리고 빼놓을 수 없는 오이디푸스 — 악마에 사로잡힘에 관한 영화인 〈엑소시스트*The Exorcist*〉는 신들린 소녀의 사라진 아버지에 관한 질문 속에서 전개되지 않을 수 없는 영화이다) 영화 '의' 과거이다(처음부터 끝까지 이미지들이 연속적으로 서로 연결되는 것, 관객을 시간 속에서 그 이미지들의 관계를 통일하는 위치 — 주체 — 로서 유지하는 것).

'가족 로맨스'라는 표현은 프로이트에게 빚진 것으로서(1909년에 출판된 한 논문은 「신경증 환자의 가족 로맨스Der Familienroman der Neurotiker」에 관한 것이었다), 이는 결코 예기치 못했던 뜻밖의 것이 아니다. 결과적으로 정신분석학은 또 다른 측면에서 소설적인 것이다. 정신분석학은 소설적인 것 속에서, 그리고 소설적인 것을 배경으로 하여 그 용어들, 사례들, 운동들, 이유들에 관한 비판적 지식을 발전시켰기 때문이다. 도라, 쥐 사나이, 또는 늑대인간의 사례들은 프로이트가 쓰고 있듯이 정확히 뒤집힌 소설들이며 소설적인 것을 실연하는 옛 기록들인 것이다.

그것은 결코 우연이 아니다. 그러나 그러한 필연성을 우리도, 정신분석학도 종종 알아보지 못하고 있다. 사회구성체 바깥에는, 즉 의미의 위치들을 포함하고 정의하며 이데올로기적인 장소들을 특정화하는 사회적 과정 바깥에는 어떠한 주체도 없다. 하지만 이러한 포함, 정의, 특정화가 개인 주체에 관한 모든 것을 말해 주는 것은 아니다. 그것은 실천에 관해 아무것도 말해 주지 않을 뿐만 아니라 그러한 포함, 정의, 특정화를 위해 개인을 구성하는 것의 구체적인 역사에 관해서도 아무것도 말해 주지 않기 때문이다. 정신분석학이 알아보고 열어젖힌 것(프로이트가 발견한 신대륙), 정신분석학이 자신의 분야로 받아들인 것은 바로 이 후자의 영역이다. 하지만 다시 처음으로 돌아가자면, 정신분석학이 다루는 실제 역사는 여전히 직접적이고 즉각적으로 사회적인 것이다. 그 역사는 사회적 과정들, 이데올로기적 장소들의 '이전에,' 그 '아래에,' 혹은 그것과 상관없는 '다른 곳에' 있는 것이 아니다. 개인을 주체로서 구성해 온 물질적 역사가 존재하며 그 역사는 주체의 사회적 구성에 관한 것이기도 하다. 다시 말해 사회/이데올로기 구성체를 위한 주체의 구성이 무엇보다도 먼저 존재하며 그 다음에 그 구성된 주체-유지가 사회/이데올로기 구성체 속에 자리잡히는 것이 아니다. 그 두 과정은 하나이며 마치 종이의 양면처럼 일종의 필연적인 동시성 속에 있다. 정신분석학은 그러한 동시성이 함축하는 것들에 응답하는 것이 어렵다고 보았다. 정신분석학은 절대적으로 특정한 분야에 관해 기술하지만 그 영역과의 조우는, 따라서 그 기술의 용어들은 언제나 특별히 사회적이며 특정 사회구성체 내에 있다. 따라서 정신분석학은 그 자체가 역사적이며 온전히 역사적인 과학인 것이다.

또 다른 의미에서 정신분석학은 역사적이며 필연적인 동시성의 자연스런 결과이다. 앞에서 이야기했듯이 주체의 구성은 결코 종료되지 않으며 무한하다(정신분석학은 개인의 삶의 처음 서너 해와만 관계가 있는 것이 아니다). 예를 들어 언어로의 진입은 개인적/사회적 절합의 구성 및 그 절합의 초점에 관한 정신분석학의 설명에서 결정적인 것으로서 '한 번만 있는 일'이 아니다. 개인은 항상 주체로서 언어 속으로 진입하며 언어 속에서 등장한다(프로이트의 과오는 그것을 격한 어조로 지적한 데 있었다). 재현의 과정은 개인적–사회적 절합의 지점에 있는 언어 속에서 영구히 다시 만들어진다(이것은 "하나의 기표가 또 다른 기표를 위해 주체를 재현하는," 그리고 "기호가 누군가를 위해 무엇인가를 재현하는,"[11] 생산에서 생산물로 함께 이동하는 복잡한 과정이다). 개인은 항상 사회 속의, 사회구성체와 이데올로기 구성체의 장소 속의 주체이지만, 단순히 그러한 재현의 형상 이상의 것이며 그처럼 장소를 지정해 주는 구성체들의 과잉 속에 있다. 이데올로기적 체계들의 중요한 — 결정적인 — 부분은 따라서 상상적인 것 — 그 속에서 개인–주체는 정체성으로서 파악된다 — 의 영구적인 재총체화 — 기억하기 — 속에서 욕망을 전환시키고 결속시키며 과잉과 모순을 재배치하면서 개인을 주체로서 이동시킬 수 있는 수많은 기계들(제도들)을 성취한다는 점이다. 시네마 제도는 이러한 '이중의 결속,' 즉 사회적 의미들의 진술과 개인을 그러한 의미들에 붙들어놓는 것, 언표와 언표행위의 봉합, 즉 위에서 '주체의 시각'이라고 불린 것이라는 측면에서 이해될 수 있다. 이러한 맥락에서 정신분석학의 힘은 그것이 그러한 시각을 깨뜨리고, 주체의 기능의 한계와 과잉에 주목하고, 그리고 거기에서 출발해서, 저 특수하게 발전된 사회적 기계들 속에서 반복되는 주체 수행 전체에 관한 질문을 제기하는 데 있다.

소설적인 것이 다루는 문제 — 그 허구들이 해소하고자 하는 것이 무엇인가라는 문제 — 는 개별 의미와 하나의 정체성으로서의 사회적 결정의 관계의 문제, 주체 통합성의 실현의 문제이다. 그것은 또한 역사 속에서 남성과 여성의 사회적 투쟁이 가치의 전장이 되었던 세계, '자기 자신에 관해 이야기하는 것,' '삶에 관한 상상들,' '자기 재현들' '당신의 이미지들'의 통제적 양식을 제공하는 것을 둘러싼 효과적인 전장이 되었던 세계 속에 존재하는 문제이다. 하지만 소설적인 것의 이러한 작용은 재현(재현된 것, 내용, 이미지) 속에서뿐만 아니라 여기서 전반적으로 강조해 왔듯이 재현의 수행(재현은 — 주체의 — 수행이다)에서도 이루어진다. 즉 주체와 주체의 재현들을 구성하는 것의 역사가 갖는 다중적 시간들에 연루된다. 그리고 주체란 직접적으로 주어져 있고 구성되어 있으며, 재현은, 말하자면, 단지 주체의 동의를 받기 위해 제시되기만 하면 되는 것은 아니다. 재현과 주체는 수행 속에서 생산된다. 그렇기 때문에 그 수행은 필연적 동시성의 다중적인 성층화, 즉 주체와 주체의 재현들의 구성의 역사의 다중적 시간과 관련되어 있다. 사실상 한 편의 영화가 정교하게 가공한 시간-기계가 아니라면, 그 영화의 연속적인 시간의 질서로서의 내러티브 속에서 성공적으로 되감겨진, 뒤얽힌 기억들과 시간들이 아니라면 달리 무엇이겠는가?

영화들 속에서 시네마는 소설적인 것을 재생산하고 생산한다. 영화는 기존의 사회적 재현들의 조건들 속에서 개인을 주체로서 점유하며, 개인을 과정 속에 있는, 상징적인 것과 상상적인 것 중에서 균형을 잡고 있는, 고정성을 위한 순환 속에 있는 주체로서 구성하기 때문이다. 한 편의 영화의 실재는 주체가 기능하려는 순간에는 복잡하고 유동적이고 역사적으로 복수적이다. 결국 영화의 실재는 정신분석학과 역사유물론 모두의 흥미를 끄는 결정들의 망이다. 제도 시네마가 영화 속에서 '성취'하는 것 — 동일시의 장치, 시선과 음성으로 이루어진 내러티브 공간 — 은 채워넣기로서의 구성-점유, 주체의 완성*completion*, 복수성을 특정한 역사로 번역하는 것, 단일한 시각이다.

마이클 스노우의 〈파장*Wavelength*〉에서는 범죄가 발생한다. 유리가 깨지는 소리, 방으로 들어와서 창틀을 넘어 바닥으로 떨어지는 남자, 그 남자를 발견하고 리처드라는 이름의 남자에게 전화를 거는 여자가 있다. 그 영화 자체의 범죄 또한 있다. 그 영화는 특정한 역사에, 단일 시각에, 좋은 영화beau film에 저항하기 때문이다. 앞서의 논의의 여러 곳에서 우리는 스노우의 영화가 보여주는 [관습적인 할리우드 영화와는] 대조적인 실천을, 그 영화가 영화 수행의 고전적인 조건들로부터 분리되어 있음을 언급할 수 있었을 것이다.

〈파장〉은 상이한 시간들의 복합체로서 이루어져 있으며, 내러티브 시간은 파편화되어 있고, 이미지트랙 — 추락, 전화 걸기 — 이나 사운드트랙 — 유리가 깨지는 소리, 사이렌 소리 — 위에서 부유하는 내러티브 상투형들을 인용하는 경우는 거의 없다. 그 영화에서 횡단되는 다락loft의 시간 속의 존재, 일종의 약호화encoding 시간, 요소들은 — 예를 들면 색채나 조도가 변한다 — 영화를 통해 다양한 미시-체계들을 만들어낸다. 연속적인 45분 줌의 시간은 가장 넓은 시야에서부터 가장 작은 시야로 들어간다. 사운드트랙의 시간들은 줌인의 운동과 짝을 이루는 사인파sine-wave를 일으키는 것일 뿐만 아니라 짧게 산포된 순간들을 형성하는 것이기도 하다. 창문을 닫는 것, 그리고 '바깥'의 소음이나 라디오에서 흘러나오는 〈딸기밭Strawberry Fields〉 노래를 가지고 효과를 내는 것 등에서처럼 말이다. 단순한 기억의 생산은 결코 없다. 그 영화는 기억을 가지고, 기억 위에서 유희한다 — 이중인화들에서처럼, 방에서, 영화는 줌이 이루어지고 있는 현재 순간으로 오는 과거나 미래 속에서 갑자기 정지된다. 그러나 그 유희는 결코 하나의 패턴, 즉 총체성 속에서 실현된 욕망의 형상으로 통일되지 않는다. 요컨대 동일시는 결코 이루어지지 않으며 장치는 분해된다. 그렇기 때문에 아마도 〈파장〉에 대한 공통의 반응은 '비극적'이라는 것일 것이다(예를 들면 이합 핫산은 스노우의 작품을 보면서 '죽음을 생각하고 있는' 자신을 발견한다[12]). 그 반응들은 자신들의 방식으로, 시간들의 난점을, 그 영화의 차이를 인정한다. 영화는 진행되지만 그 진행은 급격한 비약, 단절, 분리 속에서 이루어진다. 그 어떤 주체 수행도 없으며 오히려 수행이 있다면 그것은 오직 난점 속에서, 차이 속에서, 하나의 시간, 하나의 시각 바깥에서 이루어진다. 분명한 정치적 기의의 결핍에도 불구하고(그러한 '증거'가 규준을 제공할 수 있었다 할지라도) 스노우의 영화들은 영화 속 주체의 시네마적 제도에 관해 질문한다는 점에서, 하나의 실체*body*를 만들어내는 영화의 또 다른 주체성 — 물질적, 이질적, 과정 속의 — 에 관해 질문한다는 점에서 정치적 일관성을 지니고 있다.

"우리는 결코 우리의 현재와 동시대적이지 않다. 역사는 가려진 채 나아가며, 앞의 시퀀스에 의해 가려진 채 스크린 상에 각인되고, 우리는 더 이상 영화 속에서 그 무엇도 인식하지 못한다."[13] 거기에 있는 것은 '실체 만들기making a body,' 즉 영화 속에서 인식하기, 그 영화 자체의 작업의 모순들을 포함하는 현재의 다중적 모순들 속에서 분열하는 한 주체, 그러한 하나의 역사이다. 하지만 그것은 〈동풍*Vent d'est*〉의 사운드트랙에서 인용한 것이다. 그것은 〈파장〉과 지가 베르토프 그룹을 결합시키려는 도발인가? 단순히 이러한 조건들 속에서의 영화 수행의 문제가 갖는 실제성과 중요성에 신속하게 주목한 것인가? 바롱 도메르장의 대중은 좋은 영화라는 안전한 환영 속에서 그 어떤 실수도 하지 않았다. 오늘날의 과제는 영화 수행의 새로운 관계들을 만들어내는 것이다.

주

"수행: 영화/연극/비디오"에 관한 학술회의(Center for Twentieth Century Studies, University of Milwaukee-Wisconsin, 1977년 2월)에서 발표되고 *Ciné-tracts*, no. 2 (1977년 여름호), pp. 7-17에 실렸다.

1. Guillaume Apollinaire, "Un beau film," in M. Décaudin 편, *Oeuvres complètes de Guilaume Apollinaire*, vol I (Paris: A. Balland et J. Lecat, 1965), pp. 206-8.

2. 슈트라우프가 인용하고 발전시킨 구절. "Entretien avec Jean-Marie Straub et Danièle Huillet," *Cahiers du cinéma*, no. 223 (1970년 8월호), pp. 53-5

3. Christian Metz, "Le signifiant imaginaire," *Communications*, no. 23 (1975), p. 31. 영역본은 "The Imaginary Signifier," *Screen*, vol. 16, no. 2 (1975년 여름호), p. 47.

4. Jacques Lacan, "Faire mouche," *Nouvel Observateur*, no. 594 (1976년 3월 29일-1976년 4월 4일), p. 64.

5. 프로이트의 비교의 사례에 관해서는 *The Standard Edition of the Complete Psychological Works* (London: Hogarth Press, 1953-66), vol. IV, p. 323; vol. XIX, p. 120을 보라. 라캉은 그러한 구분에 관해 특별히 분명하게 논하고 있다. *Le Séminaire livre XI* (Paris: Seuil, 1973), pp. 127-30. 영역본은 *The Four Fundamental Concepts of Psycho-Analysis* (London: Hogarth Press, 1977), pp. 138-42.

6. J. Lacan, *Écrits* (Paris: Seuil, 1966), p. 835.

7. 같은 책, p. 655.

8. Andrè Bazin, "Théâtre et cinéma" *Qu'est-ce que le cinéma?*, vol. II (Paris: Cerf, 1959), p. 87.

9. Lacan, *Écrits*, p. 318; 영역본은 *Écrits: A Selection* (London: Tavistock,

1977), p. 103.

10. Jean-Luc Godard, "Premiers sons anglais," *Cinétique*, no. 5 (1969), p. 14.

11. Lacan, *Écrits*, pp. 835, 840.

12. "Performance: Film/Theater/Video" 컨퍼런스에서 있었던, 스노우와의 공개적인 토의에서 나온 언급.

13. "Vent d'est(bande paroles)," *Cahiers du cinéma*, no. 240 (1972년 7-8 월호), p. 35.

영화, 체계, 내러티브

5

"모든 영화는 우리에게 시네마를 보여주며 또한 모든 영화는 시네마의 죽음이기도 하다." 여기에 메츠가 그토록 강조했던 텍스트 체계의 특이성*singularity*이 있다. 작용, 전치(약호들이 불가피하게 행위로 전환될 수밖에 없기 때문이라고는 해도)[를 통해서], 한 편의 영화 — 어떤 영화든지 — 는 시네마와 동행하며, 시네마를 계속해서, 그리고 동시에 개작改作한다. 만일 "단일 영화 체계에 관한 연구가 결코 영화적 특수성에 관한 연구가 아니라면"(그리고 이것이 『언어와 영화*Langage et cinéma*』에서 메츠가 영화적인 것과 시네마적인 것이라는 용어를 엄밀하게 정의하고 분리하려 애쓴 이유이다) 그것은 영화가 이질적인 것의 편에 있으며 그 작용은 단순히 약호들을 목록화하는 것으로는 파악될 수 없다는 것, 그것은 분석을 위해 새로운 과제들을, 새로운 대상을 내놓는다는 것을 뜻한다. "지금 영화의 기호학semiology을 정의할 수 있는 타당성의 유일한 원칙 — 시네마적 사실보다는 영화적인 사실에 기호학을 적용하려는 것에 다름 아닌 — 은 영화를 **텍스트**로, 담론의 단위들로 취급하려는, 따라서 영화들에 영향을 미치고 또 영화 속에 포함되어 있는 상이한 체계들(그것이 약호들이건 아니건)을 찾아내겠다는 의지이다."[1]

체계, 체계들.『언어와 영화』에서 텍스트 체계 개념은, 필요하다면 어떤 복수성을 동반하는 "통일과 이해 가능성intelligibility의 궁극적인(혹은 최초의) 원칙"으로서 발전했기 때문에 그 후에 이 개념은 점점 더 유연하게 설명을 체계화하기에 적합하게끔 조절된다. 한 편의 영화는 하나의 체계로서, 그 조직의 통일성으로서, 또는 여러 체계들로서, 그에 대한 상이한 독해들의 총합으로서 파악되고 접근되는 것이 아니라 오히려 연루시키는 체계로서, 체계적 활동으로서, "구조적, 관계적(반드시 고갈시키는 것은 아닌) 질서인 어떤 것"으로서 파악되고 접근되었기 때문이다. 그렇기 때문에 하나의 '텍스트 체계'로서 특징지어질 관계들의 그러한 운동이다.

우리는 이러한 조절을 아주 중요하게 생각해야 한다. 영화는 체계의 어떤 독창성 속에서 그러한 조절을 행하는 것이기 때문이다. (『언어와 영화』에서 비록 제한적으로나마 다루어진 '단일성' 개념이 제안했듯이, "만일 한 편의 영화가 '창안'이거나 '창조'라면, 그것은 오직 영화가 하나의 **작용**인 한에서만, 기존의 약호들에 무엇인가를 덧붙이고, 그럼으로써 그 어떤 영화도 예견하지 못했던 새로운 구조적 배치configuration를 초래하는 한에서만 그러하다"). 여기서 독창성이란 정확히 한 편의 영화의 이질성, 즉 영화가 매번 시네마의 죽음을 위해 [증거로] 늘어놓는 바로 그것을 반영하는 것이다. 따라서 '대상'에 관한 질문은 근본적인 것이 된다. 한 편의 영화에 약호라는 발상으로 접근하는 것은 구조 및 통합성과 관련하여 그 영화의 경계를 제한하는 것이다. 그 대상은 일종의 거의-약호인 것으로 간주되고 있다. "그것은 체계이지, 정확히 약호는 아니다." 영화를 그 영화의 작용 속에서, 그 불안정한 운동(영화는 약호들의 통일성을 선택한 다음 붕괴시키면서 "약호들 각각을 다른 것들의 현전을 통해 흉하게 변형시키고 그 약호들을 서로서로 오염시키고 그 과정 속에서 하나의 약호를 또 다른 약호로 대체하기 때문에) 속에서 파악하는 것은 영화를 그 경제의 조건으로 되돌려보내는 것이다. 그러므로 관계들의 힘의 공간(관계들의 순환과 배분)인 대상의 논리를 보여주고, 그 대상이 취하는 위치들을 이끌어내고, 그 대상이 포함되어 있는 체계들을 구성하는 작업이 필수적이다. 이것이 분석의 임무이다. 텍스트 체계 개념을 메츠가 다시 사고한 것은 '영화'라는 대상을 그러한 것들을 보여줄 수 있는 방향으로 변화시키는 효과를 낳는다. 분석은 더 이상 단일한 조직을 제시하고 통일의 궁극적인 원칙을 발견하는 것이 아니라, 그 영화의 작동을, 과정을 제시하고 그 영화의 '불확실한 두터움'의 운동하는 표층에다가 영화의 과정을 부여하는 것이다. 그러므로 기호학은 언표 못지않게 언표행위에 관한 것이며, 내러티브 못지않게 담론에 관한 것이고, 생산물 못지않게 생산에 관한 것이다. 요컨대 기호학이란 텍스트의 **활동성***actuality*에 관한 것이다.

그렇다면 분석은 어떻게 진행되어야 하는가? "텍스트 체계의 중심에 접근하게 해주는 것은 의심의 여지없이 시네마적 요소들과 대본 요소들 간의 관계이지 그중 어느 하나만이거나 그 둘에 무언가를 추가한 것이 아니다." 그 주장은 강력한 것이었고 텍스트 체계에 관한 그 어떤 연구를 위해서도 결정적인 인식이었지만 그대로 유지하기는 어려운 것이었다. 한 편의 영화의 작업은 시네마적인 것과 대본(내러티브, 즉 "주제의 명시적 복합체")의 구분을 간단히 통과하는 것일까? 시네마적인 것과 대본의 '관계'의 명징성을? '중심적 접근'이라는 발상을?

이러한 질문들의, 그리고 그 질문들에 관한 논의의 여백 속에다가 나는 오슨 웰스가 감독한 영화 〈악의 손길*Touch of Evil*〉(1957-8)에 관한 긴 분석과정 중에 봉착한 몇 가지 난점들을 명기하고 싶다. 그 난점들은 극영화에서의 체계와 내러티브 간의 관계와 분명히 ─ 그 난점들이 여기서는 단편적으로만 제시되겠지만 ─ 연관이 있으며, 그러한 분석은 내러티브의 질서를 잡는 것에, 내러티브의 균형을 잡기 위한 형용법에 주목함으로써 그 분석대상을 그려내야 한다고 지적하고 있는 듯하다. 만일 극영화가 동질성을 생산하기 위해, 모순을 평면화하기 위해 작동하는 것이라면 그러한 동질성은 그 영화의 산물일 뿐, 결코 그 동질성이 바로 그 생산의 조건인 텍스트 체계 ─ 영화적 과정, 관계적 운동 ─ 전체가 될 수는 없다. 영화가 이질성을 억압하는 바로 그 조건 속에서 이질적인 것을 그려나가는 영화의 끈질긴 강박은 영화가 내러티브의 진행 아래서 **표현하는** ─ 내러티브를 강제할 때에도 그 영화가 의미화하는 ─ 물질적인 외부에 사로잡혀 있다. 체계를 내러티브 속에 집어넣는 실천이 갖는 긴장과 꼬임은 내러티브의 간극들과 분기들 가운데에서 형상화된다.

그것은 마치 영화 — 한 편의 영화 — 가 내러티브 이미지의 형식으로, 함께 조합되는 일종의 정지상태의 초상의 형식으로, 그 영화에 관해 이야기되고 있는 것에 기초해서(극장 밖에 전시된 스틸사진들은 그러한 이미지를 수없이 부추긴다) 자신을 제시하는 것과도 같다. '통일성,' '작동,' 극영화는 그 종결에 의해, 즉 일관성(이는 바로, 그리고 실로 상상적인 것의 영역이다)에 의해, 혹은 영화가 사고 팔리며 마케팅될 수 있는(예를 들면 비평에 의해) 근거인, 사실상 영화의 시세인 이 이미지의 병합(기표를 채우는 기의)에 의해 정의된다. 사정이 이러하므로 영화의 세부detail — 기표가 기회를 잡을 수 있는 — 는 거의 문제가 되지 않는다. 확실히(그러나 관찰은 의심의 여지없이 진부하다), 〈악의 손길〉에 대해서는 '세부적으로' 작업이 이루어지고 있다. 나는 종종, 부끄러운 줄도 모르고 겉으로 드러난 영화의 명시적인 담론("입증될 수 있는 어떤 질서 속에 있는 일련의 이미지, 사운드, 말들") — 실체body — 을 잘못 요약하고 있는, 그럼에도 불구하고(중요한 것은 바로 이것이다) 바로 내러티브 이미지에 대해서는, 협상할 수 있는 의미에 대해서는 정확하게 대답하는 비평들을 맞닥뜨리곤 했다. 따라서 오류는 — 그러나 그것은 제대로 된 오류이다 — 영화가 일관성과 병합을 성취하고 이를 유지하도록 도와주는 그 영화의 위력과 완벽하게 조화를 이루고 있다고 하겠다.

영화는 [모든 요소들이] 결집해 있어야 하며 따라서 내러티브는 작동해야 한다. 그렇기 때문에 내러티브 영화의 전개 — 결말[해소]에 이르는 진행 — 에 의해 부단히 유지되는 실천 가능성이 필

요하다. 도입되는 모든 요소는 내러티브의 전개 속에서 실천 가
능해야만 하고, 내러티브의 진행 속에서, 내러티브의 결말에 이
르러, 증거가 되는 기능을 갖는 것으로서 다시 채택되고 '완전히
종료'되어야 한다(극영화는 증거의 질서를 상당 부분 따르고 있
다). 전화로 이야기하는 동안 〈악의 손길〉의 주인공 바거스(찰튼
헤스턴Charlton Heston)는 서류가방을 열어 총을 꺼내 그 작동상
태를 확인해 본다. 이후에 그는 납치되었던 아내에게 맡겼던 그
가방을 찾아내 열어보고는 그 총이 사라져버린 것을 발견한다.
그 총은 결국 그의 적의 손에 들린 채 다시 나타난다. 이 사례는
이러한 '다시 채택됨'의, '완전한 종료'의 전형이다. 그 총은 공
연히 도입된 것이 아니었으며 다 쓸모가 있었던 것이다. 다시 말
해 내러티브는 요소들을 최대한 끌어모아 그 요소들을 질서있게
배열한 다음 증거에 입각하여 앞으로 나아가는 것이다.

하지만 이는 결코 간단하지 않으며 결코 미끄러짐 없이 이루
어지는 과정이 아니다. 내러티브는 모든 것을 봉쇄할 수 없기 때
문이다. 전前영화적 공간의 면밀한 — '추상적인' — 구성에 의지
하는 경우(이치가와의 〈배우의 복수An Actor's Revenge〉에서 단
세 명의 배우, 나무 하나, 검은 배경막 앞의 밧줄만을 활용하는 장면
에서처럼. 그러나 이는 지배적인 서구의 시네마와는 상당히 다른 경
제이다)를 제외하면, 내러티브 영화는 리얼리티의 재생산인 사진
이미지와 그 리얼리티의 의미, 이해 가능성인 내러티브 사이에서
꽉 짜인 균형(극영화의 이데올로기적으로 훌륭한 자산인 균형, 동
시에 의미와 리얼리티는 서로를 자연스러운 것으로 만들어준다)을
유지하고자 할 수 있을 뿐이다. 영화는 주목할만한 요소들(이 요
소들은 내러티브 상에서 주목할만한 요소가 되며 이로 인해 그 요소

들은 다시 주목을 받게 된다)을 골라내지만(이는 프레이밍, 쇼트의 앵글, 조명, 대사, 배경음악 등에 의해 표현된다), 그렇다고 해서 주목을 끌지 못하고 남겨진 다른 요소들을 포기하지 않으며 그것들 역시 보존하려고 하는데 — 그것은 말하자면 별로 중요하지 않은 질료들의 저장고 같은 것이라고 할 수 있다 — 이는 바로 '사실' 감을 주기 위한 것, 즉 리얼리티를 사실적으로 표현하기 위한 것이다. 요컨대 영화-내러티브는 **통제된** 상실이고 그 상실은 실재의 **기호**가 된다.

하지만 이러한 통제가 그 자신의 상실과 충돌하고, 회피와 폐기 속에서 끝나버리는 일 역시 일어난다. 폐기: 남편에 관한 정보를 약속 받고 호텔로 온 수잔(재닛 리Janet Leigh) — 바거스의 처 — 은 속임수에 빠져 입구에서 젊은 멕시코인과 같이 사진 찍히는데, 이는 어떤 식으로든 그녀를 위협하거나 그녀와 타협하려는 계획의 시발점이었다. 나중에 그녀는 그 사진을 받게 되지만 아무 일도 일어나지 않는다. 그 일은 완료되지 않으며 내러티브는 그것을 폐기해 버린다. 회피: 영화의 도입부와 거의 끝부분에는 퀸란(오슨 웰스)과 타냐(말레네 디트리히) 사이에서 연출되는 대단한 두 장면이 나오는데, 퀸란은 바거스가 흉계를 꾸며 추적 중이던 용의자의 유죄를 입증할 수 있게 해준다면 어떤 종류의 거래나 책략도 불사하는 파렴치한 경찰이고(나는 여기서 앙드레 바쟁이 제공했던 내러티브 이미지를 차용하고 있다[2]), 타냐는 퀸란이 오래 전에 방문하곤 했던 저택의 소유자이다. 그 장면들은 내러티브 라인에서 빗나간 것이며 의미나 방향을 갖고 있지 않을 뿐더러 그 영화의 행위를 멈추게 하고 그것을 회피한다. 더욱이 그 장면들은 과거의 신화나 향수 — 퀸란과 타냐에 관한, 웰스와 디트리히에 관한(그들이 1944년에 공연했던 필름-리뷰인 〈소년들을 따르라*Follow the Boys*〉), 영화에 관한(타냐-디트리히의 집이 보여주는 대단히 슈턴베르크적인 장식) — 를 불러일으킨다. 그 장면들 속에서 내러티브는 미끄러지고 표류하는 것이다.

"영화라고 불리는 정동affects의 축제"라고 바르트는 쓰고 있다.[3] 내러티브는 이러한 감정 상태affectivity를 주관하며(따라서 내러티브가 그 시발점을 만들어주며) 그 감정상태를 자리잡아준다(자유로운 순환의 끝에 이르게 하며 주체를 위한 위치들을 구성한다). 결국 내러티브는 바로 프레이밍(프레이밍의 관습들과 내러티브의 요구들이 연결되어 있다는 사실이 곧잘 강조되어 왔다)의 승리이다. 프레임이란 움직임과 미끄러짐에 맞서 [내러티브를] 단단히 유지하는 것이며 기표의 무한한 유희를 — 즉 과정 중에 있는 주체를 — 중단시키고 재현의 통합성과 연속성을 부과하는 것이다.

　간단한 정의: 내러티브 행위는 변형의 관계 속에서 유지되는 일련의 요소들로서, 변형이란 그 요소들의 논리적 연속성 — 어떤 것으로부터 다른 것으로의 변형의 운동 — 이 최초의 상태인 S와는 상이한 S′ 상태를 결정하는 그러한 것이다. 분명히 그 행위는 그렇게 특정화되는 S와 S′ 를 포함한다. 시작과 끝은 내러티브가 지탱하는 관계들 내에서 이러한 행위에 근거하여 파악된다. 영화의 허구는 그 영화의 '통일성,' 즉 내러티브의 허구이다. 그러므로 도입부는 언제나 폭력, 즉 S의 동질성의 훼방이다(다시 한번 동질성 — S 자체 — 은 그 폭력으로부터, 그 훼방으로부터 소급하여 인식된다). 〈악의 손길〉에서 이는 문자 그대로 나타난다.

폭발물이 장치된 자동차가 폭발하여 두 명의 승객이 사망하는 것이다. 내러티브의 과제 — 변형의 초점 — 는 그 폭력을 해소하고 대신 새로운 동질성을 가져오는 것이다. 여기서 '대체'란 이중의 한계를 갖고 있음에 주목해야 한다. 한편으로 내러티브는 새로운 어떤 것을 생산하고 S를 S′로 대체한다. 다른 한편으로 이러한 생산은 동일성의 귀환이며 — S′는 S를 대체한다 — 동일성의 요소들의 재투자이다. 그렇기 때문에 고갈에의 요구는 억제되고 실천 가능성이 요구된다. 제시된 모든 요소는 완전히 사용되어 해소되어야만 하고 폭력이 불러일으킨 분산은 재수렴되어야 한다. 이상적으로 볼 때 하나의 내러티브는 이러한 운동의 완벽한 대칭일 것이다. 폭발이 지연시킨 키스는 수잔이 바거스와 재결합하는 영화의 종결부분에서의 키스로 속개된다. 그것은 동일한 키스이지만 지연된, 내러티브 속에서 설정된 키스인 것이다.

모든 내러티브는 변형의 과정에 의존한다는 것 — 이것이 구조적 분석의 논제인데 — 에 동의하자. 그럼에도 불구하고 변형의 통합성 — 영화의 끝부분에서 내러티브 이미지와 맺는 — 이 온전히 문화적이고 이데올로기적인 결정들을 작동시킨다는 사실은 남아 있다. 고전적 시네마의 산물인 극영화는 내러티브의 상당히 특수한 경제를 알고 있다(소설의 공헌이 있기는 했지만 말이다. 여전히 오늘날까지도, 소설을 원작으로 하지 않는 영화가 도대체 얼마나 되는가?). 요소들은 리얼리즘이라는, [실제] 삶에 충실하다는 미명 아래 다중화된다 — 사진적 복제가 이를 감독한다. 반면 동시에 그 요소들을 하나의 의미로 통일시키라는, 지속적이고 이해

가능한 하나의 위치 속에 넣어 그 요소들을 질서화하라는 압력이 증대하고 있다. 소설에서부터 영화에 이르기까지, 내러티브 속에서 이루어지는 이데올로기적이고 경제적인 고찰은 이러한 위치에 의존하고 있다. 핵심은 주체 통일성의 위치에 입각해서 폭력, 즉 이질성을 유지하는 것이다. 리얼리즘의 위치는 이해 가능성의 위치이며 이해 가능성을 보장하는 것은 주체의 안정성, 통일성이다. 따라서 내러티브, 즉 분산과 수렴은 리얼리티의 허구, 즉 영화의 리얼리티의 허구, 그 통합성의 허구가 된다. 그러므로 내러티브는 분열의 제거 또는 포장으로, 즉 상징적 과정으로 나타난다. "극영화들을 구별시켜주는 것은 기표의 특수한 작업의 '부재'가 아니라 부인denegation의 양식 속에 기표의 특수한 작업이 현전한다는 것이며, 현전의 이러한 유형이야말로 존재하는 가장 강력한 것들 중 하나임은 널리 알려진 사실이다."[4] 이 '현전'이 내러티브의 역설 — 혹은 더 나은 표현으로는 교압기絞壓器 — 이다. 내러티브는 부인을 동반하고 부인을 진술하며 이질성과 과정을 봉쇄하고자 한다. 텍스트 체계로서 이해되어야 하는 것은 내러티브 영화의 바로 이러한 마찰이다.

내러티브 요소들의 변형, 그 요소들의 재투자는 교환의 패턴에 의해 이루어지며 그 교환의 중심에는 복원되어야 하는 대상이 있다(여기서 내러티브는 사물들이 약간씩 순환하는 그 공간이며 그 프레임 내에서는 자유로운 유희가 이루어진다). 자동차의 폭발은 수잔과 바거스의 키스를 훼방하고 그들을 갈라놓는다. 그렇기 때문에 내러티브의 주인공으로서의 바거스의 행위는 사태를 원래

상태로 되돌리려는 욕망이다. 즉 법을 정의의 조명 아래 재확립하고(퀸란을 이기고) 아내를 '결백한' 상태로 되찾아오는 것이다(퀸란의 계책의 결과 그녀는 마약과 살인 혐의로 체포되었다). 이러한 행위는 멘지스(조셉 콜레이어)를 교환하면서 이루어지는데, 그는 퀸란에게서 바거스에게로 인계된 인물로서 그때까지 퀸란의 헌신적인 조력자였으며 나중에 바거스를 도와 진실을 밝힌다. 그 교환은 강조된다. 퀸란에게서 기꺼이 자신의 정체성을 찾아낸 멘지스는 마이크 바거스가 되는데, 마이크 바거스는 바거스가 파렴치한 경찰의 고백을 기록하는 도구 — '마이크' — 이다. 더욱이 이러한 전이는 '마술적인' 상징물을 갖고 있다. 멘지스는 바거스에게 퀸란의 지팡이 — 권력의 무기이자 퀸란의 범죄를 캐내는 열쇠 — 를 주는 것이다.

그 행위가 복원하는 것, 그 교환들의 목표는 수잔, 즉 바로 법의 대상인 그 여자이다. (〈악의 손길〉의) 내러티브 논리는 이러하다. 법은 질서를 벗어났고 따라서 그 여자는 더 이상 거기에, 그녀의 자리에 없다. 혹은 그 여자는 열기이고 불이고 대화재이고 (이것이 그 영화를 이끄는 은유이다) 따라서 법은 더 이상 확실히 보증되어 있거나 질서 속에 있지 못하다. 이것이 제목의 '악'이 뜻하는 바이고 내러티브의 과제이다. 다시 말해 그 여자를, 즉 욕망의 (합법적) 장소를 찾으라는 것이다. 내러티브는 그 문제가 법의 이미지와 관련해서 제기되게 해주는데(퀸란에게 대항하는 바거스, 정의로운 — '민주적인' — 법의 대변인으로서의 바거스), 이는 그럼으로써 욕망의 과잉을 해소시키기 위해서이다(남편으로서의 바거스, 성의 올바른 한계 — 마찬가지로 '민주적인'). 전자[법의 이미지]는 후자[욕망의 과잉]를 가리는 역할을 하며, 후자는 소환되어 그러한 가리개 속에 다시 흡수된다. 실제로 '정신분석학적인 성격' — 혹은 '트라우마적 성격traumaticity' — 으로 희미하게 채색된 심리학을 따르자면, 그것은 모든 것을 미국 시네마가 그토록 애호해 왔던 설명적 트라우마 쪽으로 끌어내리는 문제이기 때문에, 만일 퀸란이 부정직한 사람이라면 이는 그 자신의 아내의 살인범이 정의와 처벌을 피해 달아났기 때문이다. 따라서 만일 법이 질서를 벗어나 있다면 그것은 결국 개인의 문제(드라마)일 뿐, 결코 법 자체의 문제가 아니다.

그 여자는 복원되어야 한다. 그것도 선한 대상으로서, 다시 말해, 대상으로서 복원되어야 한다. 여기서 대상이라고 말하는 것은 '그 여자'로서, 바거스의 여자로서, 그의 아내로서 복원되어야 한다는 것을 의미한다 — 이렇게 해서 원이 닫힌다. 그 영화의 맹점인 그 여자는 불가능한 즐거움을 위해, 질서의 위반 속에 놓여 있다. 그 여자는 한편으로는 욕망의 초점이고, 다른 한편으로는 그 욕망에 관해 아무것도 알고자 하지 않는 욕망이다. 즉 그것은 욕망을 상이한 경제의 기억으로, 성적 모순의 기억으로 만들어, 욕망을 단순히 성기에 대한 과도한 관심으로 환원시키는 것을, 남근의 질서를 초과하는 성의 기억으로 만들어 일소해 버리려는 욕망이다. 신체 위로는 수많은 차이들이 교차하고 있으며, 주체는 '단일 존재one'가 아니라 과정 속에서 분열되어 있는 것이다. 그 영화의 내러티브가 복원을 향해 전개되는 가운데(그 여자는 제쳐둔 채로. 여자는 다시 자기 자리로 되돌려질 수 있을 때까지 주된 행위로부터 추방된다) 영화는 자신이 억압하고 있는 인물들을 통과해 나가며, 상궤에서 벗어나, 내러티브 통일성이나 영화의 진행 방향과 잘 맞지 않는 체계들 — 즉 체계성의 파편들 — 쪽으로 나아간다. 예를 들면 수잔을 선한 대상으로서 복원시키려는 소망과 동시에 그녀, 즉 그 여자가 악한 대상임을 보여주어야 할 필요가 동시에 존재하는 것이다. 즉 그녀는 돌연한 공포와 당황의 대상이자(모텔에서 타인으로서 나타난 그녀의 몸을 덮친 히스테리 신경증 환자인 '나이트맨'과 수잔 사이에서 있었던 장면), 공격의 대상이고(퀸란의 혐오와 공격의 목표인 일단의 젊은이들에게 붙잡힌), 또한 물신의 대상(수잔이 공격자의 손전등에서 나오는 불빛에 드러난 채 옷을 벗고 그대로 스트립쇼를 하고 있을 때)이기도 하다. 그것은 또한 이처럼 보여주는 것과의 일종의 상징적 불일치 속에서, 내러티브 목적에 걸맞은 국면으로부터 끊임없이 벗어나는 '명제들' — 스토리들이나 여타의 교환들을 동요하게 하는 것들 — 을 공급한다. 따라서 오래 전에 퀸란의 아내는 경찰을 따돌린 살인자에게 교살당했으며 따라서 퀸란은 유죄 판결을 받게 하려고 범인을 추적하면서 아무것도 거리낄 게 없는 것이 당연하다는 식으로 심리학적으로 설명하는 곳에서 그 영화 — 관계들의 꼬임인 — 는 살인자는 퀸란 자신일 수밖에 없다고 분명하게 말한다. 호텔의 커다란 침대 위에 누워 있는 수잔의 몸을 덮치고 있는 그랜디(아킴 타미로프, 지역 마피아의 두목으로서 참을 수 없을 만큼 성적으로 분방한 — 법의 또 다른 위반 — 인물로 제시된다)를 교살한 것은 퀸란이라는 것이다. 격앙된 음악, 밖에서 깜박이는 네온 불빛, 퀸란에게서부터 애도하는 수잔에게로 조여들어 넘어가는 신속한 커팅 등 모든 것은 광란의 클라이맥스로 가고 있다.

이러한 명제들, 내러티브의 의미에 입각한 이러한 회귀들은 상이한 표현의 질료들에 작용하면서, 약호에서 약호로 넘어가는 수많은 전이사들shifters처럼 그 질료들 모두를 상대로 [기회주의적으로] 거래한다. 그것이 시네마적인 것과 영화적인 것이 대립된다는 관점을 충실하게 고수하면서 텍스트 체계를 분석하는 것을 어렵게 만드는 점이다. 얼른 생각나는 예가 있다. 자동차 폭발시에 여성 승객인 지타(조이 랜싱)는 화상을 입은 채 살아난다. 그녀가 스트립 댄서로 일하는 카바레 앞에서는 "스무 명의 지글거리는 스트리퍼들"이라는 안내가 붙어 있다. 그 폭발에 관해 조사하기 시작하면서 퀸란을 미행하는 동안, 바거스는 그랜디의 조카들 중 한 명에게 방해를 받는데, 그는 황산이 든 병을 바거스에게 겨냥했다가 목표물을 못맞히고는(혹은 그것은 목표물을 맞힌 셈이었다. 내러티브를 빗맞힌 것은 상징적인 것의 그물망 속에서는 성공한 것이었다) 포스터 속 지타의 사진에다 그 황산을 뿌려서 지글거리는 소리가 나게 하는데 그 모습은 잠시 동안 클로즈 쇼트로 유지된다. 지타는 두 번째로 불탄다. 사운드트랙 상에서, 포스터를 뒤덮은 황산이 지글거리는 소리와 함께 말이다. 따라서 글쓰기, 사진 이미지, 녹음된 사운드, 특정한 영화적 약호들(자동차는 커팅과 프레이밍의 전환의 패턴이 창출하는 신경질적인 리듬 속에서 폭발한다)과 특별히 영화적이지 않은 약호들(영어의 '지글지글 끓는')을 동원하는 하나의 연쇄가 가동된다.

그 가동된 연쇄는 텍스트 분석에서 쟁점이 되고 있는 것과 관계가 있는 것으로서, 하나의 대안 속에, 비록 영화의 유일한 자산은 아니지만(다른 곳에서도 발견된다) 어쨌든 영화적인 자산들 ―
'시네마' 전체 ― 인 형용법들의 조건을 응축시켜놓았다. 앞에서
말했듯이 내러티브는 여자를 선한 대상으로서 복원시키는 데 기
여해야 하는데(내러티브 이미지는 이 점에 의존한다), 이는 내러
티브가 그녀를 악한 대상으로서 그려내게 만든다(내러티브가 성
취하고자 하는 복원의 또 다른 측면). 주어진 상황에는 두 가지 자
원이 있다. 거리를 두고 놓여 있는 성性적 대상으로서 배치되는
여자이거나 ― 이것이 스트립쇼를 하는 여자이며, 수잔은 조명
광선 아래 스펙터클로 고정된다(사진1) ― 아니면 핀업으로서, 스
타로서(언제나 필수적인 광휘) 고정된 수잔, 재닛 리로서의 수잔
이거나(사진2) ― 이는 욕망을 인정하도록 내러티브에 알려진 유
일한 방식이다 ― 또는 제거된, 진화된(불처럼) 여자로서의 수잔
이다 ― 그랜디 갱에게 붙잡혔어도 수잔에게는 아무 일도 일어나
지 않는다. 다만 그녀는 페이드아웃될 뿐이다(사진 3A와 B). 그 자
원들은 [내러티브] 연쇄가 부단히 그 자원들이 과잉되는 지점들
을, 그 자원들이 연루되는 조건들을 표시하기 위해 채택하는 것
들이다. 그것은 마치 그 영화 ― 텍스트 체계 ― 가 '폭발적인'
성, '다이나마이트'로서의 여성이라는 상투적인 은유를 문자 그
대로 따르는 것과도 같다.

여기에 두 개의 빈 프레임이, 비어 있음을 보여주는 이미지들이
있는데, 이 이미지들은 교대로 반복되는 빛과 어둠의 유희를 보
여주며 엇갈리고 있다(사진 3과 4). 첫번째 프레임에는 대상이 부
재한다. 그것은 꽉 찬 부재이며, 성애화되어 있지만 불확실하다.

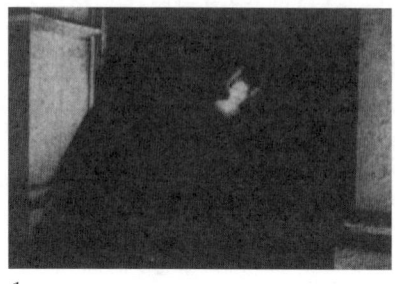

1

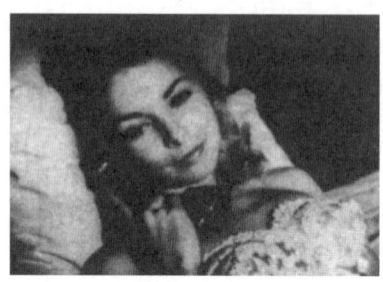

2

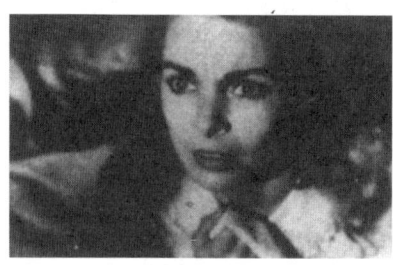

3A

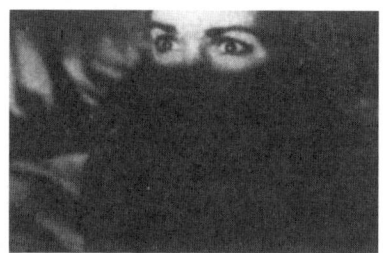

3B

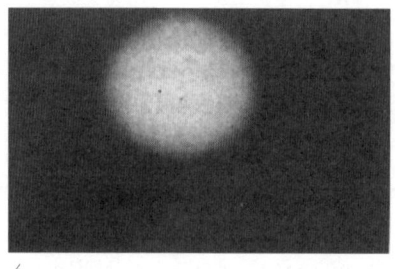

4

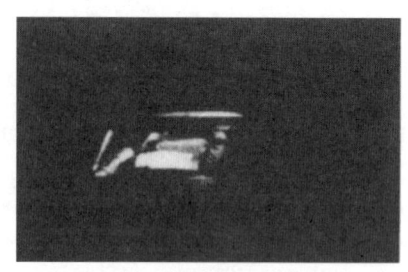

5

이 장면에서 수잔은 프레임 밖에 있고 빛줄기(손전등에서 나오는 것과 영사기에서 나오는 것)는 분산되어 소진된다. 두 번째 프레임에는 대상이 현전하지만 그 대상은 하부가 잘려 있고 여전히 끝부분이 부재 속에 들어가 있다. 복원의 순간 수잔과 바거스는 자동차의 앞좌석에서 키스한다. 가장자리에 어둠의 술을 단[어둠으로 둘러싸인] 빛이 만들어내는 동일한 원이 나타나지만 영화는 — 그런 때에도 — 수잔을 내러티브 속으로 온전히 되돌려놓을 수가 없다. 그녀는 연쇄 속으로 돌아오자마자 곧 자신의 부재를 형상화하게 되기 때문이다. 이 모든 것, 이러한 형상화의 순간들은 우리가 그 영화의 속도를 늦추거나 정지시키는 단일한 프레임들로만 보여진다. 그 순간들은 내러티브의 — 바로 그 — 안정적이고 연속적인 시간을 피해 달아나는 것이다.

바르트: "허구로서, 오이디푸스 콤플렉스는 적어도 어떤 목적에 봉사하기는 했다. 즉 훌륭한 소설들을 생산해 내고 훌륭한 이야기들을 말해 준다는 목적에 말이다(이는 무르나우의 〈도시 소녀 *City Girl*〉을 본 뒤에 쓰여졌다)."[5] 영화 내러티브가 언제나 이 허구의 단서들을 제공한다는 것은 이해할 만한 일인가? 나는 여전히 웰스의 영화의 과정 속에서 흩어져 있는 오이디푸스적 논리의 징표들에 주목하고 있다. 부어오른 발(퀸란은 '불구'가 된 다리 때문에 절뚝거리며 걷는다), 수수께끼 같은 지팡이(범죄의 열쇠), 자신이 범죄자라는 진실을 알게 되는 남자(퀸란은 결국 살인자로 끝을 본다), 눈멂의 테마(수잔에게 전화를 걸려고 바거스는 눈먼 여자가 지키는 가게로 들어간다), 죽도록 남겨진 아기(수잔은 한 아

기가 갑자기 그녀 앞에 나타나자 그 아이를 칭찬해 주려고 몸을 돌
렸다가 사진에 찍히고 만다. 내러티브를 이처럼 유기하면서 — 그
아기는 내러티브 전개 속에서 아무런 생명력도 부여받지 못한다 —
그 지배를 재공언하는 것은 상징적인 것이다. 눈먼 여자의 가게에
들어가기 전에 바거스는 길에서 또 다른 아기를 발견하지만 그 아이
를 분명하게 보지 않으려고 선글라스를 낀다).

끊임없이 그 영화는 '다른 무엇인가'를 과거 속으로 미루고 그
과거를 배경으로 하여 스크린을 만들어낸다. 영화는 오래 전 시
간에 대한 불확실한 기억이자 퀸란에 관한 소설이다. 그 소설에
는 여자의 죽음 — 그 여자는 자신의 아내이다 — 과 동화 같은
세계가 있다. 그것은 타냐에 대한 시네마적인 꿈(시네마의 꿈)이
다(타냐라는 이름은 〈한여름밤의 꿈 *A Midsummer-Night's Dream*〉
에 나오는 요정들의 여왕인 티타냐에서 온 것으로, 이 이름은 영화
속에서 셰익스피어에 대한 참조를 증폭시킨다). 내러티브 밖에는
무언가 다른 것이 있는데, 내러티브는 그 질서와 의미에 입각해
서 그것을 오직 죽음으로서만, 잃어버린 낙원의 이미지로서만 볼
수 있다. 비평은 그 이미지에 다음과 같이 놓치지 않고 응답한다.
"이 당김음과도 같은 영화에서 유일하게 순수한 리듬인 타냐의
피아노는, 고통에 몸부림치는 유기체 속에서 여전히 뛰고 있는
심장과도 같은, 삶의 마지막 분출이자 죽음 앞에서의 참을 수 없
는 부드러움이고… 지옥의 문턱에서 순간적으로 등장하는 잃어
버렸던 행복 — 이는 음악만이 묘사할 수 있다 — 이다."[6] 내러티
브의 양식에 대한 완벽한 응답은, 법이 [이미] 확립되어 있고 불

가피하게 비극적인 성의 지평에 대항한다는 것이다. 간단히 말해 다른 어떤 것이 오기는 하지만 내러티브 의미를 통해 또 다른 회귀가 이루어지고 연쇄는 연속된다는 것이다. 타냐에게서 지타(지-타-냐)에게로, 수잔에게로. 여기서 다시 마지막에 허니문 키스를 지우고(사진 5), 수잔이 등장할 것으로 기대된 장소를 텅 빔으로 형상화하는 것은 바로 이 '과거'의 판타지이자 '다른 어떤 것의' 그림자-어머니인 타냐이다.

그 다른 무엇, 이 영화가 도처에서 미끄러짐을 이야기하는 또 다른 영화, 즉 그 영화의 내러티브와 그 내러티브의 역사, 그 내러티브 생산의 경제, 내러티브의 논리. 텍스트 체계에 접근하는 것, 그 체계를 경험하는 것은 그 영화를 이 이중의 장면 위로, 그 질서와 그 질서가 포함하고 있는 질료의 이러한 이중적 과정으로, 생산된 내러티브와 내러티브 생산의 조건들의 이중적 과정으로 끌어오는 것이 될 수밖에 없다. 분석은 그 영화의 이러한 [이중적] 작업을 다루게 될 수밖에 없고, 그 작업 속에서 그것은 곧 주어진 시네마의 죽음을 — 분석 그 자체가 교란이다 — 의미한다.

주

불어로는 "Système-récit," *Ça*, no. 7/8 "Homage à Christian Metz" (1975년 5월호), pp. 8-17로 출판되었다. 여기에 실린 영역본은 이전에 출판된 적이 없다. 여기서는 간략하게 참조한 〈악의 손길〉에 대한 긴 분석은 "Film and System: Terms of Analysis," *Screen*, vol. 16, no.2 (1975년 봄호), pp. 7-77과 vol. 16, no. 2 (1975년 여름호), pp. 91-113에 실려 있다. 이 글에 덧붙인 주해는 "*Touch of Evil*—the long version," *Screen*, vol. 17, no. 1 (1976년 봄호), pp. 115-17에 실려 있다.

1. 이 문단과 이어지는 문단들은 메츠의 다음 두 저작에 나오는 '텍스트 체계' 개념에 관한 논의에 기대고 있다. Metz, *Langage et cinéma* (Paris: Larousse, 1971), pp. 14, 46-7, 72-9; 영역본은 *Language and Cinema* (The Hague and Paris: Mouton, 1974), pp. 21, 62-4, 96-105; "Le signifiant imaginaire," *Communications*, no. 23 (1975), pp. 21-6; 영역본은 "The Imaginary Signifier," *Screen*, vol. 16, no. 2 (1975년 여름호), pp. 35-41.

2. André Bazin, *Orson Welles* (Paris: Cerf, 1972), pp. 115-16.

3. Roland Barthes, "En sortant du cinéma," *Communications*, no. 23 (1975), p. 104.

4. Metz, "Le signifiant imaginaire," p. 29; 영역본, p. 39.

5. Roland Barthes, *Le Plaisir du texte* (Paris: Seuil, 1973), p. 76; 영역본은 *The Pleasure of the Text* (London: Cape, 1976), p. 47.

6. Jean Collet, "La Soif du mal," *Études cinématographiques*, no. 24-5 (1963), p. 116.

오시마라는 질문

6

1936년 2월 25/26일 밤. 도쿄는 눈에 덮여 있었다. 얼마 전까지 내각의 수상이었다가 당시에는 내무대신의 자리에 있었던 사이토 마코토 남작에게 경의를 표하기 위한 리셉션이 미국 대사관에서 열렸다. 대접의 일환으로서 조셉 그루 대사는 〈짓궂은 마리에타 *Naughty Marietta*〉 — 넬슨 에디와 지니트 맥도널드가 공연하는 반 다이크Van Dyke 뮤지컬 — 를 할리우드에서 공수해 왔다. 사이토는 그 영화를 좋아했을까? 그는 자신이 난생 처음 본 그 유성 영화가 끝날 때까지 즐거워하며 머물다가 예정보다 늦게 사의 謝意로 충만하여 그곳을 떠났다. 26일 아침 일찍 그는 30년대 일본 군국주의의 성장의 역사의 일부인, 결국은 실패로 돌아간 정치적 반란의 과정에서 일단의 청년 장교들에게 살해당했다.

〈감각의 제국 *Empire of the Senses*〉(Ai no corrida-오시마 나기사,

1976)은 1936년 신문에 난 이야기를 영화화하여 눈 덮인 도쿄에서 개봉한 영화로서 영화에 대한 결정적인 질문을 내놓았다. 그 질문은 성적인 것, 정치적인 것, 영화적인 것의 절합에, 그리고 그러한 절합의 과정 속에서 발견된 불가능성에 관한 것이었다. 요컨대 이 글에서의 언급들은 오시마 영화가 보여주는 불가능성을, 그 영화가 보여주는 한계의 경험을 재발견하고, 그 영화가 던지는 질문들이 무엇인가를 효과적으로 보여주기 위해서 시네마 제도 — '상상적 기표' — 의 문제에서 출발한다. 이러한 시네마 제도의 문제는 영화 자체보다 더 중요하며, 어쩌면 영화가 가진 중요성의 출발점이라고 할 수 있다.

〈모르는 여인의 편지 *Letter from an Unknown Woman*〉(막스 오퓔스, 1948)와 같은 영화를 고찰해 보자. 한 가지 관점 — 시네마에 대한 질문의 관점 — 에서 보면 〈감각의 제국〉은 이 영화의 직접적이고 파괴적인 리메이크이다. 장르적 특수성('여성 영화woman's film')과 스타일적 표지들('오퓔스'라는 이름은 "음악의 광범위한 활용, 흐르는 듯한 카메라 이동을 동반한 정교한 롱테이크들" 등을 뜻한다)을 동반한 고전적 할리우드 내러티브 영화인 〈모르는 여인의 편지〉의 중심에는 온전한 이미지, 시선으로서의 성, 기대되는*looked-for* 이미지가 있다. 리사(조운 폰테인)는 모델 일을 하며 또 그 모델이기도 하다. 눈부시게 차려입고 조명을 받으면서 그녀는 생계를 위해 일하는 의상실에서 손님들의 응시를 위해, 동시에 그 영화를 보려고 돈을 낸 관객의 응시를 위해 빙빙 돈다. 두 번, 그녀가 그렇게 할 때 남자들, 즉 영화 속의 관객들은 흠 없는 ― 전체 ― 몸매의 완벽함에, 여성적 아름다움, 아름다움으로서의 여성성의 이미지에 대하여 반응하는데, 그 이미지는 성적인 것을 시네마적으로 표현한다. 즉 그 이미지는 욕망된, 그러나 만질 수 없는 이미지, 끝없는 환영*vision*인 것이다. 하지만 항상 그러하듯이, 중심화된 이미지는 그 봉쇄 효과의 과잉 속에 있는 구조를, 봉쇄하기 위해 생산된 이질성 ― 골칫거리 ― 의 흔적을 담고 있는 구조를 반영한다. 여기서 성은 시선이 무시하는, 시선으로부터 무시당하는, 그리고 부단히 시선의 부재를 드러내는 비유적 표현들 속에서 되돌아오는 '과잉more'이기도 하다. 리사가 모델 일을 하는 첫 번째 장면 이후 리사는 어린 시절부터 말도 못한 채 사랑하고 흠모해 왔던 스테판(루이 주르당)과 하룻밤을 보낸다. 그들이 키스하기 시작하자 이미지는 페이드아웃되고 스크린은 아무것도 보이지 않게끔 어두워진다. 분명히 이는 관습이고, 보여줄 수 있는 것과 보여줄 수 없는 것을 의식하던 헤이즈 코드Hays Code의 맥락을 따른 것이다. 그러나 관습은 결코 단순히 영화 외부에 존재하는 하나의 사실이 아니다. 보여줄 수 있는 것과 없는 것, 이미지와 시선을 결정하는 제한들은 〈모르는 여인의 편지〉의 안에 있으며 그 영화의 행위와 의미의 일부이다. 그 페이드, 즉 부재하는 이미지는 〈모르는 여인의 편지〉의 순간적이고 근본적인 비유적 표현으로서, 그 이미지의 생략elision에는 용인과 그 결과로서의 죄의식의 시간이(리사는 그 이미지 이상의 것에 휘말린다. 그 하룻밤은 그녀를 임신하게 하고 그녀가 [도덕적 관습을] 위반한 대가로 치르는 벌과 고통을 영화는 상세하게 묘사한다), 그리고 부인否認과 그 결과로서의 결백함(보여지지 않은 것은 리사를 순수한 처녀의 이미지로서 유지하며 그녀는 여전히 완벽하

다. 그녀는 딸이거나 언니이며 그런 다음에는 [아들] 스테판의 엄마
일 뿐이다. 결코 성적인 연애상대인 적이 없다 — 그것이 그 페이드
의 정확한 기능이며 영화에서의 그러한 관습의 의미이다)의 시간이
포함되어 있기 때문이다. 그 직후에, 영화는 이번에는 스테판을
위해 모델이 되어주는 리사의 이미지로 되돌아간다. 그리고는 환
영의 드라마가 계속된다. 그것은 스테판이 잃어버린 이미지, 그
리고 그가 리사의 편지를 읽으며 그 편지 속에서 그녀가 기억하
고 있는 대로 기억하는 이미지이다. 그리고 우리는 영화에 대한
우리의 기억을 규정하는 내러티브를 통해서 기억하기 때문에 그
것은 우리의 환영vision이기도 하다.

　중심화된 이미지, 환영의 드라마, 시선의 공간은 모두 우리의
환영의 통합성을 지향한다. 고전적으로 내러티브 시네마는 서로
연결되고 교차하고 릴레이되는 '시선들'의 아주 강력한 장치에
기초해서 작용한다. 따라서 1) 카메라는… 누군가를, 무엇인가를
본다(여기서 카메라가 본다고 하는 것은 시네마가 가정하는 일종의
은유이다) : 전영화적인 것, 2) 관객은… 영화를 본다. 혹은 관찰
한다, 3) 영화 속 등장인물들 각각은… 다른 등장인물들, 사물들
을 본다: 다이제시스 내적인intradiegetic 것. 이러한 연쇄는 어떤
가역성을 갖고 있다. 한편으로 카메라가 보며 관객은 또 카메라
가 보고 있는 것을 본다. 그럼으로써 관객은 영화 속의 등장인물
들이 보고 있는 것을 본다. 다른 한편으로, 그리고 마찬가지로, 관
객은 영화 속에서 보고 있는 등장인물들을 보는데, 그것은 영화
를 보는 것이며 카메라가 '보고 있는 것'을, '보았던 것'을(영화
의 토대가 되는, 부재 속의 현전의 양식) 찾아내는 것이다. 더욱이
첫 번째와 두 번째 시선 중 어느 것이 '선차적'인지, '기원'인지

는 계속 바뀐다. 카메라의 시선은 우리가 영화를 볼 때에만 발견할 수 있지만 카메라의 시선은 영화를 보는 행위의 조건 — 조건들 중 하나 — 이기 때문이다. 일련의 시선들은 따라서 다중적으로 릴레이되는 동일시(각각의 경우에 세심하게 특정화될 필요가 있는 용어) 패턴의 기초이다. 첫 번째 시선에서 두 번째 시선으로 바뀌는 것은 관객이 카메라(엄격하게 구성되어 있어서, 예를 들자면 카메라 운동에 무거운 제약을 가하는)와 동일시하게 한다. 영화를 보는 시선은 곧 사진 이미지와 그 이미지의 운동에 대한, 이미지 속에 제시된 인물에 대한, 사진 이미지들의 흐름에 의미를 부여하며 안내선으로서 작용하는 내러티브에 대한 관객의 동일시 관계들에 연루되는 것이다. 등장인물들의 시선은 다양한 '시점' 동일시를 확립할 수 있게 해준다.

그러한 장치의 힘은 그 장치가 제안하고 또 통제하는 유희에 있다. 어떤 이동성이 주어지지만 그러나 그 이동성은 관객을 끊임없이 붙잡을 수 있도록, 시각의, 정확히는 하나의 시각*vision*의 통합성으로 묶어놓는 방식으로서 추구 — 릴레이 — 된다. 바쟁이 콕토의(그리고 장-피에르 멜비유의) 〈무서운 아이들*Les Enfants terribles*〉에 나오는 이본느 드 브레의 쇼트에 매료되었음을 기억해 보라. "그 쇼트의 대상은 그녀가 보고 있는 것이 아니고 그녀의 시선도 아니다. 그것은 그녀가 보고 있음을 보는 것이다."[1] 장치는 그러한 위치의 허구를 위한, '보고 있음을 보는 것'을 총체화시키면서 보장하는 기제이다. 그러므로 그러한 보장이 성취하는 것, 즉 영화 속에 있는 시네마 제도가 수많은 영화들의 실제 내러티브가 되고 그 대단한 관심사가 되는 것은 놀라운 일이 아니다. 그 하룻밤을 보내고 몇 년 후에 리사는 〈요술피리 *The Magic*

Flute〉공연장에서 한 번 더 스테판과 조우한다. 파파게노가 〈하녀인가 여인인가〉를 부를 때("만일 어떤 여인이 내 입술에 키스한다면 나는 곧 다시 좋아질 텐데") 스테판은 의자에 앉아 리사의 얼굴을 찾으려고 몸을 돌리지만 그녀의 얼굴은 지금은 — 항상 그렇듯이 — 사라지고 없다. 리사를 찾는 눈이 익스트림 클로즈업으로 보이면서 — 여기서 익스트림 클로즈업은 그것이 지닌 극단성으로 인해 다이제시스 내에 시간과 공간을 단순히 부여하는 데서 벗어나, 영화가 행동을 조직하는 데 하나의 지표가 된다 —, "저기 바깥 어딘가에 당신의 눈이 있었고 나는 그 눈을 피해 달아날 수 없음을 알고 있었어요"라는 그녀의 보이스오버 편지-내레이션이 깔린다. 그녀를 따라 로비로 내려온 그는 "당신을 어디선가 본 적이 있어요"라고 이야기한다. 영화는 그렇게 계속되고 전체 영화는 보는 것과 아는 것의 문제, 흘깃 보았다가 잃어버리고 그리고 다시 기억해 낸 이미지의 문제가 된다. 그 여자, 어머니(리사는 언제나 스테판의 과거 속에, 그의 — 그리고 그 영화의 — 욕망의 시간 속에 있다), 여신("그리스인들은 그들이 알지 못했던, 하지만 언젠가는 그들에게로 오리라고 희망했던 신에게 조각상을 세워주었죠. 제가 세운 건 여신이겠네요")의 문제로서 말이다.

〈감각의 제국〉은 그 장치의 문제틀을 묘사함으로써 — 구획함으로써(이 말을 기하학적으로 수용하여) — 시선과 동일시의 장치를 생산하고 파괴한다. 그렇기 때문에 그 드라마는 '시각'의 드라마일 뿐만 아니라 고전적인 내러티브 전위transposition를 약화시켜 버린다는 점에서 시네마의 시각의 관계들 및 그 관계들의 조건

— 무엇보다도 그 여자를 포함하여 — 을 보여주는 드라마이기도
하다.

전반적으로 이 영화는 다이제시스 내적 시선의 조직 및 운동
과 관련되어 있다. 크레딧이 올라간 다음에 나오는 첫 쇼트는 눈
을 크게 뜨고 프레임의 경계 '앞'의 공간을, 카메라를, 관객-관람
객을 멍하니 응시하며 누워 있는 사다(마츠다 에이코)의 클로즈
업이다. 마지막 쇼트에서 카메라와 관객은 갑자기 마지막 장면에
서 앞서 확립된 등장인물/공간 체계 밖에 있는 위치에서, 죽은 기
치(후지 다츠오) 옆에 누워 있는 사다를 내려다보는데, 그녀는 그
를 향해 눈을 뜨고 있고 우리의 눈은 그의 몸 위의 붉은 색 — 그
의 절단된 성기에서 흐르는 피 — 으로 얼룩진 등장인물들을 대
면하게 된다("사다, 기치: 우리 두 사람만이 함께"). 그러는 동안
오시마의 목소리가 보이스오버로 그 사건 직후에 관한 뉴스(사다
는 나흘 동안 도쿄 여기저기를 떠돌았고 이 사건은 이상한 동정을
불러일으켰다)와 연도(이 사건은 1936년에 발생했다)를 들려준다.
스크린 상의, 이미지에서 나오는, 해결되지 않은 최초의 시선과
그 종결지점이 갖는, 갑작스럽게 발견된 거리와 음성 사이에서
그 영화의 성적 공간을, 내러티브와 함께, 말하자면 영화를 질서
화하는 내러티브('그 사건'의 내러티브가 아니라)와 함께 질서화
하는 것은 시선이다. 처음부터 성적인 것은 시선의 이미지 속에
주어져 있다(장치의 가정, 따라서 〈모르는 여인의 편지〉에서와
같은 장치의 가정). 그러나 시선은 이미지에 대항해서, 이미지의
'진실'로부터, 이미지의 '지식'의 양식으로부터 벗어나 있는 곳
에서 주어지는 것이기도 하다(장치의 불연속, 하나의 시각의 통합
성을 장치가 분해하는 것).

첫 번째 쇼트에서 사다는 바깥쪽을 응시하는데 이는 집안에 있는, 겉옷을 벗고 있는 또 다른 여자를 짧게 보여주는 쇼트로 커트했다가 다시 사다의 응시로 커트하는데 — 180도 선의 반대편에서 보여주기 때문에 프레임 내에서 그녀의 위치를 [앞의 쇼트와] 연결시키지 않으면서 특이하게 반전시킨 것 —, 이번에는 두 번째 여자가 사다를 애무하기 시작하고 사다는 '너도 보게 될 거야'라고 속삭여놓고는 대답하지 못하고 있다. 다시 그 두 사람이 눈 내리는 마당을 가로질러서 어떤 방으로 가서 안을 들여다보려고 몸을 숙이는 것으로 커트한다. 그런데 그것은 그들이 보는 것으로 커트한 것이 아니라 보고 있는 것으로 보여지는 그들에게로, 들여다보는 그들이 방안에서 보여지는 모습으로, 즉 살짝 열린 가리개의 틈 속에 프레임된 그들에게로, 그러니까 카메라와 관객 쪽을 바라보는 그들에게로 커트한 것이다. 그 쇼트는 그들이 기치와 그의 아내를 바라볼 때 다섯 번 나타나며, 그 장면을 뛰어난 선례로 만드는 쇼트이다. 따라서 '보고 있는 것을 보는 것'에 대한 유희와 함께 그 영화의 지속적인 형용법이 설정된다. 성적인 것이 보여지고 또 [그것을] 보고 있는 것이 보여진다. 기치와 사다가 정사를 벌일 때 시선은 다른 곳으로, 게이샤들이나 하녀들에게로, 언제나 여자들에게로 전달되는 것이다.

영화의 작업 속에서 이루어지는 시선의 이러한 질서는 관음증의 주제도 아니고(이미 남성에게서 여성에게로 시선의 주체가 전치되었음에 주목하라) 고전적 내러티브 배열이 갖는 결속의 구조(그 속에서는 등장인물의 시선이 내용의 형식의 요소, 즉 교환되는 시선들의 운동 속에서 이루어지는 활동의 정의의 요소인 동시에 표현의 형식의 요소, 즉 이미지들의 구성 및 그 이미지들의 배열, 이미지들의 '일치match'의 요소이다)도 아니다. 그 시선이 나타내는 것은, 시야/역시야를 그 가장 명백한 장치device로 갖고 있는 '접힘'이라는 공간적 봉합과정을 통해 영화 속에서 재포착되는 '프레임 바깥'의 질서가 아니라, 모든 프레임, 모든 쇼트의 가장자리를 만들어내는 것에서 나오는 질서로서, 이는 관객을 위해 보기라는 문제로 조금씩 나아간다. 〈교수형*Death by Hanging*〉(1968)의 마지막 대사인, 오시마가 갑자기 보이스오버로 말하는 "당신도 역시Anata mo…"는 〈감각의 제국〉의 질문이기도 하다. 즉 이 영화에서 당신은 어디에 있는가, 그리고 당신을 위해 거기에 있어야 하는 이 영화는 무엇인가라는 것이다. '보고 있음을 보는 것'에 입각한 유희와 연관된 앞에서의 설명은 다음과 같이 완결될 수 있다. 성적인 것이 보여지고 보는 행위가 보여지며 관객은 그러한 보기의 행위 속에서 보여진다(기치와 사다가 정원에서 정사를 벌이고 근처의 여자가 마당을 쓰는 장면에서 그러한 이행이 개략적으로 이루어진다. 사다가 기치 위에 앉을 때 스크린은 완전히 그녀가 입고 있는 기모노의 붉은 색으로 가득 채워지고 그 이미지 위로 '누가 보고 있다'라는 사다의 대사가 나온다). 그렇다면 어떤 영화의 관객이 된다는 것, 그 영화의 광경을 본다는 것은 무엇이며, 또 지금 이 영화에서 이 영화를 보는 관객이 된다는 것은 무엇인가?

시선과 동일시의 장치는 한 편의 영화의 광경과 관객(그 광경의 시점)으로 이루어진 시네마 제도이자 한 편의 영화가 갖고 있는 이용 가능한 시각의 체계이다. 오시마의 영화는 영화 장치나 영화 장치의 시각의 조건들을 문제적인 것으로, 즉 (자연스런 재현이나 단순한 반영이 아닌) 특수한 구성으로 보며, 이는 그의 영화가 시네마와 영화 속에서 성적인 것을 급진적으로 — 절대적으로(이 점은 뒤에 가서 더 살펴보아야 한다) — 제기하는 데서 잘 드러난다. 필연적으로, '모든 것이 보여질 수 있는' 영화라고 특징지어지는 〈감각의 제국〉은 '보여진 것'의 불가능성에 관한 영화로서, 이 영화를 계속해서 따라다니며 괴롭히는 것은 끊임없이 통일성 속에, 관객을 위한 광경의 위치 속에 포획되어야 하고 포획될 수 있는 '바깥off' 공간이 아니라 온전히 현전하는 이미지들, 적절한 광경으로 이루어진 이미지들을 방출시켜버리는 '보여지는 것이 없음nothing seen'이다. 전부와 전무를 두고 이 영화는 영구적으로 분열하고 있으며 이 분열은 시각sight과 시선look이 문제를 일으키는 가운데 일어나는 주체 관객의 장소의 분열이다. 그 영화에서 가장 가시적인 사례(여기서 '가장 가시적인 것'의 역설은 분열의, 전부와 전무의 한 버전이다)는 연인들의 방 밖에서의 쇼트들이 나타나는 두 경우인데, 두 번 모두 둘 중의 한 사람이 어디론가 가서 부재했다가 막 돌아온 상태이다. 그 쇼트들에는 공간을 나누는 벽이 있는데(그리고 그중 한 경우에는 빈 복도가 공간을 나누는 역할을 한다) 얇은 가리개 뒤쪽으로 색채와 사람의 형태를 알아볼 수 있다. 성애적인 서스펜스를 가지고 장난을 치는 일은 없다. 모든 것이 보여졌지만 보여져야 할 또 다른 것, 즉 무無가, 보여진 것 이상의 것이, 어쩌면 들려져야 할 또 다른 것이 존재한다(들어오는 사다에 관한 기치의 설명 : "어두움… 아무것도 안 보이고… 물이 흐르고… 피, 아니, 피가 아니고 작은 빨간색 곤충들이, 내 눈에, 코에, 입에… 더는 아무것도 보이지 않고… 쾌락뿐"). 그리고 그것은 어쩌면 색채로서(그 영화의 표층을 이루는 붉은 색, 색채는 언제나 잠재적으로 '보여진 것'의 과잉 속에 있으며 '객관적인' 이미지와 그 이미지의 분명한 주제를 위협한다) 존재한다. 반대로 완전한 이미지로 이루어진 유일한 순간들은 판타지의 순간들로서 제시되고 있다는 사실을 지적할 수도 있다(판타지는 주체의 욕망이 충족된 것으로 형상화되는 상상적 시나리오이다). 사다가 그린, 자신은 기차에 앉아 있고 기차는 언덕 위를 뛰어가는 그림이 그 예이다. 판타지는 총체성으로서의 그 이미지의 체제 regime이며, 현실화된 것으로서 제출되는, 찾아진 것the looked-for의 포괄적인 통합성이다. 더욱이 라캉이 브누아 자코의 〈암살자 음악가*L'Assassin musicien*〉에 관한 간략한 감상에서 언급한 것처럼 "판타지는 핍진성vraisemblable을 정초한다."[2] 〈모르는 여인의 편지〉 같은 영화는 그러한 정초의 대단히 전형적인 사례를 제공한다. 장치는 그 영화를 위한 주체-시각(주체의 시각)을 확립하는 것으로 가정되고, 그 영화는 내러티브 속에서 주제상으로, 시각의 그러한 허구의 조건들을, 그처럼 고정된 이미지-관계의 조건들을 반영하고 그 조건들을 '애써 성취'하기 때문이다.

　오시마의 영화에서 '보여진 것'의 분열은 관객의 분할된 봉입inclusion의 전개에 의존하고 있다[히스는 여기에서 splitting 혹은 division으로 표현되는 주체 '분열'을 오시마 영화에서의 공간의 분할division과 연결시키고 있다 — 옮긴이]. 이렇게 해서 앞에서 이미 언급한 바 있는, 이미지 바깥의 시선, 즉 '네 번째 시선'이 등장한다. 이 네 번째 시선은 카메라-관객-등장인물의 릴레이를, 즉 '보고 있음을 보는 것'이 지닌 안전함을 되돌려주는 동시에 느슨하게 한다. 그러므로 그 영화의 공간을 조직하고 장면을 구성하면서 등장인물의 시선을 특수하게 활용하는 것 역시 마찬가지이다. 이와 관련하여 '결혼식날 밤'을 고찰해 보자. 저녁식사와 건배 후에 기치와 사다를 둘러싸고 앉은 게이샤들은 그들에게 '신방'에 들어 결혼을 완성시키라고 권한다. 여기에서 방을 가로질러 커플과 게이샤들 사이를 오가는 커팅의 움직임이 시작되는데, 이 움직임은 카메라를 바라보는 시선의 흐름을 따라 이루어진다(기치가 사다의 몸 위에 누워 있으되 이번에는 어떤 쾌락도 경험하지 못하는 기치의 시선과 그들을 보고 있는 게이샤들의 시선 사이에서의 커트). 그 이동은 게이샤들이 자신들만의 독자적인 행위를 준비할 때 '자율적으로' 계속되는데, 그 행위란 자신이 본 것으로 인해 흥분한 젊은 게이샤에게 꼬리가 긴 새의 형태를 한 딜도dildo를 삽입하는 것이었다. 한편으로 거기에는 모든 것이 있다. 공간은 성적으로 충만해 있으며 그 방의 양쪽이 합쳐져 하나의 장면 전체를 유지하고 있다. 보여지지 않는 것은 아무것도 없다. 다른 한편으로 그 공간은 채워지는 순간 단절되며, 그 장면의 총체성은 분할되고, 그 분할 속에 관객의 관점이 들어온다. 즉 보여진 것은 아무것도 없다는 사실이 반복해서 부각된다(그리고 성적인 것과 즐거움이 순환하고 또 상실되는 가운데, 보여진 것 속에서 생산된다). 성적 착취sexploitation를 영화적으로 형상화하는 방법의 하나는 패닝으로서, 그것은 전체를 구성하는 데서 빠뜨릴 수 없는 과잉more인, 난교파티the partouze(카메라는 도처에partout 존재하는, 온갖 곳에 존재하는 관객을 위해 있으며, 정점에 달한 충만함의 질서를 표현한다)를 형상화하는 방법이다. 오시마 영화의 형상화 방법은 분할로서의 이러한 커팅으로, 언제나 다른 곳에 따로 떨어져 있는 장소를 연결해서 하나의 공간을 이루어내는 것이다.

더욱이 〈감각의 제국〉에는 동일한 형상화 방법이 작용하는 장면이 하나 나오는데, 그것은 〈모르는 여인의 편지〉에 나오는,

오페라 극장에서의 조우와 구조적으로나 주제상으로 흡사하다 (파괴적인 리메이크의 초점들 중 하나). 그 영화의 상당히 후반쯤 가서 기치와 사다는 그들의 [성적] 능력을 높이 평가하는 늙은 게이샤가 지켜보는 가운데 정사를 하기 시작한다. 사다는 그녀가 기치를 좋아하리라고 주장한다. 기치는 그 여자를 어루만진 다음 정사를 하기 위해 그녀의 위로 올라간다. 최초의 높은 평가-와-주장[이 나오는 장면]은([게이샤가 기치와 사다의 능력에] 찬사를 보내고 [사다가 기치에게 그 늙은 게이샤와 사랑을 나눌 것을] 넌지시 권하는 처음 부분은) 연인들이 있는 방안에서 복도에 앉아 있는 게이샤를 바라보는 식으로 촬영되었다. 일단 [기치를] 빌려주는 것에 대한 동의가 이루어진 후 그 장면은 방 바깥 복도의 한쪽 끝을 보여주는 전환 쇼트를 축으로 회전하여, 카메라를 멀리서 바라보고 누워 있는 늙은 여자를 애무하려고 복도에 나와 있는 기치를 보여준다. 이때 늙은 게이샤는 카메라 반대편으로 얼굴을 돌린 채 누워 있다(사다는 방안에 있어 오프스크린되어 있다). 그 다음 쇼트는 180도 회전하여 기치와 게이샤의 다리를 가로질러 복도에서 보여지는 방안의 기치를 보여준다. 그 다음에 보여지는 정사 장면은 십여 개의 쇼트로 이루어져 있는데, 이 쇼트들은 사다와 게이샤의 얼굴을 번갈아 보여주며 커트하거나, 카메라를(사다를, '결혼식날 밤' 장면에서 사다의 위에서 게이샤들을 바라보던 때처럼) 에둘러 바라보는 기치와 늙은 게이샤의 뒤엉킨 몸과 사다를 번갈아 보여주며 커트한다. 이윽고 클라이맥스에 오면 사다의 입술의 익스트림 클로즈업으로부터 눈을 감고 있고 머리는 헝클어져 있는 늙은 여자의 얼굴로 커트한다. 그리고 나서 다시 다리들 사이로 사다를 찍은 최초의 쇼트의 앵글과 프레이밍으로 되

돌아간다. 그 장면은 '미완성' 상태이다. [〈모르는 여인의 편지〉
의 오페라 조우 장면에서] 과거의 여인을 그리는 스테판의 이미지
— 이것이 영화와 시선의 시네마적 연결이다 — 는 [〈감각의 제국〉
에서는] 각각의 이미지, 그 이미지를 종료시키며 영화와 시네마
에서의 시선의 문제 — 혹은 시선의 역사 — 를 제기하는 교환 —
두 여인과 기치, 그리고 부재, 또 다른 쪽 — 으로 나아가고 있기
때문이다. 어머니는 죽었고("내 어머니의 시체를 안고 있는" 기
치), 장례행렬이 이어지고, 시선들은 스크린에서 떨어져나가며
그 영화의 공간은 관객 쪽에서 [볼 때] 돌이킬 수 없을 만큼 분할
되어 있다. 여자를 찾아 헤매는 스테판의 눈 — 이 눈은 영화의 내
러티브 움직임의 전개를 지켜보아온 관객-관람객을 위한 거울이
다 — 은 여기서는 사다의 입술로 전치되었다. 사다의 입술은 이
시퀀스의 상처로, 시선에 따른 커팅의 균형을 파괴한다(입술 자
체가 이미 [균형을] 분열시키기 위해 사용된 것이다). 오시마는
"그 영화를 통해 죽음의 그림자를 지나가고"[3] 싶어하는 것에 관
해 이야기하고 있는 것이다.

이 모든 것에서 관건이 되는 것은 무엇인가? 여기에서는 무엇을
설명하고 있는 것인가? 대답하기 어렵고 불확실하기는 하지만 그
것은 시네마 장치를 진정으로 문제화하고 있는 어떤 것을 오시마
의 영화에서 파악하려는 시도라고 말할 수 있는데, 이때 시네마
장치는 교차하는 다양한 요인들 — 이미지, 시선, 이미지와 시선
이 성적인 것과 맺는 관계 — 을 사실상 출발점으로 삼아서, 시네
마 장치가 획득하고 유지해 나가려고 하는 질서와 즉각 연관시키

는 역할을 하는 것이다. 바쟁의 "그녀가 보고 있음을 본다"는 공식은 여러 번에 걸쳐 참조되었다. 하지만 바쟁은 영화에서의 "보기가 지닌 의사–외설성quasi-obscenity"의 가능성에 관해서도 이야기하고 있다. 〈감각의 제국〉이 나타내는 것은 결국 보는 행위와 보는 대상의 비동조*disphasure of look and sight*이다. 장치는 진실을, 환영을 보증하지 못한다. 시선은 분할되고 관객은 그 영화의 그 광경을, 관람객이라는 단순한 위치를 상실한다. 그렇다면 문제는 본다는 것watching(보기는 시선과 동일시의 양식이다)이 아니라 영화를 보고 있다는 것*seeing*은 무엇인가이다. 이는 바로 베르토프를 정치적으로 사로잡았던 질문으로서, 그는 사회적인 개인의 주체–눈을 현실에 작용하는 — 현실을 변형시키는 — 관계로 전치시키기 위해 카메라–눈과 인간–눈의 부정합disalignment을 생산하고자 했던 인물이다. 그러나 그것[부정합]은 브래키지의 〈두 눈으로 직접 보기*The Act of Seeing with One's Own Eyes*〉(1973) 같은 영화에서는 결정적인 것이며 적어도 영화가 시작되고 처음 5분 내지 10분만 지나면 이 점이 분명해진다. 이 영화에는 보는 행위가 시선에 침입한다는 압력이 만연해 있는 것이다. 영화는 보여질 수 없는 것을 보여진 것(시체보관소, 해부하는 모습, '난 볼 수 없었다'는 내레이션)과 보여주는 행위(보는 위치의 부재, 카메라의 프레이밍, 높이, 움직임은 어떤 한 가지 의미를 구성하지 못한다) 속에서 모두 보여주며, 통일된 주체–시각의 일관성을 제거 — 분해 — 한다.

베르토프가 예견했고 몹시 싫어했던 '연극적 시네마'의 시대 이후에 브래키지의 영화가, 오시마의 영화처럼 죽음을 직접 다루었다는 것은 우연이 아니다. '보는 행위의 의사–외설성'은 죽음과 성적인 것이 깊이 연결되어 있는 데서 나온다. 〈두 눈으로 직접 보기〉에서도 성적인 것은 직접 표시된다. 잘려나간 남성의 신체가 그것이다. 그러한 연결은 바로 고전적 시네마에서 충돌과 분산으로 알려져 있는 것이지만, 고전적 시네마의 장치와 내러티브는 이미지 상에서 — 결국은 여성들의 이미지, "보고 있는 그녀를 보는 것" — 그 연결을 봉쇄하려 한다. 여기서 다시 한번 〈모르는 여인의 편지〉에 나오는, 리사/조운 폰테인의 빛나는 몸매를 포착하는 응시를 다시 생각해 보자. 이 영화는 결국 연극적인 영화이다. 그러한 응시를 위한 이미지는 내러티브 영화의 일시정지된 시나리오의 중심이자 결정이고 그 시나리오가 부단히 욕망하는 원초적 장면primal scene이다. 내러티브는 그 토대를 공고히 해주는 시네마 장치와 아울러, 알려지고 부인된 거세 위에서 작동한다. 그것은[내러티브는] 차이의 운동이자 상징적인 것, 상실된 대상이다. 또한 내러티브는 그러한 움직임을 고정된 기억의 조건들로, 즉 굳건한 상상적인 것의 조건들로 변환시키며, 이렇게 해서 대상이 다시 획득되며 이와 더불어 주체도 다시 지배력과 통일성을 지니게 된다. 페티시즘과 마찬가지로 내러티브 영화는 기억-스펙터클의 구조를 갖고 있다. 즉 '일회성의' 영구적인 스토리, 안전한 허구들을 가지고 끊임없이 다시 만들어지는 하나의 발견이다.

이것이 고전적 시네마에서의 반복이 지니고 있는 특수한 경제의 맥락으로서, 고전 시네마에서 내러티브는 사실상 **참을 만한** 반복의 질서이다. 모든 텍스트의 통합성은 새로운 정보들의 지속적 균형상태에 의존한다. 또한 진행의 지점들과 그에 조응하는 소환들, 속도감을 주고 함께 결속시키는 연결들에 의존한다. 고

전적 시네마의 특수성의 일부는 통합성을 향해 나아가려는 극단
적인 경향, 즉 총체화라는 경제적 치밀함을 위해서 내러티브를
사용한다는 것이다. 영화는 요소들 — '형식'과 '내용' 모두의 —
이 거울 속에서처럼 대칭적으로 확립되고 전이되고 되돌려지는
일련의 운율 전체 속에서 모아들여진 것이다. 〈모르는 여인의 편
지〉에서 이를 가장 단순명쾌하게 보여주는 사례들은 카페 장면
(스테판이 이전의 약속을 취소하려고 리사와 함께 들어온다/리사가
스테판을 찾으러 혼자 들어온다), 기차가 출발하는 장면(리사가 하
룻밤을 같이 보낸 연인인 스테판과 '2주 동안' 떨어져 있게 되어 그
에게 작별 인사를 한다/리사가 그날 밤에 얻은 아들인 스테판과 '2
주 동안' 떨어져 있게 되어 작별 인사를 한다), 계단에서 보는 광경
들(스테판이 그의 수다한 여자친구들 중 한 사람을 최초로 데려온
날과 리사를 데리고 오던 날), 그리고 영화를 시작하고 다시 그 출
발점으로 돌아와 끝맺게 하는 마차 장면들을 포함한다. 내러티브
를 이용하고, 내러티브를 결정하는 〈감각의 제국〉 역시 이와 유
사한 패턴을 갖는다. 요소들은 내러티브 투자를 위해, 영화 전체
에 걸쳐 연결되기 위해 — 남김없이 활용되기 위해 — 주어지며
(기치와 사다의 첫 만남에서 등장한 칼들 — "너는 손에 칼밖에는
든 게 없구나"), 장면들 및 장면의 단편들 사이에서는 운율이 만
들어진다(늙은 게이샤가 나오는 장면은 그에 앞서 하녀가 나오는
정원 장면의 반향이자 응답으로서, 그 장면은 사다와 정사를 하고
싶지만 할 수가 없는 노인이 나오던 도입부에서의 장면으로 돌아간
다). 하지만 여기서 운율 개념을 적용하는 것은 이미 쉽지가 않
다. 가능한 사례들은 〈모르는 여인의 편지〉를 구성한 것과 같은
운율의 명징성 — 증거 — 을 결여하고 있기 때문이다. 사실상 문

제가 되는 것은 그것이 어설프게나마 암시하고 있는 운율들을 요소들의 연쇄 ― 죽음의 그림자는 늙은 남자의 발기되지 않은 페니스로부터 사다의 '진지한' 의원의 베개 옆에 놓인 베개 위의 사다의 얼굴로, 주막의 주인에게로("지금까지 오랫동안 나는 그것을 소변보는 데에만 썼다오"), 다시 검은 옷을 입은 의원에게로, 또 너무 늙어 거의 시체나 다름없는 어머니 같은 게이샤에게로 넘어간다 ― 속으로, 그리고 (강박의 구조라고 할 '형식'과 '내용'의 절합으로부터 자유로워진 채 영화 표층에서 계속되고 있는) 연쇄들 ― 젊은 게이샤의 성기에 삽입된 새 모양의 딜도에서, 새처럼 춤을 추는 늙은 벙어리 남자에게로, 그리고 기치의 페니스가 누르고 있는 사다의 입술로 이어지는 연쇄 ― 의 짧은 분출로 분산시키는 경제이다. 〈감각의 제국〉에서의 반복은 결과적으로 갑작스럽거나 투박한 것으로 남아 있다. 첫 번째 양식은 장면들이 서로를 반복하면서 연속되게끔 조직하는 양식으로, 거기에는 소환, 진전, 해소로 이루어지는 내러티브 패턴이 전혀 없다(그렇기 때문에 전이적 이행들이 결여되어 있다. 예를 들면 갑자기 손이 계단 위의 발을 잡으려고 튀어나오거나, 마차가 갑자기 좌에서 우로 반대편 강둑을 가로지르는 것이 보여지고 나서 새로운 장면이 시작된다). 둘째, 그 영화의 진행에 따른 마지막 질서는 교살 장면들에서 작동한다. 세 번에 걸쳐 길게 사다는 기치의 목을 조른다. 그 반복은 매번 아무런 새로운 정보도 주지 않으며 오직 ― 정확히 ― 죽음만을 불러온다는 점에서 잔혹하다. 그 죽음은 결국에는 기치의 죽음이고 주체의, 텍스트 위로 꼿꼿이 솟아 있는 주체의, 주어진 시각의, 의미의 그리고 의미를 위한 방향의 사라짐fading 이다(따라서 관객은 '지루함'의 반응을 일으킨다). 시간상의 목적,

의미 만들기, 하나의 관점에 도달하기 같은 내러티브 협약이 상실되어 있는 것이다.

반복이란 욕망의 힘든 시간을 폐기하기 위해 동일성으로 귀환하는 것이며 그 피할 수 없는 차이의 순간 속에서 소생하는 것이다. 반복의 경계 ─ 폐지의 지평, 동일성과 차이의 궁극적인 붕괴 ─ 는 따라서 죽음이다. 프로이트는 반복을 충동의 본질로 보았으며, 심리적 기능에 관한 그의 후기의 설명에서 죽음 충동에 ─ 쾌락 원리를 넘어서는 ─ 근본적인 위치를 부여했다. 현재의 논의를 위해서 적절하게도 그러한 설명이 함축하는 바를 라캉은 「정신분석학에서 파롤과 랑가주의 기능과 장Fonction et champ de la parole et du langage en psychanalyse」에서 다음과 같이 분명히 했다. 욕망은 무한하며, 역사적으로 규정되는 주체의 "절대적으로 고유한 가능성"으로서 죽음의 한계를 제기하는 반복 속에 있다. [그 죽음의 한계란] "그러한 역사가 완결되는 매 순간 존재하는 한계로서, 그 한계의 실제 형식 아래서 과거를 재현한다. 다시 말해 그 과거는 존재가 사라져버린 물리적 과거도 아니고 기억 속에서 윤색된 서사시적 과거도 아니며, 또 여성과 남성이 그 과거로부터 그들의 미래를 보장받는 역사적 과거도 아니다. 그 과거는 반복 속에서 뒤집힌 채로 스스로를 현시하는 과거이다." 요컨대 "죽음 충동은 본질적으로 주체의 역사적 기능의 한계를 표현하고 있다."[4] 〈감각의 제국〉은 주체의 그러한 한계 근처까지 다가가며, 바로 기능 상실로서의 반복에 의해, 주체-위치들 ─ 그들 자신만의 과거(서사적, 역사적 등)를 가진 ─ 속에서 망각된 주체에게 절대적인 하나의 과거가 거기에서부터 정립된다. 그러나 [이 영화가] 그렇게 할 수 있는 것은 ─ 이것은 다시 정신분석에서 종종 발견되는 맹점에 관한 문제를 제기하는데 —
단지 역사적으로만, 즉 하나의 역사를 보여주는 것 속에서만 가
능하다. 그리고 시네마 제도는 그 역사의 일부이다.

영화들 속에서 고전적 시네마는 반복의 균형을 유지하고 있다.
즉 영화들에는 차이의 운동이 있으며 그러한 운동 속에서 반복되
는recurring 이미지들을 성취한다. 예를 들면 '동일자'로서의 여
성이 그것으로, 여성은 영화 속에서 끊임없이 재발견되는 통일성
이다. 내러티브화, 즉 영화를 내러티브로서 생산하는 과정은 그
균형의 작용이고 다수의 요소들 — 잠재적인 감정, 리듬, 강렬함,
시간, 차이들의 축제 전체 — 을 한 가지 노선의 통합성(진행과 소
환)으로, 반복의 최종성으로 묶어내는 과정이다.

　　실현된 내러티브, 그 과정의 조건은 역사적으로 특수하며, 시
네마 제도의 발전과 그 제도의 이용을 재생산하기 위해 소설적인
것의 지도를 그리는 것이다. 다시 말해 소설적인 것은 영화에서
내러티브를 특정화하는 것의 범주이다. 영화는 소설의 계승자로
서 만들어졌기 때문이다. 소설적인 것의 제목은 **가족 로맨스**(혹은
최근 가족 로맨스를 구체화한 영화 제목처럼 〈가족 음모*Family
Plot*〉)이다. 가족 로맨스가 다루는 문제는 기존의 사회적 재현의
한계 내에서, 그리고 그 재현들이 결정하는 사회적 관계들 내에
서, 개인에 관한 허구들을 공급하고 유지하는 가운데 개별 의미
의 형식들을 어떻게 규정할 것인가 하는 것이다. 소설적인 것이
조우하는 현실은 정체성의 영구적인 위기[상황]인데, 그 위기는
개인-주체의 역사를 기억함으로써 영원히 해소되어야만 한다.

내러티브는 개인을 주체로서 재이미지화하는, 즉 안전하게 협상되고 재전유된 과거의 통합성으로서 정체성을 재현하는 것인 소설적인 것에서 기억을 끌어내 영화 속에 펼쳐놓는다 — 법으로서 정한다. 여기서 말하는 과거는 영화 '속의' 과거이자(〈모르는 여인의 편지〉의 전체적인 주제는 기억하기인데, 이 주제 내에서 가족 로맨스 전체는 이러한 재현들에 대한 지식에 의해 알려지고 그리고 부인된 성의 역사의 단편적인 기억의 흔적들 속에서 유지된다) 그 영화 '의' 과거이다(〈모르는 여인의 편지〉에서는 방향, 운율, 끊임없는 이미지들을 지니고 있으며, 관람객을 위한 시야의 위치를 설정하고, 보고 있는 주체와 통일적인 관계를 맺고 있다). 따라서 〈감각의 제국〉은 주체의 역사적 기능의 한계에 다가가는 가운데 소설적인 것, 그리고 소설적인 것의 산업으로서의 영화 제도와 관계를 맺는 동시에 그 제도에 저항한다. 이 책에서 이 영화에 대한 분석을 통해 제시하고자 했던 것이 바로 그 관계이다.

기치와 사다는 시대에 뒤진 사람들이고, 게이샤 하우스들의 세계이자 게이 지역인 도쿄 아카사카 구역의 시대착오이다. 이 영화는 반복 속에서 뒤집어진 채로 나타나는 과거를 다루고 있으며 그 초점은 절대적으로 성적인 것이다(오시마의 말대로 "그들만의 쾌락을 추구"할 수 있는 연인들의 닫힌 세계인 방에서처럼). 그러나 그 '절대적으로'란 역사적인 것이며(주체의 기능, 주체-기능을 정의하는 데 기여하는, 영화를 포함한 제도들의 기능에는 역사적 한계가 존재한다) 또한 정치적인 것이다(사회적 관계들 속에서 기능, 주체, 제도들은 최종심급에서 결정된다). 결국 그 영화에 관한 질문을 만들어내는 것은 성적인 것, 시네마적인 것, 정치적인 것의 절합이다.

정치적인 것은 그 영화에서 집요하게 계속 나오고 있으며 바깥을, [연인들이 들어 있는] 방이 아닌 다른 곳으로 주의를 돌리게 하는 구두점 역할을 하고 있다. 전쟁 전 군국주의의 상징인 일장기 히노마루hinomaru를 들고서 늙은 남자를 쿡쿡 찔러대는 아이들, 어린이 날을 알리는 연 날리기를 배경으로 하여, 사다와 함께 떠나기를 거절하는 검은 셔츠의 의원, 다시금 일장기를 든 어린 아이들로 이루어진 군중이 바라보는, 거리를 행진하는 군인들, 그리고 마지막의 "이 사건은 1936년에 일어났다"라는 보이스오버가 그러한 구두점들이다. 그해는 바로 2월 반란, 즉 군부가 지배하는 정부를 장악하려는 소요가 일어났던 해이다. 정치적인 것은 그 영화 속에, 이러한 구두점들, 짧은 반향들, 수법들 — 도입부의 눈(雪), 그 방, 그리고 사다 안에 갇혔다는 기치의 언급(하코 이츠이Hakko Ichui, 즉 '세계를 한 지붕 아래로'라는, 30년대의 민족주의적 슬로건) 속에서 집요하게 주장되고 있다. 그렇지만 정치적인 것은 외부로서, 여전히 갑작스럽게 영화의 결미에서 연대를 밝히는 목소리로서, 그 영화 전체에 대하여 갑작스럽게 거리감을 느끼게 하는 것으로서 나온다. 마치 성적인 것과 정치적인 것의 절합의 필요성과 동시에 그 불가능성을, 문자 그대로, 그러한 절합은 생각할 수조차 없다고 진술하기라도 하듯이 말이다.

가능한 것과 사유할 수 있는 것을 확립하는 장치들 자체, 재현의 장치들과 이데올로기적 형성, 시네마 자체와 같은 기계들로부터 출발하려던 것이 아니라면… 아니라면. 그렇기 때문에 성적인 것, 정치적인 것, 그리고 시네마적인 것[을 출발점으로 삼아야 한다]. 그렇기 때문에 〈감각의 제국〉은 한 편의 영화이지 기치와 사다에 '관한' 영화가 아니고 1936년에 '관한' 영화도 아니며 오히려 하나의 문제에 작용하는 영화, 시네마에서 성적인 것과 정치적인 것의 관계를, 즉 영화의 성 정치학을 제기하려 노력하는 영화이다. 결미의 음성은 역사적인 과거를 상세히 보도하는 documenting 목소리가 아니라 복합적인 역사적 현재를 보여주는 목소리이다. 그것은 다시 말해 성적인 것과 정치적인 것 사이에 있는 주체에 관한 역사에 대해 시네마적으로 질문하는 것이다. 그렇다면 그러한 실연demonstration은 마르크스가 『브뤼메르 18일 *The Eighteenth Brumaire*』의 도입부에서 '표현법phrase을 넘어서는' 내용에 관해, '형식'/ '내용' 구분 자체의 고정된 틀을 깨뜨리는 완전히 새로운 것에 관해 이야기하면서 구상했던 것과 그 효과가 너무도 흡사한 것이다. 시네마는 하나의 연구(정신분석학적 연구를 포함하여) 대상을 훨씬 넘어서는, 그 이상의 것이며 정치적인 것은 그 인식된 사례들 속에 봉쇄될 수 없다(정치적인 것은 모든 '인식된 것'을 변화시켜야 한다). 그리고 시네마와 정치적인 것 양자는 작동 중인 자신들을 전치시키는 성적인 것에 의존하고 있다. 이것이 오시마의 영화가 갖는 복잡한 현재 ─ 질문 ─ 이다. 난감한 장면들(중년의 게이샤의 강간, 계란)에 관해, 사다의 묘사가 갖는 긍정적 혹은 부정적 측면에 관해 논의하는 것은 이러한 맥락에서 볼 때는 질문의 비판적인 힘을 놓치는 것이 된다. 질문은 이런저런 재현에 관한 것이 아니라 재현이라는 사실에 관한, 시네마에서의 재현이라는 사실에 관한 것이며, 이는 난감한 부분들을, 논의의 조건들을 계속해서 내던져버리는 것이기 때문이다. 〈감각의 제국〉은 단순히 〈모르는 여인의 편지〉와 거리가 먼 영화인 것만은 아니라는 사실을 기억하라.

이 글의 서두를 열었던 일화 — 사이토, 리셉션, 암살, 실패한 정
치적 반란 — 로 돌아가보자. 그렇다. 물론 〈짓궂은 마리에타〉는
이 모두와 아무런 상관이 없으며 정확히 말하자면 그저 순수한
일화일 뿐이다. 그러나… 여기에서 그 일화는, 시네마의 거리와
현전이라고 불려야 하는 것에 영향력을 갖기 위해 과거 — 사건
들, 역사적인 사건들 — 를 취급하는 영화인 〈감각의 제국〉의 관
점에서 인용된 것이다. 시네마라고 하면 거리가 멀고 중요성도
적게 느껴지지만 그럼에도 불구하고 필수적이며 '우리'에게 아
주 가까이 있다(나 자신의 스펙터클, 나를 위한 이미지들). 〈짓궂
은 마리에타〉, 사이토, 〈감각의 제국〉, 오늘날의 일본(오시마에게
는 제국주의의 부활에 다름 아닌 현대성contemporariness) — 오시
마의 실재는 거기 어딘가에, 한 편의 영화와 그 관객 사이에서 그
실재를 가지고 할 수 있는 것 속에 있다. 영화에서 시네마 제도란
무엇인가? 그 제도가 이미지들을 생산하는 조건은? 시네마가 당
신에게, '당신도 역시anata mo'가 하는 작용은? 바로 그 역사는?
그것이 바로 오시마라는 [이름의] 질문이다.

후기

"나는 다른 곳을, 다르게 본다. 거기에는 어떠한 스펙터클도 없다."

엘렌느 시수[5]

일 년여가 지나서 이 글을 다시 읽어보니 그 주된 결점은 이 글을 쓰던 당시 그 영화에 극도로 근접해 있었던 결과, 〈감각의 제국〉의 질문, 즉 '오시마라는 질문'을 들여오는 방식에 있어 솔직함이 결여되어 있다는 데 있는 것 같다. 다시 말해 전반적으로 관건이 되는 것은 분명히(그러나 대단히 어렵게도) 시네마에서의 재현과 성차의 문제 전체이다. 이것이 오시마 영화가 신랄하게 제기한 문제이고 이것이 그의 영화의 관심이자 긴급한 안건이었던 것이다(그 영화의 사용가치를 지적하려는 노력을 강조하는 것은 결코 그 영화를 '좋은 영화'라고 인정하고 갈채를 보내는 것이 아니다. 좋은 영화라는 바로 그 개념이야말로 이 영화가 영화에 대하여, 시네마에 대하여 던지는 질문의 도전을 받고 있다). 더욱이 [이 영화가 보여준] 예민한 측면들에 대하여 반응들이 왔고, 그 영화는 페미니스트들에게 거부되기도 하고 또 중요한 것으로 받아들여지기도 했으며, 그 영화가 상업적으로 상영되었던 곳에서 종종 여성(반드시 페미니스트이지는 않은 여성들)에게 참조점이 되었다.[6]

〈모르는 여인의 편지〉를 논하면서 이 글은 그 영화의 유일한 상상적인 것이 '그 여자'이며 유일한 기표는 남근phallus으로서의, 질서로서의, 그 영화의 — 릴레이되는 시선들로 이루어진 시네마로서 생산된 영화의 — 장치 — 끊임없이 보여지는 장면을, 남성적 응시를 위한 여성의 연극을, 총체적인 스펙터클을 다시 만들어내는 — 로서의 시선이라는 사실을 분석을 통해 분명히 하고자 노력하고 있다. 유일한 상상적인 것, 유일한 기표란? '유일하다'는 것은 모든 차이가 그 구조화된 배열 속에, 그 영화가 그 속에서 중심화되고 유지되는 관계에, 그 상징적 결들의 시간들과 운동들과 과잉들 및 시각의 내러티브 드라마가 결박되는 고정된 관계에 포획된다는 것을 말한다. 이러한 맥락에서 결정적인 쟁점은 그 관계 속에서 여성들이 차지하는 위치, 여성을 위한 시선이 차지하는 위치에 관한 것으로서, 그 쟁점은 대개 여성들은 거의 시선에 투자하지 못했음을 강조하는 측면에서 고찰되어왔다. 이리가라이가 설명하듯이 "여성이 시선에 투자하는 것은 남성에 비해 특권화되어 있지 못하다. 눈은 다른 감각들보다 더 대상화하고 정복하는master 감각이다. 눈은 거리를 두고 자리잡으며 그 거리를 유지한다. 우리 문화 속에서 후각, 미각, 촉각, 청각을 능가하는 시각의 우세는 육체적 관계들의 빈곤화를 초래했다. 시각은 성sexuality을 육체에서 분리시키는 데 기여해 왔다. 시각이 지배하는 순간 육체의 물질성은 상실된다. 그것[육체]은 무엇보다도 외재적으로 지각되며 성적인sexual 것은 훨씬 더 기관들organs의 문제가 되는데, 그 기관은 그 경계가 분명하게 정해져 있으며, 살아 있는 전체 속에서 이루어지는 그 기관들의 조합assembly이 이루어지는 곳과 분리할 수 있는 것이다. 남성male sex은 유일한 성 *the* sex이 된다. 남성은 매우 가시적이고 발기 또한 스펙터클이 될 만하기 때문이다…"[7]

오시마의 질문이 어떤 것인지를 보여주고 그것이 무엇인지를 특정하고자 하는 시도는 여기에서 힘을 갖는다. 글의 결론 부분에서 강조하고 있듯이 〈감각의 제국〉은 단순히 〈모르는 여인의 편지〉와 거리가 먼 영화가 아니며 오퓔스 영화의 문제틀 바깥에 있는 영화도 아니다. 〈감각의 제국〉은 [할리우드 영화와의] 일종의 근본적인 근접성 속에서 발견되는, 오퓔스 영화의 문제틀의 위기이다. 〈감각의 제국〉은 오퓔스의 문제틀의 장 내에서, 그리고 그 문제틀이 지니고 있는 성향들 내에서 [그 문제틀을] 한계까지, 시네마의 한계까지 그리고 성차와 재현의 문제에까지 밀어붙이는 영화인 것이다. 한 여성이 〈모르는 여인의 편지〉 같은 영화에서 장소를 차지한다take place[히스는 다른 글에서 이 표현을 '발생하다'와 '위치를 잡는다'는 두 가지 의미로 사용한다 — 옮긴이]는 것은 그녀가 남성의 욕망을 재현한다는 것을 뜻한다(즉 분열의 구조 — '남성적' / '여성적,' '남자' / '여자'의 사회적 작용 — 및 그 분열에 기초한 억압 — 하나의 범주를 다른 범주가 지배하는 것의 필연성, '정당성'으로 기능하는, 할당된 차이 — 에 의해 결정되고 그 구조를 재결정하는 욕망의 사회적 재현의 조건을 대변하는 것을 뜻한다). 하지만 마찬가지로 오시마는 그 자신의 다소 징후적인 경향 속에서 〈감각의 제국〉에 관해 상당히 똑같은 이야기를 하고 있다. "대본을 쓸 때 나는 여성들을 묘사한다. 그러나 촬영에 들어가면 결국은 남성을 중심적으로 묘사하게 된다."[8] 오시마의 영화는 파란을 일으키며 이 글이 제시했던 방식들로 교란하는 효과를 낳았다. 하지만 그의 영화는 그 파란과 교란의 토대 — 시네마 — 위에서 〈모르는 여인의 편지〉와 부단히 재결합한다. 결국 문제는 이 19세기 후반(프로이트가 "여성성의 본성의 수수께끼"라고 부르는 것에 관해 끝없이 고민하는 정신분석학과 동시대의)의 기계인, 그리고 특수한 재현 기능 — 즉 남성의 욕망의 특수한 구성 —

과 얽혀 있는 시네마라는 사실의 문제이다(정신분석학도 마찬가
지인가? 그 역사 속에서의 그러한 결정적 조우들 — 브로이어, 프로
이트와 안나 O, 프로이트와 도라… 라캉과 에메 — 의 성격은 과연
우연한 것인가?). 그렇다. 물론 그 질문은 거칠고 단순하며 시네마
적 실천의 다양성을 감안하고 있지 못하다(그것이 정신분석학에
대해서는 괄호를 치고 말 걸어지듯이). 그럼에도 불구하고 그것은
중요하며 대안적인 실천을 알려주는 것임에 틀림없다. 그 실천이
어떤 장면이 됐든 그 장면을 없애버리고 영화를 그 물질적 효과
들의 과정 속에서 파악하려는 것('구조적/유물론적' 전략)이든
아니면 다른 장면을, 여성들과의 새로운 관계를 생산하려는 것
(예를 들면 무시도라Musidora 그룹이 그들의 선집인 『말은 돌고도
는 것!*Paroles… elles tournent!*』[9] 전체에 걸쳐 구상한 '새로운 언
어')이든 말이다[무시도라는 프랑스 무성 영화시대의 스타 중 한 명이자
작가, 화가, 무용가, 극작가, 영화감독. 프랑스 영화사상 최초의 요부를 창조.
영화계의 여왕으로 군림하던 당시 그녀의 가까운 친구들로는 제르맹 뒬락,
콜레트, 루이 델뤽, 마르셀 레르비에 등이 있다. 그녀가 감독한 4편의 영화
는 로케이션 촬영과 실험적 기법으로 유명하지만 대중적 성공을 거두지는
못했다 — 옮긴이]. 그리고 이것은 오늘날 무엇보다도 여성의 이미
지로서의 여성들의 이미지들이 〈세 여인 *Three Women*〉에서부터
〈전환점 *The Turning Point*〉에 이르는, 〈굿바이 걸 *The Goodbye
Girl*〉에서부터 〈코마 *Coma*〉에 이르는 지배적인 영화에서 미묘
한 이데올로기적 관심의 주된 초점이 되었다는 사실이 분명하다
면 더욱 그러하다. 이 글이 〈모르는 여인의 편지〉에서부터 〈감
각의 제국〉에 이르는 분석의 움직임 속에서 강조하고자 하는 것
은 그것이 다시금 오시마의 질문이며 그의 영화의 관심이자 긴급

한 안건이라는 사실이다.

그 관심과 긴급한 안건은 시네마의 특수한 맥락을 넘어설 수 있다. 오시마의 영화에 관한 이 글의 설명의 조건은 예컨대 이리가라이가 여성은 시선에 투자하지 않는다는 사고를 전개했던 구절에서 반향되고 있다. "보여지는 무無가, 시선에 의해, 숙고(반성)specula(risa)tion에 의해 정복되지 않는 것이 어떤 리얼리티를 가질 가능성은 사실 인간에게는 참을 수 없는 것이다. 그것은 재현에 관한 인간의 이론과 실천을 위협하기 때문이다…."[10] 〈감각의 제국〉을 횡단하는 것은 아무것도 보여지지 않음nothing seen의 가능성으로서, 이 점이 바로 재현의 문젯거리이다. 그러나 그 가능성은 외부에서 제기되는 것이 아니다. 반대로 그것은 재현의 주어진 체계 내에서, 주어진 기계 내에서 하나의 모순으로서 생산된다. 그 문제는 의미의 위치들과 관계들의 특수한 제도의 문제이지, 회복되어야 할 본질의 문제가 아니다. 그리고 아무것도 보여지지 않음은 그 제도 내에서부터 그러한 것으로, 그 특수한 억압의 구조의, 그 특수한 구성의 지점이자 그 구조와 구성에 대항하는 지점으로 파악된다(이리가라이가 참조하는 여성의 성의 '비가시성'이 여성을 남성으로부터 규정하고 남성의 재현과 권력의 장면으로 설정하는 질서를 형상화한 표현에 불과한 것처럼 말이다). 따라서 시네마는 남성과 여성을 직접적인 의미에서 갈라놓는 것이 아니라 '남성'과 '여성'이라는 의미의 이러한 위치들과 관계들에 입각해서, 그 의미의 재현들 속에서, 그리고 그러한 재현들이 의미를 생산하는 것 속에서, 그 의미가 연관을 맺는 주체성 속에서 남성과 여성을 갈라놓는다. 여성에게 원래 부족한 어떤 것으로 인한 것이 아닌, 이데올로기적으로, 거기에서 실현되는, 시선에 대한 여성들의 투자의 결여와 함께, 여성들은 일종의 의고적擬古的 관능성으로 귀환된다(그곳이 여성들이 역사적으로 남성에 의해 소유되어온 장소이다).

이 글에서 잠정적이고 제한적인 방식으로이기는 하지만 시네마, 재현, 성차라는 쟁점들을 다루는 데 집중하다보니 오퓔스의 〈모르는 여인의 편지〉에 관해서는 그다지 많이 다루지 못했다 (오늘날 '막스 오퓔스의 작품'에 대한 관심이 학술적인 영화 연구와 비평 분야 이상의 것일까?). '오퓔스'가 그 시대의 표준적인 할리우드 생산의 어떤 악화를 가리키는 이름이라는 것은 의심의 여지가 없는 사실이며 그러한 악화가 시각의, 여성에 대한 시각의 진정한 매너리즘이라는 것 또한 사실이다 ― 여성은 가면놀이와 함께 그 텍스트의 표층에 구획되고 노출된다. 그 가면놀이는 '여성'의 가면놀이(보석, 모피, 거울 등으로 표현되는 사치스런 여성성), 즉 시네마의 대상이자 추구-목표인 '영화 속의 여성'의 가면놀이이다(응시를, 시선을 위해 그 여자를, 그녀의 스펙터클을 끊임없이 트래킹하는 것이 가져오는, 알려진, 절반쯤-보여진 불가능성에 근접한 전유의 끊임없는 계기 속에서 거기에 다가가려는 욕망을 끊임없는 트래킹하는 것에 대한 끊임없는 매혹 ― 이것을 극단적으로 보여주는 것이 〈…부인Madame de…〉이다 ― 에 관한 끊임없는 언표행위). 할리우드 영화이자 오퓔스의 영화인 〈모르는 여인의 편지〉는 시네마에서 지속되어온 관계들을 보여준다는 점에서, 전형적이지는 않지만 모범적인 할리우드 영화이다. 왜냐하면 영화는, 여성과 시선과 내러티브와 장면으로 이루어진 영화는 그것 자체가, 그런 면에서, 〈감각의 제국〉과 그렇게 멀리 떨어져 있지 않기 때문이다.

주

이 글은 *Wide Angle*, vol. 2, no. 1 (1977), pp. 48-57에 처음 실렸으며 새로운 버전의 불어본으로 다시 써서 "D'un regard l'autre," *Ça*, no. 15 (1978), pp. 9-23에 실렸다. 여기서는 원래의 버전으로 실렸으나 도입부와 결미 부분은 약간 고쳤다. '후기' 부분은 1978년 에딘버러 영화제Edinburgh Film Festival에서 막스 오퓔스 회고전을 위한 소책자에 이 글을 수록하면서 쓴 것이다. Paul Willemen 편, *Ophuls* (London: British Film Institute, 1978), pp. 85-7. 후기에서 제기된 성적 재현에 관한 쟁점들은 "Difference," *Screen*, vol. 19, no. 3 (1978년 가을호), pp. 51-112에서 길게 논의되었다.

1. André Bazin, "Théâtre et cinéma," *Qu'est-ce que le cinéma?*, vol. II (Paris: Cerf, 1959), p. 87.

2. Jacques Lacan, "Faire mouche," *Nouvel Observateur*, no. 594 (1976년 3월 29일-4월 4일자), p. 64.

3. Oshima, 인터뷰, *Cinéaste*, vol. VII, no. 4 (1977), p. 35.

4. J. Lacan, *Écrits* (Paris: Seuil, 1966), p. 318; 영역본, *Écrits: A Selection* (London: Tavistock, 1977), p. 103.

5. Hélène Cixous, "Entretien avec Françoise van Rossum-Guyon," *Revue des sciences humaines*, no. 168 (1977), p. 487.

6. 중요성을 가정한 사례들로서, Ruth McCormick이 쓴 이 영화에 관한 리뷰들, *Cinéaste*, vol. VII, no. 4 (1977), 그리고 François Collin, in *Les Cahiers du GRIF*, no. 13 (1976년 10월호)을 보라. 그리고 이 영화를 참조한 것으로는 Marie-Françoise Hans와 Gilles Lapouge가 편집한 인터뷰들과 증언들인 *Les Femmes, la pornographie, l'érotisme* (Paris: Seuil, 1978)을 보라.

7. Luce Irigaray, in *Les Femmes, la pornographie, l'érotisme*, p. 50.

8. Oshima, *Cahiers du cinéma*, no. 285 (1978년 2월호), p. 72에서 재인

용.

9. Des femmes de Musidora, *Paroles··· elles tournent!* (Paris: des femmes, 1976).

10. L. Irigaray, *Speculum: de l'autre femmes* (Paris: Minuit, 1974), p. 57.

반복 시간

'구조적/유물론적 영화'를 둘러싼 고찰

'구조적/유물론적'이라는 표현에서 아방가르드 독립 영화제작[1]의 발전을 특징짓기 위해 사용된 '유물론적'이라는 용어는 단순히 영화의 물리적인 물질성을 참조하는 것과는 거리가 멀다는 점을 이해해야 한다. '유물론적'이라는 것은 과정을 강조하는 말이다. 그것은 영화가 이미지, 사운드, 시간, 의미를 생산하는 과정 속에 있음을, 즉 영화를 보고 듣는 상황 속에서 영화의 특수한 속성들에 기반해서 만들어지는 변형들을 강조하는 것이다. 결국 '구조적/유물론적 영화'의 초점은 바로 그러한 상황이다. 즉 [구조적/유물론적 영화의 관람에 있어] 근본적인 작용은 영화의 [내용을] 경험[하는 것]인 동시에 영화 [자체]를 경험하는 것이다.

어떤 영화든지 그것은 과정의 사실이다. 그것이 〈홀 *Hall*〉(지달, 1968)이든 웰스의 〈악의 손길 *Touch of Evil*〉이든 말이다. '구조적/유물론적 영화'의 실천은 한 편의 영화의 과정을 현시 *presentation*하는 데서, 즉 "영화의 물질적 구성을 현시"하는 데서 규정된다. [영화의] 과정 혹은 구성은 반영적으로 보여지며, 하나의 내러티브의 패턴 속으로 획일적으로 전치되지도 않고 안정적인 주체-중심화된 이미지를 보여주기 위해 결속되어 있지도 않다.

과정의 현시에서 중요한 것은 시간성(시간은 "영화의 일차적 차원"이다)과 지속("무언가가 얼마나 오래 계속되는가")에 주목하는 것이다. 이와 연관해서, 촬영 시간과 독해 시간 사이에서 가능한 일대일 관계, 즉 기록된 사건의 지속시간과 그 사건의 영화적 재현의 지속시간이 같은 사례를 제시함으로써 [논의를] 시작하는 것은 통상적인 일일 것이다. 그 한 예인 〈안락의자 *Couch*〉(와홀, 1964) 같은 영화는 "필름의 각 롤이 하나의 테이크로 되어 있으며 이것들이 결합하여 시퀀스를 이루는데, 이는 내적인 행위의 시간과, 물질적 현시로서의 영화의 물리적 경험 간의 신용할 만한 관계를 허용하는 '피상적인shallow' 시간을 부여한다… 이는 와홀의 가장 의미있는 혁신이다." 이 인용문은 르 그리스의 것으로서 그는 등가적인 지속시간은 영화 만들기의 일차적인 윤리라고 보았으며, 그러한 입장에서 볼 때, 예를 들면 스노우의 〈파장 *Wave-length*〉(1967)은 심각한 결핍을 지닌 작품이라고 할 수 있다. "영사 지속시간과 촬영 지속시간의 일대일 관계는 그 영화의 형식 속에서 분명하게 이루어지지 않은 촬영에서의 단절들로 인해 상실되어 있다. 그 내러티브가 함축하는 시간과 대응하는 시간을 만들어내기 위해 인위적인 연속성을 활용함으로써 그 영화는 어떤 점에서 시네마적 형식에서의 퇴보였다." 하지만 지속시간의 동일함 자체가 시네마의 역사에서의 후퇴이다(영화에서의 진보적 발전이라는 생각을 잠시 받아들이자면 말이다). 즉 그것은 그랑 카페에서 뤼미에르가 상영했던 영화들의 실천으로 되돌아가는 것이다. 그것을 두고 역사에서의 후퇴라고 하는 것은 영화의 물리적 경험을 물질적 현시로서 실현하는 것이 반드시 필요한 일은 아님을 의미한다. 반대로 뤼미에르 영화들의 역사적 수용에서처럼, 그것은[영화는] 실재에 관한 최상의 환영의 기초로서, "우리의 눈 앞에" 있는 실제the actual로서, "행위act 속에 포착된 자연"(최초의 관객들 중 한 사람의 흥분된 언급)의 환영vision으로서 완벽하게 잘 기능할 수 있다. 따라서 사실상 '구조적/유물론적 영화'에서, 그 영화들 자체에서 관건이 되고 있는 것은 그 이상의 것이다. 예를 들면 르 그리스 자신의 〈흰 시야의 지속 *White Field Duration*〉(1973)은 관람객을 하얀 스크린에 노출시킴으로써 물질적 경험으로서의 영사시간의 길이를 정하려고 하는 영화이고 스노우의 〈몬트리올에서의 일 초 *One Second in Montreal*〉(1969)는 르 그리스가 칭찬하는 영화로서 스틸 이미지들을 점점 더 오래 정지시키거나 점점 더 짧은 시간 동안 정지시킴으로써 관람객을 위해 영화 지속시간의 경험을 패턴화하는 영화이다.

모든 영화는 시간과 지속을 가지고 작동한다. 실제로 내러티브 시네마는 고전적으로 시간의 다중성을 체계적으로 사용하는 데 의존하고 있다. 즉 내러티브 시네마는 내러티브 행위의 시간과 아울러 내러티브를 정교하게 가공하는 시간에도 의존하는데, 그것은[내러티브를 정교화하는 시간은] 영화 전체에 걸쳐 수많은 형상들, 운율들, 운동들 전체를 작동시키면서 운율들의 차이를 만들어내고 관객이 운율들과 맺는 관계를 전환시킨다. 간단히 말해서 [시간의 다중성은] 체계적으로 사용되며, 최후에 가서는 정교화된 내러티브 및 그 내러티브의 성취에 맞추어 이루어진다(따라서 영화는 '신속하게 진행된다'). 다중성은 지속적으로 영화에 목적과 방향을 부여하는, 그리고 영화의 동질성의 원칙인 내러티브와 결속된다. 내러티브만이 시간을 구속하는 유일한 양식인 것은 아니다. 브루스 베일리의 〈나의 일생 *All My Life*〉(1966)을 고찰해 보자. 3분 동안 진행되는 단일 쇼트 패닝 — 하늘, 담장, 꽃들 — 은 사운드트랙 상의 노래와 시간을 맞춰 지속시간을 유지하고 있는데, 이때 그 노래는 카메라 이동, 색채, 스크린 지속시간을 영화의 시간과 의미의 통일성 속에 가두는 역할을 하고 있다. 이와 반대로 '구조적/유물론적 영화'의 실천은 통일성의 주어진 조건을 파괴하며 과정 속의 영화의 이질성을 탐구한다. 예를 들어 스노우의 〈표준시 *Standard Time*〉(1967)는 사운드트랙 상에서 시간을 가리키는 한 가지 참조(한 가지 표준)를 인용하는데, 그것은 아침 라디오 방송이다. 이미지트랙 상의 또 다른 참조는 극단적으로 생략적인 인간의 존재로서 그는 영화 생산 과정의 생략의 중심으로서 관습적으로 복무하다가, 관람 시간에 관해 끊임없이 질문을 내놓는, 속박되어 있지 않은 일련의 팬과 틸트로 이루어진 8분에 걸친 영화 지속시간을 다시 문제삼는다.

　'구조적/유물론적 영화'의 비통일성, 이접離接은 바로 관객이다. [구조적/유물론적 영화가] 의도한 것, 그러한 [영화] 실천의 수신처가 되는 것은 통일된 주체로서의 관객, 내러티브 행위가 시간을 조절하는 관객, 영화가 만들어내는 관계들을 만드는 관객, 그러한 관계를, 그리고 그 관계가 제공하는 위치설정된 광경 view을 장악하는 즐거움에 빠지는 관객이 아니라 고정된 주체성 의 경계에 있는 관객, 물질적으로 일정치 않으며 과정 속에서 분 산되어 있는 관객, 리얼리티와 쾌락 원칙에 안주하지 않는 관객, 즉 관람하는spectating 행위이다. 영화 제작자들은 때때로 자신들 의 영화에 관해서 '지루함'이라는 단어를 사용하는데, 이때의 지 루함이란 주체-에고의 상상적 통일성의 상실이자 그러한 통합적 인 허구를 거스르는 충동의 결이며, 바르트가 주이상스jouissance 와 가까운 것이라고 보았던 것이다("그것은 즐거움의 기슭에서 본 주이상스이다"²).

'구조적/유물론적 영화'가 지속시간의 긴장을 만들어내는 특정 한 전략은 바로 반복의 전략으로서 가장 단순하게는 '고리의 형 태loop'를 이용하는 것이다. 예를 들어 지달의 작업은 반복을 특 수하고도 복합적으로 활용한다. 〈홀〉은 롱 쇼트에서 미디엄 쇼 트로, 클로즈 쇼트의 패턴을 가지고 홀의 광경에서부터 홀 너머 저 끝에 보이는 다양한 대상들로 조여들어가고, 그런 다음 그것 을 다시 반복하는 영화이다. 〈방 영화 1973*Room Film 1973*〉 (1973)은 5초짜리 단위들을 연속해서 각각 두 번씩 보여준다. 〈환 영의 조건*Condition of Illusion*〉(1975)은 방 하나의 표면에 대한 각도와 초점을 바꾸면서 카메라를 이동하는 과정을 반복한다.

프로이트에게서 반복은 두 가지 방식으로 나갈 수 있는 것으 로서 '긍정적'이고 '부정적인' 굴절을 모두 가지고 있다. [프로 이트에 따르면] 기억하기의 한 방식인 반복강박compulsion to repeat은 저항적이고 징후적이고 어렵기 때문에, 정신분석은 반복을 '유용한' 것으로 간주하면서, 환자가 그 의미와 다른 방식으로 관계를 맺도록 전환시킬 필요가 있다. 프로이트는 또한 정신분석을 하는 것이 아닌 상황을 고려하면서 반복을 기억하기의 즐거움에 기인하는 것으로 돌리고 있는데, 그는 이를 보여주기 위해 흥미롭게도 시의 운율을, 즉 인식의 경로, 알려진 것의 경로를 상세히 그려주는 형식적 조직의 통합성을 참조하고 있다. 반복은 결속Bindung과 함께 기능하는데, 프로이트는 결속을 에고의 통일성과 같은 범위에 있는 것이라고, 즉 결속이란 그 내부에서 에너지가 자유롭게 흘러다니고 그 결과 에너지가 그 내부에 봉쇄되어버리는, 상대적으로 일정한 형식들을 유지하는 것이라고 설명한다. 이 모든 설명에 반대해서, 아니 좀더 정확히 말하자면 이 모든 설명의 연장선상에서, 프로이트는 반복을 점차로 무의식의 특징인 저항의 유형으로 ― 즉 반복은 유용한 것이 될 수도 있지만 무엇보다도 에고 통합성을 위협하는 강박이다 ― 그리고 쾌락 원칙을 넘어 절대적인 방면discharge을, 즉 통일성의 총체적인 분산을 지향하는 충동의 본질로 인식한다. 한편 라캉은 "반복에 의해 본래 구성되는 더욱 근본적인 다양성"에 관해 이야기하고 있다.[3]

고전적 내러티브 시네마에서 반복의 경제는 주체로서의 관객의 일정한 통일성을 지향하는 유지의 경제이다. 반복의 체계들은 치밀하게 짜여 있지만, 그것은 내러티브 행위의 흐름에 맞추어 짜여진 것이다. 내러티브 행위의 진행에 있어 반복은 내러티브의 통합성을 유지해 주는 역할을 하며, 내러티브는 반복들을 통해 그리고 반복들을 가로질러서 차이, 변화, 새로움의 의미를 만들어낸다. '구조적/유물론적 영화'의 실천은 또 다른 경제이다. 관객은 내러티브 및 내러티브의 통합성에 종속되어 있지 않은 반복 '그 자체'로서의 반복을, 통상 내러티브 영화를 이해시키는 데 복무하는 운율들 속에 포획되어 있지 않은, 문자 그대로의 반복을 대면하게 된다. 관객은 영화에 의해 과정 속의 주체로 생산되는데, 그 과정이란 영화를 상영하는 과정이며 반복을 통해 강화되는 과정으로서, [주체의 생산은 따라서] 에너지의 어떤 자유로움이나 임의성의 생산, 결코 단일하지 않은 기억의 생산이다. 〈환영의 조건〉을 예로 들어 살펴보면, 이 영화에서는 영화의 불가능한 개방성이 욕망의 대상으로 귀환한다. 언뜻언뜻 보여지는 기억들, 작은 조각상, 재빠른 줌인과 줌아웃, 하얀 표면, 앞으로 끌어당겨져 나오는 초점, 이러한 것들의 그물망 속에서 나, 즉 에고의 시각은 더 이상 지배적인 시점이 되지 못한다. 문자 그대로의 반복은 주이상스가 요구하는 근본적인 새로움이다. 라캉은 다시 말한다. "반복 속에서 다양화되고 바뀌는 모든 것은 그 의미의 소외일 뿐이다."[4]

얼핏 생각하면 역설처럼 느껴지겠지만 '구조적/유물론적' 영화에서의 반복의 전략은 [이미지의] 식별을 불가능하게 한다. 인식가능성들의 불안정성(카메라 이동의 속도, 초점, 근접성, 각도 등을 활용하고 있기 때문에 그 결과 방안에 있는 물건들이나 장소들 중에서 사진 복제의 규범에 따라 식별 가능한 것은 몇 되지 않는다)을 다루고 있는 영화인 〈환영의 조건〉에서 반복은 '포착하기,' '확실하게 하기,' '입증하기'의 가능성을 시사하고 있는데, 이 가능성은 사실상 실현 불가능하며 비효과적이고(우리는 결코 '과잉 more'을 보지 못한다), 말 그대로의 반복이라는 점에서 저항적이다(즉 변주나 변화는 없으며 '새로운 앵글'도 없다). 〈홀〉은 [〈환영의 조건〉의 반복 전략을] 뒤집은 방식으로 반복을 통해 동일한 종류의 단절에 이른다. 극도로 안정적이고 [사진적으로] 제대로 복제된 대상들이 처음부터 선명하게 주어져 있고, 더욱이 편집은 [카메라와] 그 대상들 사이의 거리를 축소하면서 커팅인 하여 대상들을 보여주고 디테일을 묘사하고 있다. 그런 다음 반복은 그 대상들의 단순한 식별을 좌절시킨다. 같은 대상들을 두 번 보여주게 되면 과일 그릇은 과일 그릇으로 보일 수 없으며 그것은 현전의 아무 문제없는 환영과는 거리가 먼 영화 과정 속의 한 이미지로, 영화 속의 하나의 생산으로, 그 현전의 표시로 보여야 하기 때문이다.

물론 영화에서의 식별identifiction[동일시]에 관한 논의는 대개 (대상들, 보여진 것의) 이러한 식별보다는 오히려 (영화의 내러티브 운동) 속으로의 동일시identifying, (내러티브 속 등장인물들, "영화 속의 사람들")과의 동일시에 관심을 갖는다. '구조적/유물론적 영화'는 이러한 전유에 대항하여, 내러티브 행위와 행위자들agents을 제거하거나(〈환영의 조건〉), 내러티브 행위와 행위자들을 일종의 판독하기 어려운 이접으로서 극단적으로 주변화함으로써(지달의 〈침묵의 파트너 *Silent Partner*〉[1977]에 나오는, 대화시의 소음의 단편들, 다리들을 흘깃 쳐다보는 것, 사운드트랙 상의 휘슬을 부는 사람, 제목 자체), 또는 조롱하는 듯이 자명한 인용을 사용하거나(때때로 스노우의 영화들인 〈파장〉이나 〈앞뒤로 *Back and Forth*〉[1968-69]에서처럼), 영화 과정을 보여주기 위해

내러티브 행위와 행위자들에게 엄격하게 계산된 한계를 부과함
으로써(르 그리스의 다중영사물인 〈마네 이후*After Manet*〉[1975]
에서의 소풍, 또는 〈검은 새의 하강*Blackbird Descending*〉[1977]에
서의 전화 벨소리가 반복적으로 울리는 사건에서 소풍과 사건은 변
형하는 기능을 하며, 삶의 복제로부터 영화 리얼리티의 생산으로 전
치된 '기록'이나 '실제actuality' 같은 개념들로서 주어진다) 작동
한다. 관객은 어느 정도 거리를 두고 떨어져 있어야 하지만 그 거
리는 물질적 구성을 제시해 보여줄 수 있을 정도는 되어야 하며,
[끝까지] 고수되어야 한다.

　　동일시는 이미지의 일시정지hold이며, 그 의미에 관한 최초
의 가정인 식별이라는 의미에서부터 내러티브 질서에 의한 그 의
미의 궁극적인 확정인 (무엇무엇과의, 무엇무엇으로의) 동일시까
지를 포괄하고 있다. 어떤 영화들은 바로 그 이미지 자체를 거부
하거나 그 이미지를 그 물리적 지지물들로 환원시키지만 ─ 〈흰
시야의 지속〉에서의 조명과 스크린 ─, 대개 '구조적/유물론적
영화들'은 이미지들과 교전하며 그 이미지들의 생산을 드러내고
종종 그러한 생산의 시간 속에서 움직이려고 노력한다 ─ 카메라
초점과 속도가 자주 안정성과 인식의 경계 상에서 망설이고 있는
듯이 보이는 〈환영의 조건〉의 효과. 다시 말해 그 영화들은 다른
유형의 영화들과 마찬가지로 적어도 처음에는 메츠가 시네마 장
치 자체의 구성성분으로 본 일차 동일시에서 시작한다. "관객은
그/그녀와, 순수한 지각 행위(깨어 있음과 정신을 차리고 있음)로
서의 그/그녀와 동일시한다. 즉 지각된 가능성의 조건으로서, 그
렇기 때문에 일종의 초월적 주체로서의 [그/그녀와 동일시한다]
…. 그/그녀가 시선으로서의 그/그녀와 동일시하기 때문에 관객

은 카메라와도 동일시할 수 있는데, 카메라는 지금 보여지고 있는 것을 이전에 보았던 적이 있었다…."⁵ 그 영화들은 장치가 제공하는 시선의 통일성(장치는 그것을 제공하기 위해 발전된 것이다)에 호소하는 데서 시작하지만 그러한 호소에 대항하는 데서 끝난다. [구조적/유물론적 영화들에서의 주체는] 매 순간 그러한 중심화된 시각의 권력을 릴레이시키며 재생산하는 데 복무하는 카메라의 도구성 속에서도 자유롭게 모든 것을-지각하는 주체인 것이다. '구조적/유물론적 영화'는 시선을 위해 어떠한 장소도 갖고 있지 않다. 시선은 끊임없이 전치되고 비동조화되고 보는 행위의 문제가 되기 때문이다. 따라서 구조적/유물론적 영화는 반反관음증적이다.

그러므로 관건이 되는 것은 "관객의 심사숙고한 외적 반영성"을 지향하는 실천이다. "관객은 부단히 예견하고 수정하고 재수정하면서 — 주어진 현실(각각의 영화 작업에서, 즉 각각의 영화를 생산하는 데서 선택된 독자적 영역)과 대면하는 전장에 끊임없이 개입하면서 — 그/그녀의 머리 속에 [자신이 보고 있는 영화와] 대등한, 그리고 어쩌면 다소 반대되는 '영화'를 형성하고 있다."

만일 기억의 형상화 방법이 은유라면(하나의 기표는 또 다른 기표를, 즉 부재하며 억압된, 결과적으로는 그럼에도 불구하고 어떤 의미작용의 효과 속에서 유지되는 기표를 대신한다) '구조적/유물론적 영화'의 기획은 비은유적인 것이다. 영화는 그 과정을 대체해서는 (그리고 그렇게 대체된 이미지 속에서 관객을 재생산해서는) 안되며, 또한 시네마에서 우세한 은유로 사용되는 내러티브

— 영화적 생산의 과정은 내러티브의 질서로 전이된다(그리스에서 은유는 전이를 의미한다) — 를 대체해서도 안되는데, 이 내러티브화란 이질적인 요소들을 봉쇄하고 영화의 기억을 고정시키며 그 기억을 의미의 확실한 진전으로서 통합적으로 이용할 수 있는 것으로 만드는 것이다. 내러티브 없이는 영화의 기억은 실패한다. 간단한 실험을 해보자. 〈환영의 조건〉을 본 후에 주어지는 설명은 극도로 '주관적'(욕망하는 관계의 특수한 흔적들에 대한 설명, 이를테면 이런저런 순간들을 좋아하고 기억한다든지, 그것은 반복되었으면 좋겠다든지 하는)이거나 혹은 극도로 '객관적'(영화가 어떻게 구성되고 있고 반복이 어떻게 사용되며 카메라 움직임은 어떻다는 등을 설명하려 하는)일 텐데, 그 둘은 바로 그 극단에서 서로 연결된다. [그 과정에서] 사라지고 없는 것은 상습적인 공통의 토대, 즉 내러티브 은유나 전이 혹은 그 영화의 모델이며, 또 그 주체로서 위치지어지고 의미의 조건들에 결속되고 그 조건 위에서 중심화된 관객을 위한 영화의 기억이다. 아니, 사라지고 없는 것은 주체-에고로서의 관객(에고는 주체의 상상적 동일시의 장소이다), 통합성의 환영(환영의 균일성의 유지로부터 도출된)이다. 그러나 주체는 항상 에고 이상의 것, 즉 '구조적/유물론적 영화'가 과정을 보여주는 가운데 활짝 열어놓고자 하는 바로 그 '과잉'이다. 주체-순환은 상징적인 것 내에서 그 의미작용 연쇄와 더불어 이루어지며 통일성은 반복에 관한 또 다른 기억 속에서 전복되는 것이다.

"급진적인 내러티브 영화는 결코 존재할 수 없다." '구조적/유물

론적 영화'의 이러한 기본적인 신조(내러티브는 환영주의, 동일
시, 주체 통일성 등의 궁극의 질서이다)는 동시에 계속해서 논쟁과
의심의 초점이 되고 있다. 르 그리스는 "환영과 내러티브가 '구
조적/유물론적' 문제들의 요소에서 배제되는 것인지를 확신"할
수가 없었다. 지달조차도 그의 영화 〈건/설 *C/O/N/S/T/R/U/C/T*〉
(1974, 거의 동일한 이미지들의 다중인화에 의존하는 영화)에서
"창틀과 창유리를 만드는 흑인 노동자에 관한 내러티브"를 이야
기할 수 있기 때문이다. 난점은 극도로 부정확하게 사용되는 경
향이 있는 '내러티브'라는 용어 자체이다. 급진적인 내러티브 영
화란 존재할 수 없다는 진술은 어떠한 역사적인 힘을 갖는가? 하
지만 또 다른 방식의 논의들 역시 종종 부정확한데, 이는 그러한
논의들이 유효한 역사적 질문들을 스스로 회피하며, 내러티브 도
식의 불가피한 현전이라느니, 영화 구성에서 내러티브는 피할 수
없다는 식의 주장에 호소하기 때문이다.

　〈환영의 조건〉을 보자. 그 영화에는 행위를 하는 행위자들
이 전혀 없다. 이 영화에서 행위는 방의 벽면들에 초점을 맞추면
서 그 위로 움직이는 카메라의 행위이며, 그러한 행위 자체는 반
복 패턴을 통해[즉 반복됨으로써] 영화의 지속의 구조적 기능(의
시간과 긴장 속에 포획되어 그) 속으로 긴장된 채 들어간다. 그 영
화를 두고 때때로 방을 둘러싸고 진전되는 내러티브라고 이야기
하기도 하는데, 여기서 내러티브라는 개념은 벽면과 대상들을 시
간적 연속 속에서 식별하는 것을 카메라의 행위로 보는 데서 나
온 것이다. 카메라는 내레이션의 원천, 즉 내레이터가 되고 그 결
과 관객이 본 영화는 그 행위-내레이터의 내러티브 생산물로 간
주되는 것이다. 여기서 흥미를 끄는 것은 영화에 관한 우리의 상

상적인 것 속에서 내레이션이 어느 정도나 내러티브에 못지 않게 중요한 것인지, 그리고 사실상 내레이션이 내러티브에 비해 어느 정도나 더 중요한 것인지를 파악하는 일이다. 상상적인 것은 그것[내레이션](내러티브 시네마에서 말걸기의 관습적 체계들이 받쳐주고 있는)을 가지고 있는데, 영화 또한 반드시 [무엇인가를] 위한 재현이어야 하고 질서 속에 있어야 하고 누군가를 위한 무엇인가를 향해 방향이 잡혀 있어야 한다(영화와 관객의 공통의 토대로서의 내러티브). 따라서 〈환영의 조건〉을 보고서, 그 영화와는 맞지 않게 내레이션의 질서를, 하나의 방향을 찾아내는 식으로 영화를 받아들이는 것이 가능해진다. 여기서 '그 영화와 맞지 않게'라 함은, 영화를 그런 식으로 받아들일 때 다시금 반복을, '내레이션의 기호들을 가로지르는 기표의 교란적 귀환'을 무시해야 하는데, 이 영화의 경험 속에서는 그것을 무시하는 것이 불가능하기 때문이다("기호가 누군가를 위해 무엇인가를 재현하는 곳"에서 "하나의 기표는 또 다른 기표를 대신하여 주체를 재현한다"[6]).

'구조적/유물론적 영화'라는 표현에서 '구조적'이란 어떤 의미에서 내러티브의 퇴출을 뜻하는 용어이고, 따라서 그 '구조적'인 특성은 내러티브를 대체하면서 영화에서의 관계들의 문제를 인계 받고 반복의 활용과 같은 측면들을 참조하게 된다. 하지만 동시에 그것은 역사에 관한, 주체의 역사에 관한 질문들을 덮어버리는 것으로 보일 수도 있다.

한 편의 영화 속에서 주체로서의 관객이 맺는 관계에서는 세 가지 심급을 구별해 볼 수 있다. **전구성***preconstruction*, 구성(혹

은 재구성), 그리고 이행*passage*이 그것이다. 전구성은 한 편의
영화가 채택할 수 있는, 이미 존재하고 있는 의미의 입장들을 의
미하는데, 거기에는 단순히 정의定義의 큰 범주들, 정치적 논의들,
테마의 경계들 등뿐만이 아니라 예컨대 언어 자체의 약호들과 질
서들, 색채에 관한 기존의 사회적 관습들, 영화에 관해 이용 가능
한 생각들도 포함된다(장르는 전구성의 주된 요소이다). 구성은
영화 속에서의 다소간 통합적인 주체 위치를 영화의 목표로서,
목적으로서, 관련된 주체에 관한 전면적인 허구로서 총체화하는
것이다. 이행은 영화의 수행, 즉 영화를 만들어내는 관객의, 영화
의 과정 속에서 주체로서 받아들여지는 관객의 운동이다. 영화의
이데올로기적 성취는 이러한 심급들 중 어느 하나에만 있는 것이
아니고 이 세 가지 모두를 장악하는 데 있다. 즉 전구성을 재구성
(영화의 구성은 그 영화의 상이한 소재들을 효과적으로 재구성한
다) 속에서 전유하는 것과 그러한 전유의 과정에 있다. 앞에서 말
했듯이 고전적 내러티브 영화에서 그러한 장악의 작용이 바로 내
러티브화인데, 내러티브화란 관객을 내러티브의 이미지 속에서,
즉 내러티브 이미지들 속에서, 그리고 그 이미지/이미지들의 내
레이션으로서의 영화 속에서 주체로서 포착하면서, 과정을 내러
티브로 부단히 전환하는 것을 의미한다.

　'구조적/유물론적 영화'는 전적으로 이행의 심급과 관련하
여 제기되며 그 작업 영역은 영화의 과정을 드러내는 것이다(따
라서 '이행'은 오해를 불러일으키는 용어가 된다. 영화를 '통과하
는' 그 어떤 단순한 운동도 존재하지 않기 때문이다). 다시 말해
'구조적/유물론적 영화'는 내러티브를 퇴출함으로써 구성-재구
성을 최소화하고 주어진 기의들을 가능한 한 축소함으로써 전구

성을 최소화한다. 후자의 전략은 상대적 능력potency이라는 개념에 의존하여 이론화된다. 능력이 있는 기표들과 능력이 그보다 못한 기표들, 능력이 있는 표상들과 그보다 못한 표상들이 있는 것이다. "예를 들면 임신한 여성의 이미지는 너무도 이데올로기적으로 과잉결정적인 의미작용 속에 갇혀 있기 때문에 편집, 줌, 포커스, 카메라 워크, 카메라 뒤의 주체 위치, 스크린 밖 공간이나 사운드에 영향을 미치는 어떠한 종류의 다른 작용도 그 의미를 전복시키거나 공격하거나 부정할 수 없다. 그 이미지는 문화적으로 폐쇄된 채 남아 있다." 다른 이미지들 이를테면 홀이나 방 안에 있는 대상들의 이미지들은 덜 폐쇄되어 있다. [이미지의] 능력이 최소화되어 있는 층위에서는 영화의 과정, 영화의 구성에 주목하는 것이 가능해진다. 하지만 사실상 [이미지의 능력을] 최소화하는 것이 무의미를 의미하는 것이 아닐 뿐만 아니라 — 그래서 대상들은 계속해서 영화 속에서 의미작용이 작동하게 한다(뒤에 가서 지달 스스로가 〈홀〉에서 벗어나서 '강력한 — 즉 의미작용하는, 과잉장전된 — 재현들을 사용할' 필요가 있다고 깨닫는다) —, 최소화 자체가 의미의 진정한 강렬함을 창조하기도 한다(예를 들어 〈환영의 조건〉에 나오는 작은 조각상은 강조와 중요성과 아름다움과 힘으로 충전되어 있다).

최소의 능력이라는 발상은 전구성과 구성-재구성을, 즉 의미와 주체 위치라는 역사적인 문제를 '잊고' 있다. 이는 관람 상황 속에서 이루어지는 영화의 과정의 경험을 강조하기 위해서인데, 그 결과 영화의 과정은 자족적인 것으로 제시되며, 결국에 가서 그것은[영화의 과정은] 모순 바깥에 있는 존재가 된다. [영화의] '물질성'에 대한 관심이 확정된 수용자를 지닌, 그리고 그 자신의 문화적 덫에 걸려버린 규정적이고 제한된 기획이 되어버리는 것이다. '구조적' 은 다시 이것을 나타내주는 징후적 용어이다. 마치 그것이 단순히 '비-내러티브' 를 '내러티브' 와, '기표' 를 '기의' 와 대립시키는 문제인 것처럼 말이다.

일반적으로 아방가르드 독립 영화제작은 그 고유의 역사를 갖추는 과정에서 많은 어려움을 겪어왔다. 르 그리스의 『추상영화와 그 너머 *Abstract Film and Beyond*』는 이런 점에서 사실상 어떤 진전도 보여주지 못하고 있다. 우리가 가장 필요로 하는 것은 상당히 다른 역사, 근본적으로 이론적인 역사, 이를테면 『영화 의미-생산과 활용의 정치적 경제를 향하여 *Towards a Political Economy of Film Meaning-Production and Use*』 같은 것이다. '구조적/유물론적 영화' 는 그러한 역사 속에서, 즉 영화들이 끊임없이 그 자체의 실천 범위(와 한계들) 속에서 제안하는 역사 — 그리고 이것이야말로 영화들의 급진적이고, 정치적인 현실이다 — 속에서 긴급하게 필요한 것이다.

주

이 글은 *Wide Angle*, vol. 2, no. 3 (1978), pp. 4-11에 실렸던 것이다. '구조적/유물론적' 실천에 관한 지달의 이론에 관한 더 자세한 고찰은 그의 논문 「반-내러티브 The Anti-Narrative」에 붙인 필자의 '발문 Afterword' 을 보라. *Screen*, vol. 20, no. 2 (1979), pp. 93-9.

1. Peter Gidal 편, *Structural Film Anthology* (London: British Film Institute, 1976)와 Malcolm Le Grice, *Abstract Film and Beyond* (London: Studio Vista, 1977)를 보라. 이 텍스트에서 출처를 밝히지 않은 인용구들은 위의 책들과 지달의 다양한 미출간 원고들에서 나온 것으로서 끊임없이 이루어진 강조들을 대표하는 것들이다. '구조적/유물론적 영화'는 특정한 실천과 그에 따른 거친 집단화를 가리키는 것이며 '하나의 운동'은 아니다. 그것은 다음과 같은(다른 이들도 있지만) 이들의 작업을 포함한다: 지달, 르 그리스, 마이클 스노우, 피터 쿠벨카Peter Kubelka, 커트 크렌Kurt Kren, 윌리엄 라반William Raban, 질 이설리Gill Eatherley, 데이비드 크로스웨이트David Crosswaite, 프레드 드루먼Fred Drummon.

2. Roland Barthes, *Le Plaisir du texte* (Paris: Seuil, 1973), p. 43, 영역본은 *The Pleasure of the Text* (London: Cape, 1976), p. 26.

3. Jacques Lacan, *Le Séminaire livre XI* (Paris: Seuil, 1973), p. 60; 영역본은 *The Four Fundamental Concepts of Psycho-Analysis* (London: Hogarth Press, 1977), p. 61.

4. 같은 책.

5. Christian Metz, "Le signifiant imaginaire," *Communications*, no. 23 (1975), pp. 34-5; 영역본은 "The imaginary signifier," *Screen*, vol. 16, no. 2 (1975년 여름호), pp. 51-2.

6. Jacques Lacan, *Écrits* (Paris: Seuil, 1966), p. 840.

신체, 음성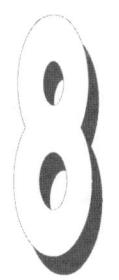

듣기를 위한 '청자auditor'라는 용어는 보기를 위한 관음자voy-
eur라는 용어와 상응하지 않는다. 관음자는 대개 도착적 행동으
로 기술되어 온 것에 관련된 사람이고 청자는 듣기라고 하는 단
순하고 문제될 것 없는 행동을 하는 평범한 듣는 이를 가리키기
때문이다. 프로이트는『성욕에 관한 세 편의 에세이 *Three Essays
on the Theory of Sexuality*』의 일정량을 절시증 ― 보기에서 느끼
는 즐거움 ― 과 관음증에 할애하고 있는 반면 듣기에서 느끼는
즐거움과 집착에 상당하는 것에 대해서는 아무것도 적고 있지 않
은데(바로 그 말 자체가 나오지 않으며 '관음증'처럼 쉽게 떠오르
지 않는다), [이러한 태도는] 전형적인 것이고 이후의 연구에 영
향이 큰 것이었다. 그와는 대조적으로 우리는 진정한 난봉꾼
libertine에게 "더욱 만족감을 주며 가장 강렬한 인상을 남기는 것

은 청각 기관으로 소통되는 감각들"[1]이라는 사드의 언급을 상기해 볼 수 있다(따라서 그가 말하는 난봉꾼들은 긴 내러티브들을 경청하고 사운드를 증폭시킬 기계들을 구성하며, 비명을 듣는 것에서 오르가슴에 달한다). 또한 『스크린』지 사무실과 가까운 곳의 한 런던 섹스숍 문을 통해 보이는 '현재 영화 상영 중: 무성영화는 1파운드, 유성영화는 1파운드 50페니'라고 쓴 광고문구 역시 프로이트와는 대조적이다.

여기서 일종의 역설적인 선회가 일어난다. 오늘날 서구 사회들에서 성sexuality은 과중하게 이미지와 이미지 만들기imaging 속에서, 그리고 이미지와 이미지 만들기에 근거해서 규정되고 있다(포르노그라피에 관한 논의들에서 직접적이고도 자동적으로 이미지들을, 보여주기와 전시의 양식들을 참조하는 것이 그 징표이다). 그렇기 때문에 관음증은 통상 성적인 것을 가리키는 것으로 주장되고 그렇게 받아들여진다. 그 용어 자체는 특정한 도착을 가리키던 데서 확장되어 일반적인 태도를 특징짓는 것이 되었으며, 이것은 물론 꾸준한 시장 잠재력(성을 상품으로 만들기 위한 기반)을 가진 것으로 받아들여진다. 동시에 듣기는 지각되지 않은 것, 당연시되는 것, 정확히는 시야 밖에 있는 것('시네마에서의 섹스'는 그럴 법하지만 누가 '라디오 상에서의 섹스'를 하나의 쟁점으로서 토론하겠다고 생각하겠는가?)의 층위로 떨어지며, 아울러 극단적인 것, 거의 파악할 수 없는 것의 층위로 밀려난다(성의 표준인 관음증과 함께 사운드의 성적 투자는, 즉 듣기는 정상을 벗어난 것, 진정 도착적인 것이 된다). 다시 말해 듣기가 성과 맺는 관계들 속에서, 이미지의 원만한 마무리, 신체에 관한 성취된 시각vision과 대비되는 듣기의 이질성 속에서, 듣기는 어렵고도 약간은 불가능한 것이다. 런던 섹스숍의 안내문에서 더 비싼 가격은 '리얼리즘 속에서 얻는 것'이라는 통념 — 더 많은 '리얼리티'를 위해서는, 즉 시각과 사운드를 위해서는 돈을 더 많이 내라는 — 을 반영한 것이다. 그러나 이미지에 사운드를 '추가'하는 가운데 생길 수 있는 극단적인 저항을 파악하기 위해서는 특정한 현대 영화작품들을 생각해 보는 것만으로도 충분하다(제안된 '주체'의 위치에 입각해서 저항은 잔여와 과잉을 표시한다). 예를 들면 마르셀 아눙의 〈시선 *Le Regard*〉의 대부분은 '예술'을 알리바이로 삼아 '시네마 속에서의 섹스'의 관습적 조건들을 반복하고 있으며 상탈 아케르만의 〈나 너 그 그녀 *Je tu il elle*〉는 시네마 및 시네마가 포함하는 주체성의 조건들 속에서 비판적으로 전개된 에세이와도 같은 작품으로서, 이 두 경우 모두 방식이 서로 다르기는 하지만, 영화 속의 정사 장면에 수반되는 끽끽거리는 사운드들 — 현전의 날카로움 — 로 인해 관객은, 즉 관음자로서의 관객-주체는 방해를 받는다. 그 결과 관객은 당황하거나, 화를 내거나, 위축되거나, 신경이 거슬리거나 하는 등의 반응을 보이게 되는데, 어떤 반응이든지 그것은 관객이 이미지에 대한 통합적인 관점으로부터 분리되어 있음을 나타내주는 것이다. 헤겔은 미적 진보의 역사를 요약하면서 보기와 아울러 듣기를 이성적인 감각들이라고, 대상에 대한 주체의 거리를 나타내는 감각들이라고 간주했다. 하지만 사회적으로 이미지의 수가 많아지고 시각이 특권화되면서 언제나 듣기는 잠재적으로 가까운 *near* 것으로, 보여진 것의 통일성의 전치 — 장소 바깥으로의 — 로, 어떤 결의 마찰로(바르트가 '목소리의 결'에 관해 이야기하고 있듯이) 남겨져 왔다.[2]

    정신분석학의 관점에서 라캉은 시각이 닿을 수 있는 범위와 기원의 영역invocatory field을 '완전히 구분'할 것을 주장하고 있는데 후자는 무의식의 경험에 가장 가까운 것이다(기원의 충동은 '닫을 수가 없다.' 눈은 감을 수 있지만 귀는 그렇지 못하기 때문이다).[3] 따라서 표상들의 생산과 배포를 통해, 사운드가 이미지와, 보여진 것과 맺는 관계들을 위한, 위치화된 이해intelligibility의 통일성들을 위한 끊임없는 사회제도가 필요해지게 된다. 사운드 시네마의 역사 전체는 이를 가장 분명하게 보여준다. 개발되어야 하는 것은 '광학적 사운드,' 즉 무엇보다도 이미지의 분명한 의미 — 말 — 인 대화로서의 사운드, 이미지를 위해, 이미지와 비교하여 위계화되고 분류된 사운드이다(사운드는 공간의 상세한 설명, 묘사, 장식, 연속성, 강화, 은유, 환기, 언급, 병행, 대응 등 수많은 릴레이 속에서 '기능한다'[4]). 따라서 반대로 '또 다른 장면'의 인식인 정신분석학의 작업은 시각과 사운드가 주체와 맺는 계약을 파기하는 것이며 최대한의 '경청'을 생산하는 것, 의미-속-주체-신체의 이질성의 무대를 생산하는 것이다(정신분석학 또한 의미의 환영*vision* — 말하는 주체의 법으로서의 남근phallus, 특권화된 보편적 기표, "보여질 수 있기 때문에 가능한 것의 상징적 활용"[5] — 에 갇혀 있다는 사실은 정신분석학이 처한, 이론화되지 않았던 역사적 장소의 모순이다). 그 작업은 탁월하게도 침묵의 작업인데 침묵은 바로 사운드와 듣기가 민감해지는 순간이다(〈나 너 그 그녀〉의 마지막 장면이 주는 충격이 바로 그 점이다. 거기에서는 그 사운드들의 침묵 — 긴장, 악화된 — 이 들리기 때문이다). 최면과 제안, 그리고 손뼉치기에서 시작하여 프로이트는 점점 덜 개입하고 목소리와 신체가 간극들과 망설임들 속에서 교차하게 내버려두면서 분석적 상황으로, 그 상황이 갖는 시네마와 시각의 부재로 나

아간다. 주체의 법은 들려오는 개인의 언술의 흐름 속에 끼여들
고 엇갈리고 중단된다. 주어진 의미들, 규정된 질서들 속에 있는
침묵들의 이러한 실현에는 전치가 존재한다. 영화들 역시 하나의
비판적 실천으로서 그러한 [침묵의] 실현 속에서, '시네마'의 어
떤 침묵 속에서 하나의 기획 — 현전의 상이한 조건들을 위해 사
운드와 이미지, 신체와 목소리를 가지고 작업할 필요성 — 을 찾
아낼 수 있다.

영화들은 사람들로 가득 차 있다. 그러나 영화들 속에 사람들이
이처럼 '충만하다'는 것은 무엇인가? 시네마로서의 영화의 체제
는 내러티브 극영화이며, 내러티브 극영화는 사람들의 현전이 분
석적으로 다음의 심급들 혹은 범주들로 분해될 수 있다는 사실과
관계를 맺고 있다.

행위자*agent* — 내러티브 술부의 가정과 관련하여 행위의 행위자
로 정의되는 살아 움직이는 실체animated entity. 영화 속에서 모
든 행위에는 그 행위자가 있지만 그렇다고 해서 행위자가 반드시
'보여져야' 한다는 뜻은 아니다(예를 들면 행위와 행위자는 대화
나 내레이션 속에서 언어적으로 주어질 수도 있다). 또한 행위자가
인간일 필요도 없다. 짐승들도 이러한 맥락에서는 중립적인 '살
아 움직이는 실체'로 이용될 수 있기 때문이다(예를 들면 동물들
은 종종 영화에서 행위자가 된다. 린-틴-틴과 그의 계승자인 래시는
그 가장 분명한 사례들이다). 구조적 분석은 내러티브 행위agency
의 패턴들이나, 내러티브 역할들의 기본적인 설정들의 한계를 정

하는 문제에 많은 관심을 기울였다. 그레마스는 "담론적 명시와 독립적으로 존재하는 내러티브 문법"을 지향하는 자신의 연구에서 세 가지 대립쌍으로 조직되는 여섯 가지 근본적인 역할들로 이루어진 모델을 만들어냈다. 주체/대상, 송신자/수신자, 조력자/적대자가 그것이다. 하나의 역할 또는 행위는 여러 다른 배우들('살아 움직이는 실체들'이라는 의미에서)이 내러티브에서 실현할 수 있다. 예를 들면 주체-영웅을 도와주는 여러 명의 개인이 있을 수 있고 마찬가지로 한 명의 배우가 한 가지 이상의 역할을 혼자 해낼 수도 있다. 예를 들면 조력자와 적대자는 한 사람 '내부에서' 서로 '투쟁'하는 것으로서나 내러티브의 과정 속에서 어느 한 쪽에서 다른 쪽으로 변화하는 것으로서 공존할 수 있다(따라서 〈악의 손길〉에서 멘지스는 주체-영웅인 바거스와 적대하다가 결국은 그를 돕는다).[6]

캐릭터 *character* — 일련의 내러티브 술부들의 행위자로서, 그 술부들이 성취하는 것과 관련하여, 그리고 그러한 성취에 덧붙여 다소 개인화되어 있다. 흔히 이러한 개인화를 확장시켜서 '더' 발전시키는 것을 캐릭터화한다고 얘기한다. 즉 캐릭터란 개인을 일련의 '특질들'이나 어떤 의미있는 통일성과 관련해서 — '심리적'인 특질들과 관련짓는 것이 가장 흔하다 — 보여주는 것이다(여기서는 따라서 인간이 아닌 움직이는 실체들에 관한 고찰은 제쳐놓기로 한다. 이는 고찰의 내용을 바꾸기보다는 양을 늘려놓는 것에 불과할 것이기 때문이다. 린-틴-틴과 래시는 결국 의인화 속에서 개별화되고 캐릭터로서 생산된 것이다). 캐릭터들이 언제나 행위자들이기도 하다는 것은 상식이며 이는 맞는 말이다(어떤 내러티브

술부의 특정화에서 자유로운 캐릭터를 도입하는 것은 어려운 일이
다). 그러나 그 담론적 존재 전체가 그들의 캐릭터화에 묶여 있는
캐릭터, 내러티브 행위의 주된 절합이라는 가정 바깥에 있는 캐
릭터들을 만날 수 있는 것도 여전히 사실이다. 종종 어떤 코믹 효
과(이것이 캐릭터들이 내러티브에 대해 무책임하게 되는 요인의 하
나일까?)를 동반하는 그러한 캐릭터들은 이 말의 연극적인 의미
에서의 '방향전환'이며 '일화적'이다. 그러한 캐릭터들이 내러
티브의 운동과 분리되어 있는 것은 캐릭터들 자체가 일종의 작은
내러티브이기 때문인데, 그렇기 때문에 이 캐릭터들은 영화 전반
에 대해 주제적이거나 상징적이거나 징후적인 공명을 가질 수 있
다(〈악의 손길〉에서 모텔의 나이트맨이 하나의 예이다. 외양 및 표
정을 비롯한 그의 행위 전체 — 신경질적으로 이리저리 움직이기,
말 더듬기 등 — 와 영화가 내러티브를 따라 진행되면서 성을 재현
하는 순간, 그가 수잔에 대해, 그녀의 몸에 대해, '침대'와 '침대보'
라는 말에 대해 보이는 돌연한 공포를 보라). 상식적으로, 앞에서와
반대되는 질문도 해볼 수 있다. 행위자는 언제나 캐릭터인가? 개
인화를 캐릭터화로 연장하는 것은 일정하지 않고 가변적이다. 행
위자의 현실화는 개인화의 시작을 의미하지만(행위자가 하나의
집단일 수도 있다 하더라도) 개인화는 이 최소한의 수준에 남아
있을 수도 있다(자동차는 주인공이 나갈 수 있도록 열려 있다. 누군
가가 그 문을 열지만 그 행위자가 누구인가에 대해서는 그냥 '어떤
사람'이라고만 하고 더 나가지 않을 수도 있다). 행위자가 구체적
으로 누구인지를 특정하지 않을 수도 있는 것이다. 그러나 소설
에서는 '누군가' 혹은 '운전사'라고 딱 집어서 말하는 것이 가능
하지만, 이와 달리 영화에서는 행위를 하고 있는 사람은 개인이

되며 그는 어떤 특성들을 지니게 된다.

사람*person* — 행위자와 캐릭터를 현실화하는 — 즉 행위자와 캐릭터를 지지하고, 작동시키고, 재현하는 — 개인('사람'이란 사전적으로 '인간 존재의 살아 있는 신체'이다)이다. 내러티브 극영화인 시네마에서 이 개인이 배우임은 거의 변할 수 없는 사실이다. (다시금 영화는 여기에서도 소설과 다르다. 소설에서 행위자와 캐릭터는 완전히 언어적으로 진술되지만 '본인이 직접 나오는inpersonated' 것은 아니다.) "전문 배우란 자신의 몸을 비워 거기에 의미를 채우는 기술을 소유한 사람"[7]이라는 것, 따라서 배우는 그 또는 그녀 자신을 부재화하고 행위자–캐릭터가 '된다'는 것에 우리는 동의할 수 있다. 이것이 연기acting에 대한 상당히 단순한 관점이기는 하지만 말이다. 그럼에도 불구하고 그 또는 그녀는 '사람'으로서, 즉 신체의 연속하는 현전과 사실을 가지고, 이러한 개인으로서 그렇게 한다. 고다르는 〈내가 그녀에 관해 알고 있는 두세 가지 것들*Deux ou trois choses que je sais d'elle*〉의 도입부에서 특정한 방식을 좇아 한 여자를 찍은 쇼트에 관해 이야기하면서 자신의 견해를 밝히고 있다. "그녀, 그것은 마리나 블라디이다… 그녀, 그것은 줄리엣 잰슨이다…." 그녀는 사람이고 또 캐릭터인 것이다.

영화들은 캐릭터와 사람 사이에서 다양한 강조점들과 함께 유희하는데, 그 강조점들은 캐릭터에서 사람으로의 이러한 변환의 순환을 주의 깊게 다룰 수 있는 분석을 요구한다. 분장, 의상 등은 얼굴과 신체를 캐릭터 의미로 흡수하는(신체를 비워 요구되는 의미들을 채울 수 있도록 도와주는) 방식들이지만, 얼굴과 신체가 지니고 있는 '자연스런' 표현성을 이끌어내기 위해, 시네마가 (관습적인 연극과 비교하여) 허용하는 범위에 근접하게 해주는 방식으로 이용되어 왔다. 배역의 유형에 맞춘 캐스팅type-casting 이란 사람을 완전히 캐릭터와 관련해서 배치하는 것을 가리키는 듯이 보이지만 얼굴과 신체야말로 그 유형, 유형화typing를 정당화하는 것이다. 예를 들면 엘리샤 쿡 2세 같은 배우에게는 〈몰타의 매 *Maltese Falcon*〉의 윌머가, 마가렛 더몬트 같은 여배우는 수많은 막스 브라더즈 영화들에서 그루초가 맡은, 자신의 품위를 잃지 않으면서도 꾸준히 그루초를 돋보이게 해주는 역이 제격인 것과 같다. [이러한 사례들과는] 아주 다른 강조는 캐릭터와 행위자보다는 사람에 초점을 맞추는 것이다. 자 자 가버는 〈악의 손길〉에서 스트립쇼 카바레의 마담 역을 맡고 있지만 상당 부분 그녀 자신으로, 즉 자 자 가버로 나오기도 한다. 또 줄리 크리스티 역시 〈내시빌 *Nashville*〉에서 줄리 크리스티로 나온다. 하지만 이러한 예들이 분명히 하듯이, 문제가 되는 것은 대개 페르소나로서의 사람, 이미지로서의, 즉 ─ 바로 ─ 시네마로서의 사람이다. 인간 존재의 살아 있는 신체는 그[시네마] 안에서 고갈되고 시네마로 전환되는 것이다.

이미지 ─ 빛나는 영화적 현전으로, 즉 시네마로 변환된 사람, 신체. 이미지의 최고점은 스타이다. 그것이 가버가 〈악의 손길〉에서 사용되는 방식이다. 그녀는 갑자기 카바레로 내려오는 계단 위에서 조명을 받으며 몇 초 동안 등장하는데, 남자들은 그녀를 올려다보고 있고, 그녀의 옆쪽으로는 문자 그대로의 은유가 되어 걸려 있는 별 ─ 그녀의 이미지-위상의 징표이자 그 이미지가 성취한 것을 완벽하게 만들어주는 — 의 형태를 띤 샹들리에가 있는 무대에서 그녀는 단연코 두드러진다. 이미지는 영화의 내러티브 구성을 결정할 수 있다. 히치콕은 〈의혹〉을 캐리 그랜트의 이미지와 상응하는 방식으로 끝맺어야 했다[원작에서 남편이 살인자일지도 모른다는 의혹은 사실로 밝혀지지만 영화로 각색되면서 의혹은 그저 오해에 불과했던 것으로 드러나는데 이는 캐리 그랜트의 이미지에 맞춰 배역의 성격을 바꾼 것이었다 — 옮긴이]. 영화는 이런저런 스타를 위한 '매체vehicles' '쇼케이스'로서 전개된다. 마찬가지로 한 편의 영화에서 이미지는 캐릭터로부터 이미지에 이르는 유희 속에서 채택될 수 있으며, 내러티브를 그 의인화impersonation의 스펙터클로 끌어들이고 그 스펙터클 속에서 해소된다. 이런 점에서 〈타워링 The Towering Inferno〉을 생각해 보라. 그 영화는 건축가와 소방수의 충돌을 다루는 동시에 폴 뉴먼과 스티브 맥퀸의 충돌을 다루고 있는데 이들은 종국에는 — 삐딱한 이들과 평범한 이들, 겁 많은 이들과 힘없는 이들이 지켜보는 가운데 — 꼭대기에서부터 물이 흐르게 한 신神으로서 함께 걸어나오는데 이 장면은, 캐릭터들의 협정을 훨씬 능가하는 스타들의 협정이며, 내러티브를 효과적으로 해소시키는 역할을 한다.

형상figure — 행위자, 캐릭터, 사람과 이미지 사이에서의 순환이다. 앞의 네 가지 것들 중 어느 것도 단순히, 그리고 유일하게 그 순환을, 그 순환이 영화 속에서 만들어내는 형상을 봉쇄하고 정착시킬 수 없다. 널리 통용되는 것은 상이한 심급들이 이루는 절합의 특정한 체제들, 통합성의 특수한 버전들, 순환에서 나오는 균형의 특수한 버전들이다. 그것이 캐릭터를 위해 이루어지는 위

계화에 의한 것이든 — 이것이 가장 잦은 경우이다 — 아니면 캐
릭터와 이미지 사이에서의 운동의 어떤 패턴에 의한 것이든 말이
다. 그 절합은 균형을 맞추는 데 실패하여, 통합하지 못하는 중층
화overlayering에 빠질 수 있다. 〈악의 손길〉에서 퀸란과 타냐,
즉 오슨 웰스와 말레네 디트리히 사이에서의 장면들은 통일성을
구축해 독해의 위치를 분명하게 만드는 데 저항하는 복합적인 형
상을 만들어낸다. 최소한의 내러티브 행위만이 존재하며 타냐의
캐릭터도 거의 확립되어 있지 않다. 타냐는 그저 이러한 자기 봉
쇄적이거나 그녀를 돋보이게 해주는 장면들에만 등장할 뿐이다.
이미지들은 강력하다. 여기에는 두 명의 스타가 나오며, 스턴버
그의 영화에서 거의 인용해 온 것 같은 디트리히는 장식물과 보
석으로 치장하고 있다. 하나의 역사를 가진 두 신체, 두 사람이 있
는데, 그 역사는 시네마 및 다른 영화들의 역사이기도 하다. 오슨
웰스의 할리우드 귀환작인 〈악의 손길〉에서 웰스와 디트리히의
공연共演은 이제 다시금 과거의 기억 — 1944년 〈소년들을 따르
라Follow the Boys〉에서 그들이 맡았던 듀오 — 을 상기시키는데,
그 영화는 이 영화 속으로 들어와 내러티브 및 내러티브 체계의
공명 — 신비로운 다른 성性, 고대적이고 상이한 다른 어떤 곳(디
트리히가 여기서는 가버와 대비되는 또 하나의 이미지이듯이 바거
스와 수잔에게는 타자적인other) — 을 불러일으킨다.

영화들에서 사람들의 현전이 갖는 심급들에 관한 이러한 분석이
지닌 한계는 그 분석이 설명하는 시네마의 한계이다. 따라서 예
를 들면 더욱 일반적으로 영화들에서 사람들을 내러티브 속에서
보다는 관념들로, 어떤 지적인 논증에 필요한 요소들로 사용하는

것에 대해서도 설명할 필요가 있을 것이다. 에이젠슈테인의 '유형typage'(타입-캐스팅의 한 형태이지만 비전문 배우들을 기용하며 캐릭터보다는 관념과 관련해서, [인물의] 심리를 드러내는 것보다는 사회적인 폭로와 관련해서 더욱 큰 기능을 발휘한다)이나 고다르의 체현personification 전략, 즉 사람들이 한 편의 영화 속에서 전적으로 사회적인 혹은 사회적-성적인 인식을 담아내는 전형성을 위해 제시되고 배치되는 경우(〈내가 그녀에 관해 알고 있는 두세 가지 것들〉전체에 걸쳐, 〈남성-여성 *Masculin-féminin*〉의 '19세 양,' 〈결혼한 여자 *Une femme mariée*〉의 결혼한 여자8))를 생각해 볼 수도 있겠다.

하지만 덧붙이자면, 이러한 분석은, 앞에서 기술한 시네마와 관련해 분석하는 경우에도 한계가 있는데, 그 한계들이란 일차적으로 사람이라는 항목 아래서 신체의 제시와 효과들을 포섭해 버리는 방식이 지닌 한계이다. 영화 속의 신체는 계기이고 강렬함이며, 하나의 전체로서의 신체의, 어떤 이some one의 고유한 특성의 단순하고 일정한 통일성 밖에 있는 것이기도 하다. 영화들은 수많은 단편들, 신체의 부분들, 제스처들, 바람직한 흔적들, 페티시 지점들로 가득 차 있다. 만일 우리가 여기서 페티시즘이라는 것을 욕망을 성취하려는 목적을 가지고, 어떤 조각이나 단편에 대해, 그 단편 자체를 위해 투자하는 것으로 받아들인다면 말이다. 신체의 이러한 현전은 결정적determining 투자로서의 페니스 및 그 광경의 클로즈업을 동반하는(프로이트에게 "페티시들의 정상적인 원형은 남자의 페니스이다"9) 포르노그라피 영화들에서 명백하게 나타난다. 뿐만 아니라 신체의 현전은 주류 할리우드 시네마에서도 마찬가지로 고수되고 있는데, 여기에는 할리우드 시네마에서 한 사람의 스타의 이런저런 신체 일부(다리나 가슴, 혹은 머리카락이나 눈…)의 매력을 강조하는 것에서부터 나를 위해 존재하는, 내가 나의 역사의 흔적으로서 받아들이는 더욱 임의적인 부분들(눈썹의 곡선, 목선, 순간적으로 팔을 휘젓는 동작…)까지, 그리고 신체의 '속성들' — 정확히 말하자면 페티시들(드레스의 색깔, 스카프의 매듭, 모자) — 까지 모두 포함된다.

마지막으로, 그 분석은 시작일 뿐이며 시행착오를 통해 스스로 해답을 발견하게 하는 최초의 제안에 불과하다. 그 분석의 중요성은 무엇보다도 현전의 조건들을 탐구할 필요성을, 분석을 강조한다는 데 있다. 이러한 영역에 대한 이해는 시네마의 대안적 실천들을 위해 중요한 함축을 갖고 있기 때문이다. 어느 정도까지 대안들을 구상해 볼 수 있는가? 사람들은 어떻게 영화들 속에서 다르게 존재할 수 있는가? 현전의 이러한 조건들은 어떻게 변형될 수 있는가? 영화들 속에서 사람들은 항상 재현의 체계들 속에 있고 항상 언표행위의 일부이며 언표행위를 위해서 존재할 뿐 결코 '직접적'이거나 '그 자신'일 수 없다. 결정적인 것은 그러한 체계들에 대한 분석이고 그 말의 모든 의미에서 '이미지화하기imaging'의 문제에 대한 분석이다.

그리피스 씨는 젊은 남자배우에게 돌아섰다…. "의심하는 표정을 지어봅시다."

그 배우는 시키는 대로 했다.

"좋군!" 그리피스는 감탄했다. "모두가 그 표정을 이해할 거요."

그리피스가 무언가 새로운 것을 시도할 때마다 그랬듯이 빌리 비처는 반대했다. "그 배우는 카메라에서 너무 멀리 있어요. 영화 상에서는 그의 표정이 안 보일 겁니다."

"그렇다면 그 사람한테 좀더 가까이 가봅시다. 카메라를 움직여보자구."

"그리피스 씨. 그건 불가능합니다! 날 믿어요. 카메라는 움직일 수가 없어요. 화면 위에서는 그 사람 다리가 잘릴 테니까요. 그리고 배경도 초점이 안 맞을 거라구요."

"그래도 내 말대로 해요, 빌리." 그리피스는 주문했다….

러시 필름을 본 후에 그리피스는 사무실로 소환되었다. 헨리 마빈은 분개했다. "우리는 그 배우 전체에 대해서 돈을 지불하고 있단 말입니다, 그리피스 씨. **그 사람 전체**를 보고 싶은 겁니다."[10]

'어떻게 그리피스가 클로즈업을 창안했는가'에 관한 유명한 이야기인 이 일화에서 문제가 되는 것은 그 역사적인 진상이라기보다는 그 상징적인 진실이다. 시네마는 신체를 단편화할 수 있고 또 그렇게 하지만(〈모르는 여인의 편지〉에서 피아노 건반 위를 움직이는 손, 〈의혹〉의 도입부에서 한 여성의 몸을 다리에서부터 얼굴까지 훑어올라가는 것) 비용은 언제나 사람에 대해, 보여지는 신체의 전체 이미지에 대해 지불되는 것이다(그 사례들이 지적하듯이 손은 루이 주르당이 연기하는 피아니스트 스테판을 표현하는 것이며 위로 훑어올라가는 카메라 운동은 대상의 값을 매기기라도 하듯이 훑어보는 남성 응시의 리듬으로, 이것을 통해 조니-캐리 그랜트가 리사-조운 폰테인을 여성으로서, 그 영화를 위해, 그 영화의 중심이자 초점으로서 고정시키는 것이다). 하지만 역시 시네마는 단편화하며 단편화된 신체와 온전한 신체 전체의 이미지를 소유하는 것("우리는 그 배우 전체에 대해서 돈을 지불하고 있단 말입니다, 그리피스 씨.") 사이에서의 이행 위에서 — 내러티브의 한계들, 그 의미들과 결말 내에서 — 작동한다. 하지만 그렇다면 다시금, 또 다른 선회twist가 나타나게 된다. '모든 것을 보고' 싶어하는 것은 전체성과 통일성의 전유로 연장될 뿐만 아니라 모든 것, 즉 신체의 전부, 신체의 모든 부분에 대한 욕망으로도 연장되는 것이기 때문이다. 시네마는 제시되고 일별되고 노출되어야 하는, 감추어진 가시적인 것 위에서 작동하며, 보여진 것과 그 보여진 것의 한계들을, 그러한 한계들의 전치와 활용 속에서 생산된 기대와 즐거움들 위에서 작동한다. 시네마의 종국에는 포르노그라피 영화가 있다. 포르노그라피는 '모든 것을 보여준다'는 데 근거해서, 즉 그 행위를, 그 장면을, 그리고 '점점 더 많은 것을' 보여준다는 데 근거해서 팔리는 것으로, 이로 인해 포르노그라피에서는 끊임없는 반복이, 동일한 것의 질서가 만들어진다(의미심장하게도 포르노그라피 영화는 시네마 장치의 초기에 이루어진 시네마의 상업화의 조건으로 되돌아가고 있다. [초기에는] 어느 정도 상호교환 가능한 영화들이 빠른 속도로 생산되었으며 영화는 양적으로 — 몇 피트인지, 몇 릴인지, 배우가 몇 명 출연하는지, 몇 편이나 상영되는지 — 계산되었다. 그리고 초기 영화에는 특수한 내러티브 이미지의 차별화가 거의 없거나 전혀 없었다. 또한 초기 영화들은 보는 행위seeing로서의 시네마에 대한, 보는 행위로서의 영화에 대한 유사한 관심을 충족시키기 위해 생산된 것이었다). 사실상 포르노그라피 영화는 영화 속에서의 신체의 부재를, 재현의 단일한 질서를, 남근phallus의 한계를, 그것 [남근의 한계]에 도달한 시네마를 발견하게 되는 근본적인 계기로서, 그 한계 속에서 시네마의 내러티브들, 전략들, 목소리들, 보여진 것들의 복잡함은 그러한 질서와 한계를 유지하면서도 또 다른 가능성들, 모순들과, 위치들, 독해들, 효과들의 어떤 복수성과 연관을 맺게 된다.

　동시에 오늘날 그 포르노그라피는 영화 제작에서 가장 상업적으로 성장할 수 있는 분야가 되었으며, 할리우드 장편영화인 시네마는 영화에서 신체에 대한 폭력 — 잘리거나 톱질당하거나 대여되거나 사지가 절단된 신체 — 을 점점 더 많이 다루어왔다. 〈조스Jaws〉를 예로 들어보자. 해변가 파티가 시작되자 남자친구에 앞서서 바다에 뛰어들었다가 상어에게 물어뜯긴 소녀에서부터 상어에 의해 몸이 두동강 난 캡틴 퀸트에 이르기까지, 그리고 〈에일리언Alien〉에서 승무원의 배 속에서 튀어나온 괴기스런 유기체까지 다 그러하다. 어떤 점에서 이러한 폭력 역시 항상 시네마에, 시네마의 역사의 주류 속에 있었다. 예를 들면 〈의혹〉에서 바람이 격렬하게 부는 히스[영국의 관목숲] 위의 장면에서, 조니가 리사를 만지고 그녀의 머리를 매만져주고 그녀를 때리고 그녀를 '원숭이-얼굴'이라고 부를 때, 우리는 그러한 폭력에 근접해 있게 된다.

　〈의혹〉의 경우에 그 여자는 폭력의 대상이다. 〈에일리언〉에서 여자는 우주선 승무원 중 유일하게 살아남으며, 신체에 아무런 해를 입지 않는다. 그러나 물론 조운 폰테인은 공격당하는 동시에 구애를 받는다. 그리고 그녀의 이미지는 그 영화의 중심에 놓여 있으며 영화의 응시의 초점이다. 베로니카 카트라이트가 공격을 견디고 살아남음으로써만 본래의 모습대로 있을 수 있듯이

〈에일리언〉의 클라이맥스를 위해 구축하는 폭력, 즉 유기체가
최후의 공격을 하는 장면에서 거기에 맞설 수 있는 것은, 잠자리
에 들려고 옷을 벗고 있던 그녀뿐이다. '그 여자'로서의 여성들
의 신체를 둘러싼 공격과 방어라는 이러한 패턴은 시네마에서 꾸
준히 지속되어 왔다(그것의 변형들과 역사를 연구해 볼 수도 있을
것이다).〈할로윈*Halloween*〉을 보자. 세 명의 고등학교 여학생들
(과 한 명의 남자친구)이 칼에 찔리고 난도질당하고 한 명 — 여
주인공, 주된 초점 — 만이 살아남는다. 소녀들은 옷을 벗고 있거
나 성행위를 한 상황에서 살해당한다(셔츠 하나만 입고서 데이트
상대를 데리러 가는 길에, 또는 성교 후 침대에서, 그리고 또 다른 소
녀는 영화 시작 직후, 남자친구가 막 가고 나서 그녀가 거울 앞에서
아무 옷도 걸치지 않은 채로 앉아 있을 때 칼에 찔린다). 생존자는
데이트와 섹스의 세계에 전혀 속해 있지 않으며 스스로 자신을
착한 걸스카웃이라고 생각하는 여학생이다. 그 여학생도 거의 죽
을 뻔하며 클라이맥스에서 공격의 대상이 되지만 칼끝은 피부를
스쳐지나가고 그녀는 결국 다치지 않고 살아남는다.

〈뤼미에르 이후: 물 뿌리는 정원사*After Lumière: L'Arroseur
arrosé*〉에서 말콤 르 그리스는 뤼미에르의 오리지널 영화의 시나
리오 — 의심스럽지 않은 정원사, 호스, 개구장이 소년 — 를 채택
한 다음 거기에 여자 하나를, 즉 소년이 속임수를 쓰게끔 하는 유
혹의 계기를 덧붙인다(여자를 도입한 것은 미묘한 이중화를 가져
온다. '소년'을 연기하고 있는 것이 어린 소녀라는 것을 우리는 쉽게
알아볼 수 있기 때문이다). 르 그리스가 응축하는 것은 시네마의

역사로서, 그것은 뤼미에르 이래로 이루어진 시네마 제도의 일종
의 요약본을 제시하고 있다. 그 시네마의 유혹 — 르 그리스는 자
신의 영화에서 바로 이 유혹에 응답하고 있는 셈이다 — 은 바로
여성과 이미지의 협정 — 철저한 재현 — 이며, 이는 통합성, 세
팅, 이미지 속에서의 그 여자의 위치의 플롯을 짜고 이를 재생산
하는 내러티브의 편향을 통해 이루어진다. 단편과 전체 사이에서
의 유희 속에서 지배적인 것, 즉 흔적들과 차이들과 표류하는 강
렬함들을 포착하고 흡수하는 것은 결국 바로 이러한 통일성이다.
그 결과 여성은 고정되며, 동일한 것, 이상적인 신체가 된다. 그
한-여성One-woman, 그 이미지는 시네마 속에서 영화들의 우선
적인 교환가치로서 존재하는 것이다.

　니체는 이 시네마 제도를, 그 재현의 표준을 가두는 체계에
관해 다음과 같이 명쾌하게 표현하고 있다. "남자와 여자 일반을
비교하면서 우리는 이렇게 말할 수 있다. 만일 여자가 이차적인
역할을 위한 본능을 갖고 있지 않았다면 그녀는 아름다운 것들에
대한 천재성을 갖지 못했을 것이다."[11] 시네마는 가면놀이mas-
querade를, '그 여자'로서의 여성들의 이미지를 재창조하고 확
정한다. 이 모든 것과 동일한 쪽에 있는(말하자면 니체의 상투적
인 언급에 대한 이론적 설명을 제공하는) 정신분석학에서 가면놀
이는 여성이 '여성성'을 욕망의 재현으로서 취하는 것을 의미한
다. 그녀는 남근의 경제를 실현하며 거꾸로mirroring 선회하여 대
타자의 욕망의 기표가 된다. "여성이 자신의 여성성의 본질적인
부분, 요컨대 가면놀이 속에서의 그녀의 모든 속성들을 거부하려
는 것은 남근이 되기 위해서, 다시 말해 대타자의 욕망의 기표가
되기 위해서이다. 그녀는 사랑받는 동시에 욕망되고자 하지만 그

렇게 되지 못하는 것은 바로 이 때문이다. 그러나 그녀는 사랑에 대한 그녀의 요구의 수신처인 그의 신체에서 그녀 자신의 욕망의 기표를 찾아낸다."[12] 다시 말해 그녀는 남성을 위한 남근인 그녀 자신을, 남자 속에서 그녀가 욕망하는 남근과 교환한다. 이렇게 해서 그녀는 남성의 시선으로부터, 남성의 시선을 위해 정의되며, 전체 시네마는 (그녀가 여성이라는 사실, 그녀의 존재는 필연적으로 욕망 속에 존재한다는 것을 [알려주는] 그러한 '거부'를 통해[13]) 그의 이미지 — 이것이 곧 그녀의 여성성이다 — 가 된다.

바로 시네마 전체가 그러하다. 시네마는 가면놀이를, 즉 이러한 여성성의 교환의 기호들을 최대한도로 상연해 왔으며, 가면놀이를 끊임없이 재생산함으로써 사회적으로 통용되게 만들었다. 장르에서 장르로, 영화에서 영화로 이어지는 동일한 경제가 작동해 왔는데, 그 경제란 여성을 이미지화하는 것, 즉 신체를, 그녀를 총체화해서 통일성 — 응시의 총합 — 속에 집어넣는 것, 그런 다음 그녀에 관한 상상적인 것을 완벽한 조화match로, 완벽한 이미지로 만드는 것이었다(그렇기 때문에 여성들에 대한 폭력과 공격은 내러티브가 그 이미지를 확립하고 자신의 법을 설정하기 위해 운동하는 것만큼이나 나쁜, 성을 침해하는 일이다). 또한 그 경제는 남성을 그 [여성의] 이미지에 대한 행위action로, 그 정당성의 초점으로, 그 영화가 갖는 상상적인 것의 위치로 만드는 것이었다(남자들에게와 마찬가지로 여성들에게도 이러한 이중적 속박의 상보성[은 작용한다]. 그녀는 그를 통해서 자기 자신을 그녀로서 알게 되며 그는 그녀에 대한 그의 행위를 통해 자기 자신을 안다). 정신분석학은 "모든 동일시는 기표와의 동일시"라는 것을, 궁극적인 기표인 남근과의 동일시임을 강조한다.[14] 시네마 역시 여성의 이미지에 관한 시네마의 제도 속에서 이에 동의한다. 동일시는 남근과의 동일시, 남성과 여성을 점유하기 위해 주어지는 장소와의 동일시, 시네마 자체의 가면놀이와의 동일시라는 것이다. 물론 그것이 시네마가 그 유일한 것이라고 ― 시네마에 관한 주된 역사적 정의에 있어서까지도 ―, 시네마의 영화들이 그러한 조건들 속에서만 관객들에게 보여지는 것이라는 뜻은 아니다. 실재가 함축하는 것들은 가지각색이고 다양하며 모순적이다. 영화들은 영화들의 관람 속에서 이러저러한 방향으로 나아가며, 당신과 나를 위해, 그녀와 그를 위해, 이곳저곳의 사람을 위해, 이런저런 역사 속에서 계기들과 강렬함들과 차이들에 침입한다. 그것은 단지 결정들을, 하나의 관건을, 시네마의 투자를 인정하는 것에 불과하다.

오늘날 시네마는 그 영화들 속에 나체nudity를, 특히 젊은 여성들의 나체를 포함하고 있으며 이는 사실 의무적인 상황이다. 가면놀이는 여기서 끝나지 않으며 계속된다. 존재와 역사의 하나의 기능인 그것은 [그냥] 벌거벗음이 아니라 응시를 위해 놓여진 나체, 재현, 매끈한 신체, 즉 이미지로서의 누드이다. 누드는 신체의 최후의 치장인 것이다.

세부의 클로즈업을 통한 신체의 파편화와 [신체] 부분의 익명성[을 실현할] 뿐만 아니라(그럼으로써 포르노그라피는 상상된 신체의 전체성과 언제나 연결되어 있는 나체의 **마무리**finish를 손상시킨다) 나체를 남성의 신체로까지 확장하는(60년대 말, 그러니까 러셀이 만든 〈사랑에 빠진 여자들Women in Love〉에서의 유명한

레슬링 장면에서 남성의 누드를 보여주는 데서 시작되어 상업적인 장편 영화에서도 옷을 벗은 남성의 육체를 보여주게 되었다) 포르 노그라피 시네마를 그렇다면 어떻게 볼 것인가? 그것은 마치 우 리가 정말로 '명시적인' 것, 시네마의 명시성과 대면하는 것 같 다. 시네마의 성적 경제는 말하자면 지금 보여진 것처럼 영화의 내러티브 체계인데, 이 체계는 성적인 장면vision of sexuality에 대한 설명을 제공하기 위해 도입된 것이다. 성적인 장면은 언제 나 이야기와 플롯과 의미 속에서 보여졌던 것이다. 이제 남근의 시나리오는 그녀가 그로부터 얻는 즐거움을, 그리고 그가 그녀로 부터 얻는 즐거움을 끊임없이 확증해 주는 영화 내러티브가 된 다. 그 즐거움이란 바로 '그,' 그 '사내다움'(이것 때문에 사정射 精을 클로즈업으로 보여주어야 할 필요가 있다. 사정은 '그것이 작 동한다'는 것을 직접 눈으로 확인할 수 있게 보여주는 증거인 것이 다), 즉 영화에서의 볼거리이자 영화의 스토리로서 주어진 신체 ― 그것이 남성이냐 여성이냐는 문제가 되지 않는다 ― 가 된다 (그 결과 성을 하나의 내러티브로서[거기에는 만남, 준비, 삽입, 절 정이 있다], 즉 '성행위'로서 강박적으로 반복하게 된다).

시네마 속에서, 한 편의 영화 속에서의 신체는 그 부재 속에, 하나 의 이미지의 흔적들 속에 현전한다(연극에서의 신체와는 아주 다 르다)는 사실을 잊어서는 안된다. 영화 관객의 위치는 종종 '관 음증적'이라고 기술되지만 관음자들은 영화가 아니라 사람을 보 는 이들이다. 관음증의 많은 요소들은 시네마가 제공하는 보기- 속에서의-즐거움에서 얻어진다는 것이 의심의 여지 없는 사실이기는 하지만 말이다. 연극과 환영에 관한 연구에서 정신분석학자 옥타브 마노니는 시네마와 관련하여 "그것은 마치 배우가 현실 속에 부재한다는 사실이 에고의 이미지들에게 더 큰 해방의 자유를 부여하는 효과를 갖는 것과도 같다"[15]라고 쓰고 있다. 이렇듯 개인 및 성과 관련한 사회적이고 이데올로기적인 기능의 초점으로서의 시네마와 연관되어 있는 것은 에고 — 욕망과 이미지의 이상적인 운동이 이루어지는 환경setting — 가 행하는 어떤 상상 *imagination*인데, 그 상상은 이상理想의 목표인 — 그 초점이자 목적인 —, 관객이 [보고 즐기기] 위한 신체에 대한 것이다. 관객은 '해방되어 있고,' 그 또는 그녀의 이미지들 속에서 움직이고 있는 신체의 존재나 에고 중심적 전유와 판타지 관계의 자유로운 유희에 의해 방해받지 않는다. 그리고 관객은 영화 이미지들의 이러한 흐름으로서 주어지며, 그 이미지들의 제시, 질서, 욕망으로 이루어진, 즉 그 이미지들의 이미지로 이루어진 시네마 속에 위치지어져 있다. 시네마는 결코 당신이 원하는 신체를 보여주지 않는다. 오히려 당신이 시네마로부터 원하는 신체를 보여줄 뿐이다. 당신 역시 결국은 당신의 부재 속에서만 시네마 속에 현존하는 것이다.

포르노그라피 시네마에서 부단히 억압되는 것이 있는데, 그것은 바로 목소리이다. 목소리 없는 수많은 신체들과 신체의 일부들이 존재하는 것이다. 어쩌면 상황을 진행시키기 위한 짤막한 대사가 들어있을 수도 있지만 그 다음에는 반드시 온갖 헐떡거림과 비명이 등장한다. 이는 가시성이라고 하는 거대하고도 파국적인 문제를(즐거움의 문제가 아니라) — 파국적이라는 것은 그것이 이 시네마의 존재 자체를 위협하기 때문이다 — 다루기 위한 것이거나 또는 쾌락의 성취를 보증하기 위해, 즉 경제가 제대로 작동하고 있다는 것을 보증하기 위해 음성적 이미지를 제공하는 것에 불과하다.

음성은 그 나름의 의미와 역사를 지닌 신체의 한 계기이며 신체의, 그리고 그 신체를 가로지르는 하나의 결이고 무게이며 존재이고(목소리는 쉽게 노출된다), "과거의 욕망과 의도들의 보관소 — 음성에 단독성singularity을 부여하는 — 이다."[16] 브누아 자코의 〈암살자 음악가L'Assassin musicien〉의 시작 장면은 시네마에서의 이러한 음성이라는 문제를 제기하는 듯이 보인다. 우리는 리허설에서 노래하는 한 소프라노 가수를, 미디엄 쇼트로 찍힌 하나의 신체를 보는데 그 신체는 이미지인 동시에 음성이고 절합과 생산의 육체적인 노력이다. 따라서 우리는 마치 목소리를, 즉 목소리라는 특수성 속에 있는 신체를 보고 있는 것과도 같다. 객석에서 계속 보고 있던 한 남자가 싸늘하게 끼여들어 노래를 방해한다. "이 여자는 별 거 아니군." 그런 다음 앞에서와 같은 목소리, 같은 신체가 검은 커튼을 배경으로 다시 노래하다가 갑자기 엎드려 울며, 프레임 밖에서는 관객의 야유 소리가 들린다. 소설에서 이 소프라노는 아무 쓸모도 없는 '별것 아닌 존재'이지만 영화에서 그녀는, 이 여자는, 우리가 시네마 속에서 바라보고 있으므로 빛나는 존재이다. 즉 단순히 프레임에, 이미지에, 그 '시네마'에 꼭 들어맞지 않는 목소리와 신체의 현전이 보여주는 압도하는 듯한 광휘이다. 소설에서 그녀는 주저앉아 정신없이 울다가 사라져버리지만, 시네마에서 그녀는, 이 신체-목소리는 문제

를 일으키고 교란하며 이미지와 허구를 과장하며, 그 이미지의
이상이 남긴 잔여를, 정도 이상의 어떤 것을, 그리고 정확히 하나
의 존재를, 단독성을, 그리고 이러한 문젯거리에 포획된 보고—든
는 '관객'과의 단일성singularity[통일성의 의미로 사용됨]을 생산
한다.

　　뒤라스나 고다르나 스트로브—위이예의 작업이 서로 아무리
상이하다고 하더라도 우리는 그들의 영화에서 시네마의 질서에
대항하는 목소리를 들으려는 바로 그러한 노력을 보게 된다. 목
소리를 억압하는 것은 포르노그라피적 시네마만이 아니기 때문
이다. 상업적인 시네마에서 일반적으로 사운드는 신체의 특정한
시각적 현존을, 영화들에서의 사람들의 특정한 체제를 떠받치는
것으로서 발전했다. 사운드트랙의 표준화로부터 더빙, 그리고 대
화 장면들을 규정하는 대본에 이르기까지, 목소리를 계속 점검하
고, 그것을 영화 속에 맞추어 넣는 방법들이 많이 있다. 얼핏 보기
에는 역설적이게도, 사운드 시네마 — 말하는 사진 — 는 신체의
모든 마찰에, 그리고 신체의 단일한 역사의 계기로서의 목소리의
비중에 종지부를 찍는 것으로 보인다. 고다르—고랭은 이를 다음
과 같이 힘있게 진술하고 있다. "토키 이전에 무성 시네마는 유물
론적인 기술적 기초를 갖고 있었다. 배우는 이렇게 말했다. 나는
존재한다(영화화된다). 고로 나는 생각한다(나는 적어도 내가 영
화화된다고 생각한다). 내가 생각하는 것은 내가 존재하기 때문이
다. 토키 이후에 영화화된 질료(배우)와 사유 사이에는 뉴딜New
Deal이 있었다. 배우는 이제 말하기 시작한다. 나는 (내가 배우라
고) 생각한다. 고로 나는 존재한다(영화화된다). 내가 존재하는
것은 내가 생각하기 때문이다…. 뉴딜의 표현 이전에 모든 무성

영화의 배우는 그 또는 그녀 자신의 표현을 갖고 있었고 무성 시네마는 실제적인real 대중적 기반을 갖고 있었다. 반대로 시네마가 뉴딜처럼 말하기 시작하자 모든 배우는 똑같은 것을 말하기 시작한다."[17] 물론 여기에서 무성영화를 강력하게 동질화하고 이상화하는 것에는 저항할 필요가 있고 분석할 필요도 있다. 그러나 목소리는 신체의 이미지를 지지해 주는 것이라고 보는 강력한 표준이 발전하여 사운드 시네마가 나온 것이라는 주장은 여전히 타당하다. 여기서 목소리는 신체, 즉 사람들 — 행위자들과 캐릭터들 — 에 대한 이해를 돕기 위한 말로서 말 그대로 질서화되어 있고 제한되어 있다. 그리고 그 사람들이란 내러티브와 내러티브의 의미, 통일성 및 해소 속에 고정되어 있는 사람들인 것이다. 무성 시네마에서 신체는 언제나 강조, 과장, 익살(제어하기 힘든 존재의 조건) 쪽으로 끌리고 있다. 사운드 시네마에서 신체는 유연해지고 고다르-고랭이 기술한 사유의 계약으로 양도된다. 이제 목소리는 영화의 사유하는 동질적인 주체 — 배우와 관객 — 의 매체이자 그 주체의 표현이 되는 것이다.

시네마는 특정한 현전의 기계이고 신체의 특정 조건들의 제도이다. 그렇기 때문에 정치적 질문이, 즉 영화의 급진적인 정치적 실천에 관한 질문이 제기된다. 어떻게, 그리고 어느 정도까지 그러한 조건들을, 그 현전을 변형하는 것이 가능한가? 그 질문에는 이미지의 속성에 관한 문제들을 처음부터, 그리고 근본적으로 인식할 때에만 대답할 수 있다. 이미지는 결코 나의 속성이 아니며 이미지 속에 있는 이런저런 사람의 속성도 아니다. 그것은 언제나

무엇인가를 위한 — 영화를 위한, 시네마를 위한 — 이미지인 것
이다. 그 어떤 지시대상도 담론을 보장할 수는 없다. 담론이 생산
하는 재현된 것은 재현의 특수한 담론적 과정 속에서 비로소 그
러한 것으로서 파악되고 실현되고 존재하며, 무엇보다도 탐구되
어야 할 필요가 있는 것은 바로 이 점이기 때문이다. 다큐멘터리
영화가 아무리 장편 극영화와는 다른 것으로 이해된다 하더라도,
장편 극영화와는 대립되는 것으로 정의된다고 하더라도, 여전히
그것은 온전히 재현일 뿐이며, 여전히 영화 속에서의 사람들의
문제를, 그것도 신랄하게 제기한다. 따라서 앞에서 개략적으로
지적한 심급들을 이용해서 [다큐멘터리를] 분석하는 것이 하나의
출발점이, 즉 쟁점들을 이끌어내는 시작점이 될 수 있다. 그 방식
이 바뀔 필요는 있겠지만 말이다. 한 편의 영화는 언제나 영화와
시네마의 기록document — 다큐멘터리 — 이며 결코 사람들의
직접성 속에 있지 않다. 새로운 신체들, 목소리들은 또한 곧바로
영화와 시네마 속에서의 신체와 목소리에 대한, 영화와 시네마
속에서의 신체와 목소리의 현전에 대한 작업이기도 하다.

주

1979년에 쓴 것으로서 이전에 발표된 적은 없으나 내용상 몇 가지 점들은
「영화와 체계: 분석의 조건들Film and System: Terms of Analysis」 Part II,
Screen, vol. 16, no. 2 (1975년 여름호), pp. 91-113 및 「스크린 이미지들,
영화 기억Screen Images, Film Memory」, *Edinburgh '76 Magazine* (1976
년 8월호), pp. 33-43에서 개진되었다.

1. Marquis de Sade, *Les 120 Journées de Sodome*, vol. 1 (Paris: Union Générale d'Editions, 1975), p. 52.

2. 듣기에 대한 헤겔의 평가는 *Vorlesungen über die Aesthetik, Sämtliche Werke*, vol. 13 (Stuttgart: Frommans Verlag, 1927-8), p. 254; 영역본은 *Aesthetics: Lectures on Fine Art*, vol. 1 (Oxford: Clarendon Press, 1975), p. 38 참조. '목소리의 결'에 관한 바르트의 글은 "Le grain de la voix," *Musique en jeu*, no. 9 (1972년 11월호), pp. 57-63; 영역본은 "The Grain of the Voice," in *Image-Music-Text* (London: Fontana, 1977), pp. 179-89. 성적 즐거움과 시각적 만족을 동등하게 취급하는 것을 받아들이는 것과 아울러 듣기에 관한 헤겔적인 합리적 설명, 즉 "그… 귀(감각 중에서 가장 덜 관능적인)"라는 말은 이제 진부한 표현이 되었다. Christopher Ricks, *Keats and Embarrassment* (London: Oxford U.P., 1976), p. 91.

3. Jacques Lacan, *Le Séminaire livre XI* (Paris: Seuil, 1973), pp. 96, 108, 182; 영역본은 *The Four Fundamental Concepts of Psycho-Analysis* (London: Hogarth Press, 1977), pp. 104, 118, 200 참조.

4. Lincoln F. Johnson, *Film: Space, Time, Light, and Sound* (New York: Holt, Rinehart & Winston, 1974), pp. 169-79; 존슨은 이러한 '사운드의 기능들' 각각에 관해 간략하게 설명하고 있다.

5. Jacques Lacan, *Le Séminaire livre II* (Paris: Seuil, 1978), p. 315.

6. A. J. Greimas, *Sémantique structurale* (Paris: Larousse, 1966), pp. 172-91.

7. Sylvie Pierre, "Éléments pour une théorie du photogramme," *Cahiers du cinéma*, no. 226-7 (1971년 1-2월호), p. 81.

8. "당신은 사실 결혼한 여성들에 대해 알 수 있는 기회가 없다. 그러나 이 영화에 나오는 이미지들의 4분의 3은 여성의 관점에서 찍은 것이다. 데이트를 보여주는 이미지들은 분명히 말하지만 별로 좋지 않다. 하지만 그런 사람들이 거기에 아주 많다는 것은 사실이다. 이는 경찰 보고서에도 나와

있다. 나로서는 적어도 남성들에 대해서도 이런 영화가 있으면 아주 좋을 것 같다. 예를 들어⋯." J.-L. Godard, *Introduction à une véritable histoire du cinéma*, vol. 1 (Paris: Albatros, 1980), p. 110. 고다르는 그의 지적인 — '경찰 보고서' — 의인화의 초점이었던 것은 무엇보다도 여성들임을 의식하고 있는 것으로 보인다.

9. S. Freud, "Fetishism" (1927), *The Standard Edition of the Complete Psychological Works*, vol. XXI (London: Hogarth Press, 1961), p. 157.

10. Lillian Gish, *The Movies, Mr. Griffith, and Me* (London: W. H. Allen, 1969), pp. 59-60.

11. Friedrich Nietzsche, *Jenseits von Gut and Böse, Werke*, vol. VI 2 (Berlin: Walter de Gruyter, 1968), p. 98; 영역본은 *Beyond Good and Evil* (Harmondsworth: Penguin Books, 1973), p. 84.

12. Jacques Lacan, *Écrits* (Paris: Seuil, 1966), p. 694; 영역본은 *Écrits: A Selection* (London: Tavistock, 1977), pp. 289-90.

13. 분석가에게 남근은 욕망의 보편적인 기표이기 때문에 가면놀이의 모든 유기는 추정하건대 근본적인 경제의 근심스런 교란이다. "여성들이 가면놀이를 포기할 때 그들은 침대에서 무엇을 발견하는가? 여성 분석가들은 어떻게 발기를 자극하는가? 이러한 어려움은 그들이 가면놀이를 떠날 때 지불하는 대가이다." Irène Diamantis, "Entrevue avec Moustapha Safouan," *Ornicar?*, no. 9 (1977년 4월호), p. 104. 뤼스 이리가라이 Luce Irigaray는 가면놀이라는 함정의 전도와 기능을 잘 기술했으며 그에 대해 다음과 같이 정신분석학적으로 설명하고 있다. "정신분석가들은 가면놀이가 여성의 욕망에 상응한다고 말한다. 이는 내게는 옳은 것으로 보이지 않는다. 나는 그것을 여성들이 욕망을 회복하기 위해, 남성의 욕망에 참여하기 위해, 그러나 그들 자신의 욕망을 포기하는 대가를 치르고 행하는 것으로서 이해해야 한다고 생각한다. 가면놀이에서 여성들은 욕망의 지배적인 경제에 복종하며 그럼으로써 결국은 스스로를 '시장'에 내놓는다. 나는 가면놀이에서 무엇을 이해하는가? 그것은 특히 프로

이트가 '여성성'이라고 부른 것이다. 예를 들면 우리는 여성이 되어야 한다고, 더욱이 '정상적인' 여성이 되어야 한다고 믿는 반면 남성은 애초부터 남성이다. 그는 그의 남성-존재임을 성취하기만 하면 되는 반면 여성은 정상적인 여성이 되어야 한다. 즉 여성은 여성성의 가면놀이에 들어가야만 한다." *Ce Sexe qui n'en est pas un* (Paris: Minuit, 1977), pp. 131-2.

14. M. Safouan, *La Sexualité féminine* (Paris: Seuil, 1976), p. 70.

15. O. Mannoni, *Clefs pour l'imaginaire* (Paris: Seuil, 1969), p. 180.

16. Guy Rosolato, "La voix entre corps et langage," *Revue française de Psychanalyse* 1 (1974), p. 83.

17. Jean-Luc Godard and Jean-Pierre Gorin, "Enquête sur une image," *Tel Quel*, no. 52 (1972년 겨울호), p. 84.

시네마 장치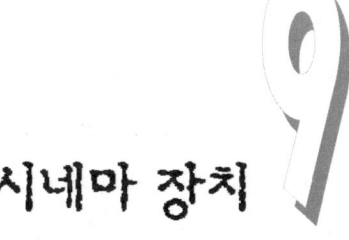

역사적이고 문화적인 형식으로서의 테크놀로지

시네마의 역사의 첫 순간에 사람들의 즉각적인 관심을 받은 것은 테크놀로지이다. 판매촉진되고 매매된 것은 그 기계의, 그 장치의 경험이기 때문이다. 그랑 카페[뤼미에르 형제의 영화가 처음 상영된 곳 ─ 옮긴이] 프로그램의 윗부분에는 '시네마토그라프'[뤼미에르가 개발한 카메라의 이름 ─ 옮긴이]라고 적혀 있었고, 그것에 대해 다음과 같이 설명하고 있다. "오귀스트 뤼미에르와 루이 뤼미에르가 발명한 이 장치는 일련의 사진들을 가지고 카메라 앞에 주어진 일정한 시간에 걸쳐 연속되었던 모든 운동들을 기록할 수 있게 해주며, 그 운동의 이미지들을 실물 크기로 관객 전체 앞에 있는 스크린에 영사함으로써 이 운동들을 계속해서 재생산할 수 있게 해준다." 이와 같은 설명이 있고 나서야 상영될 영화 제목들을 언급하는데, 상영될 영화의 목록은 프로그램 안내지의 맨 아래쪽에 실려 있었다.[1] 이러한 기계 자체 및 기계의 이용에 대한 관심은 다양한 효과와 반향들 속에서 추적해 볼 수 있다. 이를테면 에디슨은 영사 장치를 개발하는 데 관심이 없었다는 사실이라든지(에디슨의 사업 전략은 문자 그대로 기계를 파는 것에 기반을 두고 있었기 때문에 다수의 대중이 영화를 볼 수 있게 해주는 영사기는 극장에서 개인들이 각자 영화를 보게 하는 키네토스코프에 비해 시장성이 떨어진다고 생각했다), 상당히 오랫동안 [영화] 산업은 사실상 영화들보다는 시네마 산업이라고 가정했던 것이 그 예이다. 개별 영화들은 필름 길이나 릴 단위로 판매되는 획일적인 상품으로 간주되었던 것이다(역설적이게도 이것은 사실상 에디슨이 부지불식간에 품고 있던 가정이기도 하다. 그는 대규모 집단을 상대로 영화를 영사하게 되면 관객이 포화상태에 이를 것이고, 피트/릴 단위로 생산되는 상호교체가 가능한 [영화] 산물들을 보러 오는 관객의 수가 줄어들 것을 우려했던 것이다).

　그 최초의 순간들로 돌아가기라도 하듯, 오늘날의 이론 작업은 점점 더 '시네마-기계,' '기본 장치,' 시네마의 '제도'의 조건들을 제기하는 쪽으로 방향을 잡아왔다. 또한 이론 속에서 '제도'는 시네마 산업이라는 습관적인 개념보다 더 광범위하게 받아들여져서, 관객의 심리학의 '내적interior 기계,' '관객의 메타심리학에 대한 사회적 통제,' 시네마라는 '정신적 기제machinery'의 산업, '상상적인 것의 테크닉'으로서의 시네마를 포괄하게 되었다. 가장 최근에 이 점을 강조한 것이 크리스티앙 메츠의 「상상적 기표」[2]인데, 이 논문은 결정적으로 현행 이론의 선회를 대표하는 글이다. 메츠는 시네마 장치의 정신분석학적 구성에 초점을 맞추고 있으며 여기서 시네마란 바로 '상상적 기표'이다.

"나의 목표는 그 공식을 통해서 '시네마의 실행exercise'(어떤 특수한 기표의 사회적 실천)이 폭넓은 인류학적 형상들 — 프로이트의 연구분야는 이를 분명하게 설명하는 데 큰 도움이 되었다 — 에 뿌리를 내리기 위해 통과하는, 여전히 잘 알려지지 않은 일련의 경로들을 지적하는 것이다. 시네마적 상황은 거울 단계와, 욕망의 무한한 운동과, 관음증의 위치와, 원초적 장면과, 부인否認의 왜곡 및 귀환 등과 어떤 관계를 맺고 있는가?" "(「상상적 기표」에서 착수한 다양한 연구들은) 정확히 영화의 위치site도 아니고 관객의 위치도 아닌, 또한 약호의 위치도 아닌(이러한 위치의 목록은 얼마든지 연장될 수 있을 것이다) 위치에 — 위치라기보다는 어쩌면 '계기' 속에 — 자리잡고 있다. 나는 이러한 구분들[즉 영화와 관객과 약호 등을 구분하는 것]을 거슬러서, 모든 것을 동시에 망라하는 일종의 '공통의 본체common trunk' 속에 나 자신을 위치시켰다. 그 공통의 본체란 바로 그 가능성의 조건들 속에서 구상된 시네마–기계이다."[3]

그 위치나 계기는 기계, 즉 장치로의 회귀이다. 메츠 자신을 비롯한 여러 사람들이 뤼미에르의 프로그램에 적혀 있는 사실들을 — 카메라, 운동, 영사, 스크린 — 검토하였다. 혹은 오히려 [뤼미에르의] 프로그램이 '이 장치'라고 말하고 있는 것이 무엇인가를 이해하기 위해 새로운 관심사들과 이전과 다른 개념들을 들여오는 이론적 담론의 압력 하에서 사실들은 새로운 사실이 되고, 용어들의 의미도 바뀐다고 말할 수 있다. 물론 '장치'라는 용어 자체를 사용하는 데 있어서 전환이 존재한다. 그것은 테크놀로지적인 것을 강조하는 데서 — 비록 기계가 운동을 실물 크기로 재생산하는 기능을 설명하는 데서 이미 '순수하게 기술적인' 한계

를 넘어서고 있긴 하지만 — 메타심리학적인 것을 강조하는 것으
로의 — 비록 시네마의 기술적 메커니즘의 측면들 속에 필연적으
로 포함될 수밖에 없는 특수한 구조화와 위치들과 관계들에 대해
설명하는 가운데 이루어진 것이기는 하지만 — 전환이었다.

하지만 문제는 메타심리학적인 것의 위상과 관련해서 제기될
수 있다. 혹은 제기되는 것으로 보일 수 있다. 시네마의 기호학을
최초로 — 지금은 '고전적인 것'이 되었지만 — 정교하게 가다듬
는 데 있어 테크놀로지적인 것의 상황은 잠재적으로 문제가 있기
는 했지만 그래도 분명한 것이었다. "시네마적 대상은 사실상 광
대하고 변화가 불규칙하며 아주 거대하기 때문에, 시네마가 지니
고 있는 차원 중에서 어떤 것들 — 예를 들면 경제적인 차원이나 기
술적인 차원 — 을 기호학적 분석의 영역에서 배제할 수 있다."[4]
시네마의 기호학의 영역, 그 '제한 가능한 대상'은 시네마적 언
어의 분석인데, 그 분석 속에서 언어는 지각 경험 속에서 즉각적
으로 파악할 수 있는 기술-감각적technico-sensorial 통일성이나
표현 질료들의 조합으로서가 아니라 약호들의 특수한 조합으로
서 이해되어야 한다. 시네마의 특수성은 테크놀로지나 기술-감
각성을 경유해서가 아니라 약호들과 관련해서, 이 특수한 조합과
관련해서 규정된다. 몇몇 약호들은 그것 자체가 시네마에 특수한
것이기 때문에, 특수한 약호들의 특수성이 표현 질료의 어떤 속
성들 혹은 조합들과 연결되어 있는 것으로 볼 수 있다면, 기술-감
각적인 것을 다시 분석에 등장시킬 수 있는 하나의 초점은 기술-
감각적 통일성이 지닌 특수성에서 도출된다. (여기서는 일반적으
로는 청각-시각적인 것과 비교하여, 더욱 특수하게는 텔레비전과 비
교하여 시네마의 특수성을 논의한 메츠를 고찰해 보라.[5])

이러한 재등장을 제외하고 본다면, 테크놀로지적인 것은 일단 기호학의 중심사인 약호의 분석이 끝나고 난 다음에야 '테크놀로지적 약호'를 언급하는 데서 간략하게 나타난다. "테크놀로지적 약호들이란 시네마 장치의(카메라의) 바로 그 기능 자체와 관련되어 있는 것이고, 그 장치의 프로그램이며(우리가 컴퓨터의 프로그래밍에 관해 이야기하는 것과 같은 의미에서), 그리고 그 장치의 구성, 작용, 적용의 원칙 자체를 구성하는 것이다. 이 테크놀로지적 약호들의 '사용자들'은 기계들이지만, 그 약호들을 만들어놓은 것은 인간들(발명가들, 엔지니어들 등)이었다. 더욱이 그것들이 정보에 부과하는 구조들을 취급하고 관장하는 — 그러나 이번에는 약호 해독decoding의 층위에서 — 것은 다시금 다른 인간들, 즉 영사된 이미지들을 지각하고 이해하는 시네마 관객들이다. 이 약호들 중에는 너무도 중요해서 시네마의 원리라고, 바로 시네마의 정의라고 일반적으로 간주되는 것이 하나 있다. 이것은 복합적 체계로서 그 체계에 따라 시네마 장비(기록하는 카메라, 필름, 영사기)는 '운동을 재생산한다' …. 이러한 기술적 약호(사실상 이것이 바로 시네마토그래프의 약호이다) 속에서 포토그램은 최소한의 단위이거나 혹은 적어도 그러한 최소한의 단위들 중 하나이다."[6] 하지만 그러한 등장의 범위는 제한되어 있다. 테크놀로지적 약호들에 관한 논의는 결국 테크놀로지적인 것을 기호학적 목적에서 더더욱 배제하는 데 기여하게 된다. 그러한 논의는 포토그램이라는 일반적 개념을 시네마적 언어의 최소 단위로 고려하는 가운데 나온 것으로, 이는 [테크놀로지적 약호에 대한 논의를] 수정하고 — 즉 포토그램은 테크놀로지적 코드의 약호의 한 단위이다 — [그 논의의] 방향을 재조정하는 데 — 즉 시네마적 언어는 의미작용 체계들 혹은 약호들의 조합이며 따라서 분석의 관심은 '시네마의 최소단위'를 찾아내는 것이 아니다 — 도움이 된다.

　약호의 장소나 계기 속에 자리잡고 있던, 시네마적 언어보다는 시네마 장치를 향한 이후의 관심은 테크놀로지의 심급을 — 새로운 형식 속에서 계속되는 테크놀로지를 — 재발견하는 것으로 간주될 수 있다. 한 가지 의미에서 그러한 주목은 앞에서 말했듯이 시네마의 최초의 순간들로, 장치 자체의 기초로 되돌아온다. 그것은 영화, 관객, 약호의 흐름을 거슬러 올라가며, 거대한 인류학적 형상들을 함축하고(플라톤의 동굴의 신화에 대한 의지가 나타내듯이[7]), 시네마의 원초적 장면primal scene이라고 할 만한 것을 불러들인다(영화들의 의미 이전에, 그리고 그 의미들의 궁극적 귀환으로서 언제나 거기에 존재하는 역사). 요컨대 그러한 주목은 '장치'의 정신분석학적 증거를 제기하고 있다. 테크놀로지-장치-정신적 기제: 테크놀로지에 관한 질문은 분명 더 이상 낡은 것이 아니며, '테크놀로지'의 '심급'이라는 개념 전체를 취할 수는 없고, 시네마를 상상적인 것의 테크닉으로 분석적으로 기술하려는 관심에 입각해서, 그리고 나서는 역사적이고 이데올로기적 형식으로서의 시네마 장치에 관해 제기된 질문들에 입각해서, 그 개념은 비판적으로 탐문되어야만 한다. 그 질문들은 오늘날 방임되어 있고 거리감마저 있으며, 현재의 연구는 상대적으로 그 질문을 덜 다루고 있다. 장치에 관한 현재의 연구는 테크놀로지, 역사, 이데올로기의 문제들만을 해명해 왔으며 앞서의 질문들은 그 주변부에 남겨두었기 때문이다. 따라서 이 영역에 대한 메츠 자신의 가장 직접적인 진술은, 특수효과에 대한 좀더 고전적인 기호학적 논의의 말미에 나오는 것일 텐데, 이는 그가 시네마-기계에 초점을 맞추기 이전에 나온 것이며, 그 진술은 고전적 논쟁에서의 입장을 직접 취하는 형식을 띠고 있다. "내가 보기에 **기술적인 것** *the technical*은 역사로부터 차단되어 있는 일종의 폐쇄된 영역을 가리키는 것이 아니다. 기술적인 것은, 그것이 작동한다는 바로 그 사실로 인해 그것의 근거가 되는 원리들이 과학적 (그리고 이데올로기적이지 않은) 진실임을 입증하는 것이 사실이다. 그러나 기술적인 것이 기능하는 방식 *how*(그 기계가 통제되는 방식들) ─ 그 이유와는 구분되는 ─ 은 결코 과학의 통제 아래 있지 않으며 사회-문화적 성격을 지닌 선택조건들만을 작동시킨다."[8]

역사 일반 같은 것은 존재하지 않으며, 역사는 그것이 이런저런 장소에서 이런저런 시간에 발생했다는 이유만으로 '역사적'이라고 선언되는 것과는 구별되는 이론적 대상이라는 것을 인정한다 하더라도, 그리고 사실들이라는 것은 그것들의 이론적-담론적 절합의 관점에서 '사실'로 구성된 것임을 인정한다 하더라도,[9] 이러한 유보조항들은 실제로는 종종 잊혀지며, 역사는 여전히 같은 방식으로, 즉 대문자 '역사History'로 쓰여지고, 이 과정에서 이해를 위한 질문들은 사라지고 인과관계의 연쇄에 대한 기계적인 주장으로 몰락하며, 사실들은 별 생각 없이 안이한 맹목적 순환성 속에서 발견되고 호소된다.

사실상 그러한 실천적 오류들은 테크놀로지에 대한 역사적 연구에서 더욱 부추겨지는 면이 있는데, 이는 테크놀로지가 과학에 기반하고 있기 때문이다. 그리고 과학에 관한 상상적인 것이 강력하게 주어져 있는 상황에서, 실제로도 테크놀로지의 기능에 있어서의 진보를 분명하게 볼 수 있으며(발명, 수정, 개선 등), 테크놀로지를 과학적 발전이라는 측면에서, 그리고 과학적 발전을 보증해 주는 사실적 측면들에 입각해서 분석할 수도 있기 때문이다. 그 결과 테크놀로지를 [역사로부터] 고립시키는 것이 힘을 갖게 되며, 역사들 속에서 이루어지는 테크놀로지의 생산은 자기-생성적인 심급이 된다. 여기에 이어지는 가정은 **테크놀로지 결정론**(연구 및 개발은 자기 생성적인 것으로 가정된다. 즉 새로운 테크놀로지들은 말하자면 독립적인 영역에서 창안되며 그리고 나서 새로운 사회와 새로운 인간 조건들을 창출한다는 것이다… [테크놀로지는] 새로운 생활방식을 창출하는 자기-작동적인 힘이다) 아니면 **징후적 테크놀로지론**([테크놀로지 결정론과] 유사하게 연구 개발이 자기-생성적이라고 가정하지만, 그러나 좀더 주변적인 방식으로 그렇게 한다. 즉 주변부에서 발견된 것들이 채택되어 사용되며… [테크놀로지는] 새로운 삶의 방식의 재료들을 제공하는 자기-작동적인 힘이다)이다. "테크놀로지에 관한 대부분의 역사들은 과학적 발견에 관한 대부분의 역사들과 마찬가지로 이러한 가정 아래 쓰여진다. 이런저런 해석에 반대하여 '사실들'에 호소하는 것은 아주 어렵게 이루어지는데, 이는 단순히 역사들이 대개 의식적으로나 무의식적으로 그 가정들을 증명하기 위해 쓰여지기 때문이다. 이는 명시적인 방식으로 이루어지기도 하고(결론적인 해석을 덧붙이는 방식으로) 아니면 좀더 암시적으로 이루어지기도 한다(즉 테크놀로지의 역사나 과학적 발전의 역사는 그것 자체의 독립적인 역사로 제시된다는 점에서)."[10] 그렇듯 테크놀로지를 역사로부터 고립시켜 버린 것이 가져온 결과는 기술적인 용어법을, 즉 기

존의 테크놀로지 자체에 의해 제안된 용어들을 마치 적절한 분석
도구인 양 단순하게 받아들이는 것으로 이어지며, 또한 그 용어
들이 마치 본래부터 지식을 생산하는 힘이 있기라도 하듯 그 용
어들을 이론적인 개념들로 즉각적이고도 무비판적으로 번역하는
것으로 이어진다.[11]

결정이라는 문제를 제기하는 것은 구성된 역사 속에서 [테크
놀로지를] 이해하는 데 핵심적이다. 테크놀로지 결정론은 사회적,
경제적, 이데올로기적인 것을 대체하며, 발명과 개발이 임의적인
자율성을 지니고 있다고 주장한다. 그리고 이러한 주장은 종종
그것이 추상적인 인간 본질의 성취라는 관점과 짝을 이루고 있다
— 그리고 이러한 주장의 가장 조잡한 형태는 (그런 점에서 적절
하게 명명된) '매체'에 관한 설명들에서 찾아볼 수 있다. "확장된
시네마의 예술과 테크놀로지를 통해 우리는 바로 여기 지상 위에
천국을 창조할 것이다."[12] 그렇다고 해서 그러한 결정론을 단순히
기계적으로 뒤집어서 테크놀로지를 어떤 다른 심급에 의해 전적
으로 통제되는 기능으로 만들어버릴 수는 없다. 여기서 관심거리
가 되는 사례를 보자면, 시네마의 과정은 특수한 경제적 상황들
속에서 일련의 흩어진 기술적 장치들이 응용된 테크놀로지가 되
고 그런 다음 온전히 사회적인 테크놀로지가 되는 과정이다. 그
리고 그 사회적 테크놀로지는 테크놀로지가 구성과 의미에 미치
는 효과들 속에서 문제제기되고 연구될 수 있으며 또 그렇게 되
어야만 한다. 하지만 그러한 설명은 그 자체로 여전히 문제를 갖
고 있다. 그 과정은 기술적인 것과 사회적인 것이 **시네마로서** 관
계를 맺는 과정이기 때문이다. 테크놀로지를 자율적 심급으로 가
정하고 시네마의 '발명'을 끊임없는 문제로 간주하는 관습적인

역사 서술들이 지니고 있는 판타지는 바로 시네마가 테크놀로지적인 것 속에 존재한다는 것이다. 하지만 시네마는 테크놀로지적인 발명이 아니라 다층적으로 결정된 하나의 발전이자 과정이다. "영화는 무엇보다도 먼저 그 발명자들에게 속해 있다"[13]고 말하는 것은 그 자체의 조건들에 근거해서 논쟁을 벌일 만한 것일 뿐만 아니라(흔히 '시네마의 토대를 닦은 인물들'로 간주되는 두 사람을 꼽자면, 뤼미에르는, 심지어는 에디슨조차도 이 분야에서 발명가라기보다는 개척자이자 사업가요 개발자였다) [시네마를] 역사유물론적으로 이해하는 데에도(그리고 이데올로기적으로도) 한계가 있는 것이다. 시네마는 먼저 테크놀로지적인 것에 존재했다가 사회적인 것 속에서의 이러저러한 실천이 되는 것이 아니다. 시네마의 역사는 테크놀로지적인 것과 사회적인 것이 함께 이룬 역사, 즉 결정들이 간단하기만 한 것이 아니라 다중적이고 상호작용하는 것이기도 한 역사, 출발점에서부터 이데올로기적인 것이 존재하는 역사이다. 그러나 이 점을[즉 시네마에는 출발할 때부터 이데올로기적인 것이 존재한다는 점을] 강조한다고 해서 테크놀로지적인 것을 이데올로기적인 것으로 환원하거나 혹은 테크놀로지적인 것을 독특하게도 이데올로기적 결정의 조건으로 만드는 것은 아니다. 이러한 복합성에 대한 접근이 바로 장-뤽 코몰리가 '기술과 이데올로기'에 관한 그의 일련의 논문들에서 도입한 '의미작용 실천'("시네마의 유물론적 역사는 의미작용 실천이라는 개념 없이는 불가능하다"[14]) 개념이나 장-루이 보드리가 기본적인 시네마 장치에 관해 기술하면서 제공한 함축들에서 결국 관건이 되는 것이다("그 문제는 수단들 — 기술적 기초 — 이 특정한 이데올로기적 효과들을 생산할 수 있는지의 여부, 그리고 이러한 효과들이 지배 이데올로기에 의해 결정되는지의 여부와 관련하여 제기될 수 있다"[15]). 한편 그러한 접근은 의미와 이데올로기와 기능의 문제를, 사회성과 주체성의 문제를 즉각 제기한다. 따라서 그러한 접근은 전적으로 테크놀로지적인 의사소통 체계들에 관한 사유의 저변에 흐르고 있는 실현-에 이은-착취라는 연대기를 받아들일 수 없다. 우리는 그러한 사유의 흔적을 심지어 브레히트나 레이먼드 윌리엄스에게서도 찾을 수 있다(라디오 또는 라디오와 텔레비전을 "내용 없이"[16] 발전한 테크놀로지들로 보는 사고).

그렇기 때문에 시네마의 테크놀로지의 역사가 아니라 시네마-기계의 역사를 끌어들일 필요가 있는데, 그 역사는 시네마-기계의 발전, 적용, 변형, 재배치를 — 즉 시네마-기계가 이끌어내는 실천들을 — 포함할 수 있으며, 도구적인 것과 상징적인 것, 테크놀로지적인 것과 이데올로기적인 것의 결합, 장치라는 개념이 갖는 현재의 모호성을 포함할 수 있는 것이어야 한다. 그렇기 때문에 또한 그 역사가 정치적인 이해라는 사실을 파악할 필요가 있다. 예를 들면 그것[시네마-기계의 역사]을 현대 아방가르드 영화 실천의 측면들로부터 비판적으로 파악될 수 있는 것으로 보거나, 또는 장소 속에 있는 그 기계에 대해 여성들이 제기하는 질문들에 의해서 그 역사가 급진적으로 구상되고 개작될 수 있다고 생각할 필요가 있는 것이다.

그러므로 시네마이다. 상업영화의 창조는 기술적인 이해와 발전의 적어도 세 가지 영역의 결합에서 비롯되었다고 대개 이야기되고 있다. 사진술, 잔상, 영사가 그것이다. 이 영역들에 관해서는 그것들이 각기 어떻게 탐구되고 실현되어 왔는가에 대해 길고도 불균등한 역사를 쓸 수 있다(물론 그 역사는 여전히 지속되고 있고 변환하고 있다. 잔상에 대한 이해는 상당 부분 변형되어 왔고 그 개념 자체의 과학적 지위는 점점 더 미심쩍은 것으로 간주되어 왔으며 시네마에서의 운동의 환영을 설명하는 데 대한 그 기여는 대단히 많이 축소되어 왔다). 기술적 영역들의 접합 속에 상업적인 것을 도입하여 유지하는 것은 분명히 결정적이다. 산업화 가능한 테크놀로지적 기반에 의존하고 있는 시네마는 연극과 달리 스펙터클 산업의 가능성을 제공한다. 그렇다면 의미와 환영과 재현을 산업 자체 속으로 — 산업의 하나의 사실로서 — 도입해서 유지하는 스펙터클은 분명 결정적인 것이다. 일련의 연쇄는 연대기가 아니라 부단한 연동이다. 예를 들면 영사는 '초기'의 것이기도 하고 (영사 장치들은 17세기 중반에 실험되었는데 키르허의 유명한 매직 랜턴magic lantern이 그것이다) '후기'의 것이기도 한(1893년과 1896년 사이에 판타스코프phantascope부터 바이오그래프bio-graph에 이르는, 영사기들에 대한 집중적인 연구가 이루어졌다) 것으로서 상업과 스펙터클, 그리고 그 둘의 관계를 동시에 그리고 결정적으로 끌어들이지 않을 수 없다(새로운 연극-소설-이미지 산업의 가능성, 재현하고 위치설정하고 고정시키는, 주체의 새로운 연극의 가능성, 즉 진정한 **투기**speculation).

시네마의 역사는 상업적인 것과 테크놀로지적인 것의 [발전] 경로를 따라가면서, 혹은 그 둘의 단순한 조합을 따라가면서 손쉽게 쓰여질 수 있다. 그래서 테크놀로지적인 틀은 시네마의 창조에서 주된 요인으로 간주된다. 이를테면 젤라틴 감광 유제와 연속적으로 감기는 필름은 기술자들이 이전의 제한적인 작업의 틀을 벗어날 수 있도록 촉진한 결정적인 혁신들이며, 키네토스코프kinetoscope의 대중적인 성공은 "상업적 시네마토그라피의 기술적 발전에 최종적인 추진력"[17]을 제공한 것으로 간주된다. 따라서 다시금 예를 들면 시네마의 이어진 발전은 경쟁적인 군소 사업에서 전반적인 통제를 위한 트러스트들간의 갈등으로, 금융 자본에 의한 통제로 이어지는 그 재정적 통제의 단계들이라는 면에서 이해된다.[18] 그러한 [상업적인 것과 테크놀로지적인 것의] 진로는 함께 변환되거나 — 사운드는 은행들의 통제를 확립하는 데 핵심적인 것이다 — 균형이 깨질 수 있다 — "테크놀로지적인 혁신과 특정한 테크놀로지 지식의 배타적 소유가 영화산업의 발전 패턴에서 중요한 것으로 입증되기는 했지만 마케팅과 기업 조직에서의 혁신은 적어도 그 패턴의 형태를 잡는 데 마찬가지로 중요한 것이었다."[19] 발명과 사업 전략은 중심적인 강조점이 되는데, 발명의 경우에는 그 원천들과 상황들이 다양하게 나타났다. 많은 중요한 발명들이나 [착상의] 실현은 시네마 바깥에서 왔으며(사운드 체계, 테크니컬러), 연구는 19세기의 기계공학에 가까이 있던 개인들 혹은 집단의 연구에서(과학, 잔상 현상, 사진 등에 대한 관심) 전자공학 같은 새로운 영역에서 일하면서 집중적인 재정 지원을 받아 후원업체들을 위해 특허품을 개발하는 실험실 연구로 바뀌었다(미국에서 이러한 종류의 산업적 실험실을 최초로 세운 것은 웨스턴 일렉트릭이나 제너럴 일렉트릭 같은 기업들이다[20]).

그러한 진로를 따르는 역사들 외에도 다른 진로가 있는데, 그것은 사실상 가장 흔히 알고 있는 역사들, 즉 시네마보다는 필름이라는 측면에서 쓰여진 영화들movies의 역사들로, 그것은 스타일, 미적 혁신, "예술 형식으로서의 필름의 진보"에 관심을 갖는다. 이러한 진로[영화들의 역사]는 분명 여기저기에서 테크놀로지적인 것의 발전이나 변화와 관련을 맺게 될 것이다. "영화는 테크놀로지적인 예술이기 때문에 영화의 생산은 기계적인 문제와 미적 문제들 모두에 직면한다."[21] 이 인용문은 미학적 방침을, 테크놀로지적인 것으로부터 미적인 것의 분리를, 그리고 테크놀로지적인 것의 회귀를 ─ 즉 테크놀로지적인 것은 염두에 두고 때로 인정해야 하는 하나의 부가적 요인으로 간주된다 ─ 보여주고 있다. 이와는 약간 다른 버전을 다음의 인용문에서 볼 수 있다. "무비는 그 장치와 별개로 존재할 수 없기 때문에 [영화] 매체의 예술적 성격에 관한 만족스런 정의는 그 테크놀로지적인 기반에 대한 온전한 인식에 달려 있다."[22] 그러나 이 온전한 인식이 의미하는 것이 무엇인지(그리고 그 문제가 결국 이러한 방식으로 제기되어야 하는가의 여부), [미적인 것과 테크놀로지적인 것 간의] 관계들은 무엇이며 어떻게 결정되는지 하는 문제들은 여전히 난점으로 남아 있으며 효과적인 역사는 쓰여지지 않았다.

"들고찍기 테크닉이나 초점심도 사진, 줌, 크레이닝craning, 야간에 이용 가능한 조명으로 촬영하는 것 같은 스타일 상의 혁신들의 기초를 이루는 것은 기술적인 진전이다."[23] 그러한 주장은 분명한 것이지만 ─ 줌은 다양한 초점 길이를 가진 단일 렌즈의 개발을 필요로 한다 ─ 그 분명함은 궁지에 몰리게 된다. 왜냐하면 그런 주장은 기술적인 진보들이 어떻게 결정되는가에 관한(그리고 '진보'라는 용어 자체의 기준에 관한) 더 심층적인 질문에 대해서는 침투할[답할] 수 없기 때문이다. 아리플렉스Arriflex 카메라들은 40년대 후반 할리우드에서 이용 가능한 것이었지만 그러한 기술적 진전에 부응하는 들고찍기 시퀀스들로의 특수한 전환은 이루어지지 않았다(같은 시기 프랑스에서 에클레르 카메플렉스Éclair Cameflex에 대해서도 마찬가지였다). 그러한 주장이 강조한 바에 따르면 테크놀로지는 상당히 자율적인 심급이 되며, 테크놀로지가 설명하는 것들은 진보 및 그 진보의 당연한 결과인 수정의 계속적인 운동 속에 있는 테크놀로지 자체에 내재하는 것이 된다. 따라서 동조 이후post-synchronization [나온 영화들의] 질이 떨어지는 것과 관련한 문제들은 1930년대 초반의 로케이션 장면들이 직접 사운드로 촬영되었다는 것을, 사용되는 마이크들이 전방향성이었기 때문에 배경의 소음들까지 잡아내는 것은 어려운 일이었음을, 그렇기 때문에 1933년, 저속에 미립자인 이스트만 배경 음화가 도입되면서 양질의 배경 영사가 가능해졌고 그럼으로써 외부 장면을 다시 스튜디오 촬영으로 전환하게 되었음을 의미한다.

배리 솔트는 동일한 문제틀 내에서 어조를 달리하여 쓴 글을 여럿 내놓았다. 솔트는 테크놀로지적인 하부구조를 [주요 관건으로 보는 입장을] 중시하면서, 수십 년에 걸친 시네마의 역사에서 그것이 어떻게 발전해 왔는지를 상세하게 기술하고 있다. 하지만 그는 테크놀로지적 하부구조에 자율성을 부여함으로써 테크놀로지가 지닌 결정의 효과를 제한하고 있다. 즉 그것은 결정하는 것도 아니고 — "영화 형식들에 대한 영화 테크놀로지의 제약들은 무시할 수 있는 정도는 아니지만 현재 가정되는 것보다는 훨씬 덜하다" — 또 상당 부분 결정되는 것도 아니다 — "이데올로기에 관한 한, 이데올로기와 영화 테크놀로지의 연관성은 사실상 전혀 없다."[24] 기본적인 논제는 "영화의 형식에 관한 한, 기술적 가능성들에 대한 미적 고려들이 지배적"[25]이라는 것이다. 테크놀로지는 제약이 아니라 압력으로서, 계속해서 미적 요구들의 결정에 부응한다는 것이다. 따라서 예를 들면 쇼트 길이를 더 길게 하려는 1940년대의 경향은 카메라 기동성의 증대를 요구했고 수평 이동차crab dolly가 생산된 것은 바로 이러한 요구에서 나온 것이었다(1946년의 휴스턴 수평이동차, 1948년의 셀즈닉 수평이동차). 동시에 테크놀로지는 그 자체가, 예를 들면 쇼트 길이라는 동일한 영역에서처럼 효과적이다. 30년대 초반에는 한 편의 영화를 조합[편집]하는 데 다양한 장애가 있었지만 그러한 장애는 사운드 무비올라나 고무 넘버링rubber numbering 같은, 쇼트 길이를 줄일 수 있게 해주는 기술들이 개발됨에 따라 완화되었다. 솔트는 이에 관한 논의를 계속한다. "1934-5년경, 이 지점에 도달하자 새로운 기술적 발전은 영화 사진술에 어떤 영향을 미치기 시작했고 30년대 말에는 그 어떤 테크놀로지적인 압력과도 무관하게 더 긴 테이크들을 지향하는 경향이 막 시작되고 있었으며 그러한 경향은 40년대에 완연해지게 되었다."[26] 그곳에서의 논의의 이동은 다음과 같은 것을 가리키고 있다. 새로운 기술적 발전들의 결과 새로운 스타일적 경향이 시작된다는 것이다. 결정은 기술적이거나 혹은 **미적인** 것인데 후자는 일반적인 규칙이자 이러한 종류의 역사에서의 빈틈이다. 즉 그 지점을 넘어서게 되면 더 이상 아무런 설명도 없거나 아니면 설명이라는 것이 고작 조잡한 심리학에 대한(즉 감독-예술가의 결정이었다느니, 혹은 관객이 원한 것이었다느니 하는 식으로) 것일 뿐이다.

'테크놀로지적인 것'과 '미적인 것'이라는 이러한 개념의 조건들 안에는 결국 상이한 [방식의] 굴절들을 수반하는, 무한한 일련의 예증할 수 있는 요소들이 있다. 미적인 것이 테크놀로지적인 것에 영향을 미치는 경우를 볼 수도 있을 것이고(칼 메이어가

1923-4년 무르나우와 함께 작업하면서 내놓은 극적인 움직임이라는 개념들이 카메라 받침대 기술의 발전을 가져온 것), 테크놀로지적인 것이 미적인 것에 영향을 미치는 경우도 볼 수 있을 것이며(시네마스코프가 영화 이미지에 미친 영향 ― "얕은 초점, 광각, 선명하지 않음"[27]), 그 어느 쪽으로도 설명할 수 없는 미스테리의 퍼즐 같은 순간들도 있을 것이다(광학 프린터의 뒤늦은 개발).

지금 막 기술된 역사들 및 논의들과 관련하여 몇 가지를 즉각 분명하게 할 필요가 있다. 테크놀로지는 일반적으로 과학적 지식 혹은 여타의 조직된 지식을 실천적인 과제들에 체계적으로 적용하는 것으로 받아들여지고 있다. 그 과제들이 허용하는 지식과 장치들은 특수하게 응용된 테크놀로지가 되는데 그 테크놀로지가 바로 시네마이다. 시네마 내에서 테크닉들은 테크놀로지의 요소들을 특정한 방식으로 포괄하는 과정, 즉 영화들을 생산하고 제시하는 과정이다. 그 용어법은 동요를 일으키며 헷갈리게 한다. 영화의 생산-현시와 관련한 모든 테크닉들이 그 테크닉들을 작동시키기 위한 테크놀로지적 과정에 의존하는 것은 아니기 때문이다. 하나의 극단적인 사례로서 연기의 테크닉들은 시네마의 테크놀로지에 반드시 의존하지 않고도 많은 영화들의 생산에서 하나의 역할을 담당하고 있다. 그보다 덜 극단적인 사례로 점프 커트jump cut에 대해서 이야기해 볼 수 있다. 점프 커트는 말하자면 줌 쇼트가 특정 유형의 렌즈에 의존하는 것과 같은 방식으로 테크놀로지적인 과정에 의존하지는 않는 테크닉이다.[28] 하지만 점프 커트의 사례는 그다지 설득력이 없으며 ― 점프 커트들은 결국 시네마의 테크놀로지에 결속되어 있는데, 연기의 테크닉

들과는 달리 점프 커트는 시네마의 테크놀로지에 의존하지 않고
는 전혀 실현될 수 없다 —, 따라서 동시에, 이어지는 논의에서 채
택하게 될, 시네마와 영화의 구분을 나타내준다. 예를 들어 배리
솔트는 영화의 형식들, 영화의 다양한 테크닉들 — 표준적인 것
이든 개별적인 것이든 — 에만 관심을 가지며, 사실상 시네마에
대해서는 설명하지 않는데, 그것은 시네마가 하나의 테크놀로지
이기 때문이다. 즉 시네마는 영화들을 생산하는 테크놀로지이며,
그렇기 때문에 그것은 어떤 이데올로기적 결정이나 효과들 바깥
에 존재하며, 오직 테크놀로지적으로만, 즉 그것이 발명되고 진
보, 개선, 수정되어 온 고유의 역사와 관련해서만 기술될 수 있기
때문이다. 말하자면, 시네마 내에서 테크놀로지적인 결정요소들
(발명들, 진척들, 개선들, 수정들)과, 테크놀로지를 이용하는 테크
닉들(표준적이거나 개별적인 실천들) 간의 관계에 관한 질문은 영
화들의 층위에서의 질문이다. 즉 그것은 테크닉적인 요소들에 의
한 영화 형식들의 결정 혹은/그리고 영화 형식들의 미적 필요들
에 의한 테크닉적 요소들의 결정에 관한 질문인데, 이때 '테크
닉'이란 용어는 전자와 후자를 오가며 쓰인다. 테크놀로지 자체
는 그러므로 언제나 자율적인 심급으로서 발견되고 확증되며, 그
리고 다양한 테크닉의 창안 및 유지에는 이데올로기가 관련되어
있다 — 논의는 이 점을 포함해야 한다. 비록 테크놀로지는 그것
의 발전을 이런저런 방향으로 이끄는 경제적 힘들의 결정에 묶여
있음을 인정한다 하더라도 말이다(아니 오히려 바로 그렇기 때문
에 테크닉[테크놀로지가 아니라]과 이데올로기에 대한 논의가 필요
한 것이다) — 논의는 이 문제도 다루어야 한다. 결국 일종의 토대
/상부구조 모델이 [전략적으로] 배치되는데, 그 모델 속에서 테크

놀로지는 이데올로기의 관계들의 초점인 테크닉들의 토대를 제
공하는 것이 된다.

영화들, 영화 형식들에 관한 질문은 중요한 것이다. 더욱이
그 질문은 현재의 맥락에서 아직 상대적으로 인정받지 못하고 있
는데, 예를 들면 테크놀로지/테크닉의 문제에 관한 성찰에 바탕
을 둔 텍스트 분석은 어떤 것이 될 것인가(물론 분석을 하면서 단
순히 기술적 용어들 — 이를테면 초점심도니 하는 이상한 용어들 —
을 채택하는 것이 그 답이 될 수는 없다) 하는 것이다. 하지만 동시
에, 여기에서 더 나아간 질문이 제기될 수 있으며 제기되어 왔다
(이는 영화 형식들에 관한 질문에 답하는 과정에서 제기된 것이다).
그 질문이란 응용 테크놀로지 시네마에 대한, 즉 기계에 대한, 장
치에 대한 질문이며, 사실상 이러한 질문을 다루는 가운데, 단지
특수한 테크닉만이 아니라 광범한 영역 자체가(카메라, 색채, 사
운드 등) 논의의 중요한 초점이 된다. 또한 그 질문은 시네마의
역사적이고 이데올로기적인 한계들에 관한, 그리고 그곳에서의
[그 한계 속에서의] 테크놀로지의 효과들에 관한, 즉 도구들, 메커
니즘들, 설비들인 장치에 관한 것이며, 그리고 주체 — 그러한 [장
치의] 역사인 — 에 관한 것이기도 하다.

주

이 글은 위스컨신-밀워키 대학교University of Wisconsin-Milwaukee 20세
기 연구소Center for Twentieth Century Studies에서 1978년 2월 개최된
'영화 장치'에 관한 학회를 위해 쓰여졌으며 Teresa de Lauretis and

Stephen Heath 편, *The Cinematic Apparatus* (London: Macmillan, 1980), pp. 1-13에 실려 있다.

1. Georges Sadoul, *Histoire générale du cinéma*, vol. I (Paris: Denoël, 1973), p. 290에 나오는 초기 뤼미에르 프로그램을 보라.

2. C. Metz, "Le signifiant, imaginaire," *Communications*, no. 23 (1975), pp. 3-55(인용문은 p. 6에서); 영역본은 "The Imaginary Signifier," *Screen*, vol. 16, no. 2 (1975년 여름호), pp. 14-76(p. 19).

3. C. Metz, "Métaphore/métonymie"에 관한 개론적 언급, *Le signifiant imaginaire* (Paris: Union Générale d'Éditions, 1977), pp. 179-80.

4. C. Metz, *Langage et cinéma* (Paris: Larousse, 1971), p. 11; 영역본은 *Language and Cinema* (The Hague and Paris: Mouton, 1974), p. 17.

5. 같은 책, pp. 170-87; 영역본은 pp. 225-48.

6. 같은 책, p. 144(p. 177 참조); 영역본은 p. 191(p. 236 참조).

7. Jean-Louis Baudry, "Le dispositif," *Communications*, no. 23 (1975), pp. 56-72 참조; 영역본은 "The Apparatus," *Camera Obscura*, no. 1 (1976), pp. 104-26.

8. C. Metz, *Essais sur la signification au cinéma* (Paris: Klincksieck, 1972), p. 192.

9. 강조는 과학 — 관찰 가능한 것, 사실적인 것, 실재적인 것이라고 하는, 반박의 여지가 없는 영역에 관해 테크놀로지에 관한 논의들이 꾸준히 참조하는 과학 — 에서도 똑같이 유효하다. "관찰 가능한 보고들, 실험적인 결과들, '사실적인' 진술들은 이론적인 가정들을 봉쇄하거나 또는 그것들이 이용되는 그러한 태도로 그런 것들을 주장한다." Paul Feyerabend, *Against Method* (London: New Left Books, 1975), p. 31.

10. Raymond Williams, *Television: Technology and Cultural Form* (London: Fontana, 1974), pp. 13-14.

11. "모든 기술적 실천은 그렇게 특정화된 효과들이 그러한 대상 속에서, 그

러한 상황 속에서 생산되어야 한다는 목표에 의해 규정된다. 그 수단은 목표들에 달려 있다. 모든 기술적 실천은 이러한 수단들 중에서, 과정으로서 개입하는 지식들을 이용한다. 외부에서, 기존 과학들에서 빌린 지식들이나 그 목표를 성취하기 위해 기술적 실천 자체가 생산하는 지식들을 말이다. 모든 경우에 기술과 지식의 관계는 외재적인 관계이며 반영은 없다. 또한 과학과 과학의 지식들 간에 존재하는 반영된 내적 관계와는 근본적으로 다르다." Louis Althusser, *Pour Marx* (Paris: Maspero, 1965), p. 172 주9; 영역본은 *For Marx* (London: New Left Books, 1969), p. 171 주7.

12. Gene Youngblood, *Expanded Cinema* (New York: Dutton, 1970), p. 419.

13. V. F. Perkins, *Film as Film* (Harmondsworth: Penguin Books, 1972), p. 40.

14. Jean-Louis Comolli, "Technique et idéologie"(II), *Cahiers du cinéma*, no. 230 (1971년 7월호), p. 57.

15. J.-L. Baudry, "Cinéma: effets idéologiques produits par l'appareil de base," *Cinéthique*, no. 7/8 (1970), p. 3; 영역본은 "Ideological Effects of the Basic Cinematographic Apparatus," *Film Quarterly*, vol. XXVIII, no. 2 (1974/5년 겨울호), p. 41.

16. B. Brecht, *Gesammelte Werke*, vol. XVIII (Frankfurt am Main: Suhrkamp, 1967), p. 127; Williams, 위의 책, p. 25. 시네마는 물론 추상적인 것 속에서 발전한 것이 아니었다. "삶 자체의 복제"는 뤼미에르가 발견한 것이 아니었다. 뤼미에르의 '실제 주제들sujets actuels'로부터 애니메이션에 이르기까지 시네마는 무엇이어야 하는가에 관한 설명은 뒤코스 뒤 오롱Ducos du Auron이 1864년 야심찬 특허를 신청하면서 "주어진 시간 동안 주어진 장면이 종속되어 있는 모든 변형들과 함께 그 장면을 사진적으로 복제하도록 고안된 장치"는 괴물이 아니라고 하면서 사용했던 표현이다. 또한 그것은 시네마를 인류의 영원한 꿈이라고 지

적하지도 않는다. 테크놀로지적인 것과 이데올로기적인 것은 시네마로 서의 테크놀로지적인 것의 발전 가능성으로서 함께 이동한다. 시네마의 전前-상상적인 것은 19세기의 사회적 규정과 재현의 문제들, '시각적인 것의 기계들'을 위한 압력에서 그 역사적인 내용을 얻으며 그 자체가 시 네마의 그러한 발전에서 하나의 힘이다.

17. Reese V. Jenkins, *Images and Enterprise: Technology and the American Photographic Industry 1839-1925* (Baltimore: Johns Hopkins U.P., 1975), pp. 274-5.

18. H. Mercillon, *Cinéma et monopoles: le cinéma aux États-Unis* (Paris: A. Colin, 1953), p. 7.

19. Jenkins, 위의 책, p. 298.

20. Douglas Gomery, "Failure and Success: Vocafilm and RCA innovate Sound," *Film Reader*, no. 2 (1977), p. 215.

21. John L. Fell, *Film: An Introduction* (New York: Praeger, 1975), p. 127.

22. Perkins, 위의 책, p. 40.

23. Liz-Anne Bawden 편, *The Oxford Companion to Film* (London, New York, Toronto: Oxford U.P., 1976), p. 106 ("카메라"라는 논문).

24. Barry Salt, Letter, *Screen*, vol. 17, no. 1 (1976년 봄호), p. 123.

25. Salt, "Film Style and Technology in the Forties," *Film Quarterly*, vol. XXXI, no. 1 (1977년 가을호), p. 46.

26. Salt, "Film Style and Technology in the Thirties," *Film Quarterly*, vol. XXX, no. 1 (1976년 가을호), p. 32.

27. Lee Garmes A.S.C., 인터뷰, Charles Higham, *Hollywood Cameramen* (London: Thames & Hudson, 1970), p. 54.

28. Edward Branigan, "Color and Cinema: Problems in the Writing of History," *Film Reader*, no. 4 (1979), p. 19 참조.

맥락들 10

1970년대 프랑스에서 '대중적인 기억'은 문화이론과 실천에서 핵심적인 쟁점이 되었다. 미셸 푸코는 『카이에 뒤 시네마*Cahiers du cinéma*』와의 인터뷰에서 기억이란 "투쟁의 중요한 요인"이며, 따라서 결과적으로 기억은 시네마적으로 생산적인 것이라고 강조했다. 왜냐하면 기억은 영화감독들의 과제, 즉 영화감독들이 개입해야 할 영역을 규정하기 때문이라는 것이었다.[1] 대중적 기억의 운동은 시네마를 포함하는 일련의 장치들 전체에 의해 차단되어 왔다. "사람들에게 보여지는 것은 실제였던 것what they were이 아니라 실제라고 기억해야 하는 것이다." 초점은 그러한 망각에, 그러한 장치들의 효과에 반대하고 사람들에게 그들의 실제 기억을, 그들의 투쟁의 조건들을 되돌려주는 것이다. "대중적인 기억은 존재하지만 그러나 그 기억은 어떠한 공식화formulation의 수단도 갖고 있지 않다." 따라서 문제는 역사의 회복과 표현이며, 시네마는 그 문제의 해결에서 잠정적으로 중요한 역할을 담당하면서 역사의 회복과 표현에 도움을 줄 수 있는 것으로 보인다. 영화 실천은 기록보관소archival와 같은 것이 될 것이며 문자 그대로의 의미에서 다큐멘터리가 될 것이다. 즉 영화 실천은 역사적 기록들을 활용할 것이고 그러한 기록들에 다시 활기를 불어넣을 것이다. 그렇기 때문에 『카이에 뒤 시네마』 비평가들은 다음과 같이 언급하고 있다. "기록보관소라는 문제를 채택하면, 어떻게 하면 그 대중적 기억의 억압된 부분을 반영하는 문서들을 이용해서 그 억압된 부분이 다시금 생생해지게 할 영화를 만들 수 있을지를 분명하게 볼 수 있다. 예를 들면 『프랑스 사람들 Le Peuple français』의 리뷰는 대본들의 보고이다."[2] '시네마와 역사' 라는 제목으로 이루어진 또 다른 『카이에 뒤 시네마』의 인터뷰에서 역사가 마르크 페로가 역사의 "일상의 무명 배우들"이라고 부른 것에 대한 탐구가, 즉 "사회 자체"[3]에 관한 탐구가 주목의 초점이 되어야 한다. 푸코가 출판한 역사적인 문서에 기초한 르네 알리오의 〈나, 피에르 리비에르 Moi, Pierre Rivière〉 같은 영화는 이러한 관점 — "일상, 역사적인 것, 비극적인 것"(『카이에 뒤 시네마』에 실린, 그 영화에 관한 짤막한 글의 제목) — 에서 볼 때 중요한 것이었고 이론적으로도 성공한 것이었다.[4]

사실 기억에 대한 참조는 필연적으로 복잡한 것일 수밖에 없다. 프로이트가 히스테리란 주로 상기로 인해 고통받는 것이라고 설명하듯이, 마르크스는 『브뤼메르 18일』의 유명한 첫 부분에서 기억의 죽어버린 무게를, 1848년의 혁명이 수행되었던 과거의 연극을 혹평하고 있다. "19세기의 사회혁명은 과거로부터 자신의 시詩를 끌어낼 수가 없다. 오직 미래로부터 끌어낼 수 있을 뿐이다. 그것은 과거에 관한 모든 미신을 떨쳐버리기 전에는 시작될 수 없다. 그 이전의 혁명들은 그 혁명들 자체로부터 그 혁명의 내용을 감추기 위해 과거 세계사의 상기를 필요로 했다. 19세기의 혁명은 자신의 목적을 성취하기 위해 죽은 자들로 하여금 죽은 자들을 묻게 해야만 한다."⁵ 다시금 예술적인 실천의 영역에서 브레히트 연극의 슬로건은 기억과 회복이 아니라 위기나 해체 destruction가 더욱 긴급하다는 것이다. 확실히 제도화된 역사의 공식적 기억을 그 공식적 기억이 은폐하거나 억압하는 경험과 투쟁들과 구분할 여지는 있다. 하지만 초점은, 투쟁을 위해 효과적인 기억이란 과거의 기능이 아니라 현재의 기능이며 [기억의] 생산이라는 것이다. 그 생산이 다른 어떤 것 — 대립 — 을 보여주어야만 한다는 사실에 우리는 동의할 수 있다. '매스 커뮤니케이션'이라는 사실은 의미와 위치와 이해 가능성을 끊임없이 봉쇄한다(시네마에서의 동일성의 변주, 텔레비전 사운드와 이미지의 연속적으로 응답하는 현재). 그럼에도 불구하고 '어떤 다른 것'은 단순히 '외부'가 아니다. 즉 그것은 발견되기를 기다리는 과거로 즉각 되돌아가는 것도, '대중적 기억'의 '통일성'을 회복하기 위해 지적인 노스탤지어를 지탱시켜주는 신념도 아니다. 그것은 "사람들에 대한 관음증적 관계를 상속inheritance의 관계로 변형시키기 위해 마을의 연대기들과 사람들의 기억들을 통과해 나아가는 좌파 민족학"⁶이다.

여기서 특히 강조되어야 할 필요가 있는 것은 시네마에서 역사는 다름 아닌 재현에, 즉 재현의 조건이라고 주장되는 것들에, 바로 모든 영화의 역사적 현재에 있다는 것이다. 그 어떤 영화도 자기 스스로 하나의 기록document인 것은 아니며, 또한 시네마 제도 및 재현이라는 사회적 제도의 복합체와 관련해서 그 영화가 놓여 있는 실제 상황에 관한 기록인 것도 아니다. 다시 말해 주제-로서의-역사와 영화를 자동적으로 연결하는 것 — 과거를 오늘 보여주어야 한다는, 즉 '대중적 기억'을 회복하기 위해 개발된 시네마의 전략 — 은 관념론적인 추상화이며 영화의 이상이자 역사의 이상이라는 것이다. 역사가 언제나 현재이듯이 영화의 현재는 언제나 역사적이다. 그것은[영화는] 재현의 사실이지 역사의 사실이 아니며, 현재 속에서 구성되는 것이다. 왜냐하면 오늘날 현재라는 것은 언제나 마찬가지로 이미 역사적이며 현재 자체가 그러한 구성의 과정이자, 결정들과 장소들로 구성된 영역, 즉 그것 자체가 하나의 정치적 현실이기 때문이다. 시네마는 그러한 현재의 과정의 일부로서, 그 과정 속에서 그것의 역사, 즉 시네마의 역사는 영화에 결정적이다. 한 편의 영화를 만든다는 것은 언제나 영화의 문제인 동시에 시네마의 문제이며, 의미작용 실천과 그 특정성의 문제이며(후자는 시네마-에-특정하지-않은 것을 영화가 절합하기 위한 조건들을 포함한다), 그 제도의 문제이다. 푸코가 〈나, 피에르 리비에르〉라는 영화에 관해 "시네마 장치 전체를, 영화 장치 전체를 그토록 빈약한 것slenderness으로 환원할 수 있다는 것은 어렵고도 실로 비범한 일이었다"[7]라고 언급한다면, 우리는 그 장치가 가장 풍부하고thick, 그리고 이데올로기적으로 가장 일관성을 유지할 수 있는 것은 바로 그렇게 가정된 환원 속에서라고 대답해야만 한다. 한 편의 영화의 역사는 사료라는 알리바이로, 지시대상-보증으로서의 과거 속으로 무너져들어갈 수 없다(〈나, 피에르 리비에르〉는 '과거'가 아니라 '시네마'로 가득하다). 시네마 속에서의 역사의 관계는 그러한 실천이 처한 현재의 현실 — 시네마라는 사실(현재의 역사와 제도)을 포함하는 현실 — 에 관한 성찰을 통하지 않는다면 단순히 반동적인 효과만을 초래할 위험이 있다.

재현: 이미지화하기, 논쟁, 대리행위deputation라고 하는 이 상이한 요소들이 함께 선회하는 것 — 재현의 결속 — 이 중요하다. 주체로서의 개인의 역사, 사회구성체 내의 주체이자 사회구성체를 위한 주체로서의 개인의 역사는 결코 끝나지 않는다. 그 끊임없는 종료termination, 구성된 의미 속에서의 주체의 안정적인 관계, 특정한 주체-구성은 재현의 효과이고 이데올로기적 효과이다. 모든 사회구성체는 그 존재를 경제적, 정치적 심급에 의존할 뿐만 아니라 주체로서의 개인의 이성작용 — 이것은 이미지들, 의미의 정체들 속에서 재생산되는데, 개인은 그러한 이미지들 혹은 정체성들 속에서 그 혹은 그녀의 대리자를 발견한다 — 에도 의존한다. 이 과정의 조건은 주체를 감각의 인식의 통일성으로서, 지적 이해의 토대로서 결합시키는 봉합의 조건이다. 시네마는 재현의 제도이며 재현의 제조-유지를 위한 기계이다. 그렇기 때문에 시네마는 핵심적인 이데올로기적 투자이며, 내러티브 속에서 개인을 주체로서 내레이션하기 위해서 발전되고 사용된다. 여기서 내러티브는 기존의 재현들의 한계들 및 그 재현들이 사회적 관계들을 결정하는 한계 내에서의 시네마의 지도를 그리는 것 — 거듭해서 이루어지는 끊임없는 종료인 — 이다. 이러한 지도 그리기의 범주가 바로 '소설적인 것'이라고 불리는 것인데, 소설

적인 것이란 장치로부터 최종적인 내러티브 이미지에 이르기까지, 의미를 이루는 기존의 사회적 질서들 ― 그 또는 그녀의 장소와 행위로서 귀환되는 ― 내에서 개인을 개별적인 시각view으로서 포위하는 통일성 속에 있는 시네마의 관객 주체의 장소location이다. 그리고 여기에서[내러티브에서] 가족 관계는 사회적-개인적 구성-위치 설정의 영역으로, 그리고 행위의 필수적인 봉쇄 ― 가능성과 제한이 하나로 합쳐져 있는 ― 의 영역으로 간주된다. 또한 시네마는 가족 기계로 간주되며(하나의 기계가 다른 기계로 대체될 때 따르는 패턴은 다음과 같다. 즉 새로 등장한 기계는 이전의 기계를 포함하고 있으며, 따라서 이전의 기계가, 상업적으로나 이데올로기적으로 새롭게 이용되고 제한되는 과잉의 여백 속으로 어떤 식으로든 전치되어 들어갈 수 있게 하는 것이다. 이러한 패턴에 따라 시네마는 소설 이후에 나타났으면서도 소설과 동시대적으로 존재하며, 텔레비전에 앞서면서 또한 텔레비전과 동시대적으로 존재하는 기계라고 할 수 있다. 예를 들면 오늘날의 시네마가 현재 중심적인 사회적 기계인 텔레비전에서는 틀 수 없는 폭력과 포르노그라피를 보여주는 쪽으로 방향을 전환한 것처럼 말이다) 변화가 가져오는 모든 긴장은 바로 생산된 영화들의 드라마 내에서, 생산의 바로 그 기능 내에서, 바로 재현의 제도 내에서 절합된다.

우리가 시네마의 역사와 관련하여 현재 깨닫고 있는 것은 ― 아직은 그 결과로 역사 쓰기가 변화한 것은 아니지만 ― 시네마의 역사를 '리얼리즘'이라는 개념을 통해, '리얼리즘을 향한 진보'에 관한 사고 등을 통해서가 아니라 무엇보다도 주체성의 조건들과 관련하여, 재현, 정확히는 시네마의 재현 작용 속에서의 주체로서의 개인의 계약 ― 계약하기 ― 와 관련하여 이해해야

한다는 사실이다. 더욱이 이 점은 시네마의 역사의 일부를 형성
하는 다양한 테크놀로지적 혁신들이 만들어내는 소유와 지출 간
의 모순 속에서 아주 쉽게 파악될 수 있다. 소유ownership하는
것이 아니라 재현하는 가족 기계인 시네마는 생산, 즉 자본주의
적(그리고/혹은 민족적, 국가적national, state) 투자의 영역에 엄
청난 비용을 부담시키지만 그것을 수용하는 데 드는 비용은, 즉
한 사람의 '자리' 값 — 입장표 값 — 은 그리 비싸지 않다. 혁신들
은 이 생산의 비용을 훨씬 더 증대시키고(사운드와 색채는 그 명
백한 사례들이다), 그렇기 때문에 [시네마 생산에 대한] 이러한 접
근 불가능성 역시 강화된다. 따라서 이러한 혁신은 [시네마 생산
에 대한] 국가적인 접근을 불가능하게 하고 몰락하게 하며, 할리
우드의 독점 자본주의적 확장에 직면한 수많은 국가적 영화 산업
들의 존재를 붕괴 혹은 약화시키거나 혹은 그 시작조차 불가능하
게 한다. 하지만 동시에 [할리우드의] 그러한 확장 — 시네마라는
단일 시장을 넘어서는 이해관계를 가지고 있는 산업들(예를 들면
사진산업)에서의 확장과, 재현(이러한 재현에 있어 시네마는 여러
요인들 중 하나의 요인에 불과하다)에 있어서 일반적인 이데올로
기적 이해관계에서의 확장 모두 — 이 지닌 더 광범위한 함축들
로 인해 시네마는 그것을 가족 기계의 다른 버전들로 만들어주는
테크놀로지적 발전들 — 소소하게 덧붙여나가는 것들이 결정적
인 단계가 되는 — 과 결합할 수 있게 된다. 그중 두드러지는 것이
홈무비이다. 일관되게 남아 있는 것은 기계들의 생산이라는 바로
그 사실, 그리고 그 속에서 성취되는 표준화의 힘이다. 그리고 이
는 테크놀로지적인 토대, 즉 실질적인 기계machinery의 표준화,
그 산물인 영화의 표준화, 주체의 표준화, 즉 확보된 의미의 관계

들-패턴들의 표준화이다. 상대적으로 저렴한 비용으로 생산된 영화 역시 — 그 속에는 '다양성'이 존재한다고 종종 주장되기는 하지만 — 높은 비용을 들여 산업적으로 생산된 영화들만큼이나 표준화되어 있다(물론 그렇다고 전자가 자본주의 산업의 위력에서 자유롭다는 뜻은 아니다). '사적인personal' 것은 단순히, 말하자면 재표준화되고 수퍼 8 홈무비는 전적으로 **사회적** 재현으로 기능하는 것이다. 그럼에도 불구하고 그렇듯 재표준화되는 가운데에도 가족 개인들이 [홈무비 카메라를] 직접 소유해서 새롭게 이용할 가능성이 존재하며, 활용될 수 있는 어떤 느슨함들이 존재하며, 특정한 비전유-재관계들rerelations이 만들어질 수 있다. 이를테면 16mm나 수퍼 8 카메라는 대안적인 집단들이 현재 접근 가능한 '시네마'에, 즉 기존의 제도에 대항하는 투쟁의 수단으로 이용될 수 있다.

영화 이미지는 그 이미지를 보는 관객에게서, 즉 부단한 전유의 초점으로서의 개별 주체에게서 완결된다. 어떻게 이미지에 저항할 것인가? 어떻게 이미지에 속한 것을 거부할 것인가? "주체가 일련의 기표들 속에서 자신이 지닌 함의를 다룰 수 있는 것은 바로 살아 있는 개인의 에로스를 포착하는 이미지들을 수단으로 해서이다"라고 라캉은 쓰고 있는데[8] 이는 시네마란 이미지들의 연속으로 이루어진 것이며, 거기[시네마]에서 개인은 주체로서, 끊임없이 이미지의 '그곳'으로서 함축되어 있다고 설명하는 것과도 같다. 시네마는 이미지가 나를[자신을] 위해 보여지는 것일 때에조차도, 그 이미지가 나의 것[자신의 것], 내가[자신이] 보는 것일 수밖에 없다고 주장하는 주체의 특권의 체제를 최대한 작동시 킨다. 그것이 바로 복속belonging의 문제이고 '나의' 이미지를 반박하는 것의 어려움이다. 따라서 [이미지의] 연속은 이미지의 종결을 — 이 가까움을closeness — 주체 위에 덧붙이기 위해 사 용된 것이다. 이는 연속성을 이루기 위한 이미지들의 일치이고, 하나의 관점view의 전개, 안정적인 기억, 누군가를 위한 무엇, 그 무엇을 위한 누군가, 이러한 의미들, 이러한 시각vision의 일정한 할당으로서 그 연속적인 일치를 내러티브화하는 것이다. 이미지 들을 향한 욕망은 바로 그 연속의 시간 속에서 유지되고 충족되 며, 실현된 영화에 의해 그 욕망의 시간, 포획captivation 과정의 시간 속으로 배치된다mapped. 즉 쇼트에서 쇼트로 이어지는 가 운데 보기-보여지기는 계속해서 균형을 맞추며 사람 혹은 대상 과의 카메라-동일시가 이루어진다. 그리고 단일 쇼트 내에서는 인물이나 카메라의 움직임을 통해 쇼트 내에 새로운 매혹의 단층 들이 창조되는데, 이것은 시각적scopic 충동에 대한 일종의 극단 적 묘사rendering이다.[9] 이런 연유로 해서 고다르나 스트로브-위 이예는 이미지의 주체를 제거하려고 시도하는 것이다. 고다르 영 화에서의 분할되고 교차되고 다시 쓰여지고written 단일 프레임 내에서 다중화되고 텔레비전 스크린으로 돌아가는 이미지, 스트 로브-위이예의 영화에서 검은색 리더leader[화면 대신 넣는 설명 자막]로 인해 훼방되고 환영과 운동의, 실제적인 어떤 것의 오랜 우연의 과잉적 시간 속으로 끌어들여지는 이미지 — 〈역사수업 *History Lessons*〉의 자동차 시퀀스들, 〈포르티니/카니*Fortini/ Cani*〉의 패닝들 — 가 그런 것들이다.

따라서 시네마의 정치적 실천에 대한 물음들을 출발점으로

삼지 않는다면 영화 이미지는 받아들여질 수 없다. 직접적인 시
각vision의 환영 및 그 환영의 주체 위치-욕망은 '시각적인 것'
의 생산과 연결되어 있기 때문에 그것이[환영 및 그 환영의 주체
위치-욕망이] 허위라는 사실을 제기해야 한다. 이런 의미에서 시
각적인 것이란 존재하지 않는다. 이미지와 주체에 의한 그 이미
지의 완성은 약호들 속에서 생산되는데, 그 약호들에는 특히 시
네마 속에서 이미지가 특정한 음모를 획책하기 위한 약호들, 구
성된 리얼리티가 재현되기 위한 약호들, 그리고 언어 자체의 약
호들(더 나아가 가시적 대상들, 그 대상들의 언어적 가시성의 지명
이라는 전체 문제)이 포함되어 있다. 이미지는 결코 '순수하지'
않으며 결코 '하나의 이미지'가 아니다. 엄밀하게 말해서 사실상
이미지는 가시적인 것의 질서가 아니라 비가시적인 것의 질서에
속하며, 실재적인 것, 상징적인 것, 상상적인 것 모두에 접해 있는
사색이며, 차이, 변형에 대항하는 주체이며, 과정 속의 주체 개인
의 역사이다(징후: 사진과 시네마의 도래가 역사의 비판적 생산을
훼손했던, 그 결과 역사가 단순히 과거로, 스펙터클로 고정되었던 정
도). 〈프라우다Pravda〉에서 지가 베르토프 그룹Groupe Dziga
Vertov이 언급했던 문제 — "여전히 허위적인 이미지 상에서 이
미 올바른 사운드" — 혹은 〈동풍Vent d'est〉 — "이것은 올바른
이미지가 아니라 그저 하나의 이미지일 뿐이다" — 은 언제나 지
금의 문제이다.

역사는 시네마 속에서 회복되거나 표현되어야 하는 것이 아니며
주어져 있는 것도 아니다. 역사는 언제나 영화들 속에서 획득되

어야 하는 것이며 그러한 투쟁 속에서 정치적인 영화를 발전시켜야 한다. 이는 역사의 이러한 현실은 만들어진 특정 영화의 사용가치에 의존한다는 가정에서 나온 것이다. 시네마의 지배적인 제도 속에서 영화들은 가능한 한 엄격하게 통제된 — 경제적으로나 이데올로기적으로 — 교환의 맥락이 갖는 한계 내에 놓이게 된다. 영화는 주체들의 교환의 양식, 즉 보편적인 대리행위repre-sentative(그러한 보편성이 영화의 재현작용이다)인 것이다. "영화-텍스트와 관객의 관계는 시네마 속에서의 정치적 질문들을 위한 선행조건이다."[10] 대안적인 실천들은 그 실천들이 재현하기에 대항하는 한에서, 교환의 보편화 조건에 대항하는 재현의 관계들을 변형시키는 한에서 대안적이다. [대안적 실천에서] 재현은 사용되기 위해(브레히트가 말하는 거리두기 개념), 즉 (영화의 사회적) 계약을 분열시키고, 그 통합성을 해체하고 교란하기 위해 있는 것이다.

영화들을 둘러싼 논쟁은 개인이나 개별 관객으로부터 출발해서 특정한 문제들 — 이를테면 텍스트가 '닫혀' 있느냐 '열려' 있느냐의 문제 — 에 답하는 과정에서, 효과의 문제, 즉 '한 편의 영화의 현실 효과'와 관련된 문제들에 걸려 비틀거리곤 한다. '텍스트 자체'를 강조하면서 영화의 의미가 '텍스트 속에' 있다고 하든지, 아니면 텍스트는 '자신의 바깥' 외에는 존재하지 않는다고 하든지 어느 경우든 난점에 봉착하게 되는 것이다. 하지만 영화의 독해(관람, 수용, 이해, 반응)는 절대적으로 강요되는 것이라거나 절대적으로 자유로운 것이라고 보아서는 안되며 오히려 역사적인 것이라고 보아야 한다. 그리고 그 역사성은 제도 시네마의 결정들을, 의미 생산의 조건들을, 독해 작업에서의 말

걸기의 특수한 조건들을 포함하고 있다. 영화의 소유권은 당신이나 내게 속한 것이 아니며 — 감독이든 관객이든 상관없이 — 영화 자체에 속하는 것도 아니다. 그것은 [영화의] 소유권에 관한 질문들이 전구성, 이행, 구성의 세 심급을 가로지르는, 영화에 대한 특수한 경험 속에서 이들 각각의 심급에 의해 그리고 그 심급들 사이에서 유지되는 여러 상이한 관계들을 통과하는 결절점에 있다. 영화 실천이, 그리고 시네마가 역사에 관한 정치적 정의 속에서 영화의 소유권에 관한 그러한 질문들을 제기하기 시작하는 것, 그리고 역사를 영화와 시네마에 관한 정치적 정의 속에 배치하는 것은 사용을 위해 교환을, 투쟁을 위해 보편성을 파괴하는 것으로서, 이야말로 무엇보다도 — 대중적 기억의 통일성과는 거리가 먼 — 실제적이고도 긴급한 과제이다.

정신분석학이 갖는 설명력에 호소하면서 시네마와 재현에 관해 해명함에 있어서의 주된 오류는 시네마의 완결된 주체 위치를 상정한 것이었으며, 이것이 시네마를 전적으로 단일한 기구로 혹은 단일한 심급 같은 것으로 기술하는 데서 비롯되었다는 것은 이제 분명한 사실이다. 일차 동일시, 관음증 등은 역사를 지니지 않는 정적이고 절대적인 결정요소들인 양 논의 속에 들어왔다. 어떤 경우에든 일차 동일시, 모든 것을-지각하는 주체, 남근적 시선… 등이 있다는 식이었다. 초점은 이러한 설명들을 부정하는 것이 아니고(반대로 이 책은 부분적으로 시네마 제도와 관련하여 그중 일부를 발전시키는 데 관심을 기울여왔다) 그 설명들의 역사적 내용을(따라서 시네마 제도에 관한 그 설명에서의 한 항목인 '주체'

개념의 역사적인 내용을) 주장하는 것이다. 우리는 시네마 작용의 특정한 국면 속에서의 재분배를, 한계들의 재배치를 이해하고 분석하는 법을 배워야만 한다. 예를 들면 모든 것을-지각하는 주체 (일차 동일시로서의 관객, 시네마가 기표로서, 그 의미의 환영으로서 존재하기 위해 유도해 내는 순수하고도 강력한 지각 속에 있는 초월적 주체[11])의 심급을 물질적 복합성 속에, 모순의 가능성 속에 있는 영화 실천의 현실에 근거하여 개작하는 법을 배워야 한다. 한계들을 재배치하고 그리고 정의하는 것이 [중요한 이유는] 전자를 파악하는 것이 곧 시네마가 시네마의 역사 속에서(그리고 더욱 일반적으로는 영화를 언제나 거기에 있는 것으로 간주하는 일반적인 설명들 속에서) 크든 작든 실현되는 일련의 본질들이 아니라, 오히려 하나의 실천임을, 하나의 의미작용 실천임을 이해하는 것이기 때문이다. 즉 시네마의 역사적이고 사회적인 관계들과 제도 속에서만 그러한 '본질들'이 생산되며, 시네마는 그러한 관계들과 제도를, '그 주체'를 계속 유지해 가는 것이다. 우리는 이러한 인식에 바탕해서 여기서 제기한 시네마에 관한 질문들을 취하고, 그 질문들을 끝까지 물고늘어지는 가운데, 다른 시네마들을, 새로운 영화들을 향해 나아갈 수 있는 작업을 제시해야 한다.

주

이 글은 이전에 출판된 적은 없지만 간략한 '결론' 부분은 부분적으로 "Contexts," *Edinburgh 77 Magazine* (1977), pp. 37-43 및 "Questions of Property" (Martin Walsh Lecture), *Ciné-tracts*, no. 4 (1978), pp. 2-11에

서 찾을 수 있다.

1. "Entretien avec Michel Foucault," *Cahiers du cinéma*, no. 251-2 (1974 년 7-8월호), pp. 5-15(이 단락에서의 인용은 p. 7에서).

2. Pascal Bonitzer, in "Entretien avec André Techiné," *Cahiers du cinéma*, no. 262-3 (1976년 1월호), p. 55.

3. "Entretien avec Marc Ferro," *Nouvel Observateur*, no. 652 (1977년 5월 9-15일자), p. 90.

4. J. Jourdheuil, "Le quotidien, l'historique et le tragique," *Cahiers du cinéma*, no. 271 (1976년 11월호), pp. 46-7.

5. Karl Marx, *The Eighteenth Brumaire of Louis Bonaparte, Marx-Engels Selected Works* (London: Lawrence & Wishart, 1968), p. 99.

6. Jacques Rancière, "Fleurs intempestives," *Cahiers du cinéma*, no. 278 (1977년 7월호), p. 18. 『카이에 뒤 시네마』의 비평가 자신들은 이후에 '시네마와 역사 페티시'로 보여진 것과 거리를 두려고 했다. J. Narboni, "Là," *Cahiers du cinéma*, no. 275 (1977년 4월호), pp. 5-7; J.-L. Comolli, "Le passé filmé," *Cahiers du cinéma*, no. 277 (1977년 6월호), pp. 10-11 주6을 참조할 것.

7. "Entretien avec Michel Foucault," *Cahiers du cinéma*, no. 271 (1976년 11월호), p. 53.

8. Jacques Lacan, *Écrits* (Paris: Seuil, 1966), p. 710.

9. Raymond Bellour, "Énoncer," *L'Analyse du film* (Paris: Albatros, 1979), p. 273; 영역본은 "Hitchcock, the Enunciator," *Camera Obscura*, no. 2 (1977), pp. 68-9("관객을 꼼짝 못하게 하는 동일시의 두 과정은 카메라와의 동일시와 대상과의 동일시이다[존재와 소유, 즉 동일시와 대 상-선택 간의 영구적인 변증법]").

10. Claire Johnston, "Introduction," *Edinburgh '77 Magazine* (1977), p. 5.

11. 시네마의 구성요소인 '모든 것을-지각하는 주체'라는 개념은 크리스티
    앙 메츠가 "Le signifiant imaginaire," *Communications*, no. 23 (1975),
    pp. 32-5에서 도입했다. 영역본은 "The Imaginary Signifier," *Screen*,
    vol. 16, no. 2 (1975년 여름호), pp. 48-52("나 자신은 이 실제로 지각
    되는 상상적인 것이 '시네마'라고 불리는 특정 유형의 제도화된 사회적
    행동의 기표가 됨으로써 상징적인 것에 접근하는 장소이다. 다시 말해
    관객은 그 자신과, 순수한 지각 행위로서의 그 자신과 ⋯ 지각된 것의 가
    능성의 조건으로서의, 따라서 거기에 있는 모든 것에 선행하는, 일종의
    초월적 주체로서의 그 자신과 동일시한다").

옮긴이의 글

1958년 앙드레 바쟁은 '영화란 무엇인가?'라고 물었고, 1981년에 스티븐 히스는 다시 '영화에 관한 질문들'을 내놓았다. 20여 년의 간격을 두고 이 두 사람이 말한 영화cinema는 같은 것이 아니었지만, 적어도 그 문제의식의 원천은 동일한 것이었다. 그것은 영화를 통해, 혹은 영화와 더불어 '진지한' 실천(그 실천의 목적이 '예술적인' 것이든 '사회적인' 것이든 간에)이 가능하다는 신념이었다. 히스의 질문이 있고부터 또 20여 년이 흐른 오늘날, 점점 더 경량화되어가는 시대 분위기 속에서 '진지함'만으로는 더이상 그 누구에게도 호소력을 발휘하기가 힘든 현실을 우리는 살고 있다. 풍자가 코미디와, 해학이 개그와 미끄러지듯 교차하는이 속도전의 문화, 그 속에다가 다시금 이 무겁고 어렵고 복잡하기만 한 히스를 들이밀자니 이 일을 자부해야 할지 민망해 해야 할지 갈피를 잡을 수가 없다.

어쩌면 그것은 미련일 것이다. 90년대가 막 시작되었을 때 히스는 처음 알려졌고, 이후 알튀세르와 라캉, 이데올로기와 주체에 관한 이론이 많은 이를 매료시키던 무렵 히스의 영화이론은 90년대의 지적 충동과 문화적 욕망을 채워주기에 충분하리라고 가정되었다. 하지만 이 가정의 엄격한 검증과 비판을 시도하는 이는 많지 않았고, 그렇게 히스는 유행의 물결에 실려왔다가 어느 결에 '고전'의 위치를 선물 받고는 사실상 내쳐진 꼴이 되어버렸다. 90년대의 끝자락에서 또 하나의 석사논문을 계기로 영화에 대한 고민을 재가동시켜야 했을 때 나는 앞을 내다보는 작업과 뒤를 되짚어보는 작업 중 후자를 선택했다. 그렇게 고개를 돌려 뒤를 보자 가장 먼저 맞닥뜨린 커다란 이름, 과거의 유산을 고스란히 보유하고 있는 이름, 그것이 바로 히스였다.

하지만 히스를 다시 생각하는 일이 미련일 수 있는 이유는 그의 영화이론이 68혁명 세대인 서유럽 지식인들의 혁명적 열정과 성찰을 부어 주조된 것이기 때문이다. 히스가 대변했던 70년대 서유럽에서의 이념의 소용돌이가 결국 아카데미의 울타리 안에서 잦아들었듯이, 히스를 새삼 발견하여 우리의 현실에 대입하고자 했던 90년대 한국 영화담론의 의지 또한 새로운 의제들과 패러다임들이 밀려들면서 사그라들어버렸다. 히스는 그렇게 그들에게서나 우리에게서 잊혀졌다. '현실'에는 더 이상 없는, 사라진 이름을 되뇌는 일, 이것이 바로 미련의 징후가 아닌가.

자칫 미련을 잘못 디뎌 미련함에 빠질 수도 있음을 경계하면서, 그럼에도 불구하고 지금 여기에서 다시 히스를 꺼내놓는 것은 한편으로는 그가 상기시키는 치열한 열망과 진지한 탐구의 자세를 그리워하기 때문이고, 다른 한편으로는 우리가 너무 서둘러서 히스를 덮어버린 것은 아닌가, 그의 사용가치를 꼼꼼히 다 따져보기도 전에 폐기처분해 버린 것은 아닌가 하는 의구심 때문이다. 만일 그렇다면, 이제 그의 이름 앞에 적당히 붙여주게 될 '고전'의 작위조차도 우리의 성급한 망각과 조악한 박제솜씨를 정당화하려는 제스처에 불과한 것은 아닐지 모르겠다.

논문을 앞둔 내게 선생님은 물으셨다. 너의 질문은 무엇이냐. 결국 제대로 된 질문을 하고 그 질문에 답할 줄 알게 되는 것이야말로 모든 공부의 궁극적인 목표일 것이다. 이 책은 히스가 그 나름의 방식대로 던진, 그 시대를 향한, 영화를 향한, 우리를 향한 질문들로 이루어져 있다. 물론 히스는 자기 시대 사유의 최대한도의 외연 안에서 이 질문들에 대답하고 있으며, 그런 의미에서 이 책은 70년대 영화 '이론'의 집대성이라고 불릴 만하다.

주지하다시피 70년대 내내 서구의 영화학은 68혁명 이후 인문학이 구조주의와 더불어 좌경화되면서 키워낸 '이론'의 지배하에 있었다. 데이비드 로도윅David Rodowick이 '정치적 모더니즘'의 시대라고 부르는 이 시기의 새로운 영화론은 알튀세르적인 마르크스주의와 라캉적인 정신분석학, 소쉬르에서 퍼스에 이르는 기호학을 결합한 것으로서 이론 자체로서도 상당히 풍성했을 뿐만 아니라, 프랑스에서는 『카이에 뒤 시네마』『시네티크』『텔켈』을 중심으로, 영국에서는 그 영향을 흡수한 『스크린』지를 통해 다양한 필자들이 참여함으로써 이루어진 하나의 거대한 물결과도 같은 것이었다. 흔히 알튀세르-라캉 패러다임에 입각한 영화론으로 소개되는 이 70년대의 이론은 이후의 여타 '이론들'

이 그것을 계승하든 반박하든 모두 이 이론에 뿌리를 대고 있다는 점에서, 즉 이 이론이 다른 작은 이론들을 어떤 식으로든 지배하고 있다는 점에서, 그리고 이론이 모든 컨텍스트와 텍스트의 상위개념으로서의 위상을 갖고 있었다는 점에서 대문자 이론 Theory의 지위를 부여받았다.

영화와 사회, 인간 주체의 관계를 더욱 급진적인 수준에서 사고했던 이 이론은 요컨대 영화학이 이데올로기적 지배에 저항하는 과학으로서 위치설정될 수 있으며 따라서 지배 이데올로기가 개별 영화들 속에서 작동하는 양식과 구조를 해명해 내고 그에 대한 저항의 양식과 구조를 지시할 수 있다는 신념에 기초하여 구축된 것이었다. 그리고 이러한 입장은 일차적으로 앙드레 바쟁 André Bazin의 리얼리즘론에 대한 비판에서 출발한 것이었다. 영화가 현실을 있는 그대로 보여줌으로써 관객으로 하여금 현상학적 진실에 이르게 할 수 있다는 바쟁의 믿음과는 달리, 70년대 이론가들은 영화가 결코 현실을 있는 그대로 재현하는 투명한 매체가 아니며 영화에서 재현되는 현실은 카메라를 중심으로 하는 영화장치의 원근법적 속성으로 인해 지배 이데올로기에 침윤될 수밖에 없는 '환영'이라고 보았던 것이다. 따라서 이들은 영화의 문제가 현실의 왜곡된 재현과정을 '자연스러운' 것으로 연출하는 기만적인 테크놀로지를 구사한다는 데 있다고 진단했다.

그러므로 모든 이론가와 비평가의 임무는 이 자연스럽게 보이도록 만들어진, 다시 말해 절개선을 감추고 연속성을 유지하도록 '봉합'된 재현의 결과물을 해체하여 이데올로기의 작동 지점들을 밝혀냄으로써 영화가 감춘 진실을 드러내는 것이라고 여겨졌다. 봉합은 소외와 현혹을 유발하는 특정한 텍스트 혹은 텍스트적 실천의 효과로 간주되었고, 봉합의 작동 기제에 대한 이처럼 부정적인 인식은 곧바로 이러한 봉합작용을 폭로하는 양식의 추구와 고무로 이어졌다. 70년대 이론가들에게 '대항 영화 counter cinema'란 결국 최대한 봉합을 억제하거나 과도하게 봉합의 지점을 드러냄으로써 관객의 의사-동일시를 방해하는 영화에 다름 아니었다.

하지만 70년대 이론은 관객을 지배 이데올로기로 물들이는 주범이 영화 텍스트의 형식이라고 보고 대안적 형식의 추구로 내달렸다는 점에서 궁극적으로 형식주의에 빠질 수밖에 없었다. 또한 관객-주체가 텍스트의 이데올로기적 영향에도 불구하고 능동적, 적극적으로 사고하면서 저항적으로 독해할 수 있는 가능성을 사실상 차단함으로써 이론적 궁지에 봉착했다. 그리하여 70년대 라캉-알튀세르 패러다임에 입각한 이론은 다수의 내적 자기비판과 외적 공격 앞에서 다양한 방식으로 자기부정을 거듭하며 출로를 모색하였으며 그 결과 추상적 '이론'의 무시간성, 몰역사성에 대한 비판을 받아들여 텍스트의 역사적 맥락을 복원하려는 노력으로 나아가게 된다.

히스의 영화이론은 이상과 같은 70년대 이론의 전반적인 틀을 상당부분 수용하면서 이를 좀더 정교한 자신만의 용어들로 가다듬은 것이다. 물론 그렇다고 해서 히스가 70년대에만 머물러 있는 이론가라는 뜻은 아니다. 오히려 그의 이론의 강점은 70년대의 궁극적인 한계들을 감지하여 이를 극복하려는 노력을 보여준다는 데 있다. 히스의 이론이 다른 이들에 비해 덜 명쾌하고 더 복잡하게 느껴지는 이유는, 후기로 갈수록 덜 이분법적이고 더 역사적인 쪽으로 바뀌는 이유는 바로 그 때문이다. 실제로 이러한 변화는 이 책에 실린 글의 순서에도 반영되어 있다. 글이 쓰여진 시기와 상관없이 「맥락들」이라는 논문을 맨 마지막에 넣은 것에는 영화학의 역사화라는 요청에 응답하면서 자신의 저술을 마무리하려는 히스의 의도가 담겨 있는 것이다.

한편 70년대 이론에 대하여 어느 정도 비판적 시각을 유지하고 있기 때문에 발생하는 히스의 입장의 이러한 '어중간함'은 그가 사고했던 '봉합'이나 '수행', '부정성' 개념의 당연한 논리적 귀결이라고 할 수 있다. 그에게는 봉합이 특정 영화에서만 작용하는 것이 아니라 상상적인 것과 상징적인 것의 접합 자체를 의미했으며 따라서 의미작용을 해야 하는 모든 텍스트는 봉합의 운명을 피할 수 없는 것이었다. 또한 담론의 한 형식인 텍스트가 갖는 부재를 채워넣어 완성하는 관람 과정에서 관객은 통일된 '주체'의 위치에 놓이게 되지만 그렇다고 해서 이미지 속에서 최종적으로 완전하게 재현되는 것은 아니기 때문에, 그리고 주체는 계속해서 점멸하고 있기 때문에, 봉합은 주체와 텍스트와 상상적인 것을 꿰매잇는 '호명'의 전제라기보다는 언어 속에서 이루어지는 주체 재현의 완전성과 비완전성의 유희, 즉 '수행'의 전제가 된다는 것이 히스의 주장이었다.

그러므로 궁극적으로 히스가 강조하는 것은 텍스트의 결정성이 아닌 주체와의 상호작용이고 내러티브 속에 살아 숨쉬는 부정성과 과잉이다. 그가 반환영주의적 아방가르드 영화 실천을 옹호하지 않으며, 내러티브의 해체가 아닌 변형을, 의미를 비워없애는 것이 아닌 새로운 의미작용을 요구하는 것도 그 때문이다. 결국 그는 고전적 내러티브 영화도 아니고 구조적/유물론적 반反내러티브 영화도 아닌 '대안적 영화,' '반복적' 내러티브 패턴을 가진 영화를 옹호하게 되는데, 이는 그의 이론에서 부정성이 내러티브의 안티테제인 동시에 내러티브의 존재조건이기도 하기 때문이었다.

하지만 70년대 이론의 전반적인 단순함을 극복하고 그 외연을 확장하려 했던 이러한 노력에도 불구하고 히스 역시 70년대 담론의 울타리를 완전히 뛰어넘지는 못했다. 기억하는 관객과 구속하는 내러티브의 상호작용을 주장하면서도 그는 영화 텍스트가 논리상 관객에 선행하게 함으로써 주체의 정체성을 영화의 정체성과 동일시하며 이에 따라 영화 이전에 주체가 이미 갖고 있는 정체성을 사실상 부인하고 있다. 특히 이 과정에서 주체의 정체성을 좌우하는 것은 영화 텍스트의 여러 요소 중에서도 바로 내러티브화라는 형식의 요소이기 때문에 그의 이론 역시 형식주의의 궁지에 몰리게 된다. 더군다나 히스는 기억-스펙터클로서의 내러티브화는 선형적, 연대기적 구조를 갖는 것으로 전제하고 있으나 히스가 제시한 대안적 내러티브 구조를 충족시키는 영화에서도 관객이 소급해서 스토리를 배열해 나가는 과정에서 '수행'은 더욱 심화되는 양상을 보인다는 점도 잊지 말아야 할 것이다. 특히 그가 비판하는 소설적 내러티브 구조를 가진 영화 또한 유토피아적 전망에서 비롯된 소망 충족을 추구할 수 있으며 도입부와 결미의 동질성이 중간부분의 풍성한 반역과 일탈을 완전히 제압할 수는 없다는 점 역시 간과해서는 안될 것이다.

이 책을 번역하는 과정은 말 그대로 '고통'이었다. 70년대 지식인들의 모더니즘에의 경도가 히스에게서 고전적 할리우드 영화에 대한 반감으로 나타나고 있는 것까지는 충분히 이해하고 공감할 수 있는 일이었으나 차마 글쓰기에서까지 그렇게 난해한 언어를 추구하리라고는 미처 짐작하지 못했었다. 지금까지 읽어본 그 어떤 책보다도 까다로운 문장들을 앞에 놓고 이렇게도 짜맞춰보고 저렇게도 이어붙여보면서 고심하던 시간들… 번역을 결심하던 때의 의기양양함이 오역에의 두려움으로 무너져내리던 순간들은 헤아릴 수도 없이 많았다. 하여 아주아주 조심스럽게 말 그대로 '졸역'을 세상에 내놓는다. 독자들의 아량과 이해를 구할 뿐이다.

그나마 곽현자의 꼼꼼한 윤문 덕택에 조금 더 '접근'하기 쉬운 번역문이 탄생할 수 있었다. 그녀의 아낌없는 도움에 감사한다. 그녀는 공역자라고 해도 좋을 만큼, 이 책이 독자들에게 수월하게 읽힐 수 있도록 히스의 생략적이고 비약적인 문장들을 가다듬는 데 최선의 노력을 다해 주었다(그것이 어찌 단순히 김소연을 향한 우정의 표현이라고만 할 것인가. 아마 그녀에게도 장차 히스를 기웃거리게 될 많은 잠재독자들은 무거운 책임과 부담의 원천이었으리라). 그녀의 윤문을 거쳐 나온 문장들은 결국 히스의 까다로운 문체를 많이 벗어나게 되었다. 어쨌든지 간에 그의 문체를 최대한 살리면서도 독해가 되게 한다는 '모순'을 부둥켜안고 씨름했던 역자에게, 히스의 글쓰기 방식 자체가 불러일으키는 짜증까지도 독자들과 공유하고 싶었던 역자에게 그러한 포기와 후퇴는 일말의 미련(!)이 남는 일이었다. 하지만 역자의 지인들이 대부분 '더 잘 읽히는 쪽'을 요구했던 것으로 미루어 독자들에게도 곽현자의 윤문작업은 더없이 고마운 과정이었으리라고 믿는다(물론 있을 수 있는 모든 오역의 책임은 역자에게 있다).

아울러 번역과 관련하여 한 가지 언급해 두어야 할 것은, 시

네마와 필름의 구분 때문에 시네마 언어, 시네마 장치처럼 생경
하고 껄끄러운 용어들이 사용되었다는 점이다. 이미 익숙해져 있
는 기존의 번역용어들과 부딪치는 점을 피할 수 없었지만(시네마
장치나 독립 시네마처럼) 일관성을 위하여 필름과 시네마의 구분
을 고수했다. 히스는 종종 같은 문장 안에서도 필름과 시네마를
동시에, 그렇지만 서로 다른 의미로 사용하고 있었기 때문이다.
또한 본문에서 [   ] 안에 들어 있는 부분들 역시 독자들의 이해
를 돕기 위해 역자가 원문에 없는 내용을 삽입한 것임을 밝혀둔
다.

기꺼이 한국어판 서문을 써서 보내주신 저자 스티븐 히스 선생님
께 가장 먼저 감사드리고 싶다. 저자가 『스크린』지에 실린 자신
의 모든 원고의 한국어판 번역 저작권을 아무 조건 없이 허락해
주셨음에도 불구하고 여러 사정상 부록을 꾸며 이 책에 함께 싣
지 못한 것이 아쉬울 따름이다. 그리고 이 책의 출판을 허락해 준
도서출판 울력의 강동호 편집장님, 디자이너 김미경 님께 깊이
감사드리며 출판사의 번영을 빈다. 또 겨우내내 집안에 틀어박혀
컴퓨터와 씨름하며 신경줄이 긴장으로 팽팽해진 채 좌절에 빠질
때마다 고무와 격려와 위안을 아끼지 않았던 많은 지인들, 특히
오승현 선배와 중대 영상예술학과 석박사과정 친구들에게도 감
사한다. '히스를 우리말로 읽어보고 싶다'고 말해 주었던 그들이
없었다면 나는 틀림없이 중도하차했을 것이다. 히스에게서 영감
을 얻는 이들이 많기를 바라는 마음뿐이다.

찾아보기
| 영화 |

| 인명 |

| 사항 |

이 찾아보기는 포괄적이기보다는 지시적이다. 목록에 실린 많은 용어들과 주제들 (예를 들면 '내러티브'나 '주체')이 이 책 전체에 걸쳐 계속해서 사용되고 있기 때문이다. 그런 경우에 여기서는 그 중 주된 몇 군데만을 찾아두었다.